Arte de ingenio,
Tratado de la Agudeza

Letras Hispánicas

Baltasar Gracián

Arte de ingenio, Tratado de la Agudeza

Edición de Emilio Blanco

DÉCIMA EDICIÓN

CÁTEDRA

LETRAS HISPÁNICAS

1.ª edición, 1998
10.ª edición, 2026

Ilustración de cubierta: Detalle del Retablo Mayor de la iglesia
de San Esteban, Salamanca

PAPEL DE FIBRA
CERTIFICADA

© Ediciones Cátedra (Grupo Anaya, S. A.), 1998, 2026
Valentín Beato, 21. 28037 Madrid
Depósito legal: M. 29.244-2010
I.S.B.N.: 978-84-376-1615-5
Printed in Spain

Índice

Introducción

Para Marisa

Baltasar Gracián.

En el panorama de la obra de Gracián, *Agudeza y arte de ingenio* es un libro curioso y complejo. Curioso, porque no resulta nada fácil atribuirle un género concreto, y la crítica ha vacilado en ocasiones al encuadrarla como tratado de poética, de retórica o de estética. Y no resulta fácil la adscripción genérica porque es un texto poliédrico, con múltiples facetas, que se resiste a las clasificaciones sencillas con las que, por lo general, se trabaja en el mundo de la literatura. Es curioso, a la vez, porque es una de las pocas obras que el jesuita sometió —contra su costumbre— a la censura de la Compañía de Jesús, como se viene recordando desde que el Padre Batllori lo hiciera en 1958.

Y es libro complejo, sobre todo, por las dificultades que presenta a la hora de interpretarlo. Que esa oscuridad se debe a la terminología es indudable, pero el hecho cierto es que se le han atribuido múltiples lecturas (platónica, aristotélica, jesuítica, barroca...). El responsable último de toda esa dificultad no es otro que el propio autor, que hizo realmente pocos esfuerzos para evitar los posibles malentendidos a que pudiera dar lugar su libro, a buen seguro de manera intencional porque, como ha sugerido Emilio Hidalgo-Serna, Gracián no quiso en ningún momento demostrar, sino hacer ver.

Pese a todo ello, y quizá por ello, la *Agudeza y arte de ingenio* es fundamental dentro de la producción graciana. En primer lugar, porque es el único libro que Gracián reescribió y aumentó en una segunda redacción (ya fuese por descontento con la primera edición, ya por ganas de añadir material nuevo). En segundo lugar, porque facilita instrumentos que son claves a la hora de interpretar el resto de las obras del jesuita, dado que la comprensión de la filosofía, de la moral,

11

de la estética y del propio arte literario de Gracián pasa necesariamente por las teorías expuestas en el libro. En tercer lugar, porque los seis años que median entre las dos redacciones de la *Agudeza*, junto con el texto, funcionan como un eje en el conjunto de la producción graciana, que se desplaza del campo del tratado (pedagógico) al marco alegórico de *El Criticón*. En cuarto lugar, en fin, y ya fuera de la obra de Gracián, porque independientemente de su valor real a la hora de estudiar la poesía española del XVII, se recurre con no poca frecuencia a textos de la *Agudeza* para interpretar y explicar las creaciones de otros autores. Todo ello justifica la atención, la grandísima atención que el tratado del jesuita ha despertado en la crítica moderna, y sobre todo en los últimos años, lo que ha generado un mar de estudios sobre los más diversos aspectos relacionados con el ingenio y la agudeza[1].

Lo más llamativo de todo es que esa dedicación continua no haya dado como resultado nuevas ediciones del libro en España. No sucede así en Francia, donde dos traducciones han visto la luz desde 1983[2]. Ni en Italia, donde Giulia Poggi tradujo la *Agudeza* en 1986[3]. En España y parte del extranjero, sin embargo, se sigue trabajando con la edición que de la segunda versión preparó Evaristo Correa en 1969, o bien con los textos incluidos en las diferentes *Obras completas* de Gracián, en la mayor parte de los cuales falta, dicho sea de paso, la primera de las versiones de la *Agudeza*, la que con el título de *Arte de ingenio* publicó el jesuita en Ma-

---

[1] Como es obvio, las palabras que anteceden no son más que un resumen del panorama que el gracianismo ha trazado a lo largo de este siglo, y especialmente en los últimos años. La bibliografía es abrumadora, según puede verse en la relación que acompaña a este modesto prólogo: cualquiera de los puntos que acabo de señalar podría ir seguido por no pocas referencias críticas de la lista indicada. A partir de ahora, y para evitar la sobrecarga de la nota, no ofreceré los datos completos de los estudios que ya aparecen allí recogidos, limitándome a indicar el autor, el título y la página. Sólo daré todos los datos bibliográficos cuando se trate de menciones circunstanciales de textos o estudios que no tienen que ver directamente con Gracián.

[2] Me refiero, claro, a las realizadas por Benito Pelegrín y Michèle Gendreau-Massaloux y Pierre Laurens. Pueden verse en la Bibliografía.

[3] Palermo, Aesthetica, 1986. Pese a los reiterados esfuerzos, no he logrado ver esta traducción.

drid en 1642[4]. Junto a ello, se echa en falta un estudio completo de las fuentes que manejó Gracián en su tratado sobre el ingenio (todas: prosa y verso), así como una desatención al proceso redaccional de la obra: se olvida con frecuencia que antes de 1648 Gracián reescribió su libro de 1642 de cabo a rabo, alterando totalmente el orden de los materiales, troceando y alterando su sintaxis primera, agregando nuevos ejemplos y nuevas explicaciones a los seguro que para él ya viejos materiales de 1642.

Con el deseo de contribuir modestamente a ese estudio literario, al proceso de re-creación de Baltasar Gracián, nace esta edición del *Arte de ingenio*.

* * *

No debió de ser buen año 1641 para Baltasar Gracián. Desde fines de 1639 o comienzos de 1640, el jesuita era confesor de Francesco Carafa, Duque de Nocera y miembro de una antigua familia italiana que había estado siempre muy cerca de la Corona de Aragón. Seguramente eso no podría dejar de atraer al confesor, que desde esas fechas se convierte en una sombra del aristócrata, hasta la muerte desastrada de este en 1642. Quizás el Duque hubiese oído hablar del jesuita en el tiempo de su primer virreinato en Aragón. Culto y refinado el noble, la valía del sacerdote hubo con seguridad de despertar su atención; tanto, que entre fines de 1639 y comienzos de 1640 debió de solicitar al provincial Fonts que comisionase al jesuita para oírle en confesión. Concedió el Provincial, aunque Gracián se carteó con el general Vitelleschi pidiendo la confirmación de la aprobación.

El 20 de marzo de 1640, Nocera deja el cargo de Virrey de Aragón y se le diputa para la misma tarea, esta vez en Navarra. Pero antes de ir a Pamplona, el noble pasa por Madrid para cubrirse ante el rey. A su zaga va Gracián, que el 14 de abril escribe la primera carta a Lastanosa desde la corte. Es cierto

[4] Además de la edición de las *Obras Completas* de Evaristo Correa (Madrid, Aguilar, 1944), falta también en la mía *(Obras completas*, Madrid, Turner-Biblioteca Castro, 1993); no así en las de Arturo del Hoyo (Madrid, Aguilar, 1960), donde ocupa como apéndice las páginas 1163-1254.

que los miembros de la Compañía no podían desplazarse a Madrid salvo por una serie de causas que venían reguladas desde 1626. Gracián pudo hacerlo, seguramente, por acompañar a persona de respeto que había solicitado su presencia. Dado que a fines de mayo, el Duque ya está en Pamplona, la estancia de Gracián en Madrid debió de ser bien corta (del 19 de mayo es la última carta a Lastanosa desde allí), aunque no tanto como para no advertir las miserias de los cortesanos y el carácter de los madrileños, que le desagrada: pasará de lado —según propia confesión— con miras más altas[5]. Con todo, debió de atar alguna que otra amistad con personajes de la corte, como el secretario del rey, Antonio Hurtado de Mendoza, a quien mencionará varias veces en el *Arte de ingenio*.

La estancia de Nocera en Pamplona fue corta. El 7 de junio de 1640, día del Corpus, se produce una revuelta de los segadores catalanes contra el gobierno centralista de Olivares. Como resultado de todo ello, y para lo que aquí interesa, el Duque vuelve a ocupar el cargo que tuvo en Aragón. La situación será, como siempre en estos casos, delicada, pero si a eso se agrega el detalle de que nuestro noble no concitaba la simpatía del poderoso Conde-Duque de Olivares, sino más bien al contrario, no resulta extraño que el Duque terminase pagando los platos rotos. A punto de comenzar el verano de 1641, el rey Felipe IV le manda con un propio (el antiguo obispo de Málaga, el franciscano Antonio Enrique de Porra) recado para que se dirija a Madrid. Camino de la corte, cuando el 4 de julio llega a la Alameda, cerca de Barajas, se le detiene por orden del monarca y algo después se le encarcela en el castillo de Pinto[6].

---

[5] Véase Benito Pelegrín, «Madrid, en fin: madre, madrastra», en *Le Fil Perdu du «Criticón»...*, págs. 117 y ss.

[6] Acerca de estos años en la vida de Gracián, pueden consultarse el «Índex cronològic de la biografía de Gracián» de Miguel Batllori (ahora en *Gracián i el Barroc*, págs. 271-293); Benedetto Croce, «Personajes de la historia italo-española. El Duque de Nocera Francesco Carafa y Baltasar Gracián», ahora en *Gracián hoy*, págs. 50-67; Conrado Guardiola Alcover, *Baltasar Gracián. Recuento de una vida*, Zaragoza, Librería General, 1980, págs. 71-82; y Enrique Solano Camón, «Notas acerca del significado histórico del P. Gracián en torno a 1640», *Criticón*, 45 (1989), págs. 71-80.

Hacia esas fechas, Gracián está en Madrid, siguiendo bien de cerca la evolución del caso Nocera, y con el alma un tanto en vilo. Así lo prueba la carta que el 27 de julio dirige a Uztarroz:

> Señor mío: Aún no he podido hablar con don Tomás Tamayo, que la borrasca no ha dado lugar para cosas de gusto. Va ya amainando, gracias a Dios. Hase remitido el caso al Cardenal Borja. Todo es de las máquinas que se usan. Si a costa del Duque se han de ganar los reinos, puédese dar por bien empleado el padecer[7].

Seguirá el desarrollo de los acontecimientos. Sabemos que el 8 de septiembre de 1641, Gracián está aún en Madrid, donde predica con gran éxito, y que a fines de octubre andaba gestionando las aprobaciones del *Arte de ingenio*. Teniendo en cuenta sus costumbres, lo más probable es que estuviese en la corte al menos hasta comienzos de febrero de 1642 (fecha en que se publica el *Arte de ingenio*), aunque dada la falta de documentación, también podría haber partido para Zaragoza, donde estará localizable el 11 de marzo de ese mismo año.

* * *

En ese enrarecido ambiente hubo de prepararse la publicación del *Arte de ingenio*. Es bastante probable que Gracián hubiese concebido la idea general de la obra entre 1628 y 1629, como sugiere el Padre Batllori[8], y desde luego no faltan quienes han pensado que, dadas sus ocupaciones en estos meses madrileños, le habría sido difícil escribirlo totalmente en Madrid, por más que en los Reales Estudios de la Compañía en la Corte pudo el jesuita haber leído lo suficiente como para completar lecturas anteriores y rematar el volumen[9]. Claro que, si el libro a que se refiere el P. Vitelleschi en carta al pro-

---

[7] Cito por Baltasar Gracián, *Obras completas*, ed. cit. de Emilio Blanco, vol. II, pág. 889.

[8] Véase el «Índex cronològic» citado más arriba, pág. 275.

[9] Guardiola Alcover, *op. cit.*, pág. 81.

vincial Fonts el 30 de abril de 1640 no es *El Político*, como sospecho, cabe pensar que la obra estaba acabada ya por esas fechas[10], aunque no se publicase hasta casi dos años después por los motivos que fueren.

Lo cierto es que en febrero de 1642 se publica en Madrid, a nombre de Lorenzo Gracián (como había sucedido con *El Héroe* y con *El Político*), el *Arte de ingenio, Tratado de la Agudeza*, en las prensas de Juan Sánchez y a costa de Roberto Lorenzo. Es fácil de intuir que el jesuita debió dejar el original listo para publicar —independientemente de cuándo lo hubiese compuesto— a fines del verano de 1641[11], dado que el 31 de octubre de ese año obtiene licencia para su publicación junto con la aprobación del Padre de la Compañía Juan Bautista de Ávila, a quien citará en el *Arte de ingenio*. Casi un mes tardaría en obtener una nueva aprobación, otorgada esta vez por Gil González Dávila con fecha 18 de noviembre. El privilegio para publicar el libro, solicitado en nombre de Lorenzo Gracián, lo consigue el 10 de diciembre del mismo año. Ya en 1642, el 12 de febrero se tasa el volumen impreso, a cuatro maravedís cada pliego: veinte justos, si se tiene en cuenta el que contiene los preliminares, lo que monta un total de ochenta maravedís.

Estos preliminares presentan algunos problemas. El primero de ellos tiene que ver con la tardanza en imprimir el libro. Aun cuando se hubiese comenzado a trabajar en él tras la obtención del Privilegio (10 de diciembre de 1641), hasta primeros de febrero del año siguiente no se termina. Mucho tiempo parece para libro tan «enano», sobre todo si se calcula en función de la media de un pliego diario, lo que habría permitido tenerlo listo el día de san Silvestre de 1641. Creo

---

[10] Es lo que sugiere el P. Batllori en el «Índex cronològic» mencionado, pág. 280.

[11] Señala Jaime Moll que Gracián aprovechó su estancia en Madrid para la difusión de sus obras, porque el 27 de septiembre de 1641, el rey concedió a Lorenzo Gracián licencia para que «por tiempo de un año pueda entrar en estos reinos de fuera dellos un libro intitulado *El Político don Fernando el Cathólico* y su impresión» (A.H.N., Consejos, libro 649, pero le tomo la cita a Jaime Moll, «Las ediciones madrileñas de las obras sueltas de Gracián», *Archivo de Filología Aragonesa*, 52-53 (1996-1997), págs. 117-124).

que las razones del retraso se pueden intuir, aunque no demostrar, y tienen que ver con el ritmo de trabajo del taller de la viuda de Juan Sánchez.

Este impresor madrileño había fallecido en 1639. Parece que la última obra que publicó fue *Os Lusiadas* de Camoens, en marzo de 1639. A partir de ese momento se hará cargo del taller su viuda, que a veces firmará los trabajos como «Viuda de Juan Sánchez» y otras simplemente con el nombre de su marido, sin más indicación[12]. Ella publica, desde el momento en que se hace cargo de la imprenta de su difunto marido, varias obras de los padres jesuitas. Así, a finales de 1639 había dado a luz los *Discursos del Bautismo de Nuestra Señora* de Alonso de Andrada[13]; en el verano de 1641 imprimió *De la hermosura de Dios, y su amabilidad, por las infinitas perfecciones del ser divino* de Juan Eusebio Nieremberg[14]; y a comienzos de 1642 *Imperio de la China i cultura evangélica en él* del P. Álvaro Semmedo. Con esta última debió de coincidir el *Arte de ingenio*.

La obra del P. Semmedo va en cuarto y consta de 188 hojas. La licencia del ordinario está dada en Madrid, a 18 de octubre de 1641, aunque la aprobación del licenciado Francisco Caro de Torres (Madrid, 12 de diciembre de 1641) y la Suma del Privilegio (18 de diciembre de 1641) llegasen algo más tarde. La fe de erratas, firmada como la del *Arte de Ingenio* por el Doctor Murcia de la Llana[15], lleva la fecha de 6 de enero de 1642, aunque la tasa remita al 3 de marzo del mis-

---

[12] Cfr. Juan Delgado Casado, *Diccionario de Impresores Españoles (siglos XV-XVII)*, Madrid, Arco/Libros, 1996, 2 vols., núm. 814-815.

[13] «Con privilegio. En Madrid, Por Juan Sánchez. Año 1639» (BNM 3-71.605). La Suma de la Tasa va fechada el 5 de diciembre de 1639.

[14] «Con privilegio, en Madrid, por Juan Sánchez, año 1641» (BNM 3-62.382). La Suma de la Tasa lleva fecha el 2 de julio de 1641.

[15] Y con cierta prisa, a tenor de lo que dice el licenciado: «Las más importantes i que conviene se enmienden; dexando las otras al buen juizio del Lector» (con todo, véase también la «Advertencia al Lector»). He manejado una edición de la BNM (2-69.847). Los datos completos son: S. J. Álvaro Semmedo, *Imperio de la China. I Cultura Evangélica en él, por los Religios [sic] de la Compañía de Jesús*, «Impresso por Juan Sánchez, en Madrid. Año de 1642. A costa de Pedro Coello, Mercader de Libros». Consta de veinticuatro cuadernos (cuarenta y ocho pliegos según la Tassa).

mo año. La cercanía de las fechas indica, pues, que los dos trabajos se realizaron de forma simultánea en el taller de la viuda de Juan Sánchez, que imprimía a la vez para Roberto Lorenzo[16] (el *Arte de ingenio* de Gracián) y para Pedro Coello (el *Imperio de la China* del P. Semmedo). Quiero pensar que eso explica de alguna manera la tardanza en publicar libro tan pequeño como el de Gracián.

No terminan ahí los problemas planteados por los preliminares. Una vez compuesta la obra, se entregó a Murcia de la Llana, que compulsa el original con la impresión y prepara la Fe de erratas que viene en el pliego inicial (¶4^r) con 29 erratas recogidas, lo que la convierte en una fe nutrida, si se tiene en cuenta la labor habitual de la mayor parte de los correctores en nuestro Siglo de Oro (y especialmente la del homónimo padre de nuestro revisor, que ha pasado a la historia por sancionar sin rebozo alguno todo tipo de gazapos en los impresos áureos). Pero además de extensa, es significativamente curiosa, porque se detiene en el folio 50, cuando el librito del jesuita constaba de 152 hojas foliadas. Lo más probable es que al corrector no le diera tiempo más que de llegar al lugar indicado (es decir, aproximadamente a la mitad del discurso XVII). Claro que, tratándose de Gracián, no se me escapa la posibilidad de que, llegada la corrección a ese punto, el propio autor se hubiese hecho cargo de la supervisión del texto. La cuestión no es baladí, pues en obra tan difícil como el *Arte de ingenio* habría resultado extraordinariamente útil disponer de un texto lo más cercano posible al original manuscrito. Pero no lo sé, porque los errores a partir del folio 50 menudean, al igual que hasta allí. Parece claro que la revisión del texto sólo se completó en una tercera parte del total. Al editar, por lo tanto, habrá que ir con pies de plomo, ya que no lo tuvieron con el de los tipos de la imprenta.

---

[16] Francés, establecido como librero en Madrid, tenía la tienda en la Carrera de San Jerónimo, como recuerda Jaime Moll en el lugar citado. Seis años más tarde, Gracián aún seguiría en tratos con este mercader de libros (véase la carta de Gracián, 30 de marzo de 1648, en las *Obras completas* citadas, vol. II, pág. 913).

Queda una última cuestión antes de salir de los preliminares del libro. Si se estudia el texto de estos con algún detenimiento, puede apreciarse cómo Gracián albergó ciertas dudas sobre el título definitivo que daría a la obra. El Padre Juan Bautista de Ávila, al aprobarla el 31 de octubre de 1641, dice: «he visto un libro intitulado *Arte de ingenio, y Agudeza*», denominación que repite a la letra la Licencia del Ordinario. Así aparece también en la Suma del Privilegio y en la Suma de la Tasa. Es indudable que esta titulación se asemeja bastante a la que encabezará la segunda redacción del libro, *Agudeza y Arte de Ingenio*, la que se ha venido editando modernamente. Sin embargo, Gil González Dávila, el 18 de noviembre de 1641, vio un libro llamado «*Arte de ingenio, Método de Agudeza*, escrito por Lorenzo Gracián». Y Murcia de la Llana dice en la Fe de erratas citada: «Este libro, intitulado *Arte de ingenio, Tratado de la Agudeza*». Todo ello patentiza una vacilación en el título inicial que termina por ser modificado (no por última vez) en la forma que indica Murcia de la Llana. Este último es el definitivo, el que aparece en la portada del volumen de 1642 y el que encabeza el discurso I, y es con el que entiendo se debe designar la obra, por más que abreviadamente se aluda a ella como *Arte de ingenio*.

* * *

A comienzos de 1642, pues, Gracián lanza a la palestra literaria madrileña su *Arte de ingenio, Tratado de la Agudeza*. Se lo dedica al Príncipe Baltasar Carlos, primogénito de Felipe IV, que habría de morir, adolescente, justo en la querida Zaragoza de Gracián cuatro años más tarde, truncando así todos los anhelos del monarca y parece que también los del jesuita, que le apoda aquí mismo «esperanza única de la monarquía católica». Independientemente de las razones más o menos prácticas que pudieran haberle llevado a escoger el personaje bajo el que ampara su nueva obra, es evidente que la homonimia hubo de pesar en la elección, por más que el aragonés finge buscar la correspondencia con uno de los reyes magos, que le sirve de correlato en la alabanza. Pero las razones prácticas pueden adivinarse. Parece que Gracián está intentando abrirse paso en la Corte madrileña, y parece que ha decidido, por fin, ser algo zalamero. El final de la Dedicatoria resulta muy interesante en ese aspecto:

> Conságrase, pues, este mi atrevido asunto, no sólo al patrocinio, sino al empleo de las Heroicas Proezas de Vuestra Alteza para blasonarlas con todas las plumas de la Fama en sus Conceptuosos Escritores. Viva, Reine y Triunfe Vuestra Alteza Siglos a desseos.

Las lecturas pueden ir muy lejos, porque es dado pensar que ofrece un método a los escritores (conceptuosos) para consignar por escrito (de palabra) las agudezas de acción que pudiera llevar a cabo el Príncipe en un futuro más o menos próximo. Pero quizá lo apuntado se quiebre de sutil. Sin embargo, no me parece descabellado adivinar en este párrafo de despedida una velada alusión a alguno de los personajes que habían atraído la amistad de Gracián a su paso por Madrid, como el citado Antonio Hurtado de Mendoza, secretario de Felipe IV y a la par autor elogiado en varias ocasiones por el jesuita en el *Arte de ingenio*, donde se le llama en dos ocasiones «sentencioso» y se pondera su valor ingenioso[17]. Algo de eso debe de haber, por cuanto el Príncipe cuenta en esos momentos trece años, y la Dedicatoria sólo a largo plazo podría dar el resultado apetecido.

Antes de abandonar el párrafo citado, conviene no olvidar la mención que hace Gracián del «atrevido assunto» de su libro. Y para explicarlo, nada mejor que dejar ya el paratexto del género «arrimos de palacio» y pasar a la advertencia «Al lector»[18]. Allí, al final, olvidándose del destinatario de sus palabras, el autor da un quiebro y se dirige a su propia creación: «Y tú, ¡oh, libro!, aunque lo nuevo y lo raro te afianzan...».

---

[17] Gracián le apoda, amén de sentencioso e ingenioso, «gran Autor», «en competencia de Plauto» (en los discursos XXII, XXXVII, XLIX), además de citar varias obras suyas como ejemplos de agudeza.

[18] Para el lector —culto— que desea Gracián, véase Virginia Ramos Foster, «A Note on Gracián's *Agudeza y arte de ingenio*...», págs. 611-613. Y, desde luego, lo que dice él mismo en la advertencia «Al Lector»: «... principalmente por la diversidad de gustos para quienes se sazonó. El Predicador [...]; el humanista.[...] el Filósofo [...]; el Historiador [...]; el Orador [...]; y el Poeta...»

Idea que se volverá a repetir una vez más en el discurso I del *Arte de ingenio*: «Fácil es adelantar lo comenzado; arduo el inventar». Lo nuevo, lo raro, inventar, asunto atrevido... Gracián tiene conciencia de que pisa por territorios nuevos, si no desconocidos, al menos no explicados hasta entonces, y que lo hace no como tránsfuga, sino como explorador. Es obvio que está buscando un puesto personal en el terreno de la Didáctica, y que la década de 1640 se lo dará, al confirmarle como un autor de *artes*[19]. Si en 1642 desvela esta, la de ingenio, en 1647 verá la luz el *Oráculo manual*, un arte de prudencia, como se indica desde el mismo título, arte esta última que ha de servir para coronar el juicio[20]. Queda meridianamente claro a la luz de las palabras que abren esta advertencia al lector: «He dedicado algunos de mis trabajos al juicio; este dedico al Ingenio. Teórica flamante...». Aunque en la segunda redacción de 1648 insertará una frase relativa al *Oráculo*, dado que aún estamos en 1642, la referencia ha de ser necesariamente a *El Héroe* y a *El Político* (publicados en 1637 y 1640, respectivamente). Pero lo que importa de todo ello es que se percibe una línea clara que va desde el juicio hasta el ingenio[21] como constitutivos del arte literario de Gracián.

Tanto el uno como el otro contaban con larga tradición, especialmente en solitario, pero también en pareja, como los sitúa Gracián. Ya Cicerón había hecho aparecer el ingenio como una potencia arcaica, no deducible, que eleva al hombre por encima de otras maneras de pensar. Lo caracterizaba el de Arpino como fuente del *ars inveniendi* frente a la *ratio* como origen del *ars judicandi*[22]. A esa tradición es a la que se

---

[19] Fernando Lázaro Carreter, «El género literario de *El Criticón*», pág. 69.

[20] Concebida ya, aunque seguramente no parida, en estas fechas. Véase, si no, cómo concluye el discurso L del *Arte de ingenio*: «Es el Arte cuarta y *moderna* causa de la Agudeza. [...] Corone el Juicio el Arte de Prudencia, perficione el Ingenio el Arte de Agudeza. Si toda ciencia que atiende a reformar actos del entendimiento es noble, la que aspira a realzar el más sutil bien merece el renombre de Sol de la Inteligencia. Consorte es del Ingenio, Progenitora de la Sutileza» (cursivas mías).

[21] Cfr. Ricardo Senabre, *Gracián y «El Criticón»*, págs. 57 y ss.

[22] *Tusculanae Disputationes*, I, xvi, 38; I, xxv, 33, etc. Pero lo tomo de Ernesto Grassi, *La Filosofía del Humanismo. Preeminencia de la palabra*, Barcelona, Anthropos, 1993, pág. 116.

apunta el Vives de *De disciplinis* cuando habla del ingenio como origen de las artes: éste tiene una fuerza cuya característica principal podría definirse como lo agudo, en tanto que la tarea de la razón será ordenar de forma deductiva lo que el ingenio había hecho accesible:

> dedit natura homini sensus in corpore; in animo vero acumen, quo cernat, speculetur, intelligat, apprehendat; tum judicium, quo sparsa et dissipata velut indagine quadam colligat[23].

La mención de Vives no es casual, porque el jesuita había encontrado en los humanistas las pautas necesarias para orientar el saber hacia las necesidades de su tiempo[24]. Especialmente en el valenciano, a quien tributará un encendido elogio en *El Criticón*, y que venía siendo lectura frecuente de los jesuitas casi *ab ovo*, ya que, aunque quizá hubo algunas reticencias en un primer momento, con el paso del tiempo fue desplazando a Erasmo en los estudios de la Compañía[25].

Y ni siquiera hace falta pensar en Vives. La mención conjunta de juicio e ingenio entre los humanistas debía estar al cabo de la página en cuanto el autor en cuestión despuntase un poco. Estoy pensando, por ejemplo, en Juan de Valdés, que no pierde oportunidad de retratar juntos a uno y otro en casi todas sus obras. Desde el *Diálogo de la lengua*, donde el Valdés personaje llama plebeyos y vulgares «a todos los que son de baxo ingenio y poco juizio», y donde, parece que siguiendo a Cicerón, vierte en vulgar lo que el de Arpino y Vives decían en latín:

---

[23] Juan Luis Vives, *De disciplinis*, pero lo tomo de Grassi, *op. cit.*, pág. 116, n. 28. Y véase también Emilio Hidalgo-Serna, *El pensamiento ingenioso...*, páginas 172-173.

[24] Cfr., por ejemplo, Jorge M. Ayala, «La formación intelectual de Baltasar Gracián», pág. 29.

[25] Para la mención del *De conscribendis epistolis* en *El Criticón*, *vid.* allí, II, xii. Para la lectura de Vives por parte de los jesuitas, véanse B. Bartolomé Martínez, «Las cátedras de gramática de los jesuitas en las Universidades de Aragón», *Hispania Sacra*, XXXIV (1982), pág. 50; o Luis Gil, *Panorama social del humanismo español (1500-1800)*, Madrid, Alhambra, 1981, pág. 537, n. 2.

VALDÉS: No me acuerdo, por mi fe, pero séos dezir que a mi ver era hombre de bivo ingenio y claro juizio.

PACHECO: Dezidme, por vuestra fe, *aunque sea fuera de propósito, porque ha muchos días que lo desseo saber*, qué diferencia hazéis entre ingenio y juizio.

VALDÉS: El ingenio halla qué dezir, y el juizio escoge lo mejor de lo que el ingenio halla y pónelo en el lugar que ha de star, de manera que de las dos partes del orador, que son invención y disposición (que quiere dezir ordenación), la primera se puede atribuir al ingenio y la segunda al juizio[26].

Desde allí hasta el *Alfabeto cristiano* o hasta *Las ciento diez divinas consideraciones*. Claro que, como a Juan de Valdés la intelección que le interesa es de otro tipo que la de Gracián, la diferencia le vale de poco, porque ni uno ni otro (ni la industria humana) sirven para entender a Dios, lo que se habrá de hacer «por revelación e inspiración»[27]. La lista de autores que establecen el distingo puede aumentarse con relativa facilidad. Me contento, por no ser tedioso, con cerrar el elenco con Pedro de Medina, quien pone en boca de la Verdad lo siguiente:

A esso que pides, hombre, has de saber que el ánima racional, assí como tiene diversas razones y operaciones, assí tiene diversos nombres: [... memoria ... entendimiento ... voluntad ...] También se dize razón en quanto discierne unas cosas de otras, y dízese ingenio en quanto investiga y rastrea las cosas[28].

* * *

[26] Juan de Valdés, *Diálogo de la lengua*, en *Obras Completas, I*, ed. Ángel Alcalá, Madrid, Biblioteca Castro, 1997, págs. 195 y 250-251, respectivamente; las cursivas son mías. Citaré siempre las obras de Valdés por esta edición. Véase también la pág. 232, cuando Valdés, hablando del estilo, vuelve a indicar que *ingeniar* es «inventar con el ingenio».

[27] Por ejemplo, en el *Alfabeto cristiano*, pág. 379. De *Las ciento diez divinas consideraciones*, valga la número 36, pág. 563; o la 43, de donde saco: «se podrán bien certificar que ni con yngenio ni con juycio ni con yndustria umana an alcanzado el bien de la piedad y el bien de la justificación, sino propiamente por divina revelación, por divina yspiración y por Espíritu Santo» (pág. 578).

[28] Pedro de Medina, *Libro de la verdad, donde se contienen dozientos diálogos que entre la verdat y el hombre se contrastan sobre la conversión del pecador*, Toledo, Miguel de Ferrer, 1566 (BNM R-22.869), fol. XLVIr-v.

Si con anterioridad Gracián ha dedicado algunos trabajos al juicio, este se lo dedica al ingenio. Ahí está la novedad que anticipaba en la Dedicatoria, en la advertencia al lector y en el primero de los discursos del *Arte de ingenio*. El ingenio tiene un papel fundamental en los libros de Gracián, pero lo cierto es que en ellos no se encuentra una definición completa de esta facultad[29]. De ahí que la aprehensión del concepto 'ingenio' en el jesuita deba realizarse a través de la lectura de su obra. Pero es obvio que Gracián no arranca en vacío: hay toda una tradición referente al ingenio desde la Antigüedad.

En su sentido originario, la voz *ingenio* significaba 'naturaleza' o 'physis', y servía por igual para designar tanto la naturaleza de las cosas inanimadas como de las animadas (entre las cuales, claro, la del hombre). Lo que sucede es que en este último caso, el del hombre, hay desde bien pronto un desplazamiento semántico que permite aplicar la voz *ingenio* a un conjunto de actividades intelectuales inherentes al ser humano, entre las cuales conviene subrayar «la actividad inventiva y el vigor intelectual para resolver las cuestiones difíciles»[30]. Junto a este sentido, se agregó otro de carácter más práctico e inmediato: el que abarcaba los productos o efectos del ingenio, tanto si se trataba de pensamientos ingeniosos como de obras o acciones dotadas de ingenio. No es otro el significado original de la voz «ingeniero», que puede aludir a 'el que fabrica máquinas de guerra', o bien a 'el que tiene sutil y delgado ingenio', como recuerda el *Tesoro* de Sebastián de Covarrubias. La raíz ha servido para designar en casi todas las lenguas europeas el sentido técnico y militar (fr. *engin*, it. *ingegno*, ingl. *ingine*, port. *engenho*, esp. *ingenio)*, aunque no el sentido abstracto, el aspecto intelectual o estético, el que ha trascendido desde el punto de vista cultural. Para esta acepción, las mismas lenguas han especializado raíces diferentes, ya desde el latín *(accuitas)* hasta las modernas (fr. *esprit-genie*, it. *accutezza*, ingl. *wit-wittiness*, port. *agudez*, esp. *agudeza)*.

---

[29] Peter Werle, «*Arte de ingenio*. Überlegungen zur Gattungszugehörigkeit...», pág. 107.

[30] Sigo la ajustada exposición de Jorge M. Ayala, «El "ingenio" en Huarte de San Juan y otros escritores españoles» (págs. 213 y ss.).

Desde antiguo también, toda una serie de tratadistas retóricos (Aristóteles, Hermógenes, Cicerón y Quintiliano) se ocuparon del ingenio, aunque sin profundizar excesivamente en él. No se puede olvidar que el objetivo fundamental de la retórica desde sus inicios consiste en persuadir, convencer, programa en el que el discurso ingenioso no encaja perfectamente porque la mayor parte de las veces el objetivo de este último es vencer. Quizá por eso, el estilo ingenioso tardará en aparecer en la Roma clásica (aunque hay apuntes sueltos en multitud de autores, y especialmente en los comediógrafos latinos, lo cierto es que hasta Marcial en poesía, Tácito en el discurso histórico y Séneca en la reflexión filosófica, no hay un cultivo sistemático de esta variedad). Si se añade a ello que Cicerón y Quintiliano censuraron los excesos verbales de la ingeniosidad para el discurso, se comprende fácilmente la contención del pensamiento acerca del discurso ingenioso[31].

El cristianismo modificará la situación, y la Edad Media va a abrir camino a las nuevas artes de pensar, cuyo objetivo pasaba necesariamente por reducir el saber a un principio universal gracias a un sistema. El siglo XVI, en ese sentido, supondrá una revolución, porque la búsqueda de nuevos caminos y la exploración de otros antiguos pero abandonados franqueará el paso a nuevos autores (por ejemplo, Plutarco) y nuevos géneros como el dicho, el apotegma, la facecia, la anécdota..., géneros todos donde la risa, lo irracional, la gracia y la ingeniosidad verbal saltan en cuanto se transitan sus páginas[32]. No parece de recibo prescindir de los nuevos lectores, que solicitarán también materia para las horas de recreación, donde descansen algunos espíritus afligidos y otros que no lo estaban tanto.

Ahora bien, ese interés por el ingenio explica los antecedentes de este concepto en el siglo XVII, pero es distinto. Si

---

[31] Jorge M. Ayala, *loc. cit.*, pág. 214.
[32] Véase Charles Speroni, *Wit and Wisdom of the Italian Renaissance*, quien señala que el Renacimiento demostró un interés especial «in witty anecdotes of all types, and in all sorts of apophthegms, maxims, proverbs, and proverbial phrases» (pág. 1).

se atiende a la caracterización que del ingenio hacen Luis Vives (en *De anima),* Huarte de San Juan (en su *Examen de ingenios)* o el tardío Cervantes en algunos de sus personajes, hay que valorar sobre todo su interés y el uso concreto del concepto, pero no hay «una verdadera incursión» en él durante el Renacimiento[33]. Quizá porque para los autores renacentistas, el *ingenium* era una noción unitaria que representaba el fondo sustancial del ser, su unidad; un concepto, por tanto, de sentido ontológico. La voz es equívoca, una de las más equívocas del latín, y sobre ella (identificada a veces con la sensibilidad, otras con el entendimiento o la imaginación), la poética renacentista edifica su reflexión[34].

El interés por Marcial y el cultivo del epigrama será capital para el estudio de la agudeza[35], porque se empezará por analizar los mecanismos ingeniosos en el ámbito de esta forma poética para terminar buscándolos en todo tipo de discurso[36]. Pueden distinguirse tres etapas o tres tipos de análisis en este campo del ingenio:

> El primero, elaborado por Gallo, Vavasseur y, sobre todo, por Mercier, consiste en una clasificación de los diversos casos de agudeza. El segundo trata de deducir a partir de un primer principio las fuentes y los cauces por los que discurre la agudeza. Este trabajo de reducción a la unidad se debe fundamentalmente a Tesauro y a sus sucesores Morhof y Masen. Por último, el tercer momento ha sido el de la combinación de modelos de funcionamiento capaces de producir re-

---

[33] Jorge M. Ayala, «El "ingenio" en Huarte de San Juan...», págs. 216-223.

[34] F. Maldonado de Guevara, «Del "Ingenium" de Cervantes al de Gracián», págs. 101-106.

[35] Véanse en este sentido Ernst Robert Curtius, *Literatura Europea y Edad Media Latina,* pág. 110; y, claro, Mercedes Blanco, *Les Rhétoriques de la Pointe, passim.*

[36] Pueden servir de ejemplo los *Poetices libri septem* de Julio César Scaligero (libro III, cap. 125, fols. 389 y ss., BNM U-7.006) y, algo más tarde, el *Viridarium* del P. Mendoza, «Nullum poema iucundius epigrammate, nullum item difficilius» (BNM 7-14.243, pág. 154). Como señala Aurora Egido, entre nosotros son interesantes las ideas del Pinciano sobre el epigrama *(La página y el lienzo. Sobre las relaciones entre poesía y pintura en el Barroco,* Zaragoza, Real Academia de Nobles y Bellas Artes de San Luis, 1989, pág. 29, n. 19).

cursos retóricos en serie. Sarbiewski, Tesauro y Masen han ofrecido los ejemplos más espectaculares[37].

En ese ambiente de exaltación del ingenio se formó necesariamente Gracián, puesto que en los estudios de la Compañía se atendía con intensidad a esta fuerza. De hecho, en el quinto curso, el llamado precisamente de retórica, se hacía prevalecer la habilidad y la imaginación por encima de la imitación, con la consiguiente hipervaloración del ingenio[38]. Por eso no es extraño que desde sus primeros libros, el jesuita haga hincapié sobre esta función del entendimiento. Basta leer el comienzo de *El Héroe* para darse cuenta de que la representación que hace de la persona se basará en adelante en una tríada de elementos: el genio (o inclinación y disposición particular), el entendimiento (que puede manifestarse desde el punto de vista del juicio o desde el ingenio) y el gusto.

Es lo mejor de lo visible el hombre, y en él el entendimiento; luego sus vitorias, las mayores.
Adécuase esta capital prenda de otras dos: fondo de juicio y elevación de ingenio, que forman un prodigio si se juntan.
Señaló pródigamente la filosofía dos potencias al acordarse y al entender. Sufrásele a la política, con más derecho, introducir división entre el juicio y el ingenio, entre la sindéresis y la agudeza.
Sola esta distinción de inteligencias pasa la verdad escrupulosa, condenando tanta multiplicación de ingenios a confusión de la mente con la voluntad.
Es el juicio trono de la prudencia, es el ingenio esfera de la agudeza... (*El Héroe*, primor III).

No se hacen extraños estos párrafos al lector del *Arte de ingenio*, como tampoco los del primor V, dedicado al «gusto relevante». Todo ello demuestra que el problema del ingenio se en-

---

[37] Jorge M. Ayala, «El "ingenio" en Huarte de San Juan...», págs. 214-215.
[38] Jorge M. Ayala, «La formación intelectual de Baltasar Gracián», pág. 20. Véase también la *Ratio Studiorum*: «... los discípulos [de las clases inferiores] además de ejercitar la memoria, cultiven también el ingenio»; al profesor de Humanidades se le dice que los alumnos «deben estimular el ingenio» (pueden verse los textos completos en C. Labrador *et al.*, *La «Ratio Studiorum» de los Jesuitas*, Madrid, UPCM, 1986, págs. 87 y 103).

cuentra en el origen de la producción graciana, al igual que algunos de los otros conceptos citados. Junto al juicio, el ingenio sirve para conocer la naturaleza porque su objeto de conocimiento es lo concreto. Pero si el juicio ha de servir para conocer la verdad por medios lógicos, el ingenio sólo lo puede hacer desde una perspectiva conceptuosa, aguda, orientado por el gusto.

El ingenio, en fin, es un método de conocimiento que permite penetrar la realidad, porque descubre relaciones entre elementos diversos de aquella, pero también faculta a sobrepasar lo real, dado que posibilita al entendimiento superar el nivel lógico-racional para explorar nuevas facetas que van más allá de la lógica. Todo ello dice bien con la visión metafísica de la realidad como vestigio de la divinidad que se puede apreciar en Gracián[39]. La lógica ingeniosa supera así las categorizaciones en géneros, especies y diferencias de la lógica aristotélica para buscar conexiones y relaciones entre cualesquiera elementos de la realidad. Su objeto podría ser «la interpelación de lo singular y de todo cuanto escapa a la visión abstracta de la razón, al universal»[40]. Es decir, que a lo largo de sus obras, Gracián establece las bases de un método gnoseológico completo, que estriba en conceptos como discreción, prudencia... e ingenio. Pero si los dos primeros son codificables por medio de un conjunto de reglas, ¿cabe esa posibilidad en el caso del ingenio?

Gracián titula la primera versión de su tratado sobre el ingenio *Arte de ingenio, Tratado de la Agudeza*. En esta primera edición, los dos sintagmas nominales que le sirven para dar título a su obra son sinónimos: *Arte de ingenio* equivale a *Tratado de la Agudeza*[41]. Cualquier lector de la época entendería

---

[39] Jorge M. Ayala, «Baltasar Gracián y el ingenio», pág. 185.

[40] Son utilísimos en este sentido los trabajos de Emilio Hidalgo-Serna, «Origen y causas de la "agudeza"...», pág. 477; «La "agudeza de acción" en *El Héroe*, *passim*; «Il problema filosofico dell'*Agudeza y arte de ingenio*»; y especialmente todo su *El pensamiento ingenioso en Baltasar Gracián*. En estos trabajos se acentúa también la importancia de la facultad del gusto en el jesuita, y su originalidad a la hora de acuñar la metáfora del buen gusto.

[41] Fernando Lázaro Carreter, «El género literario de *El Criticón*», pág. 68. En el mismo sentido, José María Aguirre, «Agudeza o arte de ingenio y el Barroco», pág. 186: «los dos primeros términos del título incluyen, pues, una igualdad, o a lo menos, una analogía: agudeza como ingenio («tratado» como «arte»)».

por arte «la facultad que prescribe reglas y preceptos para hacer rectamente las cosas», según recoge el *Diccionario de Autoridades*, pero el sentido de la voz es bien conocido desde la *Ética a Nicómaco* de Aristóteles: «Ars habitus est quidam faciendi vera cum ratione»[42].

El título debió de epatar a los lectores, porque las dos voces remitían a la tradición horaciana del *Ars poetica*, en donde se planteaba de forma teórica la oposición entre las cualidades innatas del poeta *(ingenium)* y su preparación por medio de reglas *(ars)*. En el siglo XVI, *ingenium* se opone a *ars* en las poéticas, por más que pueda descubrirse un proceso creciente de exaltación del ingenio a medida que avanza el siglo[43]. Pero lo cierto es que el jesuita contaba con precedentes a la hora de emparejar las dos voces, aunque designasen nociones bien distintas. Al menos desde la *Silva de varia lección* de Pedro Mexía es posible encontrar juntas las dos palabras: el pintor Parrasio, «así como era excelente en su arte, fue hombre de alto y singular ingenio»[44]. Está fuera de duda que aquí «arte» se refiere a la pintura, mientras que «ingenio» tiene el sentido ontológico unitario que veíamos antes en los autores renacentistas. Aunque la vinculación entre los dos conceptos es mayor, algo parecido puede decirse del siguiente texto de Paulo Jovio, donde los dos términos aparecen como complementarios:

> Ya habían passado algunos días quando, corriendo el Garellano por el medio de los dos exércitos, por mandamiento del Marqués de Mantua fueron llevadas a la ribera algunas

---

[42] Aristóteles, *Ética a Nicómaco*, VI, iv, como ya indiqué en la introducción a mi edición del *Oráculo manual*, págs. 27-30. Si se quiere en romance, véanse los *Diálogos de la pintura* de Carducho: «la Ciencia es un conocimiento de la cosa mediante la causa por la qual es, que es lo mismo que saber y poseer con conocimiento cierto y con razón la calidad de la cosa que se profesa; y Arte es un hábito operativo que tiene y ha recta razón y orden de las cosas factibles» (Madrid, Francisco Martínez, 1634, II, fol. 33v).

[43] Véase Joaquín Roses Lozano, «Sobre el ingenio y la inspiración en la edad de Góngora», *Criticón*, 49 (1990), págs. 31 y ss.

[44] Pedro Mexía, *Silva de varia lección*, ed. Antonio Castro, Madrid, Cátedra, 1989, vol. I, pág. 643.

barcas, y con maderos ajuntados de trabes con ingenio y grande industria del arte, se comenzó a hacer la puente[45].

Y si en prosa no es difícil encontrar la pareja, mucho menos en el ámbito del verso. Varios de los autores que subyugaban al jesuita, muchos de los que cita con fruición en la primera versión de la *Agudeza y arte de ingenio,* no tuvieron inconveniente en vincular los dos conceptos. Así sucede con Camoens, quien en el segundo de sus sonetos (paráfrasis a su vez de Petrarca, *In vita,* 87) concluye el segundo de los tercetos de la siguiente manera:

> Porém, pera cantar de vosso gesto
> A composição alta e milagrosa,
> Aquí falta saber, *engenho e arte.*

O Lope de Vega, quien en una epístola al Conde de Lemos incluida en *La Filomena* (1621), comienza así:

> Señor excelentísimo, si todos
> cuantos conocen vuestro entendimiento
> por voz, por pluma, o por distintos modos,
>   dejan el generoso nacimiento
> que bastaba a ilustraros como parte
> de menos levantado fundamento,
>   y alaban *el divino ingenio, el arte,*
> la fuerza superior a la fortuna
> que el influjo astronómico reparte,
>   y aquel hallar sin repugnancia alguna
> lo sutil de las cosas ocultado[46]...

Pero llama sobre todo la atención otro de los autores frecuentados por Gracián, Gabriel Bocángel, quien en *La lira de las musas* (1637) incluyó el soneto titulado «Señas de una belleza superior». El primero de los tercetos dice lo que sigue:

---

[45] Paulo Jovio, *La vida y chrónica de Gonçalo Hernández de Córdoba, llamado por sobrenombre el Gran Capitán,* Zaragoza, Esteban de Nájera, 1554, fol. LIVv.

[46] Cito por Lope de Vega, *Obras poéticas,* ed. José Manuel Blecua, Barcelona, Planeta, 1983, pág. 790. Nótese, por otra parte, la abundancia de voces habituales también en el *Arte de ingenio* de Gracián: entendimiento, ilustrar, fundamento, repugnancia, sutil, ocultado.

El arte es superior, *pero sin arte*
el ingenio es acierto y no es ventura,
el andar es compás y no es cuidado[47].

Puede que en los otros textos citados, la conjunción de las dos voces sea de lo más casual: no albergo ninguna duda al respecto. En el caso de Bocángel, sin embargo, el arte aparece directamente vinculado al ingenio; del terceto del madrileño se deduce, podría deducirse, quizá, que hay un arte de ingenio sin el cual este último es fuerza ciega que se comporta al dé donde diere. La máxima realización del ingenio (la ventura, frente al acierto casual) reside precisamente en el arte. Siendo Bocángel uno de los autores citados por Gracián en el *Arte de ingenio*, no parece descabellado pensar que hubiese leído en 1637 *La lira de las musas* y concebido la idea de un *Arte de ingenio*. También es dado pensar que la idea la tenía desde mucho antes, o ya en esos momentos[48], pero quizá hasta entonces no había decidido llamar a su libro más que *Método o tratado* de agudeza, como aparece en la segunda parte del título, y que sólo después decide emprender la otra vía, la de titular su libro *Arte de ingenio*. En cualquier caso, la duda le asaltará hasta 1641.

Con todo, no pondría la mano en el fuego por la hipótesis que acabo de exponer. A buen seguro, una búsqueda realizada con más tranquilidad por los textos de autores que Gracián cita en su obra daría resultados parejos a los expuestos. Quizá lo más sensato sea dejarlo en que, dado que las dos voces aparecen juntas en no pocos autores, en cualquier momento pudo hacer concepto y vincular dos nociones que hasta entonces anduvieron divorciadas.

Fuere como fuere, lo cierto es que es mérito único del jesuita la contradicción inherente al título que da a su primera tentativa en la codificación de los mecanismos ingeniosos: *Arte de ingenio*. La paradoja está servida desde el momento en que, como quedó indicado más arriba, el ingenio es fuerza

---

[47] Gabriel Bocángel, *La Lira de las Musas*, pero lo tomo de Ramón Andrés, *Tiempo y caída*, Barcelona, Sirmio-Quaderns Crema, 1994, vol. I, pág. 198. Las cursivas, como las de las dos citas anteriores, son mías.

[48] Cfr., «Sin salir del arte, sabe el ingenio salir de lo ordinario y hallar [...] nuevo paso para la eminencia» *(El Héroe*, VII, «Excelencia de primero»).

natural que dista de poder ser encerrada en reglas, porque va siempre a más, aspira a superarse y a saltar por encima de las relaciones lógicas de tipo aristotélico. Podrá haber ejemplos (y de hecho los hay en cantidad en este *Método de agudeza*), pero no reglas, porque el ingenio no las admite, como se hartará de repetir el jesuita en varios de los discursos de la obra[49].

Como ya he indicado, el sentido de arte estaba bien claro para los autores y lectores del Siglo de Oro, sobre todo a través de un Aristóteles (que, latino ya, infectaba prólogos y declaraciones liminares, y no lo hacía menos en vulgar) bien conocido por el jesuita. Pero quizá el sentido del título que da Gracián quedase algo más claro si en vez de pensar en el arte de que habla Aristóteles en su *Ética*, se pusiese la vista en lo que el Estagirita asevera al inicio de la *Metafísica*. Pasaje de escuela el que da comienzo al libro griego, citado y recitado con necesidad o sin ella en cientos de textos desde el siglo XIII en adelante («Todos los hombres por naturaleza desean saber»). Lo que me interesa ahora es que en ese primer capítulo de la *Metafísica*, el filósofo establece las relaciones de la experiencia con la ciencia y el arte: «la experiencia da lugar al arte y la falta de experiencia al azar»[50]. El arte se produce cuando a través de percepciones múltiples de la experiencia resulta una idea general única acerca de los casos semejantes (981a). Parece difícil negarle validez al aserto a la hora de definir el sentido de arte en *Arte de ingenio*, pues, como se verá más adelante, lo que busca Gracián no es dar las reglas exactas y fijas para producir una agudeza (y no lo hace porque no puede, según confesión propia), sino generar una idea que permita aprehender primero y producir después el fenómeno agudo.

Continúa Aristóteles indicando que se suele tener por más sabio al hombre de arte que al de experiencia, y eso porque el primero sabe también la causa, mientras que el segundo no (981a). Y es que «el ser capaz de enseñar es una señal distintiva del que sabe frente al que no sabe, por lo cual pensamos que el arte es más ciencia que la experiencia: [los que

---

[49] Varios críticos han señalado la contradicción del título de Gracián. Véase Mercedes Blanco, *Les Rhétoriques de la Pointe*, págs. 35 y 55.

[50] Aristóteles, *Metafísica*, trad. Tomás Calvo Martínez, Madrid, Gredos, 1994.

possen aquel] son capaces, mientras que los otros no son capaces de enseñar» (981b). Basta leer el comienzo del discurso L del *Arte de ingenio* para ver que Gracián se mueve en esta dirección.

Aún hay más, pues dice Aristóteles que «Es, pues, verosímil que en un principio el que descubrió cualquier arte, más allá de los conocimientos sensibles comúnmente poseídos, fuera admirado por la humanidad, no sólo porque alguno de sus descubrimientos resultara útil, sino como hombre sabio que descollaba entre los demás» (981b). ¿No es este el papel que está reclamando el jesuita desde la Advertencia al Lector?: «Teórica flamante» llama allí a su tratado, y recuérdese que el sentido del adjetivo es «lo que está nuevo, lo que no se ha ajado ni deslucido» *(Diccionario de Autoridades)*. Y buena parte del discurso I no es sino abundar en la novedad y raridad de su libro[51], en esa «excelencia de primero» que el mismo jesuita había solicitado como primor de héroe *(El Héroe*, VII). Allí precisamente había dicho de los que se dedicaban a la tarea de codificar:

> Dejó de estimar la novelera gentilidad a los inventores de las artes y pasó a venerarlos. Trocó la estima en culto, ordinario error, pero que exagera lo que vale una primería.

Y es que «No toda arte merece estimación, ni todo empleo logra crédito» *(El Héroe*, VI: «Eminencia en lo mejor»). Teniendo en cuenta lo que el mismo Gracián asegura del arte y de sus inventores, creo que no está de más conceder una plusvalía significativa a la voz «arte» en el título de la primera versión: el jesuita reclama para sí no sólo haber sido el primero en producir un arte de ingenio, sino la eminencia, la excelencia de esta[52].

* * *

---

[51] Véase más abajo el comentario de este discurso.
[52] En realidad, Gracián no fue el primero en tratar de la agudeza. En 1639 había aparecido en Génova un libro de Matteo Peregrini titulado *Delle acutezze, che altrimenti spiriti, vivezze e concetti volgarmente si appellano*. En 1646, en la advertencia a los lectores que antecede a *El Discreto*, Lastanosa acusará al italiano de plagio (ed. Egido, pág. 157), quien no tardará en contestar pública-

Hay que preguntarse, entonces, qué es lo que ofrece Gracián en esta *Arte de ingenio* que le vende al lector como novedad. Prescindiendo de los preliminares ya comentados, pueden sintetizarse los contenidos del tratado con arreglo al siguiente esquema:

I. Presentación (discursos I-III).
II. Variedad de la agudeza (discursos IV-XLVII):
   Agudeza Incompleja (discursos IV-XLI).
   Agudeza Compuesta (discursos XLII-XLVII).
III. Tratado sobre el estilo (discursos XLVIII-XLIX).
IV. Conclusión: las cuatro causas de la agudeza (discurso L).

Los tres primeros discursos sirven de introducción a la materia que va a tratar, y el título del primero de ellos ya dice bien hacia dónde apunta Gracián: «Panegírico al Arte y al Objecto». Más que definición, lo que se ofrece es un encomio, dirigido a ensalzar el Arte (de Ingenio), por una parte, y el objeto de aquel, que es la agudeza o/y el concepto. Una vez más, el jesuita reclama para sí la primacía en el estudio del ingenio, al indicar que si los antiguos atendieron a la codificación de la lógica y de la retórica, ignoraron la agudeza, limitándose a admirarla. De ahí la falta de reflexión sobre ella, así como su definición[53]. No llama la atención la aparición de las palabras «método» y «arte» referidas al mundo de la lógica y de la retórica respectivamente, dado que las dos voces tenían tradición aplicadas a cada uno de esos ámbitos.

---

mente en el prefacio de otra de sus obras, *I fonti dell'ingegno ridotti ad arte* (1650). Hay paralelos entre los dos libros, como recuerda Egido en el lugar citado a la zaga de Coster y de Croce, pero la polémica es estéril hasta cierto punto (véanse Mercedes Blanco, *Les Rhétoriques de la Pointe*, págs. 227-243 para Peregrini, y 245-246 para la disputa prologal; o Ricardo Senabre, quien asegura que el jesuita compuso el *Arte de ingenio* «teniendo a la vista» el tratado de Peregrini, *Gracián y El Criticón*, pág. 58).

[53] «Fácil es adelantar lo comenzado, arduo el inventar; y después de tanto, cerca de insuperable, aunque no todo lo que se prosigue se adelanta. Hallaron los antiguos *método* al silogismo, *arte* al Tropo; sellaron la Agudeza, o por no ofenderla, o por desahuciarla, remitiéndola a sola la valentía del Ingenio. Contentáronse con admirarla, no pasaron a observarla, con que no se le halla reflexión, cuánto menos difinición» (disc. I, cursiva mía).

Lo que sí resulta curioso es que son esas mismas palabras las que Gracián utiliza para titular su libro (arte y tratado, pero recuérdese que dudó en algún momento y llegó a rotular la segunda parte del libro con el marbete «método de agudeza»), con lo que parece estar reclamando un puesto en la codificación de la agudeza, tarea —asegura— nunca antes acometida: «ármase con reglas un Silogismo; fórjese con ellas un Concepto». De hecho, la censura de las agudezas procede de la falta de arte, «por más que sobre el ingenio». Es decir, que se trata de una fuerza viva que mendiga dirección[54].

De lo que dice Gracián se espera también, en principio, que el tratado camine hacia una definición del ingenio y de la agudeza, dada su queja de la desidia de los antiguos a la hora de hacerlo. Sin embargo, nada más alejado de la realidad del *Arte de ingenio*, que en raras ocasiones va a facilitar la tarea mediante la definición. Ahora bien, consciente del carácter teórico de su libro, a partir de aquí Gracián se va a referir con frecuencia a la imposibilidad de definir los artificios del ingenio, tanto cuando se trata de aspectos generales como cuando lo que pretende es la caracterización de variedades particulares:

> Es esta Entidad una de aquellas que son más conocidas a bulto, y menos a precisión; déjase percibir, no definir; y en tan remoto asunto estímase cualquiera descripción (disc. II).

Ante la imposibilidad de precisar, Gracián va a recurrir a una de las tácticas retóricas más antiguas, consistente en la definición por medio de imágenes, procedimiento que se inicia en este primer discurso con una metáfora alimenticia a la que volverá nuevamente («Es la Agudeza pasto del alma, ambrosia del espíritu»), y que no sólo servirá para la esencia de la agudeza, sino también para caracterizar sus variedades. Tomará las imágenes de otras artes, como la pintura, la arquitec-

---

[54] Y lo mismo con los productos del ingenio: «Son los conceptos hijos más del esfuerzo de la mente que del artificio; concíbense acaso, salen a luz sin magisterio».

tura o la joyería[55]. La utilidad del medio es evidente, pero también es cierto que su efectividad no es tan grande como la caracterización lógica, que es mucho más precisa. De ahí en parte la dificultad para entender la obra, porque se buscará siempre más el ejemplo y la descripción que la definición[56].

Al comentar el título del tratado de Gracián ya he aludido a la contradicción inherente que albergaba. Pues bien, aquella se hace patente desde el momento en que en este primer discurso pide esas reglas para el ingenio, pero no tendrá inconveniente tampoco en indicar la imposibilidad de darlas:

> No se sujeta a preceptos este artificio, por ser tanta su variedad y depender los medios de las ocasiones (disc. XXVII).

> No se pueden dar reglas ciertas y determinadas para estas sutiles consecuencias: sola la valentía y vivacidad del Ingenio es bastante para tan extravagante discurrir (disc. XXXI).

> Habló del Ingenio con Ingenio el que le llamó finitamente infinito. Sería querer medir la perenidad de una fuente pensar comprehender su fecunda variedad (disc. XLI).

En el segundo discurso, Gracián disertará sobre la «Esencia de la Agudeza ilustrada». Hasta aquí no se ha empleado ejemplo alguno. A partir de este momento, y hasta el capítulo XLIX, el jesuita no dejará de entreverar citas que ilustren su reflexión sobre la agudeza. Creo que en ese sentido hay que entender el adjetivo que acompaña a la voz en el título de este discurso. Es decir, que no se trata de la «esencia de la (agudeza-ilustrada)», sino de la «(esencia de la agudeza) ilus-

---

[55] Para la agudeza compuesta: «Cada piedra de las preciosas, de por sí, pudiera oponerse a estrella; pero, juntas en un joyel, emulan el firmamento. Composición artificiosa del Ingenio en que se erige máquina sublime, no de columnas ni architrabes, sino de asuntos y de conceptos» (disc. III). «Es el sujeto sobre quien se discurre [...] uno como centro, de quien reparte el discurso líneas de sutileza a las entidades que lo rodean...» (disc. IV). «En las respuestas prontas y prudentes de una cuestión es esmalte la Agudeza al oro de una sentencia» (disc. XXII).

[56] Cfr. Jorge M. Ayala, «Baltasar Gracián y el ingenio», pág. 179.

trada», porque lo que ofrece a partir de este momento es la reflexión solicitada en el primer discurso, ilustrada con ejemplos[57]. En esa misma dirección conviene leer los dos párrafos que a la cuestión de los ejemplos dedica en la advertencia «Al Lector». Desde allí se postulaba ya la variedad, en sus múltiples facetas, tales como la procedencia, su carácter, su contenido, los autores o la lengua:

> Afecté la variedad en los ejemplos, ni todos Sacros, ni todos Profanos; unos graves, otros corrientes; ya por la hermosura, ya por la dulzura. Principalmente por la diversidad de gustos para quienes se sazonó. [...] Tomé los ejemplos de la lengua en que los hallé, que si la Latina blasona al relevante Floro, la Italiana al valiente Taso, la Española al culto Góngora y la Portuguesa al afectuoso Camoens. Previne la explicación a los de extraña lengua; y si frecuento los Españoles, es porque la Agudeza reina en ellos, así como la Erudición en los Franceses, la Elocuencia en los Italianos y la Invención en los Griegos[58].

El discurso II lo inicia de nuevo con formulación comparatista-imaginaria:

---

[57] Creo que la distinción tiene su importancia, por varias razones. La primera, porque dado el uso que de ilustrado se hace en la época, el sentido que propongo parece el más correcto. En segundo lugar, porque si se tiene en cuenta que aquí, en este discurso, va a hablar fundamentalmente del concepto, cabría entender el sintagma graciano como que la 'esencia de la (agudeza ilustrada)' es el concepto, que también es cierto, por otra parte. Para el uso de «ilustrado», recuérdense, entre otros, el *Tácito español ilustrado con aforismos* (Madrid, 1614), el *Dioscórides [...] ilustrado con anotaciones* (Valencia, 1636), *El mejor príncipe Trajano Augusto [...] ilustrado con márgenes y discursos* (Madrid, 1622), *El místico Serafín de San Buenaventura [...] ilustrado con varios discursos* (Barcelona, 1622), o el *Iob evangélico stoyco ilustrado* (Zaragoza, 1638)..., todos son libros de doctrina que dan reglas, la misma aspiración utópica del *Arte de ingenio*.

[58] Nótese un par de datos: por una parte, la voz «prevenir» tiene aquí el sentido de 'ofrecer', por cuanto en la mayor parte de los casos el jesuita aporta, si no traducción, al menos paráfrasis explanatoria del texto latino citado (lo que, dicho sea de paso, exime de dar al pie de la página la versión castellana del texto —véase *infra* la «Nota a esta edición»). Por otra parte, en la serie de autores citados en esta advertencia, hay uno que extraña, Taso, a quien solamente se cita una vez (no así en la segunda redacción, donde el número de menciones se incrementa): los demás campean en su agudeza a lo largo de las páginas del *Arte de ingenio*.

Si el percibir la Agudeza acredita de Águila, el producirla empeñará en Ángel: empleo de Querubines y elevación de hombres, que remonta el ser a extravagante Jerarquía.

Menudearán a partir de aquí las alusiones angélicas en estos primeros lances con el ingenio, y tampoco serán extrañas las referencias a la altura o superioridad de la agudeza o del concepto: «grande agudeza» (o sutileza o delicadeza)[59], «mayor agudeza», «grande ingenio», «mayor ingenio» pululan por todo el texto como indicativos de la excelencia intelectual del proceso que lleva al artificio agudo. El ingenio siempre va a más[60], y así habrá «victorias del ingenio» en varias de sus especies[61], significadas a veces en la imagen de la palma[62]; en otros lugares un tipo del proceso agudo comentado será «el sumo artificio» dentro de esa variedad. Pero lo más llamativo a partir de este momento será la imagen de la doble proporción. Hay toda una serie de artificios conceptuosos que duplican a los demás o al que se acaba de exponer inmediatamente antes. Sólo en los discursos dedicados a la agudeza incompleja, Gracián empleará esta proporción en veinte ocasiones: «Duplicó la contraposición ingeniosamente el tan discreto como magnánimo Augusto»; «La mezcla de Proporción y Improporción duplica la sutileza» (disc. V); «Dóblase el Misterio cuando se carea con otro semejante» (disc. VI);

---

[59] Gracián emplea continuamente «sutileza» como sinónimo de 'agudeza'. En mucha menor medida, «delicadeza» parece hacer también las veces de 'agudeza'.

[60] «¡Oh, cuánto es en los súbitos casos el ingenio! Crece en los aprietos por antiparístasi, hasta desconocerse a sí mismo. En las demás sutilezas discurre, *pero en esta vuela [...] hasta coronarse de los rayos solares*» (disc. XXVII, cursiva mía). Véase Jorge M. Ayala, *Reflejo y reflexión...*, pág. 29.

[61] «Adelantó otro, que ay vitorias en el Ingenio» (disc. IV); «No se contenta con desempeñarse esta sutileza, sino que vence» (disc. XXIX); «un sutilísimo medio de vencer y salir con el intento» (disc. XXX). Compárese la *Ratio studiorum*: «estimulen a los discípulos con pequeños galardones privados que proporcionará el Rector del Colegio, o algún distintivo de victoria, cuando uno ha vencido a su contrario...» *(La Ratio Studiorum...*, pág. 71).

[62] El ingenio, «cual suele la vitoriosa planta, no sólo no cede al peso, ni se rinde al ahogo, pero crece entonces a privación y se descuella» (disc. XXVII); «A esta especie de Conceptos dieron nuestros Españoles la palma de la sutileza» (disc. XL).

«Es el Reparo el acto máximo del Ingenio: [...] duplica el arte al misterio» (disc. VII), y así hasta el discurso XLI: «Dóblase algunas veces la corrección con mucho artificio». Las imágenes indicadas vienen a dar la razón a Gracián: si el ingenio siempre va a más, el objeto de estudio es volátil, y por tanto resulta casi imposible su definición y su codificación, aunque no los ejemplos.

Gracián repite de alguna manera en este discurso la estructura del *Arte de ingenio*. Si en el marco de los cincuenta discursos, los números I y L son únicamente teóricos, mientras que la mayor parte de los restantes tiene también ejemplos, en este segundo Gracián empieza y termina hablando de la Agudeza. De hecho, el cierre del segundo discurso no puede ser —aparentemente— más explícito: «Esta es la Esencia de la Agudeza en común. Iránse distinguiendo sus géneros y especies por sus propias diferencias». Pero en los párrafos intermedios, se introduce un elemento que ya se había mencionado cuatro veces en el *Panegírico* anterior: el Concepto.

Para definir el Concepto, hay que ingeniárselas. Quiero decir, salvada la formulación aguda, que desde este mismo momento el jesuita está poniendo en práctica toda su teoría: por una parte, no facilita la intelección de su concepto del Concepto (a buen seguro, buscando esa dificultad que hace más agradable después lo que se logra entender); por otra, porque hace falta ayudarse de la fuerza potente del ingenio para entender qué sea el Concepto de Gracián. Y es que la teoría que ofrece sobre él en esta primera versión del *Arte de ingenio* es bien escasa. Tras indicar, como quedó señalado más arriba, que no se deja definir, va a intentar una descripción, para terminar arriesgándose en una definición. Eliminados los ejemplos (fundamentales para entender la reflexión), lo que dice Gracián del concepto en el discurso II es lo siguiente:

Lo que es para los ojos la hermosura y para los oídos la consonancia, eso es para el Entendimiento el Concepto. [...]

Pero esta conformidad o simpatía entre el concepto y la potencia en alguna otra perfección se funda, causa radical de conformarse la Agudeza y diformarse su contraria, y ese es el verdadero constitutivo que rastreamos.

39

Toda potencia intencional del alma goza de algún artificio en su objeto; la proporción entre las partes del visible es hermosura; entre los sonidos, consonancia. [...] Destínanse las artes a estos artificios, adelantando y facilitando su perfección. Atiende la Dialéctica a la conexión de términos para formar un silogismo, y la Retórica al ornato de palabras para componer una figura.

De aquí se saca con evidencia que el Concepto consiste también en artificio, y el superlativo de todos. No se contenta el Ingenio con sola la verdad, como el juicio, sino que aspira a la hermosura [...]

Resaltan más con unos que con otros los extremos cognoscibles; y el correlato que es realce para uno es lastre para otro. Consiste, pues, este artificio conceptuoso en una primorosa concordancia, en una armónica correlación entre los cognoscibles extremos, expresa por un acto del entendimiento (disc. II).

¿Qué es entonces lo que hay detrás de un «concepto»? En el siglo XVII (y también antes, ya en el XVI), las palabras «concepto» y «concetto» aparecen con frecuencia en España y en Italia. Con mayor o menor claridad, más o menos repensada, la voz significaba algo concreto para los escritores de la época[63]. Parece fuera de duda que ese sentido del «concepto» ha variado hasta los tiempos modernos, de ahí la dificultad de entender la noción. Tratar hoy de ella, tal y como la define Gracián, plantea a mi modo de ver varios problemas. En primer lugar, una bibliografía abrumadora. Prácticamente todos los autores que han estudiado a Gracián se han detenido a precisar el campo semántico del concepto graciano (y no podía ser de otra manera, puesto que es fundamental en la estética del jesuita)[64]. En se-

---

[63] Fernando Lázaro Carreter, «Sobre la dificultad conceptista», págs. 15 y ss.

[64] En la Bibliografía recogida al final de este prólogo aparecen los trabajos citados. Ya en 1988, Mercedes Blanco listaba toda una serie de estudios clásicos que, hasta la fecha, se habían detenido en la esencia del concepto. Véase «Ingenio y autoridad en la cita conceptista», pág. 107, n. A los que habría que añadir, naturalmente, los suyos publicados en *Criticón* 1988, Slatkine 1992... Los de Benito Pelegrín los recoge él mismo en nota a su «Física y metafísica del estilo de Baltasar Gracián», pág. 64, n. 15. No han de faltar los siempre interesantes de Emilio Hidalgo-Serna, que a otros efectos se han citado y se mencionarán de nuevo. Repito: andan todos al final, y el hecho de que no se mencionen abusivamente procede sólo de un deseo de simplificar al lector no especializado —destinatario de estas líneas— el tránsito por estas páginas.

gundo lugar, ha contribuido a enturbiar el análisis la oposición radical que durante largo tiempo han difundido manuales e historias de la literatura entre conceptismo y culteranismo, cuando desde hace ya años las dos nociones no aparecen como enfrentadas sino como manifestaciones distintas pero con amplias zonas de contacto. Dicho de otra manera, que las nociones no se oponen: se superponen[65]. Y en tercer lugar, que la definición dista de estar totalmente consensuada, pese a los ímprobos esfuerzos por acotar el sentido del término.

Por lo que hace a esta última, hay que recoger: una serie de datos, por un lado; una actitud, por otro; y finalmente una serie de opiniones. Los datos tienen que ver con el sentido de la voz concepto en el siglo XVII y el uso 'comodín' que Gracián hace de ella. Hacer ver al lector actual lo que el escritor coetáneo de Gracián (Quevedo...) entendía por «concepto» (y también por «agudeza») no resulta sencillo, porque se ha perdido buena parte de su carga semántica. Como hipótesis de trabajo, puede decirse que por concepto entendían los tratadistas «todo tipo de hallazgos en la escritura o en las artes»[66], de forma que los escritores, y especialmente los poetas, componían sus piezas con vistas a un concepto final en donde confluyen todos los hilos que han ido tejiendo previamente en el poema[67]. El otro dato, crucial, es que los términos «concepto» y «agudeza» se intercambian en la obra

[65] La bibliografía vuelve a ser extensa. Véanse, entre otros, los clásicos de Fernando Lázaro Carreter, «Sobre la dificultad conceptista», *passim*, y de Félix Monge, «Culteranismo y conceptismo a la luz de Gracián», *passim*. A partir de ahí pueden verse Edward Sarmiento, «Sobre la idea de una escuela de escritores conceptistas...», pág. 150; Maxime Chevalier, «Conceptismo, culteranismo, agudeza», pág. 107; Mercedes Blanco, «El mecanismo de la ocultación...», págs. 15 y ss.; Benito Pelegrín, «Fra Antichi e Moderni. Gracián: dall'*Agudeza* al *Criticón*», pág. 59.

[66] Mercedes Blanco, «El mecanismo de la ocultación...», pág. 19.

[67] Véase Françoise Graziani, «Le *concetto* dans le sonnet», en Yvonne Bellenger (ed.), *Le sonnet à la Renaissance. Des origines au XVIIe siècle*, París, Aux Amateurs des Livres, 1986, págs. 103-109; Marie Roig Miranda, «Le *concepto* dans les sonnets de Quevedo», en J.-C. Chevalier y M.-F. Delport (eds.), *Mélanges offerts à Maurice Molho*, París, Éditions Hispaniques, 1988, vol. I, páginas 537-555; y, claro, toda la parte correspondiente del libro de Mercedes Blanco, *Les Rhétoriques de la Pointe*, págs. 46 y ss.

de Gracián con frecuencia en cualquiera de sus dos redacciones[68].

La actitud suele ser transcribir la definición del concepto que el mismo Gracián da en el discurso II para arrancar de ahí en la explicación del término. Eso, sin embargo, plantea un problema en este caso, porque la que se cita habitualmente en los estudios sobre el jesuita no se encontrará nunca en el *Arte de ingenio*:

> De suerte que se puede definir el Concepto: Es un acto del entendimiento que exprime la correspondencia que se halla entre los objetos (ed. 1648, disc. II, pág. 7).

Es curioso que esta definición, como muchas de las apostillas de este discurso en la segunda redacción, no esté en la versión de 1642, lo que prueba, junto al incremento exhaustivo de los ejemplos, que el motivo de la segunda redacción fue un mayor deseo de claridad (aunque no siempre lo consiguiese)[69].

A partir de ahí, y en esa búsqueda del sentido del concepto, se pueden descubrir dos opiniones. Hay, en primer lugar, quienes enuncian de forma más o menos matizada la imposibilidad de definir el concepto, e incluso parece haber quien niega tajantemente esa posibilidad. El resto apuesta por la definición del concepto. Lo que se puede decir, en esencia, creo que es lo siguiente:

a) Gracián ha superado el sentido aristotélico de concepto racional, *horos*, que es de carácter abstracto y se basa en la demostración. Por eso, el concepto de Gracián es una forma de pensamiento-expresión (e incluso acción) que supera la relación lógica. Frente al conocimiento científico, el concepto de Gracián tiene casi más que ver con la intuición poéti-

---

[68] Son muchos los autores que levantan acta de ello, con o sin explicación. Véase E. Sarmiento, «On Two Criticisms...», págs. 30-31; T. E. May, «An Interpretation...», pág. 277; Francisco Maldonado de Guevara, «Del "Ingenium" de Cervantes al de Gracián», pág. 106; Alexander A. Parker, «Concept and Conceit...», págs. xxvii; M.ª T. Hernández, «La teoría literaria del conceptismo....», pág. 27; Mercedes Blanco, *Les Rhétoriques de la Pointe;* Hidalgo-Serna, «The Philosophy of *Ingenium*...», pág. 250.

[69] No es mi intención detenerme aquí en los problemas que plantean las dos redacciones de este libro, asunto al que dedicaré algún trabajo en breve.

ca, aunque sea desde luego una forma de intelección de la realidad[70].

b) la condición necesaria y suficiente para que se produzca un concepto es que haya expresión de correspondencia. Así lo indica el léxico que emplea Gracián en el *Arte de ingenio*: entre las voces más socorridas se encuentran las que remiten a la idea de 'sintonía', como acertar, acomodar, adecuado, agradable, ajustar, aplaudir, conformidad, consonancia, conveniencia, correspondencia, igual(ar), paridad, proporción, relación, semejanza[71]... Se trata de *relacionar* cosas que, aparentemente, son muy diferentes y que se ven fundidas gracias a la labor integradora del ingenio:

> El concepto, producido por el ingenio, por la agudeza, por la sutileza, consistirá en la revelación de una inesperada tangencia de dos o más lejanías. Esas cosas que se aparean no serán forzosamente verbales ni, menos aún, literarias: el ingenio puede desencadenar, por igual, acciones, gestos, dichos, chistes o figuras. Todos estos resultados son idénticamente conceptuosos[72].

---

[70] En este sentido apuntan todos los trabajos de Emilio Hidalgo-Serna, *El pensamiento ingenioso en Baltasar Gracián*, págs. 127 y ss.; pero también «The Philosophy of *Ingenium*», pág. 252, o «Il problema filosofico dell'*Agudeza y arte de ingenio*», págs. 10 y ss. Véase también, sólo a título indicativo de entre una variedad, Jorge M. Ayala, «Baltasar Gracián y el ingenio», pág. 182; T. E. May, «Notes on Gracián's *Agudeza*», pág. 277: «If what we call a concept belongs to abstraction and definition, the *concepto* is pre-conceptual»; Emilia D'Agostino, «Para una estética de la sorpresa...», págs. 42, 44-45; Luis Jiménez Moreno, «Sobre el conocimiento en Gracián por el símbolo y el concepto», pág. 89; etc.

[71] Y sus contrarios, claro: desacierto, desconveniencia, desemejanza, diferencia, discordancia, disonancia, improporción, repugnancia... (Me baso en una lista alfabética confeccionada por medios informáticos de todas las voces del *Arte de ingenio.)*

[72] La cita es de Fernando Lázaro Carreter, «El género literario de *El Criticón*», pág. 68. La lista es aquí inmensa. Véanse, sin ánimo de ni siquiera comenzar a enunciar: Félix Monge, *loc. cit.*, págs. 367 o 378; Fernando Lázaro, «Sobre la dificultad...», pág. 15; Emilio Hidalgo-Serna, *El pensamiento ingenioso...*; «Origen y causas de la agudeza...», pág. 480; «The Philosophy...», página 254; Tina Reckert, «Metáfora y concepto metafórico...», págs. 82 y ss. Señalaba Mercedes Blanco, estableciendo relaciones con agudeza, que quizá solo la semiótica moderna pique tan alto como Gracián, al considerar de forma transversal las manifestaciones más varias de la cultura como productoras de un sentido («El mecanismo de la ocultación», pág. 18).

Y basta para el concepto.

Llegados al discurso III («Variedad de la Agudeza»), la brevedad de Gracián vuelve a ser sorprendente, aunque la importancia de los dos primeros párrafos de su discurso es capital para entender el resto del *Arte de ingenio:*

> La uniformidad limita, la variedad dilata, y tanto es más sublime cuanto más nobles entidades multiplica. No brillan tantos Astros en el Firmamento, campean flores en el prado, cuantas se alternan sutilezas y conceptos en una fecunda inteligencia[73].

La pregunta que se plantea aquí al lector que se enfrenta por vez primera al texto es cuál es el referente de «más sublime»: la variedad o la Agudeza. Me inclino por la primera, pues a ella va dedicado el discurso, aunque en realidad la frase sería también aplicable a la segunda. El caso es que, tras la indicación general, Gracián parece entrar en la casuística al comienzo del segundo párrafo, y establece una «distinción en esencias» (la preeminente) frente a la que opera «por accidentes» (secundaria). Las dos perfeccionan la agudeza con hermosura. Las hay también de primera magnitud (las raras y agradables) y de segunda (las más vulgares, en el doble sentido de la palabra: frecuentes y groseras). Y vuelve Gracián a la referencia angélica con una frase que conviene retener por cuanto explicará la marcha de los discursos posteriores: «Una Agudeza grave por lo sublime de la *materia* y sutil por lo realzado del *artificio* es acto digno de un Ángel» (pongo yo la cursiva). Materia y artificio (o si se quiere fundamento y forma, que con estas palabras también alude Gracián a lo mismo) serán los dos constitutivos de las diferentes agudezas, según los irá exponiendo al tratar de cada uno de los tipos de sutileza.

Llegados a este punto es cuando se entra realmente en materia, y se establece toda una serie de distinciones que pueden resumirse según el siguiente esquema:

---

[73] Para la cuestión fundamental de la variedad en la *Agudeza y arte de ingenio,* véase Aurora Egido, «La variedad en la *Agudeza...*», y «La *Hidra bocal...*», págs. 28 y ss. Leland H. Chambers, «Theory and Practice...», pág. 114; Nancy P. Wardropper, «El discurso III de la *Agudeza...*».

Variedad de la Agudeza

I. Agudeza: — de perspicacia.
       — de artificio:

I.1. Agudeza de artificio:

I.1.a. — de concepto.
       — de palabra.
       — de acción.

I.1.b. — de correspondencia y conformidad.
       — de contrariedad y discordancia.

I.1.c. — pura.
       — mixta.

I.1.d. — de artificio menor o Incompleja.
       — de artificio mayor o Compuesta.

I.1.d.i. Agudeza Incompleja: — correlación:
                              proporciones
                              improporciones
                              semejanzas
                              paridades
                              alusiones, etc.

                              — ponderación:
                              desempeños
                              crisis
                              paradojas
                              encarecimientos
                              sentencias, etc.

                              — raciocinación:
                              reparos
                              misterios
                              ilaciones
                              pruebas, etc.

                              — invención:
                              ficciones
                              estratagemas
                              invencio- ⎰ acción
                              nes raras ⎱ dicho

45

Las distinciones no pueden estar más claras en un primer momento. El jesuita distingue dos grandes tipos primarios de agudeza: la de perspicacia (que atiende a descubrir la verdad, caracterizada por la utilidad) y la de artificio (que persigue la hermosura, y es por tanto deleitable)[74]. Si la primera «es todas las Artes y Ciencias en sus actos y sus hábitos», la segunda «no tiene casa fixa», de lo que resurge de nuevo la dificultad para tratar con ella. El objeto del *Arte de ingenio* será la agudeza de artificio, según declara Gracián, y no la de perspicacia. Por esta ya se había interesado en obras anteriores y de ella se volverá a ocupar en libros posteriores, pero la afirmación de Gracián hay que manejarla con cautela, porque en varias ocasiones se referirá a la perspicacia de la inteligencia (disc. XXII) o del ingenio (disc. XXXI).

Salvada esa pequeña objeción, es cierto que Gracián estudiará fundamentalmente en su librito sobre el ingenio la agudeza de artificio, que admite varias clasificaciones que se van graduando desde las menos hasta las más adecuadas. La primera distinción separa las agudezas de concepto, de palabra y de acción[75] (criterio adecuado pero vulgar, lo que lleva al jesuita a dejarlo de lado). La segunda división establecida en este discurso ilustra bastante bien acerca del modo de explicar que emplea Gracián:

> Más propiamente se dividiera en Agudeza de correspondencia y conformidad entre los extremos del Concepto [como esta de Floro a la muerte de Julio César...]. Y en Agudeza de contrariedad y discordancia entre los mismos extremos [como esta de San Chrysólogo a la Madalena...]. Mas esta división no abarca todas las especies de la Agudeza, como las crisis, exageraciones, y otras [Agudezas].

He prescindido de repetir los ejemplos completos de Floro y de San Pedro Crisólogo (que pueden verse en el texto de la edición), lo que quiere decir que en los fragmentos entre-

---

[74] Puede verse una exposición de la división que establece Gracián para la agudeza en Jorge M. Ayala, «Baltasar Gracián y el ingenio», págs. 186 y ss.

[75] Para una exposición más pormenorizada de esta distinción, cfr. Emilio Hidalgo-Serna, «Origen y causas...», pág. 478.

corchetados hay varias líneas. Si se prescinde del material ejemplar, la intelección del pasaje es bien sencilla, a pesar incluso de la puntuación: una división más adecuada sería la que separa las agudezas que se basan en la correspondencia y conformidad de los extremos de las que estriban en la contrariedad y discordancia entre aquellos; pero este criterio no tiene en cuenta todas las especies. Este párrafo no presenta dificultad, pero vendrán otros en los que la abundancia de ejemplos entre los fragmentos teóricos dificultará enormemente el seguimiento de la línea reflexiva.

Hay también agudeza pura (la que sólo tiene una especie de concepto) y agudeza mixta (en la que concurren dos y tres especies distintas de agudeza). No hay ejemplos en este apartado. Sin embargo, esta distinción tampoco le parece conveniente, y por fin parece proponer la más adecuada: agudeza de artificio menor o incompleja frente a la agudeza de artificio mayor o compuesta[76]. La primera «es un acto solo, pero con pluralidad de formalidades y de extremos, que terminan el *artificio*, que *fundan* la correlación» (las cursivas son mías). La agudeza compuesta, al contrario, «consta de muchos actos, si bien se unen en la moral trabazón de un discurso».

La agudeza incompleja puede dividirse en géneros y modos, y se reduce «a cuatro raíces, y como fuentes» (recuérdese que también son cuatro las causas de la agudeza, según se exponen en el discurso L: ingenio, materia, ejemplo y arte). La primera establece correlación y conveniencia de un sujeto con otro (con las variedades indicadas en el esquema adjunto más algunas otras amparadas bajo el «etcétera» final); la segunda es de ponderación juiciosa sutil; la tercera es de raciocinación, y la cuarta, de invención. Son cuatro modalidades de agudeza conceptual en una doble vertiente de correspondencia que se puede resolver en afinidad o discordancia. De nuevo la ambigüedad vuelve a saltar con el final de este párrafo, que lo es a la vez del discurso:

> La cuarta [raíz y como fuente de la Agudeza] es de invención, y comprehende las ficciones, estratagemas, invenciones

---

[76] Véase Jorge M. Ayala, «Baltasar Gracián y el ingenio», págs. 186-188.

raras en acción y dicho, que todas se declaran en los discursos siguientes.

La pregunta del lector ingenuo podría formularse en los siguientes términos: el *todas* final ¿se refiere:

— a las agudezas del último apartado, de invención;
— a todas las agudezas que se incluyen en los últimos cuatro apartados;
— a todas las agudezas (incomplejas y compuestas)?

A favor de la primera propuesta va la puntuación, pues Gracián emplea la coma, lo que hace pensar que se trata de una explicación de la agudeza incompleja de invención[77]. La segunda hipótesis tiene en su haber que desde este momento hasta el discurso XLI el jesuita explicará fundamentalmente variedades de la agudeza incompleja, con lo que *todas* se referiría a las especies de agudeza incompleja. Ahora bien, si se tiene en cuenta que las variedades de la agudeza compuesta se tratan en los discursos XLII-XLVIII, el *todas* iría referido también a estos apartados. No tengo razones sólidas en que fundar la afirmación, pero me atrevería a sugerir que la segunda es la opción correcta (o al menos la agudeza incompleja). En realidad, se echa en falta aquí otro párrafo sobre la agudeza compuesta, tal y como el que aparecerá en el discurso XLII[78], y que, de estar situado aquí, daría una idea cabal y completa de todas las variedades de la agudeza: no habría importado repetirlo luego, porque Gracián, pese a su brevedad, no tiene inconveniente en hacerlo en el *Arte de ingenio*

---

[77] Y lo mismo hace en el impreso de la segunda redacción (disc. III, página 13: el punto que allí aparece es del etc., y el «que» va en minúscula), aunque Correa en su edición (I, pág. 63) introduzca el punto, facilitando así la interpretación.

[78] «La Agudeza compuesta es en dos maneras, y dos son los géneros de Compuestos. El primero es un cuerpo que se compone de Conceptos incomplexos, como de tres o cuatro proporciones, de tres o cuatro reparos, misterios, paridades, etc., unidos entre sí, y correlatos. El segundo es un Compuesto por ficción, como son las Épicas, Alegorías, Diálogos, etc. Entrambos géneros se irán explicando por su orden en los Discursos siguientes.»

cuando lo estima conveniente[79]. Si mi hipótesis es correcta, al redactar este discurso, Gracián quizá sólo tiene *in mente* llegar al discurso XLI, es decir, exponer las variedades de la Agudeza Incompleja, sin un plan claramente determinado. Desde luego, si lo tuvo, no lo hizo explícito en este momento. Quizá por ello, al escribir el párrafo final del discurso XLII citado en nota, el jesuita indica que expondrá los géneros de la agudeza compuesta «por su orden», algo que no hace en esta primera parte. Véamos cómo lo desarrolla aquí.

* * *

Desde el discurso IV hasta el XLI, Gracián va a ofrecer una amplia variedad de tipos de agudeza o de conceptos, según un método expositivo bastante estable. En buena parte de ellos, el esquema que emplea no parece ser el mismo, pero es similar: arranca siempre con una reflexión de carácter general, que podría servir de definición, a la que suele seguir una explicación encabezada por una fórmula del tipo «Consiste el artificio». Después, puede distinguir dos partes claramente diferenciadas del fenómeno conceptuoso (ya sea agudeza o concepto): una que tiene que ver con el fundamento y otra con el artificio[80] (si se quiere, con la materia y la forma). Doy un ejemplo:

a) Comienzo:

> Poco es ya discurrir lo posible si no se trasciende a lo imposible. Las demás Agudezas dicen lo que es; esta, lo que pu-

---

[79] Así por ejemplo: «Válese la Agudeza de los tropos y figuras Retóricas como de instrumentos para exprimir cultamente sus conceptos, pero contiénense ellos a la raya de fundamentos de la sutileza, y, cuando más, de adornos del pensamiento» (Al Lector); «Son los tropos y figuras Retóricas materia y como fundamento para el realce de la Agudeza, y lo que la Retórica tiene por formalidad, esta arte tiene por materia sobre que echa el esmalte de sutileza» (disc. XVII); «Repito siempre que la Agudeza tiene por materia las figuras Retóricas, dales la forma del Concepto y echa sobre este fundamento el realce de la sutileza» (disc. XLI).

[80] No se me escapa que el artificio es también el proceso general de formación que Gracián suele exponer al comienzo de cada discurso, pero es que también alude con esta voz a los modos de formar el concepto. Es otra de las plurisemias gracianas.

diera ser. Ni se contenta con eso, sino que se arroja a lo repugnante.
Consiste su artificio en un encarecimiento ingenioso... (disc. XVII)[81].

b) Fundamento[82]:

Fúndase comúnmente sobre una ponderación misteriosa, dándole salida por un bien pensado encarecimiento. [Ejemplos: «Fundó misterio el conceptuoso Plinio...», etc.] (discurso XVII)[83].

c) Forma[84]:

Esto es lo que pertenece al fundamento desta hiperbólica sutileza. En el modo formal de la exageración ay muchas diferencias. [Nuevos ejemplos.] (disc. XVII)[85].

La primera parte está en muchos de los discursos del *Arte de ingenio* que tratan acerca de la agudeza incompleja. La segunda también suele ser constitutivo de casi todos ellos, por más que en algunos casos se despache rápidamente. Es lo que ocurre cuando trata en los conceptos por semejanza. Dado que ya ha explicado ésta en el disc. VIII, en los siguientes, que explicitan variedades diversas del primer orden de

---

[81] Véase también el comienzo del discurso VI: «Mucho promete el nombre, corresponde a la realidad. Quien dice Misterio, dice preñez, verdad escondida y recóndita. Noticias pleiteadas causan más gusto que por pacífica cognición; son como vitorias del discurso, trofeos de la curiosidad. [Línea aparte] Consiste el artificio desta gran especie de Agudeza en levantar misterio entre la conexión de los extremos...»

[82] Se alude también al fundamento como «materia», y se emplean otras expresiones como «levantar» en vez de «fundar».

[83] «Aunque no se requiere que haya contradición o repugnancia entre los extremos [...], pero sí que haya algún fundamento sobre que fundar el Misterio; porque levantarle donde no le hay es un helado desaire...» «Lo extravagante de una contingencia es gran materia del misterio» (disc. VI).

[84] Se alude frecuentemente a la forma como «modo(s)».

[85] «Tiene su especial arte el dar salida a la duda [Punto y aparte.] El más ordinario modo conténtase con dar la razón adecuada de aquella conexión de circunstancias y extremos...» (disc. VI).

conceptos de semejanza, se limita a indicar el fundamento general para exponer después el artificio[86]. El problema se plantea porque, dada la mezcla terminológica que aparece en el *Arte de ingenio*, conviene estar siempre muy atento al momento en que se pasa del punto b) al c), ya que Gracián emplea toda una batería de términos en estos momentos, cuando no salta de uno a otro sin más indicación que el ejemplo concreto del artificio.

Por otra parte, hay que señalar que resulta difícil moverse en el mar de ejemplos que ofrece Gracián para cada tipo de concepto: son tantos, que distinguir el elemento teórico general de la explicación puntual del ejemplo citado no siempre resulta fácil.

Con arreglo a este sistema expone Gracián su teoría acerca de la agudeza incompleja. Habría sido extremadamente útil que, al igual que hace con la estructura de cada discurso o como hará con los géneros de la agudeza compuesta, hubiese seguido algún tipo de orden o de esquema. No parece haber sido así. Quizá lo tuvo en un principio, porque los dos primeros discursos (IV-V) versan sobre los conceptos de correspondencia y proporción, y de la agudeza de improporción y disonancia, respectivamente. Lo que vale decir que, si se tienen en cuenta las cuatro raíces de la agudeza simple, estamos dentro de la de correlación, la primera de las cuatro que establecía él mismo; y si se prefiere seguir otro de los tipos de agudeza (I. 1. b), tendríamos un discurso dedicado a la agudeza de correspondencia y conformidad (IV) y otro encaminado a explicitar la de contrariedad y discordancia (V). Sin embargo, a partir de ese momento, se hace imposible seguir un orden en función de cualquiera de los criterios citados por el mismo Gracián. Empezando por el título de los discursos: los cuatro primeros alternan en la cabecera las palabras Concepto (IV y VI)

---

[86] Así sucede en los discursos IX-XI. Dado que desde los títulos se indica ya en qué se fundan las semejanzas (misterio o reparo en IX, proporción o disonancia en X, sentencia en XI), suele limitarse a explicar sólo los modos de darles salida.

y Agudeza (V y VII). El VIII parece seguir la misma línea («De los conceptos sobre semejanza»). Ahí, sin embargo, se rompe ese hilo, porque el jesuita a partir de este lugar va a recurrir, además de a las dos palabras citadas[87], a otras muchas denominaciones particulares del fenómeno conceptuoso (semejanzas —3 veces—, apodos, transmutaciones, crisis —3—, dichos, equívocos, acciones, respuestas y argumentos). Es decir, que mezcla el género con la especie, contribuyendo a aumentar la dificultad de comprensión, lo que no ha de ir necesariamente en su contra, porque a buen seguro es algo buscado de forma consciente y que formaba parte del juego autor-lector desde el momento en que el primero no cesa de hacer declaraciones sobre lo sabroso del conocimiento que cuesta frente al que se obtiene de manera fácil[88].

Si se atiende no ya al título, sino al contenido de los discursos, la dificultad sigue patente. A la falta de orden ya señalada cabe añadir otro dato importante, y es que Gracián emplea ciertas palabras como si fuesen perfectamente conocidas de antemano por el lector. Quizá por eso no se detiene a precisar voces como reparo, encarecimiento, ponderación[89]... El hecho de que aluda a ellas en múltiples ocasiones y discursos diferentes aumenta la sensación de dificultad. Un ejemplo: habla de encarecimiento en el discurso XVI, pero

---

[87] Emplea «Concepto» en el título de 18 discursos, se sirve de «Agudeza» 7 veces, y el resto hasta 38 son semejanzas, crisis y las demás denominaciones ya mencionadas en el texto. Nótese que, con toda la razón, en la parte dedicada a la agudeza compuesta, Gracián sólo emplea para dar título la voz «agudeza». El mayor empleo de «concepto» y la recurrencia a variedades particulares en esta primera parte podría llevar a alguna conclusión.

[88] «Noticias pleiteadas causan más gusto que por pacífica cognición; son como victorias del discurso, trofeos de la curiosidad» (disc. VI); «Confieso que es arduo el asunto, pero nunca la dificultad fue descrédito, así como ni la facilidad gloria. Mucho cuesta lo que mucho vale, y al contrario» (discurso XLII).

[89] Véase Valentina Nider, «"Reparo" y "reparar"...», pág. 97, quien señala que «no se encuentra a lo largo de la obra una definición clara» del nuevo uso de ciertas palabras, como ponderación, reparo o misterio. También el interesante trabajo de José Enrique Laplana, «La oratoria sagrada del Seiscientos...».

explica su sentido (incluyendo, por cierto, la voz en la definición) en el discurso XVII. Doy sólo un ejemplo, aunque podrían traerse más.

Volviendo a nuestro hilo discursivo, lo que queda fuera de toda duda es que nos movemos en el ámbito de la agudeza incompleja. Sin embargo, Gracián no tiene inconveniente en aludir aquí a casos de agudeza compuesta (cuerpo de conceptos incomplejos, es decir, los que suman dos o más conceptos de la misma clase)[90]. Por otra parte, muchas veces la definición de un tipo de agudeza se opone a todas las demás, con lo que los intentos de clasificación sólo podrían hacerse de forma binaria: «Las demás Agudezas dizen lo que es; esta, lo que pudiera ser», dirá del encarecimiento.

Lo más frustrante de todo, empero, es que el jesuita modifica las reglas a la mitad del juego. Esperaríamos, como queda dicho, una exposición en función de algún criterio, que hasta el discurso VII se podría cumplir si se tiene en cuenta que IV-V tienen que ver con la agudeza de correlación, y que VI-VII tienen también algo en común. Esa impresión se corrobora al comienzo del discurso VIII, «De los Conceptos sobre Semejanza». Su comienzo no puede ser más sorprendente:

> La Semejanza es origen de una inmensidad conceptuosa. *Tercer principio de sutileza*, mas sin límites, porque della manan los metamorfosis, allegorías, símiles, disímiles, comparaciones, disparidades, apodos, transmutaciones *y otras innumerables diferencias de Agudeza* (pongo yo la cursiva).

Estamos entonces ante una nueva «raíz y como fuente». Al menos, eso es lo que parece indicar la voz «principio», que no tiene límites y que genera múltiples variedades («diferencias») de la agudeza. ¿No estaba la semejanza incluida en-

---

[90] «No es tan incomplexa esta ficción que no pueda tener dos y tres partes, aumentando con eso la suspensión», dirá de los conceptos por ficción en el disc. XXXVI.

tre las especies de la agudeza incompleja de correlación? Si este es el tercer principio de sutileza (agudeza), debe estar enfrentado a la de correlación (discursos IV-V) y a la que abarque los discursos VI-VII (raciocinación, si se acepta lo que él mismo dice en III). Pero en realidad, él había incluido en el discurso III la semejanza entre las variedades de la agudeza de correlación.

Por otra parte, Gracián estudia en este discurso VIII sólo el primer orden de conceptos de semejanza, que son las semejanzas conceptuosas, seguidas de las que se fundan en misterio o reparo (IX), en proporción o disonancia (X) y en sentencia (XI). Pero llegado el discurso XII expone el jesuita los conceptos por desemejanza (que puede fundarse también en misterio o reparo, sentencia, y contraposiciones o proporciones). El sistema expositivo ha cambiado, porque ahora analiza los fundamentos dentro del mismo discurso, y no dedica uno en particular a cada una de las desemejanzas. Una vez superado el escollo de la desemejanza, vuelve a las semejanzas (apodos en el disc. XIII). En este punto, Gracián inicia el segundo orden de conceptos que se levanta sobre el fundamento de la semejanza, las comparaciones (XIV: de los conceptos de paridad) que se ve seguido de su contrario (XV: de la agudeza de disparidad).

Lo más probable es que en la mente de Gracián la Agudeza es algo inclasificable, debido a su variedad. En ese sentido parece apuntar el último de los discursos dedicados a la agudeza incompleja, cuyo comienzo es bien significativo:

> Habló del Ingenio con Ingenio el que le llamó finitamente infinito. Sería querer medir la perenidad de una fuente pensar comprehender su fecunda variedad. Cífrase en este Discurso muchas otras especies de Conceptos.

Esas otras especies de Conceptos se exponen de forma sumaria: la reflexión y su contraria, la prevención, los conceptos disyuntivos, los que se hacen «por negación», por repartición (o distribución), la transición, la conmutación, un modo de dubitaciones, las nugaciones, las «ponderaciones por Epifonema», las «ponderaciones de imposibles», la gradación, las anfibologías... y es de suponer que un amplio etcétera de figuras retóricas pueden dar en agudezas si caen en la pluma adecuada, como había señalado el jesuita al comienzo de este discurso: «Repito siempre que la Agudeza tiene por materia las figuras Retóricas: dales la forma del Concepto y echa sobre este fundamento el realce de la sutileza».

Sólo quería exponer el problema para hacer ver, junto con lo anterior, que todo (uso del vocabulario, disposición de contenidos, los mismos contenidos) contribuye a aumentar la dificultad del texto en Gracián. Sobre todo porque hasta el final de la(s) lectura(s) de la obra no se puede tener una aprehensión total del fenómeno de la agudeza. Y ese es otro de los problemas que plantea el sistema expositivo de Gracián. Tras una etapa inicial donde la conclusión parece ser algo parecido al argumento ontológico de San Anselmo (cuanto más lo estudio, menos lo entiendo), bien pronto la sensación es otra bien distinta: se ha captado la esencia del fenómeno, al igual que su categorización, pero lo difícil es verbalizarlo (porque al hacerlo se fracasa). La imagen más apropiada para el sistema de la agudeza (incompleja) parece ser en principio un juego en el que se han de ir colocando las piezas con sumo cuidado en su lugar hasta que... hasta que saltan por los aires, porque cuando se está llegando al final, o cuando se le aprieta demasiado (es decir, se le pide una coherencia absoluta), el sistema falla[91]. Al menos tal y como lo expone Gracián en esta primera versión que es el *Arte de ingenio*.

Con todo, se puede suavizar la afirmación anterior. Me atrevería a emitir una hipótesis provisional sobre estos discursos dedicados a la agudeza incompleja. Si se recurre a

---

[91] Véase, por ejemplo, Jorge M. Ayala, quien indica que Gracián «no se manifestó muy sistemático en su tratado, subordinando a veces el rigor lógico e incluso el buen gusto poético a intereses estratégicos» («Baltasar Gracián y el ingenio», pág. 184); o Hugh H. Grady, «Rhetoric, Wit, and Art...», página 35.

sus «cuatro raíces y como fuentes» como criterio unificador de esta parte del *Arte de ingenio*, parece que Gracián intentó de alguna manera (quizá no conscientemente) el orden que él mismo había enunciado. Quiero decir con ello que los conceptos que tienen que ver con la correlación estarían ubicados en su mayor parte hacia el principio. Los de invención, por contra, irían hacia el final. Los que nacen de la ponderación ocuparían la parte media de la tabla, mientras que los de raciocinación se reparten a todo lo largo del estudio de la agudeza incompleja. Pero la hipótesis no pasa de serlo por varias razones: la primera, que si bien es cierto que vale como panorama, falla en cuanto se intenta cuadrarla; y la segunda porque, como quedó apuntado, es el mismo autor quien juega a dos barajas y asciende lo que era una especie (la semejanza) a principio (interpreto que fuente) de agudeza. Así es imposible la clasificación[92].

* * *

Si en el caso de la agudeza incompleja resulta difícil seguir el hilo de la argumentación, no sucede lo mismo cuando trata de la agudeza compuesta, objeto de los discursos XLII-XLVII. La estructura de la exposición se asemeja a la de los primeros cuarenta y un discursos: hay uno inicial dedicado a teorizar sobre el fenómeno de la agudeza compuesta en general y sobre su división, sin ejemplos, y se pasa a continuación, en los discursos siguientes, a estudiar cada uno de los tipos, sazonando la explicación con ejemplos cuando le parece necesario. Puede sintetizarse en el siguiente esquema:

---

[92] A la misma conclusión ha llegado Mercedes Blanco para la *Agudeza y arte de ingenio* («C'est précisément dans l'absence de système que se manifeste la cohérence de Gracián [...] La structure ouverte qu'annonce ce chapitre introducteur est répercutée fidèlement dans le livre», *Les Rhétoriques de la Pointe*, págs. 253-54), quien sin embargo ensaya, y creo que con éxito, una clasificación en diez grupos (págs. 254-310).

I. Agudeza Compuesta (XLII):

I.1. Cuerpo de conceptos incomplejos (XLIII-XLV):

I.1.a. «lo selecto de *las partes*» (XLIII-XLIV):
— proporciones
— reparos
— desempeños
— encarecimientos
— mixtos
} (XLIII)

— metáfora (XLIV)

I.1.b. «lo primoroso de *la unión*» (XLV):
I.1.b.i. Intrínseca: discursos formados...
— por metáfora
— por acomodación y semejanza
— por reparos, proporciones y demás agudezas
— por propuestas y pruebas
— por gradación
— por actos y partes de una virtud
— del objeto y de su unión
— por cuestión: extremos y miembros
— morales
I.1.b.ii. Extrínseca.

I.2. Compuesto por ficción (XLVI-XLVII):

I.2.a. Común (XLVI):
— epopeyas
— metamorfosis
— diálogos
— comedias
— alegorías
— apólogos
— enigmas
— emblemas
— jeroglíficos
— empresas

I.2.b. Especial (XLVII):
— epopeyas (verso o prosa)
— metamorfosis
— «narración fabulosa» (mitológica)
— alegorías
— apólogos
— pintura: empresas, jeroglíficos, emblemas

Como es habitual, el problema se plantea en el primer párrafo del discurso XLII, que versa sobre la «Agudeza Compuesta en común»:

> Destino al más juicioso examen aquella gran cuestión, que ya en la praxi los Príncipes de la sutileza decidieron: ¿cuál sea más perfecto empleo del Ingenio: la Agudeza libre, o la ajustada a un Discurso; la suelta, o la encadenada en una traza?

Tras el planteamiento, Gracián parece mirar hacia atrás y decantarse por la Agudeza incompleja, la que ha venido exponiendo durante los discursos anteriores. Creo que en ese sentido hay que entender la mención de Séneca y Marcial: si el primero «nunca pudo sujetarse a los rigores de un Discurso», el segundo entró en Roma destinado a ser orador, pero tampoco pudo con la prosa encadenada de la elocuencia: «se remontó libre en tantas puntas de Agudeza cuantos se eternizan Epigramas». Lejos de dejar aquí su defensa de la Agudeza incompleja, Gracián vincula su acierto con la provincia romana de que procedían ambos autores: Hispania, donde aún en el momento en que escribe el jesuita su *Arte de ingenio* sigue practicándose ese tipo de agudeza[93]. A continuación viene una batería de argumentos contra la traza: siempre es mejor la valentía; el discurso embaraza y limita; en él siempre existe el riesgo de que, si falla la atención del lector, todo el trabajo se vaya al traste. Argumenta con «la variedad plausible, con su tropa de perfecciones [...] que no tienen lugar en lo prolixo de un discurso y en lo frío de una traza».

Acto seguido, y sin mediar explicación alguna, se da en este discurso un giro total, y Gracián comienza a defender la agudeza compuesta, basándose siempre en la perfección del todo sobre las partes y en la dificultad de este tipo de traza.

---

[93] Sospecho que este discurso y quizá los que siguen podría haberlos leído Gracián en algún foro público, y especialmente en casa de Lastanosa. Me baso para ello en la oposición Séneca-Marcial: «Prudente aquel...», dirá del filósofo, frente a «Tributó nuestra Bílbilis...» para el epigramatario, lo que parece indicar una audiencia cercana, y no los cortesanos de Madrid.

Creo que, en realidad, Gracián está jugando ya aquí a la agudeza compuesta, porque como explicará más adelante refiriéndose a los discursos morales que forman parte de esta segunda gran clase de agudeza:

> ... es artificiosa unión y disposición proponer dos partes encontradas: comenzar alabando algún vicio, o en favor de él, y luego volver y refutarle. Así uno comenzó un discurso defendiendo la murmuración, y luego revolvió contra ella (disc. XLV).

Es el mismo procedimiento que emplea él, pues la pregunta le sirve para dar la vuelta a la cuestión[94]:

> Pero ¿quién jamás antepuso al compuesto el agregado, la parte al todo, y el artificio comenzado al ya perfecto? Siempre el todo, así en la composición Física como en la artificiosa, es lo más noble; y si bien su perfección se origina de la de las partes, añade a la de las unas la de las otras, y de más a más la primorosa unión.

Tras recurrir de nuevo a la defensa de la dificultad, es ahora el gusto quien será testigo de cargo en la acusación contra la agudeza incompleja. Gracián da un golpe de efecto y recupera para la traza conceptuosa lo que más atrás había encomiado en la agudeza simple:

> No merece llamarse gusto el que deja la Agudeza aliñada por la descompuesta, cuando su mismo nombre condena en esta el desaliño y aprueba en aquella el aseo. Auméntase en la composición la Agudeza, porque la virtud unida crece, y la que a solas apenas fuera mediocridad, por la correspondencia con la otra llega a ser delicadeza. No sólo no carece

---

[94] Y este es otro de los problemas para entender la teoría del ingenio que expone Gracián: que la escribe de forma aguda, conceptuosa. Es decir, que sacrifica la claridad expositiva que se espera del lenguaje «científico» de un texto teórico en aras de una expresión que es a su vez ingeniosa. No dudo que eso forme parte del programa de dificultad ideado por el jesuita, pero lo cierto es que, al hacerlo así, se disparan los dobles sentidos, las anfibologías, las alusiones... lo que termina por cegar el sentido del lector.

de variedad, sino que antes la multiplica, ya por las muchas combinaciones de agudezas parciales, ya por la multitud de modos y de géneros de uniones.

Está aquí en esencia todo el desarrollo que hará Gracián de la agudeza compuesta. Junto a la razón, invoca la autoridad de la Grecia clásica y de Italia (tanto los latinos como los modernos). Tras insistir en que ennoblecen la agudeza compuesta tanto lo selecto de las partes como lo primoroso de la unión, expone el plan que seguirá en los discursos que faltan.

Ese plan no es otro que el que resume el esquema anterior. Ahora abandonará casi por completo el elemento teórico y se limitará en la mayor parte de los casos a dar ejemplos comentados. El primer género de la agudeza compuesta lo desarrolla en el discurso XLIII: es un «cuerpo de conceptos incomplejos» que atiende a lo selecto de las partes, es decir, una suma de dos o más agudezas incomplejas, bien del mismo tipo (proporciones, reparos, desempeños, encarecimientos, semejanzas..., es decir, «agudeza pura») o bien de diferente clase (lo que él llama «mixtos: ni todo proporciones, ni todo reparos, sino alternados de una y otra agudeza»). En realidad, el caso de la semejanza, que es capital en la agudeza compuesta al igual que en la incompleja, no lo expone en este discurso, sino en el siguiente (XLIV), que versa única y exclusivamente «De los Compuestos por Metáfora»: tras una introducción teórica general donde se justifica dedicarle un capítulo completo, se ofrece una variedad de ejemplos de estos compuestos prodigiosos.

El discurso XLV («De la Acolucia y trabazón de los Discursos») ya no atiende a lo selecto de las partes, sino a la unión entre los asuntos y las agudezas parciales (o incomplejas) en el marco de un discurso. Supera en dificultad a los compuestos del apartado anterior: el arte de encontrar esa unión es el no va más de la sutileza. Pero conviene atender al género didáctico en que nos encontramos: «Esta trabazón no hay duda sino que ha de ser moral y artificiosa, así como el compuesto lo es.» Eso explica que todos los ejemplos que aporta Gracián en este capítulo procedan sin excepción de sermones, o bien de obras religiosas o teológicas.

Expone primero la unión intrínseca, la mejor, a través de ejemplos tomados de varios tipos de discurso (basados en la metáfora; por acomodación y semejanza; reparos, proporciones y demás agudezas incomplejas, etc.). La trabazón extrínseca, aunque se usa más, es inferior a la intrínseca, por cuanto es de menos arte. Consiste en traer alguna historia o suceso remoto y aplicarlo por semejanza. Con esto se cierra el estudio de la agudeza que atiende a los cuerpos de conceptos incomplejos.

La otra especie de agudeza compuesta recibe el nombre de agudeza compuesta de ficción, o compuesta fingida. Trata de ella Gracián en otros dos discursos (XLVI-XLVII), y se repite el esquema anterior: primero se aborda en común, sin ejemplos, al igual que se había hecho con la agudeza compuesta en el disc. XLII, para pasar más tarde a su estudio particular («en especial», disc. XLVII). El disc. XLVI comienza con la alegoría de la Verdad y la Mentira. Es interesante por su originalidad, y además porque Gracián ha sabido entretejer en ella todo un diccionario de conceptos frecuentes y palabras capitales en su obra: verdad, mentira, entendimiento, emprender, desaliñada, cortesana, discreta, naturaleza, desmentir, potencias, desengaño, arte, al uso, victoria. Termina de la siguiente manera:

> Abrió los ojos la Verdad, dio en andar con *artificio*, usa desde entonces de las *invenciones*, introdúcese por *rodeos*, vence con *estratagemas*, *pinta* lejos lo que está muy cerca, *propone* en extraño sujeto lo que quiere condenar en el propio, *apunta* a uno para dar en otro, *deslumbra* las pasiones, *desmiente* los afectos, y por *ingenioso* circunloquio viene siempre a parar en el punto de su *intención* (cursivas mías).

No es difícil reconocer en las voces resaltadas en cursiva todo un vocabulario relacionado con la agudeza tal y como lo expuso el jesuita en los discursos dedicados a la variedad incompleja. Quiero decir: que continuando con esa finalidad moral que ha pedido en los discursos anteriores, la ficción tendrá por fundamento una verdad que puede vestirse de muchas maneras. Es «un cuerpo, un Compuesto Fingido, que, por traslación, pinta en sí las humanas acciones». El fundamento de esta invención es una vez más la semejanza, y el alma la traslación. El verso no es de importancia capital, y la prosa puede suplir el número de sílabas con sus medios. En conclusión, que la capacidad para urdir una invención de este estilo aleja a su autor de lo vulgar y lo convierte en erudito.

Los géneros quedan indicados en el esquema inserto más arriba, y los autores que la acreditan son todos latinos o griegos: Homero, Esopo, Séneca, Ovidio, Juvenal, Pitágoras, Luciano... salvo Alciato, un moderno que con sus emblemas merece entrar en la nómina dorada de los antiguos compositores de ficción. La mención es tanto más curiosa porque contribuye a enrarecer una serie que ya de por sí no es clara[95]. Ya se puede ver, a tenor de los autores citados por el jesuita, que el concepto de ficción que tiene es algo más laxo y extenso que el moderno.

El discurso XLVII pasa a analizar con algún pormenor, y con ejemplos concretos, la lista de géneros que ha enunciado en el anterior. El primer lugar lo ocupa la epopeya, que accidentalmente puede dividirse según esté en verso o en prosa, pero no importa. De nuevo, junto a los autores clásicos (Homero, Virgilio, Heliodoro...), sorprende encontrar un moderno, y esta vez español: Mateo Alemán, cuyo *Guzmán de Alfarache* «fue tan sublime en el artificio y estilo, que abarcó en sí la invención Griega, la elocuencia Italiana [entiéndase latina e italiana], la erudición Francesa y la Agudeza Española». La mención no puede ser más elogiosa, y llama la atención por su unicidad en el panorama crítico del *Arte de ingenio*. Con todo, volverán más españoles en este discurso.

Siguen otros géneros como la metamorfosis (representada en *El asno de oro*), la fábula mitológica, la alegoría, el apólogo

---

[95] La presencia de Séneca resulta un tanto curiosa, no por él en sí cuanto por la sentencia como forma de ficción, cuando la había tratado entre las agudezas incomplejas. Más llamativa es todavía la de Pitágoras y sus enigmas, porque también se habían abordado en el mismo apartado que las sentencias.

y los basados en la pintura (jeroglíficos, emblemas y empresas). Todos ellos se fundan en la semejanza, como se encarga de repetir Gracián. Aquí sí abundan los modernos: Dante, Petrarca, Traxano Boccalini, *La Celestina*, Terrones del Caño, Felipe de Comines, y uno (o varios) libros de emblemas de nuevo, probablemente el de Paulo Jovio.

Se echa en falta, tras todas estas indicaciones sobre la agudeza compuesta, una especie de corona —diría Gracián— que sirva de síntesis a todo lo expuesto ahora. Es lo que se encuentra en el discurso L. Pero antes de llegar allí, Gracián inserta un mini-tratado sobre el estilo que tiene a su vez un evidente papel unificador.

* * *

El pequeño tratado que Gracián dedica al estilo abarca tan solo dos discursos (XLVIII-XLIX). De nuevo, tanto la enunciación como el contenido de los capítulos le da coherencia dentro del sistema de exposición del jesuita, porque vuelve a repetirse la separación entre teoría («De la perfección del estilo en común») y práctica («De la variedad de los estilos»).

El discurso XLVIII se inicia con una nómina de escritores caracterizados positivamente: Tácito, Veleyo Patérculo, Floro, Valerio Máximo, Plinio el joven, Apuleyo, Marcial, Homero y Virgilio. Salvo los tres últimos, todos prosistas. Los cuatro primeros servirán para ejemplificar en el discurso siguiente. De estos cuatro, los tres primeros «todos son espíritu»; Valerio Máximo «escribió con alma».

A continuación arranca la reflexión teórica, en la que Gracián intentará: 1) definir la perfección del estilo a través del concepto; 2) ofrecer algunas normas básicas de estilo; y 3) vincular su teoría sobre el estilo y la agudeza con el resto de su pensamiento moral.

1) La perfección del estilo se consigue con lo *material* de las palabras y lo *formal* de los pensamientos. «Son los Conceptos *alma* del estilo, *espíritu* de la elocuencia, y tanto tiene de perfección cuanto tiene de *sutileza*.» Vincúlense las men-

ciones de alma y espíritu con las inmediatas anteriores, referidas a los escritores modélicos[96]. Es difícil poder decir más en menos espacio: es la agudeza (sutileza) la que da la perfección, mientras que los conceptos animan la prosa y el discurso (moral), los dos ámbitos de la agudeza compuesta de los que ha venido hablando. El método para lograr la perfección ha de pasar por la siguiente lista: proporciones, reparos, misterios, ponderaciones, encarecimientos, alusiones, empeños, transmutaciones, ironías, crisis, paronomasias, sentencias, semejanzas y paridades. Es decir: prácticamente todas las variedades de la agudeza simple que había expuesto en los discursos IV-XLI, y hasta cierto lugar incluso en el mismo orden.

2) Las normas de estilo tienen que ver fundamentalmente con el uso del adjetivo y del verbo. El empleo acertado del primero da crédito, por lo que hay que manejarlos de forma selectiva. Más importante es aún el uso del verbo («el nervio del estilo»), capital para transmitir viveza, animación, conceptos que vuelven a remitir a la oposición vida-muerte que —como se ha visto— plantea desde un punto de vista estético Gracián en el *Arte de ingenio*.

3) Decía más arriba que se apreciaba en este discurso un vínculo entre su teoría del estilo y su pensamiento moral[97]. Las normas estilísticas que sugiere parecen proceder de otras

---

[96] Probablemente siguiendo la estela de San Ignacio, Gracián va a establecer un parámetro de comparación por medio de la imagen de lo vivo / con alma (positivo) y de lo muerto / sin alma (negativo). Se ve desde el primer discurso: «Son *cuerpos vivos* sus obras, con *alma* conceptuosa; que los otros son *cadáveres* que yacen en sepulcros de polvo y comidos de polilla»; «Si se fundara en el valor a solas, fuera una semejanza *muerta*» (disc. VIII); «El dicho o hecho ageno que se finge ha de tener en sí alguna de las especies de Agudeza, porque sin ella sería ficción *sin alma*» (disc. XXXVI); pero donde abundan son en estos discursos dedicados al estilo: «su mucha *viveza* hace inmortal el *Panegírico* de Plinio»; «Son los conceptos *alma* del estilo, *espíritu* de la elocuencia»; «haylos [los verbos] *vivos*»; «Hace *animado* al verbo la traslación que cuesta» (XLVIII); «Uno y otro estilo han de tener *alma* conceptuosa» (XLIX).

[97] Véase en este sentido Jorge M. Ayala: «como el estilo abarca por igual pensamiento, escritura y acción, la estética es inseparable de la ética» («El "ingenio" en Huarte de San Juan...», págs. 221-222; o *Reflejo y reflexión...*, pág. 31).

obras suyas. Así, «Pero todo esto con un grano de acierto, que todo lo sazona la prudencia», que habría que leer en sintonía con el aforismo 92 del *Oráculo manual:* «Más vale un grano de cordura que arrobas de sutileza»[98]. Su indicación de que «tan plausible fue una gracia en una carta como un reparo en un sermón, y tan dulce un donaire en una conversación como una sentencia en un Consistorio» (o si se quiere de otra manera: «hase de exprimir a la ocasión») remiten sin duda a párrafos de otras obras suyas donde se pondera la necesidad de conocer la ocasión y aprovecharla; por ejemplo, *Oráculo*, 55: «Hase de caminar por los espacios del tiempo al centro de la ocasión.» La necesidad de la suerte: «Por raros, por milagrosos que sean los Conceptos, si no tienen estrella, suelen malograrse; que esto de ventura es achaque trascendiente», que hay que leer con *Oráculo*, 36 o 59. ¿Y qué diré del uso?: «Importa mucho el pensar al uso, no menos que la gala del Ingenio» (compárese *Oráculo*, 120: «Hasta el saber ha de ser al uso»).

Nunca mejor que aquí podría decirse que el estilo es también el hombre, porque resulta difícil negar que las siguientes palabras de este mismo discurso no sirvan, a la vez, para caracterizar otras obras del jesuita, y especialmente *El Criticón:*

> Preñado ha de ser el verbo, no hinchado; que signifique, no resuene; verbos con fondo, donde se engolfe la atención. Hace animado el verbo la traslación que cuesta, la alusión, crisi, ponderación y otras semejantes perfecciones, que con aumento de sutileza redoblan la significación[99].

La teoría del estilo en Gracián es, pues, una extensión de su propio estilo. En el discurso XLIX establece el jesuita las variedades de los estilos. Estos son dos, aunque pueden reci-

---

[98] Cito por mi edición, Madrid, Cátedra, 1995. Obsérvese, por otra parte, que un porcentaje importante del léxico del *Arte de ingenio* remite a la esfera de la prudencia: caudal, consejo, aconsejar, elección, equivocar, juicio, ocasión, prudencia, razón, reflejo... Y al gusto: amargo, asquear, deleite, delicias, desabrido, dulce, elegante, gusto, hermoso...

[99] Comp. *Oráculo*, 48: «Hombre con fondos, tanto tiene de persona».

bir distintas denominaciones en función del criterio clasificador que se emplee. Queda esquematizado en el siguiente cuadro sinóptico:

Según esencia	Según Autoridad	Apropiado para	Apropiado para	Apropiado para poetas
Redundante o dilatado	Asiático	Oradores	Historiadores	Épicos
Conciso o ajustado	Lacónico	Filósofos morales	Historiadores	Epigramatarios

Si a la información de las celdillas se le añade que los dos estilos han de contar con «alma conceptuosa, participando del Ingenio su inmortalidad», tendremos el panorama completo de la variedad de aquellos. Gracián acentúa la división horizontal (asiático-lacónico o redundante-conciso), mientras que elude la cita de la distinción vertical (sublime, medio, humilde), algo que habría resultado extraño a un autor medieval o incluso humanista[100]. El resto del discurso es una ejemplificación de las variedades estilísticas citadas. Los historiadores, que tienen la ventaja de poder bandearse entre los dos estilos, son los que abren la serie. Recurre Gracián precisamente a los mismos que había citado en el discurso anterior: Tácito, Valerio Máximo, Floro y Veleyo Patérculo. De entre los oradores destaca Cicerón, algo que pudiera sorprender en principio, pero que no debe hacerlo, por dos razones: una, que pese al disgusto que le pudiera producir al jesuita el estilo del Arpinate, es evidente que ningún otro autor clásico serviría mejor que Cicerón para ejemplificar el estilo amplio; y otra, que formaba parte de los estudios de retórica de la Compañía, con lo que Gracián hubo de tratarlo en sus clases, y tendría (quizá) los ejemplos que aduce seleccionados

---

[100] Cfr. Ulrich Schulz-Buschhaus, «Gattungsbewustein und Gattgungsnivellierung bei Gracián», pág. 94. De todo ello se deduce que la distinción entre Virgilio (poema épico) y Marcial (el epigrama) no sea de dignidad poetológica, sino sólo de extensión, porque en realidad están al mismo nivel.

de antemano[101]. A partir de aquí terminan los ejemplos, y Gracián cita solo nombres. Séneca ocupa, claro, el hueco de los filósofos morales, Marcial el de los epigramatarios y el *Panegírico* de Plinio es en realidad una breve práctica de toda el *Arte de ingenio* (no podía ser menos, pues lo venía citando ya desde la advertencia «Al Lector» con las finalidades más variadas)[102].

A partir de Marcial, se abandona el mundo clásico y se entra de nuevo en los modernos. Los autores aducidos son también los que han venido testificando en los discursos IV-XLI del *Arte de ingenio:* Juan Rufo, López de Andrade y una alusión a Francisco de Mendoza y a otros padres de la Compañía que no se citan, aunque sí se menciona a Diego de Baeza. Frente a ellos, los poetas: Antonio Hurtado de Mendoza y Luis de Góngora los representan. La frase que cierra el párrafo no deja ya lugar a dudas: «Compiten en celada la cultura y la agudeza», que podría reformularse en que prosistas y poetas luchan entre ellos por afilar su ingenio en sus obras. Pese a todo, la conclusión del discurso vuelve a mirar de nuevo hacia la antigüedad:

> ¡Oh, tú, cualquiera que aspiras a la inmortalidad con la agudeza y cultura de tus obras, procura de censurar como Tácito, ponderar como Valerio, reparar como Floro, proporcionar como Patérculo, aludir como Tulio, sentenciar como Séneca y todo como Plinio!

* * *

El discurso L viene a ser una como corona y primor de los cuarenta y nueve anteriores. Lleva por título «Las cuatro causas de la agudeza». Tanto las cuatro causas del título como el comienzo del discurso («La cognición de una entidad por

---

[101] Así lo recomendaba la *Ratio studiorum* (XVI: Reglas del profesor de retórica): «El estilo [...] se ha de aprender casi exclusivamente de Cicerón, cuyos libros son todos aptísimos para el estilo, si bien se leerán sólo los discursos, para ver en ellos los preceptos del arte puestos en práctica» *(La «Ratio Studiorum» de los jesuitas,* pág. 91).

[102] Como señala Mercedes Blanco, Plinio es uno de los autores más hiperbólicamente elogiados por Gracián, aunque no de los más citados. Es un escritor tan «conceptuoso», que algunos tratados sobre la agudeza escritos a comienzos del siglo XVIII se sirven sólo del *Panegírico* para ejemplificar *(Les Rhétoriques de la Pointe,* pág. 247, n.).

causas es cognición perfecta») remiten una vez más a Aristóteles: «Además y respecto de todas las ciencias, [consideramos] que es más sabio el que es más exacto en el conocimiento de las causas y más capaz de enseñarlas»[103]. En realidad, esa ha sido la tarea que se ha propuesto Gracián en su tratado: análisis de las causas de la agudeza, por una parte, y ha intentado enseñar esta última en todas sus variedades.

Las cuatro causas que se le conocen al concepto y que le dan la perfección son el ingenio, la materia, el ejemplar y el arte. Basta calibrar el diferente espacio que ocupa cada una de ellas para redescubrir lo dicho en los tres discursos iniciales: si al ingenio le dedica varios páragrafos que hacen un total de 416 palabras, a la materia, al ejemplar y al arte los despacha tan solo con un párrafo para cada uno de ellos, con la curiosa peculiaridad de que casi tienen el mismo número de palabras los tres (69, 70 y 78).

La causa principal (la que da principio, la príncipe, etimológicamente hablando) es el ingenio. En este momento, lo que va a hacer Gracián es diseñar un mapa del ingenio en relación con las demás facultades del alma: «Vive a los confines del afecto, y es mal vecindado él de las pasiones.» El ingenio tiene de más lo que naturaleza quitó al juicio, de ahí que no haya gran ingenio que no tenga un punto de locura. La ventaja del ingenio es doble: no sólo por la capacidad de concebir la verdad de las cosas singulares prescindiendo de la abstracción, sino también porque es capaz de expresar aquella de forma hermosa en los conceptos[104]. Como sucedía con el estilo, algunos de los conceptos fundamentales en el pensamiento de Gracián resurgen aquí en relación con el ingenio: la elección es básica para lograr la perfección, y a veces la suerte o la oportunidad tienen más parte en ella que la misma perspicacia del ingenio[105].

---

[103] Aristóteles, *Metafísica*, I, ii, 14, 982a. No está de más recordar que la agudeza incompleja se reducía también «a cuatro raíces, y como fuentes» (disc. III).

[104] Emilio Hidalgo-Serna, «Origen y causas de la "agudeza"...», pág. 480.

[105] Comp. *Oráculo*, 51 («Hombre de buena elección»), 36 («Tener tanteada su fortuna»), etc.

La segunda causa es la materia: «es el fundamento del discurrir». Como se ha hartado de repetir Gracián, se trata de las figuras retóricas[106], donde están latentes las agudezas a la espera de que llegue el ingenio y las levante en agudezas, les dé alma conceptuosa. La materia puede ser más o menos apropiada para la agudeza, pero no hay una sola sobre la que un «ingenio inventor» no pueda hacer un concepto. (Claro que, como el primer acierto es de nuevo el de la elección, menguado será el ingenio que haga presa en una poco aconsejable.)

La tercera causa tiene que ver con el ejemplo, apropiado para la enseñanza fácil (y de ahí la prolijidad con que ha usado de él Gracián en el *Arte*). Sin embargo, no debe ser nunca un fin en sí, sino un punto de partida que lleve al ingenio siempre más allá, forjando nuevos conceptos[107].

La «cuarta y moderna» causa de la agudeza es el arte. Nótese el adjetivo que acompaña al numeral: moderno vale por 'lo que es o sucede de poco tiempo a esta parte', y en los colegios y Universidades se toma por 'lo nuevo', según recuerda el *Diccionario de Autoridades*. Es decir, que Gracián no pierde oportunidad de cerrar su tratado al igual que lo había abierto, reclamando la novedad: las tres primeras causas existen de antiguo, pero sólo el arte es moderna. Si el arte de prudencia corona el juicio, el arte de agudeza ha de perfeccionar el ingenio. La pareja juicio-ingenio que ya unía Gracián al comienzo de su obra (véase la advertencia «Al Lector» de los preliminares) sigue estando vinculada al hablar de las causas de la agudeza. Aunque se codifiquen por separado, juicio e ingenio, prudencia y agudeza, forman parte indisoluble del sistema de Gracián.

* * *

Resulta difícil cerrar esta breve introducción al *Arte de ingenio* sin unas palabras sobre las fuentes de Gracián en la primera versión de su obra teórica. Lo que sucede es que dejar

---

[106] Para esta causa y la siguiente, cfr. Hugh H. Grady, «Rhetoric, Wit, and Art in Gracián's *Agudeza*», págs. 33 y ss.

[107] Véase Hidalgo-Serna, *art. cit.*, pág. 482.

el aserto general para dar paso al análisis particular plantea problemas que no siempre se resuelven de forma sencilla: por un lado están las citas que de otros autores y obras trae el jesuita como ejemplos para autorizar su discurso, y por otro hay toda una serie de citas encubiertas y camufladas en el propio estilo de Gracián. En el caso de las primeras, hay que distinguir la mención de un autor de la cita en sí, y esta última de lo que rodea a la cita (parafernalia que puede ser una versión al castellano, una glosa, o incluso otra cita)[108]; las citas encubiertas suelen remitir a pasajes generalmente bien conocidos de autores antiguos de la edad clásica[109], o bien a otras obras de Gracián, en una intertextualidad evidente que la crítica señala desde hace años.

La necesidad del análisis de las fuentes de Gracián se viene pidiendo al menos desde Parga y Pondal, quien al tratar en 1930 de la presencia de Marcial en la *Agudeza y arte de ingenio* solicitaba un estudio general y aseveraba que las conclusiones serían llamativas[110]. Por otra parte, analizar las fuentes del *Arte de ingenio* es capital para entender la obra, dado que Gracián muchas veces simplemente alude, y no declara, lo que produce una evidente desorientación al lector moderno, que ya no mantiene un contacto tan directo con el mundo clásico. Difícilmente se podrá entender el tipo de agudeza que se esconde en pasajes como los que vienen a continuación si no se atiende al texto original al que se hace referencia:

> Consiste el sutilísimo artificio de esta especie en hallar el único medio con que salir de la dificultad, en descubrir el modo de desempeñarse. Fue Rey por esto Ciro, cuando en aquel examen de Reyes descubrió primero el Sol en la frente de la opuesta montaña, y Darío por el solicitado relincho del caballo (disc. XXVII: «De la Agudeza por desempeño en el hecho»).

---

[108] Véase Karl L. Selig, «La *Agudeza* y el arte de citar», pág. 69.

[109] «Son las obras del divino Ledesma un equívoco continuado; fue plausible en este género y quiso más ser primero en él que segundo en otros» (disc. XXVI), recuerdo obvio de un apotegma de Julio César.

[110] S. Parga y Pondal, «Marcial en la preceptiva de Gracián», pág. 230.

En otro género de significar fueron muy celebradas las tres banderas, blanca, colorada y negra, que alternaba en su tienda los tres primeros días del asedio aquel bárbaro rayo del Asia, el Tamorlán; y el presente que hizieron los escitas a Alexandro (disc. XXX: «De las acciones ingeniosas por invención»).

A partir de Parga y Pondal se han venido estudiando las fuentes de la *Agudeza y arte de ingenio*, pero no siempre las de la primera versión, el *Arte de ingenio*, y se ha atendido siempre más a la poesía que a la prosa[111]. Creo que los problemas que surgen al estudiar esta última (válidos, en realidad, para el total de la producción graciana) son los siguientes:

a) La ocultación. Baltasar Gracián tenía una sólida cultura literaria que comenzó sin duda en sus años de estudiante en las aulas de la Compañía de Jesús, y que por fuerza hubo de completar durante sus actividades docentes. En ese sentido, y a efectos del caso concreto que ahora nos ocupa, su paso por el colegio gandiense de la Compañía tuvo que tener gran influjo sobre él, dado que allí y en 1635 se encuentra por primera vez con un tesoro de libros modernos. Algo más tarde, en 1636, la casa de Lastanosa y su espléndida biblioteca continuarían siendo el minero de donde el jesuita extrajo múltiples materiales de lectura[112]. Lo que sucede es que, en vez de hacer ostentación (directa) de su cultura literaria, como otros tantos escritores del siglo XVII que se complacen en citar pulcramente sus fuentes, en Gracián hay un proceso consciente y constante de ocultación que ya se percibe de forma nítida en *El Político don Fernando el Católico* (1640), tejido todo él con hilos de dos fuentes clandestinas que nunca cita: los co-

---

[111] Cfr. Leland H. Chambers, «Baltasar Gracián's *The Mind's Wit and Art*», 1962, que analiza los ejemplos poéticos de la *Agudeza*. No he podido consultar esta obra, que conozco a través de referencias indirectas. Virginia Ramos Foster señala para la *Agudeza*, a zaga de Chambers, unos mil ejemplos de prosa y poesía de la tradición occidental y clásica, de los cuales quinientos son escritores de nuestro Siglo de Oro.

[112] Miguel Batllori, «La preparación de Gracián, escritor», en *Gracián y el Barroco*, págs. 53-54. Véase también Karl L. Selig, *The Library of Vincencio Juan de Lastanosa, Patron of Gracián*, Ginebra, Droz, 1960.

mentarios de Justo Lipsio a la apología de Trajano y los *Anales* de Zurita, según señaló Ángel Ferrari[113]. Ese proceso de ocultación será ya perpetuo en Gracián, y *El Criticón* marcará su punto máximo, porque la gran obra de Gracián es, entre otras muchas cosas, una gran taracea de autores antiguos y modernos. Lo mismo se puede decir del *Arte de ingenio*, donde el enmascaramiento de la fuente es casi continuo[114]. Puede que no le interesasen las cuestiones de autoría, como se ha señalado en alguna ocasión, pero creo más bien que habría que pensar en su faceta de predicador, porque algunas obras teóricas sobre el arte de predicar indicaban que no era necesaria una cita muy pulcra: Terrones del Caño, por ejemplo[115].

b) La deformación. Quien tenga la paciencia de ir comparando en las notas la fuente original con la versión que da el jesuita, apreciará sin dificultad que Gracián casi nunca cita al pie de la letra. Se ve que en muchos casos lo que sucede simplemente es que está recordando de memoria y trastrueca alguna palabra del verso en cuestión (error, por otra parte, bien frecuente en la memorización de textos poéticos, como sabe cualquier estudiante de humanidades)[116]. Otras veces, cita como continuos dos pasajes que en realidad están separados

---

[113] Ángel Ferrari, *Fernando el Católico en Baltasar Gracián*, cap. I. Pueden verse, entre otros y en el mismo sentido, los trabajos de Jorge M. Ayala, «Gracián cita, glosa y oculta de acuerdo con lo establecido en su arte de agudeza» («La agudeza prudencial», pág. 9); Benito Pelegrín, «Occorre notare che la 'trasfigurazione', la 'trasposizione', 'l'adattamento' e il 'mascheramento' [...] costituiscono una parte essenziale dell'estetica di Gracián» («Fra Antichi e Moderni...», pág. 59); Ceferino Peralta, «La ocultación de Cervantes en Baltasar Gracián»; Francesca Perugini, «Baltasar Gracián lettore...», pág. 530; etc.

[114] Gracián suele aludir a «un escritor de la Virgen», «un moderno escritor», «un varón severo», «un varón discreto», «un antiguo», «un hijo suyo [de San Francisco de Borja]»...

[115] Para su desinterés en las cuestiones de autoría, véase Kevin Larsen, «The Presence of Luis de Camoens in Gracián's *Agudeza*...», pág. 5. Terrones del Caño indica en su *Instrucción de predicadores* que no es necesario citar los capítulos de las obras (pág. 61).

[116] Así en el disc. XXV, donde cita un verso de Bartolomé Leonardo de Argensola: «Que el lugar del vocablo es triste seta» por «Que el jugar...».

o en distinto orden en la fuente original[117]. Es bien probable que todas esas deformaciones se deban al sistema del cartapacio que empleaban predicadores y otros intelectuales de la época: «siempre ha de ir con la pluma en la mano notando y guardando», dirá Terrones en su *Instrucción de predicadores*[118]. No es de extrañar que, pasado el tiempo, se alteren algunos pasajes o citas; pero su aparente normalidad no debe ocultar el hecho de que contribuyen a la deformación de la fuente, y hacen difícil su seguimiento.

Otra faceta de la deformación tiene que ver con la alusión. En muchas ocasiones, cuando Gracián cita un texto en prosa, o hace referencia a una anécdota contenida en un texto en prosa, se limita a aludir a ello sin explicarlo. Hay algún caso en los ejemplos que he traído más arriba. En esos momentos, da toda la impresión de que el jesuita escribe para la galería, para un grupo de selectos que conoce a la perfección ese pasaje y que puede interpretar sin gran dificultad el concepto que late en él. Lo cierto, sin embargo, es que el lector moderno, a quien ya falta la fluida cultura clásica de los escritores y lectores del Siglo de Oro, queda desprovisto del referente necesario para la comprensión. Por otra parte, a veces este proceso conlleva la ocultación de una agudeza, pero en otros casos la creación. Quiero decir que, si bien es verdad que casi siempre alude a fragmentos ingeniosos, en algunos lugares Gracián hace agudo (mediante juego de palabras, por ejemplo), lo que no lo era en latín. Y eso lleva a otro proceso de deformación frecuente en el *Arte de ingenio:* la creación de pasajes ingeniosos que no lo eran en la fuente original. Gracián persigue tanto la agudeza, que su traducción muchas veces es una versión aguda.

c) La fuente como procedimiento de perspectiva. Ya he indicado antes que el ingenio busca siempre vencer, llegar a más, y que dista de ser fuerza comprimible en límites

---

[117] Lo hace, por ejemplo, con Lope de Vega en el disc. XLI.

[118] Tomo la cita de Hilary Dansey Smith, «Baltasar Gracián's Preachers...», pág. 329. Véase también Maxime Chevalier, «Para una historia de la agudeza verbal», referido el cartapacio a cuentecillos, pág. 26; y más por extenso, la parte del prólogo de Aurora Egido a su reciente edición de *El Discreto*, páginas 40-45.

exactos y precisos. Pues bien, el motor del ingenio contribuye igualmente a deformar de alguna manera la fuente, pero a su vez sirve para crear perspectiva. La imitación, para Gracián, se plantea como una superación. Al tratar de los conceptos por acomodación, cita textos que se caracterizan porque ponen en boca de personajes modernos pasajes de autores de la Antigüedad (idénticos o ligeramente modificados):

> Cuando, a más de la conveniencia de la Autoridad, se halla la donosidad de algún equívoco, hace plausible el Concepto. Prometió san Francisco de Borja, Duque entonces de Gandía, al Doctor Villalobos, Médico del Emperador, una fuente de plata si al otro día le hallaba sin calentura, como él lo aseguraba. Vino al otro día y, pulsándole, hallóle con muy poca, pero alguna, y dixo: «Señor: *Amicus Plato, sed magis amica veritas.*» Gustó mucho el santo Duque de la buena nueva, y del buen dicho, y mandó al punto enviarle el plato.
> Por solo equívoco puede acomodarse sazonadamente el texto. Consultando Felipe Segundo para una jornada de armas un viejo muy experimentado, que era el Duque de Alba, y un Príncipe aunque mozo, pero muy alentado, dijo uno: «Señor, *arma virumque cano,* este es mi sentir» (disc. XXXIII: «De los Conceptos por Acomodación de Verso, Texto o Autoridad»; véase todo el discurso).

Gracián se refiere a una cita que acomoda, pues, un texto a una situación nueva, que no evoca solo el contexto ilustre del que procede, sino que también aspira a superarla:

> Suele ser paradoja tal vez la ilación, pero ingeniosa. Así Augusto, pasando por una almoneda de un hombre muy adeudado, preguntó si tenía colchones, y respondiéndole que sí, mandó comprarlos, diciendo que no podía dormir con el cuidado del universal gobierno, y que sin duda aquellos colchones tenían alguna secreta virtud de hacer dormir, pues un hombre con tantas deudas podía descansar en ellos. *Pero no acudió mal el que dijo que antes había de comprar las camas de los acreedores* (disc. XXXI: «De la Agudeza por una extravagante Ilación»; cursiva mía).

Todo eso produce un efecto de condensación, porque el texto que se cita funciona ahora en dos planos diferentes, pero a la vez sirve de articulación entre ellos[119]. Y crea un juego evidente de perspectiva que termina por destruir el prestigio de la fuente clásica. Hasta el siglo XVI, e incluso tiempo después, al menos en España la mención de un autor antiguo tenía el valor del ejemplo, valor inmanente, y además probatorio. Desde el momento en que se puede «ir a más», por emplear la expresión de Gracián, el prestigio de la fuente como tal pierde parte de su valor demostrativo[120], porque siempre podrá venir alguien más ingenioso que fuerce un poco más el dicho. Es, en esencia, el comienzo de la desintegración del mundo clásico tal y como se lo habían reinventado los autores de fines de la Edad Media y los humanistas entre los siglos XV y XVI (en Italia y en España). Gracián está ya en los orígenes de la modernidad, y es esa modernidad la que dificulta el estudio de la fuente.

d) Otro problema que plantean las fuentes del jesuita, y de nuevo en relación directa con el estudio de la agudeza, es que un mismo pasaje se cita en lugares diferentes. Así sucede con un fragmento de Villamediana (la definición de la mujer), que sirve para ejemplificar en los discursos V y X; o con un romance de Góngora que ilustra en los discursos XVII y XXXIX. Esto podría sorprender en un principio, pero creo que se explica bien si se atiende de nuevo a los consejos del predicador: el mismo Terrones indicaba que un mismo pasaje se puede citar varias veces a distintos efectos *(Instrucción de predicadores*, págs. 61-62).

e) La oralidad. Hace ya bastante tiempo que Maxime Chevalier señaló la importancia de la tradición oral en Gracián. Pues bien, parte de los problemas del estudio de las fuentes del *Arte de ingenio* tienen que ver con esa tradición: escrito y

---

[119] Véase Mercedes Blanco, «Ingenio y autoridad en la cita conceptista», págs. 108 y ss.

[120] Es lo que explica la frase graciana que dice que «no se ha de obrar de ejemplo, por faltar siempre alguna de las circunstancias» (disc. XVIII), o el indicar que apoyan tanto sus tesis «las autoridades como las razones» (disc. XLII).

oral funcionan como cangilones de noria que se intercambian con frecuencia. Y en relación con la oralidad hay que ver el fenómeno de la improvisación poética, en el que el ingenio tiene parte fundamental[121]. Todo ello afecta al estudio de la fuente, y el caso más claro son las alusiones de Gracián a su padre y su tío como autoridades (anónimas en 1642 —disc. XVIII y XXXIX—, desveladas en 1648). Algo análogo podría decirse de los sermones y anécdotas que cita Gracián como ejemplos de agudeza compleja: una parte considerable de ellos no nos han llegado, lo que ha llevado a pensar que nunca se publicaron y que por tanto tuvo que conocerlos de forma oral[122].

Salvadas (al menos parcialmente) todas esas dificultades, lo que se puede decir del *Arte de ingenio* en relación con las fuentes es que estamos ante una antología. La costumbre graciana de ilustrar con ejemplos cada uno de los casos de agudeza que va estudiando convierte el tratado en una suerte de centón donde antiguos y modernos compiten en celada por la agudeza. Antología que nace con vocación de universalidad[123], pero que es a la vez parcial y desde luego comprometida con la literatura existente en su tiempo. En ese ámbito, resulta sorprendente la mezcla de autores que hoy consideramos mayores y menores, y habrá que valorar las presencias y las ausencias, pero tanto unas como otras han de manejarse con cuidado porque son trasunto del juicio y del gusto de Gracián[124]. Y quizá de la situación, porque tal vez de no haber sido Antonio Hurtado de Mendoza secretario de Feli-

---

[121] Véase Maxime Chevalier, «Gracián y la tradición oral»; o «Para una historia de la agudeza verbal», págs. 26 y ss.

[122] Véase Francis Cerdan, «Sermones, sermonarios y predicadores...».

[123] «Afecté la variedad de los ejemplos...». Es lo mismo que pedía el maestro Francisco Martínez, de la Universidad de Salamanca, a fines del XVI, quien enseña a sus alumnos con los mismos textos que cita Gracián: Valerio Máximo, Suetonio, Alciato, Plinio, Cicerón, Virgilio, César, Salustio, Quinto Curcio, a los que se agregan Séneca, Horacio y Marcial expurgados «para que tengan ejemplos y modelos de todo: de oraciones, de poesía y de historia» (véase Luis Gil, *Panorama social del Humanismo español*, págs. 540-541).

[124] Cfr. Maria Grazia Profeti, «L'*Acutezza e l'arte dell'Ingegno* di Gracián», pág. 214; o Karl L. Selig, «La *Agudeza* y el arte de citar», pág. 70.

pe IV no habría visto las once citas en el *Arte de ingenio*, lo que vendría a confirmar la hipótesis emitida al comienzo de este estudio, en el sentido de que el jesuita intenta ser algo zalamero con su obra teórica.

Esa antología que es el *Arte de ingenio* tiene, además, una orientación moral. Lo sabemos desde que Juan Manuel Rozas levantó acta de ello en su espléndido trabajo sobre la *Agudeza*: en la segunda versión, Gracián da voz a Marino, pero sólo a sus composiciones religiosas, olvidando la rama erótica[125]. Algo parecido podría decirse de Marcial, el autor más citado en el *Arte de ingenio*, pero a la vez cuidadosamente escogido en sus creaciones menos escabrosas; tanto, que incluso Gracián llega a prescindir del final de un verso para no incluir una expresión malsonante. Esa orientación moral tiene una clara tradición en la enseñanza de los jesuitas, en la predicación, y además se imbrica perfectamente en el sistema de pensamiento de Gracián.

En la enseñanza, hacía más de cincuenta años que se venía reclamando esa «limpieza» de los autores, que habían de quedar convenientemente expurgados antes de entrar en las aulas. Así lo indica Juan Bonifacio en un opúsculo, *De librorum delectu*, que incluye en 1586 en la *Christiani pueri institutio*:

> El libro obsceno provoca la sensualidad; el mordaz y cruel molesta los oídos y el corazón. La soberbia, la avaricia, la envidia y la gula no son tan pegajosas como la lujuria. Ten en cuenta, además, que hay algunas cosas que son de suyo feas, pero de las cuales se puede hablar con honestidad, llamándole por sus nombres, y otras, en cambio, que de suyo son honestas, pero de las cuales no puede hablar honestamente un maestro recatado. Por eso le dejamos los dientes a Marcial y le quitamos las obscenidades, guardando por una parte el respeto debido al pudor, y condescendiendo, por otra, en lo que buenamente se puede con el gusto y la curiosidad de los lectores[126].

[125] Juan Manuel Rozas, «El compromiso moral en la *Agudeza...*», pág. 192.
[126] Tomo la cita de Luis Gil, *Panorama social del humanismo español*, pág. 539.

El mismo afán preservador alienta en la *Ratio studiorum*, que abre las reglas para los estudios inferiores buscando el provecho «no menos en la rectitud de la vida que en las bellas artes», y que entre las reglas para el profesor de esas clases inferiores ruega encarecidamente no sólo que no se lleven a clase este tipo de autores «inmorales» a que aludía Juan Bonifacio, sino que además se haga todo lo posible para apartar al alumno de ellos aun fuera de clase[127]. Supongo que son las mismas razones las que mueven a los predicadores a pedir que no se citen los poetas profanos en los sermones: es el caso, una vez más, de Terrones del Caño en la *Instrucción de predicadores* (pág. 87).

Pues bien, Gracián es hijo igualmente de esa orientación moral, que en su caso además se integra de lleno en su sistema artístico, en el que ingenio y gusto no son sólo meras cualidades artísticas, sino perfecciones morales que se aúnan en un ideal ético-estético para llegar a ser «hombre en su punto»[128].

En esa antología parcial que es el *Arte de ingenio*, hay ausencias significativas, desde luego, pero esas faltas admiten aquí una doble interpretación. Pueden estudiarse los autores que no se mencionan en ninguna de las dos versiones, y pueden verse cuáles son los que añade en la revisión de 1648. Una y otra postura plantean problemas. La primera, porque buscar en el amplio campo literario del siglo XVII ausencias más o menos notables puede ser tarea ímproba y destinada a la esterilidad: cada lector echará en falta unos escritores u otros, y en muchos casos la ausencia puede estar mediatizada por la falta del libro en cuestión. La segunda, porque en la revisión de 1648 aparecen autores nuevos, no citados en 1642 (don Juan Manuel es el caso más claro)[129], pero su estudio lle-

---

[127] «Recomiende mucho la lectura espiritual, sobre todo de vidas de santos. Por el contrario, no sólo se abstenga de leer él en sus prelecciones escritores inmorales, ni aun pasajes en los que haya algo que pueda dañar las buenas costumbres de los jóvenes, sino que aparte también cuanto pudiere a sus discípulos de tales lecturas aun fuera de clase» *(Ratio studiorum,* trad. cit., página 80; para el fin general de estos estudios, pág. 61).

[128] José L. López Aranguren, «Una moral mundana», págs. 177-178.

[129] Véanse los trabajos de Erasmo Buceta, Christine Orotbig y Benito Pelegrín citados en la Bibliografía.

varía probablemente a la conclusión de que los añadidos son en un alto porcentaje personales y regionales: hay «liga de aragoneses».

De las ausencias significativas en el *Arte de ingenio* (y voy solo a los casos obvios) destaca Cervantes. El autor del *Quijote*, ausente también de la *Agudeza*, no pudo pasar desapercibido a un ojo tan fino como el de Gracián[130], y es evidente que el jesuita tuvo que barajar como ejemplos de agudeza compuesta algunas de sus «ficciones». Lo que debió de suceder, creo, es que en la orientación moral señalada pesaron más las digresiones de Mateo Alemán en su *Atalaya de la vida humana* que la libertad creadora de Cervantes. Pienso que eso explica de alguna manera la presencia de uno y la ausencia de otro.

Igualmente llamativa es la falta de Francisco de Quevedo, uno de los escritores que es legítimo esperar como ejemplo de agudeza. El silencio es disculpable en cierto modo en 1642, pero inexcusable en 1648 tras la coetánea publicación de sus obras poéticas[131]. Asunto difícil de resolver, pero imposible de soslayar, ha visto varias hipótesis explicativas. Me quedo con la siguiente: mientras que Quevedo no descarta ninguna figura de la agudeza, Gracián establece grandes reparos frente a algunas de ellas, tales como la paronomasia, el equívoco, los apodos[132]... Ahora bien, creo no es en absoluto descartable que la orientación moral aludida impida a Gracián valorar el *acumen* de Quevedo: este no tuvo inconveniente en atentar contra la ortodoxia con tal de forjar una agudeza, y eso por fuerza desagradaría al jesuita.

También sorprende la ausencia del teatro. Ya Romera-Navarro tuvo la impresión de que Gracián no fue muy aficionado a su lectura, y que conocía mal la producción dramática de su tiempo[133]. Esto último no podía ser de otra manera, porque un fraile discreto ni siquiera pisaría un corral de comedias, dado su ambiente inmoral, según los testimonios de

---

[130] Véase Ceferino Peralta, «La ocultación de Cervantes en Baltasar Gracián».

[131] J. M. Rozas, «El compromiso moral...», pág. 195.

[132] Véase Máxime Chevalier, «Gracián frente a Quevedo», pág. 1075.

[133] Miguel Romera-Navarro, «Góngora, Quevedo y algunos literatos más en *El Criticón*», pág. 251.

la época. Y lo mismo sucede con las lecturas, si tenemos en cuenta lo que él mismo recuerda en el *Arte de ingenio:* «Ponderaba un varón severo el tiempo que roban en España las comedias, *ya representadas, ya leídas*, y las llamaba 'come día' y 'come días'» (disc. XXV; cursiva mía). La explicación creo que hay que buscarla de nuevo en el contexto moralizante del libro. En el caso de los autores clásicos, los jesuitas previnieron durante mucho tiempo contra Terencio, por ejemplo[134]. De los modernos, los únicos que cita son Antonio Hurtado de Mendoza y Luis de Góngora. Ya he indicado en varias ocasiones mi opinión de cuáles son los motivos oportunistas que llevaron a Gracián a mencionar al primero en el *Arte de ingenio.* El segundo tiene, junto con Marcial, patente de corso en el tratado graciano. Eso, y el hecho de que en la década de los cuarenta era «absolutamente ineludible» ser gongorino en España, explica las varias citas de *Las firmezas de Isabela*, lo que (frente a Lope o Calderón) no deja de ser un error histórico, como señaló Juan Manuel Rozas[135].

Así las cosas, no sorprende en absoluto que el otro texto dramático citado en el *Arte* (y citado como poema) sea *Il Pastor Fido* del Guarini, obra de repercusión relativamente escasa en el teatro español del siglo XVII, pero que mantuvo un prestigio alto sobre todo en aquellos autores entre los que predominó la consideración teórica frente a la realidad práctica de la representación teatral: influyó a través de la lectura[136].

En cuanto a las presencias, y dado el multilingüismo y universalidad del libro, creo que el estudio de las fuentes del *Arte de ingenio* bien podría llevarse a cabo en función de toda una serie de dualidades que son las siguientes: antiguos y modernos, prosa y poesía, autores religiosos frente a no reli-

---

[134] Luis Gil, *Panorama social...*, págs. 539-540.

[135] «El compromiso moral...», pág. 195. Para la presencia del teatro en la *Agudeza* y la (des)estimación de Gracián por este género, véanse José María de Cossío, «Gracián, crítico literario», págs. 69 y ss.; o Federico Sánchez Escribano, «Gracián ante la comedia española del siglo XVII».

[136] Véase Francisco López Estrada, «La comedia pastoril en España», en M. Chiabò y F. Doglio (eds.), *Origini del Drama Pastorale in Europa*, págs. 235-256, donde pueden verse más detalles (pero cito por una separata, BNM Ms. Foll. 1598).

giosos, españoles y extranjeros. Aún cabría añadir la distinción entre jesuitas y no jesuitas (y no tanto la de aragoneses frente al resto que se maneja para la *Agudeza).*

Una de las dualidades latentes en el libro de principio a fin es la que separa antiguos y modernos. La lista de los primeros apenas difiere de la que se estudiaba en la Universidad de Salamanca a fines del XVI, y en realidad las predilecciones del jesuita están expresas en los preliminares de otras obras, desde *El Héroe* hasta *El Criticón*[137]. Muchas veces se tiene la impresión de que Gracián piensa sobre todo en los antiguos al escribir su *Arte de ingenio,* y que es entre estos últimos donde se siente a gusto. A veces incluso parece que sólo de mala gana accede a citar a los modernos. Eso ocurre especialmente en los discursos relativos a la agudeza compuesta. Quizá es de nuevo influjo de la *Ratio studiorum,* que para las prelecciones de las clases inferiores exigía el estudio de clásicos antiguos, pero «de ningún modo autores más modernos» (pág. 84).

Sea o no así, de entre los antiguos hay que dividir griegos y latinos. En el primer grupo, Gracián menciona a Heliodoro, Luciano, Plutarco, Platón y Tucídides. Es de suponer que todos ellos en versión latina (¿en algún caso quizá en romance?), porque las citas literales que hace de los dos últimos están en esa lengua (disc. XXII). Diógenes Laercio, aunque sin mención expresa, hubo de pesar en la redacción del discurso XXXV. En latín conviene dejar constancia de un hecho curioso: pese a que el autor más citado en todo el *Arte de ingenio* es Marcial, y pese a que también se recurre (aunque de forma circunstancial) a Ausonio, Horacio, Ovidio, Virgilio o la *Anthologia Latina,* lo que más cita de los antiguos Gracián es la prosa.

Marcial es el príncipe de la agudeza, y el poeta más utilizado en el *Arte de ingenio* con 57 menciones, como se recuerda desde hace tiempo[138]. Ni extraña su dilatada presencia, ni ha

---

[137] Véase Francesca Perugini, «Baltasar Gracián lettore...», págs. 526-527.

[138] Véase el trabajo citado de Parga y Pondal, o Vicente Cristóbal, «Marcial en la literatura española», en *Actas del Simposio sobre Marco Valerio Marcial, poeta de Bílbilis y de Roma* (Calatayud, IX-XI de mayo, MCMLXXXVI), Zaragoza, UNED-Diputación Provincial de Zaragoza-Caja de Ahorros de la Inmaculada-Ayto. de Calatayud-Centro de Estudios Bilbilitanos 1987, vol. II (Ponencias), págs. 145-210, y 182-184 para el jesuita.

de sorprender el uso adaptado que se hace de él. Hasta fines del siglo XVI no se aprecia apenas influencia del poeta de Bílbilis en la literatura europea. En Inglaterra su influjo será grande a partir de 1590, y desde comienzos del siglo XVII también en Francia, Alemania y España. El vínculo entre el estudio del epigrama y la teoría de la agudeza ya quedó señalado más arriba, pero ahora conviene decir algo sobre la relación que los jesuitas mantuvieron con la obra del poeta latino. Desde los comienzos de la *Ratio studiorum*, los seguidores de San Ignacio van a atender al estudio de la retórica a través de los autores antiguos. La moda de Marcial obligaba de alguna manera a incluirlo en el programa de estudios, pero había una radical diferencia entre los otros autores latinos y el de Calatayud: el arte de este último se basaba en lo que hoy llamamos agudeza, fenómeno popular en esos momentos pero que no estaba definido. De ahí que algunos tratados sobre lo agudo se basen casi exclusivamente en Marcial. El caso primero, y quizá de los más claros, es el *De acuto et arguto*, del profesor de retórica Casimir Sarbiewski, que no se imprimió hasta 1958, y cuyo manuscrito parece ser un guión para impartir las clases[139]. No extraña, pues, que Gracián también recurra al mismo autor, paisano suyo por más señas, para ejemplificar en su primer tratado sobre la agudeza.

Lo que sucede es que la cita que se hace de Marcial es una cita sesgada, orientada por la moralidad que guía la obra completa de Gracián y a la que ya he aludido. Basta repasar los ejemplos que trae del «agudo universal» para darse cuenta de que ha elegido los que no presentan problemas de vocabulario o contenidos inadecuados para la educación. Al proceder así en su selección, Gracián no hace sino seguir toda una corriente didáctica que arranca a fines del XVI para Marcial, y que consiste en ofrecerlo a los alumnos, sí, pero expurgado, como quería el maestro Francisco Martínez para sus pupilos salmantinos, o Juan Bonifacio, que reconocía eliminar las obscenidades del poeta, guardando «el respeto de-

---

[139] Véase Alexander A. Parker, «"Concept" and "Conceit"...», pág. xxxii. Y para todo lo relativo al epigrama, el libro de Mercedes Blanco, *Les Rhétoriques de la Pointe...*, *passim*, especialmente, págs. 155 y ss.

bido al pudor» y condescendiendo en lo posible «con el gusto y la curiosidad de los lectores»[140]. Nada extraño, pues, el proceder del jesuita, pero convenía dejar constancia de una actitud que afecta a todo el *Arte de ingenio* (e igualmente a la *Agudeza*) y que condiciona el paradigma que establece Gracián.

De entre los prosistas, el *Panegírico* de Plinio ocupa el lugar principal en la estimación de Gracián («perfecta práctica de toda esta Teórica conceptuosa», disc. XIX), aunque otros autores compiten con él en la ejemplificación: Veleyo Patérculo, Floro, Valerio Máximo, Macrobio y Cicerón. Sorprenden las escasas referencias a Tácito, dada la predilección del jesuita por este autor, y aún sorprende más que cite a Séneca entre los escritores ingeniosos (sólo dos veces), aunque se comprende si se invoca el «gusto» del escritor. Si se tiene en cuenta la orientación moral, también llaman la atención las elogiosas referencias a *El asno de oro* de Apuleyo, libro «más escandaloso que edificante», pero que Gracián menciona en varias ocasiones.

Si se atiende a la distinción entre autores religiosos y no religiosos, habría que subdividir los primeros en dos grandes grupos: Padres de la Iglesia (Orígenes, San Bernardo, San Agustín, San Ambrosio, San Juan Damasceno o San Pedro Crisólogo) y contemporáneos de Gracián. Los coetáneos del jesuita suelen ser religiosos de la Compañía: en muchos casos no cita a sus cofrades nominalmente (lo que hace verdaderamente difícil la identificación de la fuente), pero lo cierto es que parte de los ejemplos aducidos tienen ese origen. En ese sentido, es bien indicativo el final del disc. XLIX, donde se pondera el ingenio de los soldados ignacianos: «florecen en compañía» (en la de Jesús, naturalmente). De las restantes órdenes religiosas no son pocos los mencionados, y destacan los predicadores, que en unos casos han dejado sus sermonarios escritos, pero que en otros sólo sabemos de ellos por referencias indirectas, volviéndose así imposible la identificación concreta de la fuente. El más citado

---

[140] Ya he citado estos textos más arriba, que pueden verse en la obra citada de Luis Gil, págs. 539-541.

de los oradores sacros es el jesuita Jerónimo de Florencia, pero también Paravicino, Boil, Castroverde, Terrones del Caño...[141].

De entre los modernos, se puede establecer una distinción de forma clara entre españoles y extranjeros. En este último grupo, y pese a lo dicho por Gracián en la advertencia al lector, sorprende la ausencia de autores franceses, que no se mencionan salvo en el caso de Philippe de Comines. Claro que lo suyo era la erudición, según declara el jesuita en el comienzo de su libro sobre el ingenio. No sucede lo mismo con portugueses e italianos. Estos últimos están bien presentes en toda la extensión del *Arte de ingenio:* Fausto Andrelino, Angeriano, Maffeo Barberini (es decir, Urbano VIII), Trajano Boccalini, Vicente Carducho, Julio César Scaligero o el ya citado Guarini forman parte de la amplia nómina de italianos que Gracián menciona en el *Arte de ingenio,* junto a un Giovanni Botero cuyos *Detti memorabili* ilustran en más de veinte ocasiones la teoría de la agudeza. Los portugueses ven menos menciones en número, pero a estos pocos se les cita más frecuentemente. No me refiero al padre Sebastián de Barradas, ni tampoco al ya citado López de Andrade, sino más bien a Luis de Camoens y Jorge de Montemayor. No sorprende que el autor de *Os lusiadas* destaque en dieciséis ocasiones en el *Arte de ingenio.* Al fin y al cabo, ya desde el Brocense se venía elogiando el «subtil ingenio» del lusitano, así como su «doctrina entera, su cognición de lenguas y delicada vena»[142]. Sorprende más que se citen sólo sus sonetos y las composiciones breves, y que se ig-

---

[141] Más datos, en el estudio citado de Francis Cerdan, «Sermones, sermonarios y predicadores...», y en el espléndido trabajo de Hilary Dansey Smith, «Baltasar Gracián's Preachers...». Para las referencias religiosas en la *Agudeza*, el trabajo de Guido Mancini recogido en la Bibliografía. Aunque no trata directamente de la obra de Gracián, es de consulta obligada para la comprensión de muchos aspectos de la *Agudeza* la extensa ponencia de José Enrique Laplana Gil, «La oratoria sagrada del Seiscientos y el escritor aragonés Ambrosio Bondía».

[142] Véase Nicolás Extremera Tapia, «Notas para la fortuna de *Os Lusíadas* en España en el siglo xvi», en C. Argente del Castillo *et al.* (eds.), *Homenaje al Profesor Antonio Gallego Morell*, vol. I, Granada, Universidad, 1989, págs. 525-526.

nore *Os lusiadas*, que precisamente había editado Juan Sánchez en Madrid en 1639[143]. Y aún sorprende más que Gracián fuerce la voz poética de Camoens para hacerlo parecer mucho más barroco de lo que en realidad es[144]. *La Diana* de Montemayor, con veintidós apariciones, supera a Camoens, y lo más probable es que el jesuita leyese (o releyese) el libro del portugués mientras escribe los capítulos 37-41, porque diecinueve de las menciones quedan acotadas en ese límite.

De entre los españoles, Gracián menciona a un buen número de autores, aunque sea sólo en una ocasión. Si eliminamos a sus familiares, a los autores religiosos ya mencionados, a los que cita quizá por compromiso (al ya comentado Antonio Hurtado de Mendoza, o a Juan Bautista de Ávila, que le aprueba el *Arte de ingenio*), y a los prosistas (desde Mateo Alemán a Juan Rufo, junto con Melchor de Santa Cruz, Luis Zapata o Jerónimo de Zurita), llama la atención la presencia de los poetas: Bartolomé Leonardo de Argensola, Bocángel, Carrillo y Sotomayor, Alonso de Ledesma, López de Zárate, Diego de Morlanes, Miguel de Ribellas, Salas Barbadillo, Lope de Vega, Villamediana... Pero el príncipe de los agudos españoles, el correlato romance del primipilo latino, es sin duda Luis de Góngora.

Góngora casi iguala en menciones a Marcial, con un total de 49 en el *Arte de ingenio*. Pero si la presencia del bilbilitano en la *Agudeza* es perfectamente coherente (según se ha visto), el cordobés no deja de ser en la lectura de Gracián una acusada contradicción. Y es que al jesuita le interesa el Góngora de los sonetos y letrillas, pero sobre todo el de los romances, y también su comedia *Las firmezas de Isabela*. Como ha indicado Antonio Carreño, Gracián tiene en el caso de Góngora un papel de precursor, al emplear una veintena de romances para ilustrar toda una serie de recursos retóricos (o agu-

---

[143] Algo parecido sucede con Góngora en el *Arte de ingenio*: se prescinde de las *Soledades* y del *Polifemo*, como se verá. Creo que habría que explicar estas dos ausencias frente a las presencias de otras composiciones de los mismos autores. Y es obvio que, si no avanzo ahora explicación alguna, es porque no la tengo, todavía.

[144] Véase Larsen, «The Presence of Luis de Camoens...», pág. 8.

dos)[145], de entre los cuales el símil es el más repetido. Así, hay que incluir entre los méritos del jesuita haber sido el primero en hacer una lectura extensa de los romances gongorinos, pero sorprende que se decante por el octosílabo para caracterizar el buen decir en la lírica barroca. Y aún sorprende más que, en la primera versión de la obra, Gracián ni siquiera cite las *Soledades* o el *Polifemo*. Quizá la razón haya que buscarla en que estas obras del cordobés deleitan más que enseñan, y no encajan en el ya recitado esquema moralizador que sirve para tejer el *Arte de ingenio*, primero, y la *Agudeza*, más tarde[146].

A todos estos autores conviene añadir algunos modernos europeos, como es el caso de Alciato, cuyos emblemas laten (disfrazados o no) por toda la obra del jesuita, y desde luego Erasmo. Gracián no menciona al humanista de Rotterdam ni una sola vez en la versión de 1642, pero creo que su sombra sobrevuela todo el *Arte de ingenio*, especialmente a través de los *Apotegmas*. Más de setenta de las anécdotas y dichos que recoge Gracián están también en el centón erasmiano. No se me escapa que la fuente no tiene por qué ser obligatoriamente esta; de hecho, Erasmo no hace muchas veces más que cortar y copiar textos de obras antiguas y agruparlos en la suya en función de algún criterio (lo que ya es bastante: no disponía de los medios actuales). Y pudo haberse servido Gracián (es obvio) de otras muchas colecciones de sentencias, de anécdotas, de apotegmas, que circulan por Europa

[145] Antonio Carreño, «Gracián y sus lecturas en el *Romancero* de Luis de Góngora», pág. 397. Véase todo el artículo para las citas de los romances de don Luis. Una tesis bien similar en Aurora Egido, *La poesía aragonesa del siglo XVII (Raíces culteranas)*, págs. 56-57. Lo mismo en Elsa Dehennin, «Gracián, Góngora et le Baroque», pág. 613. Para el teatro y *Las firmezas* en el *Arte de ingenio*, véase *supra* lo dicho sobre este género.

[146] Creo que la razón anda de parte de Benito Pelegrín, quien en una larga nota opone el juicio + ingenio de ciertos autores citados por Gracián, a la falta del primero en las obras del cordobés, quien «desperdicia en menudencias la sublimidad de un estilo que debe servir a una gran causa» («Física y metafísica del estilo...», págs. 66-67, n. 28). Por otra parte, para mí tengo que en el camino que va del *Arte de ingenio* a la novela total que es *El Criticón*, Góngora debió de caer algunos enteros en la estimación del jesuita. Y véase ahora M. J. Woods, *Gracián meets Góngora...*

desde comienzos del XVI. Las razones que me inclinan a pensar en Erasmo son: por un lado, que formaba parte de los estudios de la compañía, y que en alguna ocasión se ha ponderado su papel en otros libros gracianos; por otro, un dato curioso.

El dato es el siguiente: si se atiende a los ladillos marginales que aparecen en la edición latina de 1556, muchos de los apotegmas citados por Gracián van etiquetados con las voces «solerter» ('ingeniosamente'), «facete» ('de manera agradable, graciosa'), «salse» ('chistosa, graciosamente'), «retortum» ('vuelto hacia atrás'), «pulchre retortum», «breviloquentia», «iocus ex ambiguo», «iocus ex depravatione», «iocus ab inexplicato», «iocus in principe retortum»... Todos esos términos aparecen también en el índice final de la obra. Es decir, que Gracián pudo haber ido a esas páginas y buscar los conceptos que a él le interesaban para la redacción de su obra. Pero aún hay más: cuando la cita de *Apophthegmata* lleva un título poco llamativo en esta búsqueda ingeniosa, sucede en no pocos casos que alguno de los ladillos de la misma página va encabezado por la voz «salse». Es de suponer que se va a buscar el ejemplo etiquetado con esa voz y, si se comprueba que no sirve, se indaga por los aledaños en busca de uno apto. La hipótesis es arriesgada, muy arriesgada, y no me atrevo más que a sugerirla[147]. Ahora bien, no me parece en absoluto descabellada si se tiene en cuenta el peculiar sistema de cita que emplea Gracián en algunas ocasiones.

En cuanto a este último, vaya por delante que hay toda una serie de autores (Marcial, Góngora...) que Gracián conoce de memoria y trae aleatoriamente a lo largo del *Arte de ingenio* (y de la *Agudeza*). Otros, sin embargo, se citan sólo en determinados discursos. Esto ocurre sobre todo con algunos de los modernos que ya se han tratado. Lo que sorprende es que las menciones se agrupen en un espacio muy reducido. Por ejemplo, Alonso de Ledesma se trae en el disc. 26; los cinco pasajes ingeniosos de Macrobio (aunque no se le mencio-

---

[147] Por otra parte, Erasmo en latín estaba prohibido desde hacía tiempo, y habría que ver si todas las ediciones llevan esos ladillos marginales y los índices finales que he mencionado.

ne) están entre los discursos 28 y 31; de las veintidós menciones de Montemayor, nada menos que diecinueve se sitúan entre los discursos 37 y 41; de las cinco de Paravicino, cuatro se agrupan en el discurso 41; las cinco de Quintiliano (sin mención expresa), del 28 al 33... Uno de los casos más llamativos es el de un certamen relatado por Lope de Vega (*Justa poética y alabanzas justas que hizo la insigne villa de Madrid al bienaventurado San Isidro en las fiestas de su beatificación*, recopiladas por Lope de Vega Carpio, Madrid, Viuda de Alonso Martín, 1620), que Gracián saquea en el discurso 40: cinco veces recurre a poemas allí recogidos por Lope, sin indicarlo en momento alguno.

Antología, pues, parcial y comprometida. Y tanto. Parece, entonces, que al estudiar las fuentes de la agudeza en Gracián hay que proceder con sumo cuidado, en virtud de las alteraciones, la ocultación, el forzar ciertos autores «agudos» para encuadrarlos en su esquema moral (Marcial, Góngora...) o estético (el Camoens «barroco» del *Arte de ingenio)*, el incluir piezas de escritores jesuitas o de autores que eligen como tema a San Ignacio, el vaciar ciertos libros o poemas en discursos concretos o cercanos... Todo ello distorsiona por fuerza la comprensión del sentido de la obra. Sólo cuando exista un estudio completo y exhaustivo de las fuentes del jesuita podrán emitirse conclusiones fiables, que no pasen de ser impresiones de lector como las hasta aquí apuntadas, que no pretenden más que facilitar, si eso es posible, la lectura del *Arte de ingenio*. Helo.

Esta edición

Frente a otras obras de Gracián, como por ejemplo el *Oráculo manual*, del que no han quedado restos de la primera edición, del *Arte de ingenio* se nos han conservado varios ejemplares de las diferentes impresiones realizadas en el siglo XVII.

La historia textual de la obra es bien sencilla. Aparece en 1642 en Madrid, por Juan Sánchez, «Acosta de Roberto Lorenzo, Mercader de Libros» (en adelante, M). Hasta 1659, fallecido ya Gracián, no volverá a ver la luz en solitario (Lisboa, «Na Officina Craesbeeckiana, An. 1659. Por Simão Antunes de Almeyda), impresión que designaré con la letra L. He tenido en cuenta, por su difusión entre los gracianistas desde hace tiempo, la edición que como apéndice a las *Obras completas* publicó Arturo del Hoyo (Madrid, Aguilar, 1960, aquí representada con la sigla H).

El proceso de transmisión ha sido bien sencillo. L se hizo teniendo a la vista un ejemplar de M, como indican por una parte la aprobación de fr. Agustinho de Cordes[1] y el hecho de que repita sistemáticamente las lecturas de M. Aun así, corrige con acierto en algún que otro caso y proporciona información nueva en otros: como en el discurso XXXVIII, cuando atribuye a Camoens el soneto que comienza «Cuitado que en un punto lloro y río».

H es harina de otro costal: deriva directamente de M, pero su valor es muy reducido. Deturpa con no poca frecuencia el

---

[1] «Vi este libro, o qual tem por título *Arte de Ingenio, tratado de la Agudeza*. Por Lorenço Gracián, impresso en Madrid año de 1642...» (incluido en lo que se denomina «Licenças» de la ed. de 1659).

texto, aunque lo más habitual es que elimine fragmentos completos (periodos, versos, palabras...); el caso más llamativo es el del discurso L («Las quatro causas de la Agudeza»), que ha desaparecido totalmente: al fin del número XLIX («De la variedad de los estilos») se lee: «Fin del *Arte de Ingenio*».

Edito, pues, el texto de M según los criterios que expondré más abajo, recogiendo en nota las variantes correspondientes a L y H. Siempre que me he permitido corregir el texto de M, queda indicada al pie de la página la procedencia de la corrección, tanto si me baso en cualquiera de las dos ediciones mencionadas, como si he recurrido a la ayuda de la segunda redacción de 1648 (según el ejemplar R-15.230 de la BNM, o bien a partir de la edición de Evaristo Correa Calderón: *Agudeza y Arte de Ingenio*, Madrid, Castalia, 1987, 2 vols.), aunque esta última vía es poco útil por cuanto el jesuita alteró prácticamente todo el texto al reescribirlo. En contadas ocasiones, y debido a que como quedó indicado en la introducción, el *Arte de ingenio* quedó sin corregir a partir del folio 50 casi con toda seguridad, he debido recurrir a la enmienda *ope ingenii* (¿y dónde más justificada que en este caso?). Por supuesto, dejo igualmente constancia de mi intervención. Al juicio del lector queda ahora la pertinencia de mis cambios.

Teniendo en cuenta que el público del *Arte de ingenio*, como el de la *Agudeza*, ha de ser siempre «singular», los criterios de transcripción han sido los siguientes:

— respeto la ortografía original, aun cuando en Gracián es vacilante, con la excepción de la pareja *u/v*, que se transcriben según su valor fonético actual, y la ſ, que pasa sistemáticamente a *s*. Corrijo las erratas evidentes, y sólo las evidentes, sin indicación alguna.

— respeto igualmente la tipografía. Es decir, que el lector verá letra cursiva o redonda como si tuviese la edición de 1642 ante él. Dado el uso que en la segunda versión hace Gracián de esta alternancia, no es descabellado pensar que aquí pueda tener algún significado, aparte del evidente y aparente de distinguir la cita de la reflexión personal. Vale lo mismo para las mayúsculas injustificadas: quedan todas sin alterar, salvo las que aparecen tras la inicial capitular de cada discurso, que considero meramente tipográficas y en modo alguno debidas a la pluma del jesuita.

— modernizo la puntuación, según las normas actuales. He tenido, con todo, excesivo cuidado, dada la importancia de este elemento en las obras gracianas. Pese a ello, me he visto en la obligación de alterarla en infinidad de casos, porque la del original es descabellada en múltiples ocasiones. Espero no haber restado preñez al verbo del jesuita.

— acentúo según las normas vigentes, salvo cuando la inclusión de la tilde estropea algún juego de palabras o alguna agudeza. La «y» también la lleva cuando la necesita.

— he resuelto por lo general todas las abreviaturas sin indicación alguna.

— mantengo la anómala división en párrafos del original, que resulta en no pocos casos difícil de aceptar según el uso moderno, pero que forma parte sustancial de la dificultad (o de la facilidad, una vez que se descifra el sistema —véase el prólogo—) con que sazona Gracián su texto.

La anotación está claramente dividida en dos niveles. El aparato crítico textual, por una parte, y la aclaración literaria, por otra. En esta última, fruto de los bien escasos ratos de ocio que me dejan otras labores, mi intención fundamental ha sido intervenir lo menos posible, y dedicarme sólo a ofrecer al lector elementos para poder interpretar el pasaje concreto. De ahí que explique sobre todo: a) voces de sentido distinto al actual, y b) las fuentes del jesuita. Creo que este último —y especialmente la prosa— era el aspecto más cojo en las dos versiones de la obra de Gracián[2], y en muchos casos

---

[2] Me han sido de gran utilidad en la tarea de anotación los siguientes trabajos (referencias completas en la «Bibliografía sobre la *Agudeza y arte de ingenio*»): Alberto Blecua para la prosa de Juan Rufo (prólogo a *Las seiscientas apotegmas*, pág. XLIV); S. Parga y Pondal para Marcial; y Nancy W. Wardropper *(Baltasar Gracián Two Interpretations...)* para algunos fragmentos poéticos. No he podido ver la tesis de Leland H. Chambers que cito en la Bibliografía, pero he extraído la información del libro citado de Wardropper. En el caso de Góngora, al menos desde que Robert Jammes editó *Las firmezas de Isabela*, es algo bien sabido que Gracián se sirve de la edición de Hoces. No he logrado verla: en su defecto, cito por el facsímil de la de Vicuña y doy siempre que puedo referencia de alguna edición moderna del cordobés (Carreño, Millé...).

se hace difícil apreciar sin la nota cómo Gracián hace más agudo el dicho de lo que realmente es, o cuesta comprender el sentido del pasaje si no se tiene detrás la anécdota a la que se alude (sólo un ejemplo del disc. XXVII: «Fue rey [...] Darío por el solicitado relincho del caballo»)[3]. Quedan aún muchos pasajes por iluminar en este sentido, pero la importunidad de algunos amigos me ha forzado a dar la edición a estampa. A buen seguro, otros cantarán con mejor plectro. No podía glosar cada uno de los fragmentos «curiosos» del *Arte de ingenio:* por eso remito en algunas notas a quienes ya lo han hecho, siempre con más acierto del que sin duda yo habría podido ofrecer. No se le escapará a nadie que dar cuenta en las notas de todo aquel que ha estudiado la obra de Gracián habría sido imposible (véase la Bibliografía adjunta), aunque hay buenos guías para transitar la selva graciana. No ofrezco en nota las traducciones de los textos latinos: en el caso del *Arte de ingenio*, parece llevar aparejado un cierto mal fario; además, en la mayor parte de los casos, es Gracián quien parafrasea a Marcial, el autor latino más citado, y lo mismo con otros tantos escritores de la misma lengua.

No me queda sino agradecer a algunas instituciones y personas su amabilidad y su ayuda con algunas de las muchas dificultades que me planteó la anotación del texto: entre las primeras, las Bibliotecas Nacional de Madrid y la Universitaria de Santiago de Compostela van a la cabeza; de entre los segundos, me gustaría mencionar a Jaime Moll, Raquel Núñez Orjales, Rafael Ramos, María Isabel Toro Pascua y Domingo Ynduráin. Y a Marisa, claro, que con su sonrisa y con su voz de plata le pone sol a los días coruñeses.

---

[3] Todas las obras citadas en las notas remiten a la lista de referencias que antecede al texto.

Descripción de las ediciones

— M:

[Portada, en la sign. ¶ʳ:] ARTE | DE INGENIO, | TRATA-
DO DE LA | AGVDEZA. | En que ſe explican todos los |
modos, y diferencias de | Conceptos. | POR | Lorenço Gra-
cian. | DEDICALA | *Al Principe Nuestro Señor.* | Con Privile-
gio en Madrid, Por Iuan | Sanchez, Año 1642. | [Filete] |
Acosta de Roberto Lorenço, Merca- | der de Libros.

8.º Cuadernos: ¶ A - T.
8 hjs. + 152 fols. Lets. red. y curs.

Todos los cuadernos tienen 8 hojas, excepto K (falta fol.
K₁): ¶₃ B₄ I₄ no están rotulados, pero están. E₃ aparece como
D₃. Hay errores de numeración: fol. 34 aparece como 3, y el
siguiente viene como 37, sin que se corrija. El fol. 83 viene
como 81 y los siguientes como 82, 83... El 111 va rotulado
como 84, y los siguientes 111, 112... Hay otros errores que
no alteran el curso normal de la foliación: 56 > 59; 70 > 7;
76 > 79; 118 > 811; 141 > 151.

hj. 1ʳ: Portada.
hj. 1ᵛ: en blanco.
hj. 2ʳ-8ᵛ: Preliminares:
hj. 2ʳᵛ: Aprobación.
hj. 2ᵛ: Licencia.
hj. 3ʳ: Aprobación.

hj. 3^v: Suma del Privilegio. Suma de la Tasa.
hj. 4^{r-v}: Fe de erratas.
hj. 5^r-6^r: Dedicatoria.
hj. 6^v-8^v: Al Lector.
fols. 1^r-152^v: Texto de la obra.

Biblioteca Nacional de Madrid (R-15.000).
Biblioteca Colombina, Sevilla (5-1-51-N). Le faltan los fols. 42, 43 y 81 (es decir, E$_8$, F$_1$ y K$_7$). Numerosas glosas marginales, algunas referentes a Sevilla. En dos sitios, firma el ejemplar «Juan Sánchez» y en otros dos «Sánchez Franco».
Biblioteca Nacional, París. [No he podido consultar personalmente este ejemplar.]

— L:

[Portada:] ARTE DE INGENIO, | TRATADO DE LA | AGVDEZA. | En que ſe explican todos los | modos, y di- ferēcias de | Conceptos. | POR | LORENC,O [sic] GRA- CIAN. | *DEDICADO* | *A* | *D. IOAM DA COSTA,* | *Conde de Soure, Etc.* | [Filete.] | *EM LISBOA* | *Com todas as licenças ne- cessarias* | Na Officina, CRAESBEECkIANA [sic]. *An.* 1659. | Por Simão Antunes de Almeyda.

4.º Cuadernos: [1 sin rotular] A-O.
6 hjs. + 111 fols. + 1 hj.
Todos los cuadernos tienen 8 hojas, salvo el primero, que tiene seis. Al final, vienen dos hojas que no forman parte del cuaderno O. C$_4$ D$_3$ F$_3$ G$_2$ O$_3$ no están rotulados, pero están. K aparece como k, y K$_2$ como k$_2$. Hay errores de numeración, que no alteran la foliación normal (24 > 23; 39 > 93; 64 > 63; 66 > 69), pero otros sí: 73 > 72 (y los siguientes son 73, 74...); 108 > 107 (y después 108, 109...).

hj. 1^r: Portada.
hj. 1^v: En blanco.
hjs. 2-6: Preliminares:
hjs. 2^r-3^r: Dedicatoria.

hj. 3^v: En blanco.
hjs. 4^r-5^v: Al Lector.
hj. 6^{rv}: En blanco.
fols. 1^r-111^v: Texto.
hj. 1^{rv}: Licencia. Aprobaciones. Tasa.

Biblioteca Nacional de Madrid (R-19.140).

— Ediciones modernas:

Arte de ingenio, como apéndice a las *Obras completas* de Baltasar Gracián, ed. Arturo del Hoyo, Madrid, Aguilar, 1960, págs. 1163-1254.

— Ediciones modernas de *Agudeza y arte de ingenio*:

Agudeza y arte de ingenio, ed. Evaristo Correa Calderón, Madrid, Castalia (Clásicos Castalia, 14-15), 1987, 2 vols.
    Agudeza y arte de ingenio, ed. Ceferino Peralta, *Paramillo*, 2-3 (1984), págs. 541-829.

Bibliografía
sobre la *Agudeza y arte de ingenio*[4]

ABBOTT, Don Paul, «Baltasar Gracián's *Agudeza:* The Integration of Inventio and Elocutio», *The Western Journal of Speech Communication*, 50 (1986), págs. 133-143*.

AGUIRRE, José María, «Agudeza o Arte de Ingenio y el Barroco», en *Gracián y su época*, 1986, págs. 181-190.

ANDREU CELMA, José María, *La vida moral como juego en Baltasar Gracián*, Zaragoza, Centro Regional de Estudios Teológicos de Aragón (Lección Inaugural del Curso Académico 1994-1995), 1994.

ARANGUREN, José Luis L., «Una moral mundana», en Jorge M. Ayala (coord.), *Baltasar Gracián...*, págs. 175-178.

ARCE, Joaquín, *Tasso y la poesía española*, Barcelona, Planeta, 1973.

ARCO GARAY, R. del, «Las ideas literarias de Baltasar Gracián y los escritores aragoneses», *AFA*, III (1950), págs. 27-80.

— «Baltasar Gracián y los escritores conceptistas del siglo XVII», en *Historia General de las Literaturas Hispánicas*, Barcelona, Vergara, 1953, vol. III, págs. 693-723.

AYALA, Jorge M., «La agudeza», en *Reflejo y reflexión. Baltasar Gracián. Un estilo de filosofar*, Zaragoza, La Editorial, Centro Regional de Estudios Teológicos de Aragón, 1979, págs. 25-33.

— «Naturaleza y artificio en Baltasar Gracián», en *Actas del IV Semi-*

---

[4] No toda la bibliografía aquí citada está directamente relacionada con la *Agudeza y arte de ingenio* de Gracián. Dado que esta lista funciona como prontuario de las menciones que se hacen en el prólogo al pie de la página, algunas referencias tienen que ver sólo circunstancialmente con Gracián, o bien estudian otros libros del jesuita. No he podido ver las entradas marcadas con un asterisco.

nario de Historia de la Filosofía Española, Salamanca, Universidad de Salamanca, 1986, págs. 631-638.

— «La agudeza prudencial», *Criticón*, 43 (1988), págs. 7-12.

— «Baltasar Gracián y el ingenio», *Cuadernos Salmantinos de Filosofía*, XVI (1989), págs. 177-189.

— «El "ingenio" en Huarte de San Juan y otros escritores españoles», en Antonio Heredia Soriano (ed.), *Actas del VI Seminario de Historia de la Filosofía Española e Iberoamericana*, Salamanca, Universidad de Salamanca, 1990, págs. 211-223.

— (coord.), *Baltasar Gracián. El discurso de la vida. Una nueva visión y lectura de su obra*, Barcelona, Anthropos *(Documentos A*, 5, febrero 1993).

— «La formación intelectual de Baltasar Gracián», en Jorge M. Ayala (coord.), *Baltasar Gracián...*, págs. 14-38.

BARTOLOMÉ MARTÍNEZ, Bernabé, «Las cátedras de Gramática de los Jesuitas en las Universidades de Aragón», *Hispania Sacra*, XXXIV (1982), págs. 389-448.

— (dir.), *Historia de la acción educadora de la Iglesia en España. I. Edades Antigua, Media y Moderna*, Madrid, Biblioteca de Autores Cristianos, 1995, págs. 538-549.

BATLLORI, Miguel, «La agudeza de Gracián y la retórica jesuítica», en Frank Pierce y Cyril A. Jones (eds.), *Actas del Primer Congreso Internacional de Hispanistas*, Oxford, The Dolphin Books, 1964, págs. 57-69. Recogido también en *Baltasar Gracián i el Barroc*, págs. 311-320.

— «La preparación de Gracián, escritor (1601-1635)», en *Gracián y el Barroco*, Roma, Edizioni di Storia e Letteratura, 1958, págs. 15-54.

— «La barroquización de la *Ratio studiorum* en la mente y las obras de Gracián», en *Gracián y el Barroco*, Roma, Edizioni di Storia e Letteratura, 1958, págs. 101-106. Recogido también en *Baltasar Gracián i el Barroc*, págs. 297-302.

— «Gracián y la retórica barroca en España», en *Gracián y el Barroco*, Roma, Edizioni di Storia e Letteratura, 1958, págs. 107-114. Recogido también en *Baltasar Gracián i el Barroc*, págs. 303-310.

— *Baltasar Gracián i el Barroc*, en *Obra Completa*, vol. *VII*, ed. Eulàlia Duran (dir.) y Josep Solervicens (coord.), Valencia, Biblioteca d'Estudis i Investigacions, Tres i Quatre, 1996.

— «Índex cronològic de la biografia de Gracián», en *Baltasar Gracián i el Barroc*, págs. 271-293.

BATTESTI-PELEGRÍN, J., «La lyrique du xve siècle à travers le conceptisme de Gracián», *CER*, 10 (1985), págs. 33-55*.

BELCHIOR PONTES, M.ª de L., «História Literária e história das ideias estéticas. A Teorização do barroco na Península Ibérica:

Gracián impugnado por F. Leitão Ferreira», *Barroco*, I (1969), págs. 9-14; incl. también en *Os homens e os livros*, Lisboa, Verbo, 1971, págs. 159-169*.

— «"A Agudeza", segundo Baltazar Gracián e outros teorizadores do Barroco», en *Os homens e os livros*, págs. 123-127*.

BETHELL, G. L., «Gracián, Tesauro and the Nature of Metaphysical Wit», *The Northern Miscellany of Literary Criticism*, I (1953), páginas 19-40*.

BLANCO, Mercedes, «Qu'est-ce qu'un "concepto"?», *Les langues néolatines*, 1985*.

— «L'arte d'ingegno e l'eroismo della novità», en *Baltasar Gracián. Dal Barocco al Postmoderno*, *Aesthetica pre-print*, 18 (1987), páginas 41-53.

— «El mecanismo de la ocultación. Análisis de un ejemplo de Agudeza», *Criticón*, 43 (1988), págs. 13-36.

— «Ingenio y autoridad en la cita conceptista», en Jean-Pierre Etienvre y Leonardo Romero (coords.), *La recepción del texto literario (Coloquio Casa de Velázquez-Departamento de Filología Española de la Universidad de Zaragoza. Jaca, abril de 1986)*, Zaragoza, Secretariado de Publicaciones de la Universidad, 1988, páginas 105-115.

— *Les Rhétoriques de la Pointe. Baltasar Gracián et le Conceptisme en Europe*, Ginebra, Slatkine, 1992.

BLECUA, José Manuel, «El primer escritor conceptista», en *La vida como discurso*, págs. 117-119.

— «La vida como discurso», en *La vida como discurso*, págs. 294-296.

— *La vida como discurso (Temas aragoneses y otros estudios)*, intr. Juan Domínguez Lasierra, Zaragoza, Ediciones de Heraldo de Aragón, 1981.

BODEI, Remo, «Reverenza per l'astuzia. Baltasar Gracián tra prudenza e *agudeza*», en *Baltasar Gracián. Dal Barocco al Postmoderno*, *Aesthetica pre-print*, 18 (1987), págs. 65-74.

BUCETA, Erasmo, «La admiración de Gracián por el infante Don Juan Manuel», *RFE*, XI (1924), págs. 63-66.

CABRÉ, María Dolores, «El poeta oscense Salinas y Gracián», *Jerónimo Zurita. Cuadernos de Historia*, 16-18 (1963-1965), págs. 275-293.

CARREÑO, Antonio, «Gracián y sus lecturas en el *Romancero* de Luis de Góngora», en S. Neumeister (ed.), *Actas del IX Congreso de la Asociación Internacional de Hispanistas*, Francfort, Vervuert Verlag, 1989, vol. I, págs. 395-403.

CASAS RIGALL, Juan, *Agudeza y retórica en la poesía amorosa de cancionero*, Santiago de Compostela, Servicio de Publicaciones e Intercambio Científico de la Universidad, 1995.

CERDAN, Francis, «Sermones, sermonarios y predicadores citados por Gracián en la *Agudeza*. Apuntes bibliográficos y algunas consideraciones», en *Varia Bibliographica. Homenaje a José Simón Díaz*, Kassel, Reichenberger, 1987, págs. 175-182.

— «La emergencia del estilo culto en la oratoria sagrada del siglo XVII», *Criticón*, 58 (1993), págs. 61-72.

CHAMBERS, Leland H., *Baltasar Gracián's «The Mind's Wit and Art»* (Ph. D. Dissertation at the University of Michigan), Ann Arbor, 1962, 922 págs. (ed. xerográfica en Michigan Univ. Microfilms, Inc., 1987, 2 vols., 913 págs.)*.

— «Theory and Practice in the *Agudeza y Arte de Ingenio*», en *Litterae Hispaniae et Lusitanae. Festschrift zum Fünfzigjährigen Bestehen des Ibero-Amerikanischen Forschungsinstituts der Universität Hamburg*, Munich, Max Hueber Verlag, 1968, págs. 109-117.

CHEVALIER, Maxime, «Gracián y la tradición oral», *HR*, XLIV (1976), págs. 333-356.

— «Gracián frente a Quevedo», *NRFH*, XXXVI (1988), págs. 1069-1077.

— «Conceptisme, culteranisme, agudeza», *Revue XVII Siècle*, 160 (1988), págs. 281-287 (trad. en Alfonso Moraleja [ed.], *Gracián Hoy*, págs. 107-115).

— «Para una historia de la agudeza verbal», *EdO*, XIII (1994), páginas 23-29.

CORREA CALDERÓN, E., «Gracián y la oratoria barroca», en *Strenae. Estudios de Filología e Historia dedicados al Prof. Manuel García Blanco*, Salamanca, Acta Salmanticensia, 1962, págs. 131-138.

COSSÍO, José María de, «Gracián, crítico literario», *BBMP*, V (1923), págs. 69-74.

COSTA, Angelina, «Versos y doctrina de Carrillo y Sotomayor ilustran la *Agudeza y Arte de Ingenio*», en C. Argente del Castillo, A. de la Granja, J. Martínez Marín y A. Sánchez Trigueros (eds.), *Homenaje al Prof. Antonio Gallego Morell*, Granada, Universidad, vol. I, 1989, págs. 319-332.

COSTER, Adolphe, *Baltasar Gracián*, Zaragoza, Inst. Fernando el Católico, 1947.

CROCE, Benedetto, *I trattatisti italiani del concettismo e Baltasar Gracián*, incl. en *Problemi di Estetica e contributi alla storia dell'estetica italiana*, Bari, Laterza, 1940, págs. 313-348.

— «Personajes de la historia italo-española. El Duque de Nocera Francesco Carafa y Baltasar Gracián», en Alfonso Moraleja (coord.), *Gracián hoy*, págs. 50-67.

D'AGOSTINO, Emilia, «Para una estética de la sorpresa. El ingenioso arte y sus agudezas», en Jorge M. Ayala (coord.), *Baltasar Gra-*

cián. El discurso de la vida. Una nueva visión y lectura de su obra, págs. 40-45.

DARBORD, M., «Le paradoxe chez Gracián (1601-1658)», en *Le paradoxe au temps de la Renaissance*, París, Touzot, 1982, págs. 41-45*.

DEHENNIN, Elsa, «Gracián, Góngora et le Baroque», en *Études de Philologie Romane et d'Histoire Littéraire offertes à Jules Horrent*, Lieja, 1980, págs. 613-622.

EGIDO, Aurora, *La poesía aragonesa del siglo XVII (Raíces culteranas)*, Zaragoza, Inst. «Fernando el Católico»-Diputación provincial (Tesis doctorales, XXX), 1979.

— «Sobre una traducción de *Agudeza y arte de ingenio* de Baltasar Gracián», *Criticón*, 39 (1987), págs. 127-136.

— «La *Hidra bocal*. Sobre la palabra poética en el Barroco», en *Fronteras de la poesía en el Barroco*, Barcelona, Crítica, 1990, pág. 9.

— «La variedad en la *Agudeza* de Baltasar Gracián», en *Fronteras...*, págs. 241-258.

FRAGO GARCÍA, Juan A., «Actitud de Gracián ante el hecho lingüístico», en Jorge M. Ayala (coord.), *Baltasar Gracián. El discurso de la vida. Una nueva visión y lectura de su obra*, págs. 68-74.

GAMBIN, Felice, «Le parole e il silenzio: per un approdo alle due biblioteche italiane di Baltasar Gracián», *Rassegna Iberistica*, 39 (1991), págs. 17-24.

GARCÍA GIBERT, Javier y HERNÁNDEZ SACRISTÁN, Carlos, «El razonamiento etimológico como procedimiento discursivo en Baltasar Gracián», en *AFA*, XLI (1988), págs. 153-172.

GENDREAU-MASSALOUX, M., «La variación intertextual, clave ideológica», en J. L. Alonso Hernández (ed.), *Teorías semiológicas aplicadas a textos españoles. Actas del I Symposium Internacional del Departamento de Español de la Universidad de Groningen, 21, 22 y 23 de mayo de 1979)*, Zamora, Universidad de Groningen, 1980, págs. 69-81.

GIL, Luis, «Los jesuitas y la selección de autores», en *Panorama social del humanismo español (1500-1800)*, Madrid, Alhambra, 1981, págs. 536-545.

GILI GAYA, Samuel, «Agudeza, modismos y lugares comunes», en *Homenaje a Gracián*, 1958, págs. 89-97.

GODED Y MUR, Antonio, «Quinientas sesenta y ocho referencias a Aragón y a lo aragonés en la obra de Gracián», *Zaragoza*, XVI (1962), págs. 131-165.

GOLDIN, J., «Jeux de l'esprit et de la parole: d'une rhétorique à l'art de la pointe», *Filologie*, 69 (1978), págs. 129-140*.

GONZÁLEZ CASANOVA, P., «Verdad y agudeza en Gracián», *CA*, 70 (1953), págs. 143-160*.

Gracián y su época. Actas de la I Reunión de Filólogos Aragoneses, Zaragoza, Inst. Fernando el Católico, 1986.

GRACIÁN, Baltasar, *Art et figures de l'esprit. Agudeza y arte de ingenio*, trad., intr. y notas de Benito Pelegrín, París, Seuil, 1983.

— *La Pointe ou l'art du génie*, trad., intr. y notas de Michèle Gendreau-Massaloux y Pierre Laurens, prefacio de Marc Fumaroli, París, L'Age d'Homme (Collection Idea. Le discours fondateur de la théorie esthétique), 1983.

GRADY, Hugh H., «Rhetoric, Wit and Art in Gracián's *Agudeza*», *MLQ*, 41 (1980), págs. 21-37.

GRAZIANI, Françoise, «Le *concetto* dans le sonnet», en Yvonne Bellenger (ed.), *Le sonnet à la Renaissance. Des origines au XVIIe siècle*, París, Aux amateurs des livres, 1986.

GREEN, Otis H., «Sobre el significado de "crisi(s)" antes de *El Criticón*. Una nota para la historia del conceptismo», en *Homenaje a Gracián*, 1958, págs. 99-102.

GUARDIOLA ALCOVER, Conrado, *Baltasar Gracián. Recuento de una vida*, Zaragoza, Librería General, 1980.

HATZFELD, Helmut, «Poéticas barrocas. Tres deformaciones nacionales de Aristóteles: Tesauro, Gracián, Boileau», en *Estudios de Literaturas Románicas*, Barcelona, Planeta, 1972, págs. 259-278.

HERNÁNDEZ, María Teresa, «La teoría literaria del Conceptismo en Baltasar Gracián», *Estudios de Lingüística*, III (1985-1986), págs. 7-46.

HIDALGO-SERNA, Emilio, «The Philosophy of *Ingenium*: Concept and Ingenious Method in Baltasar Gracián», *Philosophy and Rhetoric*, 13 (1980), págs. 245-263.

— *Das ingeniöse Denken bei Baltasar Gracián*, Wilhem Fink Verlag, 1985 (empleo la traducción española: *El pensamiento ingenioso en Baltasar Gracián. El «concepto» y su función lógica*, Barcelona, Anthropos, 1993).

— «Il problema filosofico dell'*Agudeza y arte de ingenio*», en *Baltasar Gracián. Dal Barocco al Postmoderno, Aesthetica pre-print*, 18 (1987), págs. 9-23.

— «Función cognoscitiva, estética y moral del "juicio ingenioso" (Reflexión sobre el "buen gusto" graciano)», *Diálogo Filosófico*, 11 (1988), págs. 167-177.

— «Origen y causas de la "agudeza": necesaria revisión del "conceptismo" español», en S. Neumeister (ed.), *Actas del IX Congreso de la Asociación Internacional de Hispanistas*, Francfort, Vervuert Verlag, 1989, vol. I, págs. 477-486.

— «La "agudeza de acción" en *El Héroe*», en *El mundo de Gracián*, 1991, págs. 161-170.

Homenaje a Gracián, Zaragoza, Inst. Fernando el Católico, 1958.

JANKÉLEVITCH, Vladimir, «Apparence et manière», *Homenaje a Gracián*, 1958, págs. 119-129 (trad. en A. Moraleja [coord.], *Gracián hoy*, págs. 76-87).

JANSEN, Helmut, «Genio e Ingenio», en Jorge M. Ayala (coord.), *Baltasar Gracián...*, págs. 154-155.

JIMÉNEZ MORENO, Luis, «Sobre el conocimiento en Gracián por el símbolo y el concepto», *Revista de Hispanismo Filosófico*, I (1996), págs. 81-89.

LACOSTA, Francisco C., «El conceptismo barroco de Baltasar Gracián en *Arte y Agudeza de Ingenio*» *(sic)*, *The Romanic Review*, LV (1964), págs. 85-90.

LAPLANA GIL, José Enrique, «La oratoria sagrada del Seiscientos y el escritor aragonés Ambrosio Bondía», en *Actas del II Curso sobre Lengua y Literatura en Aragón (Siglos de Oro)*, ed. José María Enguita, Zaragoza, Institución Fernando el Católico, 1993, páginas 79-118.

LARSEN, Kevin, «The Presence of Luis de Camoens in Gracián's *Agudeza y arte de ingenio*», *Mester*, X (1981), págs. 4-13.

LAURENS, P., «*Ars ingenii*: la théorie de la pointe au dix-septième siècle (B. Gracián, E. Tesauro)», *La Licone*, 3 (1979), págs. 185-213*.

LAURENTI, Joseph L., «La admiración de Baltasar Gracián por Italia», en *Archivo Hispalense*, XLIII (1965), págs. 265-276.

LÁZARO CARRETER, Fernando, «Sobre la dificultad conceptista», en *Estilo Barroco y Personalidad Creadora. Góngora, Quevedo, Lope de Vega*, Madrid, Cátedra, 1984, págs. 13-43.

— «El género literario de *El Criticón*», en *Gracián y su época*, págs. 67-87.

LUCAS MAZARRACÍN, Isidro, «Séneca en tres ensayistas del Barroco español: Quevedo, Baltasar Gracián y Saavedra Fajardo», en «Noticia de las Tesis Doctorales leídas en el Curso 1969-70», *Revista de la Universidad de Madrid*, XIX (1970), páginas 13-14.

LUND, C., «Francisco Leitao Ferreira's *Nova arte de conceitos*: A Portuguese apology for the conceit in the tradition of Gracián and Tesauro», *Luso-Brasilian Review*, XIV (1977), págs. 60-75*.

MALDONADO DE GUEVARA, F., «Del "Ingenium" de Cervantes al de Gracián», *Anales Cervantinos*, VI (1957), págs. 97-111.

MANCINI, Guido, «Las referencias religiosas en la *Agudeza y arte de ingenio*», *RFE*, LXVIII (1988), págs. 1-11.

MANSO, Francisco, «Gracián y el senequismo aragonés», en *Octava Semana Española de Filosofía. Estudios sobre Séneca*, Madrid, CSIC-Instituto Luis Vives de Filosofía, 1966, págs. 373-380.

MARRAS, Gianna Carla, «*Elocuencia española en arte* de Jiménez Patón y *Agudeza y arte de ingenio* de Baltasar Gracián», en I. Arellano *et al.* (eds.), *Studia aurea. Actas del III Congreso de la AISO (Toulouse, 1993), III, Prosa*, Navarra, GRISO-LEMSO-M.AA.EE., 1996, págs. 323-326.

MARZOT, G., *L'ingegno e il genio nel Seicento*, Florencia, La Nuova Italia, 1944*.

MAY, T. E., «An Interpretation of Gracián's *Agudeza y arte de ingenio*», *HR*, XVI (1948), págs. 275-300 (Reimpreso en *Wit of the Golden Age*, págs. 29-52).

— «Gracián's Idea of the *Concepto*», *HR*, XVIII (1950), págs. 15-41 (Reimpreso en *Wit of the Golden Age*, págs. 53-79).

— «Notes on Gracián's *Agudeza*», en *Wit of the Golden Age*, Kassel, Reichenberger (Teatro del Siglo de Oro, Estudios de Literatura, 2), 1986, págs. 270-283.

MAZZEO, Joseph Anthony, «A Seventeenth-Century Theory of Metaphysical Poetry», *Romanic Review*, XLII (1951), págs. 245-255.

MEHNERT, K. H., «Der Begriff "ingenio" bei Juan Huarte und Baltasar Gracián», *RF*, 91 (1979), págs. 270-280.

METSCHIES, M., «"Concepto" und Zitat», *RF*, LXXIX (1967), páginas 152-157.

MILBURN, D. Judson, *The Age of Wit (1650-1750)*, Nueva York, McMillan Co., 1966*.

MONGE, Félix, «Conceptismo y culteranismo a la luz de Gracián», en *Homenaje. Estudios de Filología e Historia Literaria Lusohispanas e Iberoamericanas publicados para celebrar el tercer lustro del Instituto de Estudios Hispánicos, Portugueses e Iberoamericanos de la Universidad Estatal de Utrecht*, La Haya, Van Goor Zonen, 1966, págs. 355-381.

MORALEJA, Alfonso (coord.), *Gracián hoy*, Madrid, Cuaderno Gris (Monográfico núm. 1, noviembre 1994-junio 1995), 1995.

El mundo de Gracián (Actas del Coloquio Internacional, Berlín, 1988), eds. Sebastian Neumeister y Dietrich Briesemeister, Berlín, Colloquium Verlag, 1991.

NAVARRO GONZÁLEZ, Alberto, «Las dos redacciones de la *Agudeza y arte de ingenio*», *Cuadernos de Literatura Contemporánea*, IV (1948), págs. 201-213.

NIDER, Valentina, «"Reparo" y "reparar": apuntes sobre el léxico de la *Agudeza y arte de ingenio*», *Criticón*, 53 (1991), págs. 97-108.

OROTBIG, Christine, «Gracián lector de Don Juan Manuel a través de Argote de Molina», *Criticón*, 56 (1992), págs. 117-133.

PARGA Y PONDAL, Salvador, «Marcial en la preceptiva retórica de Baltasar Gracián», *RABM*, 51 (1930), págs. 219-247.

PARKER, Alexander A., «"Concept" and "Conceit": An Aspect of Comparative Literary History», *MLR*, LXXVII (1982), páginas XXI-XXXV.

PATELLA, Giuseppe, *Gracián o della perfezione*, Roma, Edizioni Studium, 1993.

PELEGRÍN, Benito, «La retórica ampliada al placer», *Diwan*, 8-9 (1980), págs. 35-80.

— *Le Fil perdu du «Criticón» de Baltasar Gracián: Objectif Port-Royal. Allégorie et composition «conceptiste»*, Aix-en-Provence, Université de Provence, 1985.

— «Gracián, admirateur pirate de don Juan Manuel», *BHi*, LXXXX (1988), págs. 197-214.

— «Fra Antichi e Moderni. Gracián: dall'*Agudeza* al *Criticón*», en *Baltasar Gracián. Dal Barocco al Postmoderno, Aesthetica pre-print*, 18 (1987), págs. 55-64.

— «Física y metafísica del estilo de Baltasar Gracián», en Jorge M. Ayala (coord.), *Baltasar Gracián...*, págs. 46-67.

PERALTA ABAD, Ceferino, «Gracián, entre barroco y neoclásico en la *Agudeza*», *Paramillo*, 2-3 (1984), págs. 543-554.

— «La ocultación de Cervantes en Baltasar Gracián», en *Gracián y su época*, págs. 137-156.

— «El eclecticismo estético de Baltasar Gracián en la *Agudeza*», en *Studia historia et philologica in honorem M. Batllori*, Roma, Publicaciones del Inst. Español de Cultura (Anexos de *Pliegos de cordel*, III), 1984, págs. 763-773.

PERIÑÁN, Blanca, «Gracián y Freud», en Jorge M. Ayala (coord.), *Baltasar Gracián...*, págs. 166-171.

PERUGINI, Francesca, «Baltasar Gracián lettore dei moralisti antichi», en *Bibliothecae Selectae da Cusano a Leopardi*, a cura di Eugenio Canone, Firenze, Leo S. Olschki, 1993, págs. 525-530.

POGGI, Giulia, «Góngora, Gracián e l'albero del mistero», *Studi Ispanici* (1986), págs. 83-122*.

POZUELO YVANCOS, José María, «Sobre la unión de teoría y praxis literaria en el conceptismo: un tópico de Quevedo a la luz de la teoría literaria de Gracián», *CHA*, 361-362 (julio-agosto 1980), págs. 40-54.

PROFETI, Maria Grazia, «L'*Acutezza e l'Arte dell'Ingegno* di Gracián», en Maria Grazia Profeti, *Importare letteratura: Italia e Spagna*, Roma, Edizioni dell'Orso, 1993, págs. 211-216.

RAMOS FOSTER, Virginia, «Baltasar Gracián y los conceptos de la poesía antes de la *Agudeza y arte de ingenio*», *Hispanófila*, XII (1969), págs. 33-43.

— «A Note on Gracián's *Agudeza y arte de ingenio* and Baroque Esthetics», *RoN*, XI (1970), págs. 611-616.

RECKERT, Tina, «Metáfora y concepto metafórico en *Agudeza y arte de ingenio*», en Jorge M. Ayala (coord.), *Baltasar Gracián. El discurso de la vida. Una nueva visión y lectura de su obra*, págs. 81-86.

RICARD, R., «Wit and Agudeza», *Révue du Moyen Âge Latin*, 4 (1948), págs. 283-285*.

RIDRUEJO, Emilio, «El nombre propio connotativo en *El Criticón*», en *Gracián y su época*, págs. 285-293.

ROIG MIRANDA, Marie, «Le *concepto* dans les sonnets de Quevedo», en J. C. Chevalier y M.-F. Delport (eds.), *Mélanges offerts à Maurice Molho*, París, Éditions Hispaniques, 1988, vol. I, págs. 537-555.

ROMERA-NAVARRO, Miguel, «Góngora, Quevedo y algunos literatos más en *El Criticón*», *RFE*, XXI (1934), págs. 248-273.

ROMO, Fernando, «La paradoja en *Agudeza y arte de ingenio*», en Jorge M. Ayala (coord.), *Baltasar Gracián. El discurso de la vida. Una nueva visión y lectura de su obra*, pág. 97.

ROSES LOZANO, Joaquín, «Sobre el ingenio y la inspiración en la edad de Góngora», *Criticón*, 49 (1990), págs. 31-49.

ROTHBERG, Irving P., «Covarrubias, Gracián and the *Greek Anthology*», *Studies in Philology*, LIII (1956), págs. 540-552.

— «Neoclassical wit and Gracián's theory of "agudeza": John Owen's *Epigrammatum* in Spanish Translation», *RF*, XCIII (1981), págs. 82-102.

ROZAS, Juan Manuel, «El compromiso moral en la *Agudeza* (y en las *Poesías varias* de Alfay)», en *Gracián y su época*, págs. 191-200.

SÁNCHEZ ESCRIBANO, Federico, «Gracián ante la comedia española del siglo XVII», *RLit*, XIX (1961), págs. 113-115.

SARAIVA, A. J., «O "conceito" segundo Baltasar Gracián e Matteo Peregrini ou duas concepçoes seiscentistas do discurso», en *O Discurso Engenhoso*, São Paulo, Editora Perspectiva, 1980, págs. 125-146*.

SARMIENTO, Edward, «Gracián's *Agudeza y arte de ingenio*», *MLR*, XXVII (1932), págs. 280-292 y 420-429.

— «Sobre la idea de una escuela de escritores conceptistas en España», en *Homenaje a Gracián*, págs. 145-153.

— «On Two Criticisms of Gracián's *Agudeza*», *HR*, III (1935), páginas 23-35.

SCHULZ-BUSCHHAUS, Ulrich, «Gattungsbewusstsein und Gattungsnivellierung bei Gracián», en *El mundo de Gracián*, 1991, páginas 75-94.

SELIG, Karl Ludwig, «Some Remarks on Gracián's Literary Taste and Judgements», en *Homenaje a Gracián*, págs. 155-161.

— «La *Agudeza* y el arte de citar», en *El mundo de Gracián*, 1991, págs. 67-74.

SENABRE, Ricardo, «Gracián y *El Criticón*», Salamanca, Universidad, 1979.

— «*El Criticón* como *Summa* retórica», en *Gracián y su época*, páginas 243-253.

SMITH, Hilary Dansey, «Baltasar Gracián's Preachers: Sermon-Sources in the *Agudeza*», *BHS*, LXIII (1986), págs. 327-338.

SOLANO CAMÓN, Enrique, «Notas acerca del significado histórico del P. Gracián en torno a 1640», *Criticón*, 45 (1989), págs. 71-80.

SPADACCINI, Nicholas y TALENS, Jenaro (eds.), *Rhetoric and Politics: Baltasar Gracián and the New World Order*, University of Minnesota Press (Hispanic Issues, XIV), 1997*.

SPERONI, Charles, *Wit and Wisdom of the Italian Renaissance*, Berkeley-Los Ángeles, Univ. of California Press, 1964.

STROLLE, Jon M., «Gracián and *Gusto*», *Kentucky Romance Quarterly*, XIX (1972), págs. 485-500.

VAÍLLO, Carlos, «Gracián y la prosa de ideas», en F. Rico (dir.), *Historia y crítica de la literatura española. Primer Suplemento*, Barcelona, Crítica, 1992, págs. 488-525.

VALBUENA PRAT, Ángel, «El diverso conceptismo de Quevedo y Gracián», *RUM*, XIX (1970), págs. 249-270.

WARDROPPER, Nancy Palmer, «Some unidentified poetic fragments in Gracián's *Agudeza*», en *RHM*, 39 (1976-1977), págs. 49-51.

— «El Discurso III de la *Agudeza y arte de ingenio* de Baltasar Gracián: "Variedad de la agudeza"», en S. Neumeister (ed.), *Actas del IX Congreso de la Asociación Internacional de Hispanistas*, Francfort, Vervuert, 1989, vol. I, págs. 569-574.

— *Baltasar Gracián's Two Interpretations of the variety of "agudeza": 1642 and 1648*, Ann. Arbor, UMI, 1989.

— «Gracián sobre la erudición y la agudeza», en Jorge M. Ayala (coord.), *Baltasar Gracián. El discurso de la vida. Una nueva visión y lectura de su obra*, págs. 75-80.

WERLE, Peter, «*Arte de ingenio*. Überlegungen zur Gattungszugehörigkeit des Graciánschen Traktats», en *El mundo de Gracián*, 1991, págs. 95-108.

WOODS, M. J., «Sixteenth-Century Topical Theory: Some Spanish and Italian Views», *MLR*, LXIII (1968), págs. 66-73.

— «Gracián, Peregrini, and the Theory of Topics», *MLR*, LXIII (1968), págs. 854-863.

— *Gracián meets Góngora. The Theory and Practice of Wit*, Warsminster (England), Aris & Phillips Ltd., 1995.

YNDURÁIN, Francisco, «Gracián, un estilo», en *Homenaje a Gracián*, 1958, págs. 163-188.

ZAMORA, Bonifacio, «¿Qué dice el Padre Gracián de la Reina Isabel?», *Boletín de la Institución Fernán González*, XXX (1951), páginas 725-739.

ZÁRATE RUIZ, Arturo, *Gracián, Wit and the Baroque Age*, Nueva York, Peter Lang, 1996*.

Relación de obras citadas
en las notas[5]

Anthologia Latina. I. Carmina in Codicibus Scripta, ed. D. R. Shackleton Bailey, «Stutgardiae, in aedibus B. G. Teubneri, MCMLXXXII».

ALBERT, Jaime, *Circuncisión de comedias*, Lérida, Viuda Margarita Anglada, 1629 (BNM VE-170/11).

ALBERTI, Leon Battista, *Antología*, ed. Josep M. Rovira, Barcelona, Península (Textos cardinales), 1988.

ALCIATO, Andrea, *Emblemas*, ed. Santiago Sebastián, pról. Aurora Egido, trad. Pilar Pedraza, Madrid, Akal (Arte y Estética, 2), 1993.

ALEMÁN, Mateo, *Guzmán de Alfarache*, ed. José María Micó, Madrid, Cátedra (Letras Hispánicas, 86 y 87), 1987, 2 vols.

ALFAY, Josef, *Poesías varias de grandes ingenios españoles recogidas por Josef Alfay*, ed. J[osé] M[anuel] B[lecua], Zaragoza, Institución Fernando el Católico, 1946.

ANDRELINO, *Elegie Publii Fausti Andrelini Foroliviensis illustris Poete recognite*, «Gandavi, Petrus Cesarem», 1520 (B.U.S. 49.391).

ANDREU CELMA, José María, *La vida moral como juego en Baltasar Gracián*, Zaragoza, Centro Regional de Estudios Teológicos de Aragón (Lección inaugural del Curso Académico 1994-1995), 1994.

---

[5] Las abreviaturas que empleo para designar las bibliotecas son: BNM (Biblioteca Nacional de Madrid), BUC (Biblioteca de la Universidad Complutense, Madrid), BUPC (Biblioteca de la Universidad Pontificia de Comillas, Cantoblanco, Madrid) y BUS (Biblioteca Universitaria de Salamanca). Para citar las fuentes electrónicas me ha sido de gran utilidad el trabajo de Andrew Harnack y Gene Kleppinger, «Beyond the *MLA Handbook*: Documenting Electronic Sources on the Internet», en <http://www.unbsj.ca/~davis/citation.htm#citing_sites>.

ANGERIANO, *Obras poéticas*, en *Michael Marullus, Hieronimus Angerianus at Ioannes Secundus, Poetae elegantissimi, Nunc primum in Germania excussi*, «Spirae Nemetum, apud Bernardum Albinum, MDXCV» (BNM 2-20.044).

Anthologia, seu Florilegium Graecolatinum, hoc est, Veterum Graecorum Epigrammata, ed. Hieronimo Megisero, «Francofurti, sumptibus Authoris, excudit Ioachimus Bratheringius, MDCII» (BNM 2-69.494).

APULEYO, *El asno de oro*, trad. inglesa W. Adlington, Londres y Cambridge (Mass.), William Heinemann y Harvard Univ. Press, 1971.

— *El asno de oro*, trad. Lisardo Rubio Fernández, Madrid, Gredos (Biblioteca Clásica Gredos, 9), 1978.

ARCE, Joaquín, *Tasso y la poesía española*, Barcelona, Planeta, 1973.

ARELLANO, Ignacio, *Historia del teatro español del siglo XVII*, Madrid, Cátedra (Crítica y Estudios Literarios), 1995.

ARGENSOLA, Bartolomé Leonardo de, *Rimas*, ed. José Manuel Blecua, Madrid, Espasa-Calpe (Clásicos Castellanos), 1974, 2 vols.

ARIOSTO, Ludovico, *Orlando Furioso*, ed. Cesare Segre, Milán, Arnoldo Mondadori (Biblioteca Mondadori), 1987, 2 vols.

ARISTÓTELES, *Ética a Nicómaco*, en *The Nichomachean Ethics*, trad. ingl. de H. Rackham, Cambridge (Mass.) y Londres, Harvard Univ. Press y William Heinemann, 1975.

— *Metafísica*, trad. Tomás Calvo Martínez, Madrid, Gredos (Biblioteca Clásica Gredos, 200), 1994.

Aurea Dicta. Dichos y proverbios del mundo clásico, sel. Eduard Valentí, Barcelona, Crítica (Lecturas de Filología), 1990.

AUSONIO, *Ausonii Burdigalensis viri consularis omnia quae adhuc in veteribus bibliothecis inveniri potuerunt opera*, «Burdigalae, apud S. Millangium, MDXCVIII» (BNM 2-43.572).

— *Decimi Magni Ausonii Burdigalensis Opuscula*, ed. Sextus Prete, Leipzig, Teubner (Bibliotheca Scriptorum Graecorum et Romanorum Teubneriana), 1978.

AYALA, Jorge M., «Baltasar Gracián y el ingenio», *Cuadernos Salmantinos de Filosofía*, XVI (1989), págs. 177-189.

— (coord.), *Baltasar Gracián. El discurso de la vida. Una nueva visión y lectura de su obra*, Barcelona, Anthropos (*Documentos A*, 5, febrero 1993).

— «La formación intelectual de Baltasar Gracián», en Jorge M. Ayala (coord.), *Baltasar Gracián...*, págs. 14-38.

BARBERINI, Maffeo, *Maphaei S. R. E. Card. Barberini, Nunc Urbani Papae VIII, Poemata*, Roma, Ex Typographia Reu. Cam. Apost., 1640 (BNM 2-66.687).

BARRADAS, Sebastián, S. J., *Commentaria in Concordiam et Historiam*

Evangelicam, Amberes, Herederos de Martín Nucio y Juan Meursio, 1613 (BNM 3-36.030/4).

— *Itinerarium filiorum Israel ex Aegypto in Terra Repromissionis*, «Antverpiae, Hieronimo Verdussium, 1621» (BNM 3-67.088).

BARTOLOMÉ MARTÍNEZ, Bernabé (dir.), *Historia de la acción educadora de la Iglesia en España. I. Edades Antigua, Media y Moderna*, Madrid, Biblioteca de Autores Cristianos, 1995 («Baltasar Gracián», págs. 538-549).

BATLLORI, Miguel, «La preparación de Gracián, escritor (1601-1635)», en *Gracián y el Barroco*, Roma, Edizioni di Storia e Letteratura, 1958, págs. 15-54.

BERNARDO, San, *Sermoni per le feste della Madonna*, intr. G. Picasso, trad. L. Scanu, Milán, Edizione Paoline, 1990.

— *Obras selectas*, trad. Germán Prado, Madrid, Biblioteca de Autores Cristianos, 1947, págs. 1465-1476.

Bestiario medieval, ed. Ignacio Malaxecheverría, Madrid, Siruela (Selección de Lecturas Medievales, 18), 1993.

El Bestiario Toscano, en Santiago Sebastián, *El Fisiólogo atribuido a San Epifanio, seguido de El Bestiario Toscano*, Madrid, Tuero (Investigación y Crítica, 2), 1986.

Bestiaris, ed. Saverio Panunzio, Barcelona, Barcino (Els Nostres Clàssics, 91 y 92), 1988, 2 vols.

Biblia Vulgata, eds. Alberto Colunga y Laurentio Turrado, Madrid, Biblioteca de Autores Cristianos 14, 1991.

BIONDO, Flavio, *De Roma triumphante libri decem. Romae Instauratae libri III. Italia Illustrata*, «Basileae, In Officina Frobeniana, 1531».

BLANCO, Mercedes, «Ingenio y autoridad en la cita conceptista», en Jean-Pierre Etienvre y Leonardo Romero (coords.), *La recepción del texto literario (Coloquio Casa de Velázquez-Departamento de Filología Española de la Universidad de Zaragoza. Jaca, abril de 1986)*, Zaragoza, Secretariado de Publicaciones de la Universidad, 1988, págs. 105-115.

— *Les Rhétoriques de la Pointe. Baltasar Gracián et le Conceptisme en Europe*, Ginebra, Slatkine, 1992.

Bocados de oro, Sevilla, Meynardo Ungut y Lançalao Polono, 1495 (BNM I-1.815).

BOCÁNGEL, Gabriel, *La lira de las musas*, ed. Trevor J. Dadson, Madrid, Cátedra (Letras Hispánicas 226), 1985.

BOTERO, Giovanni, *Detti memorabili di Personaggi illustri*, Turín, «per Giovanni Domenico Tarino», MDCXIV (BNM 2-59.248).

BOYL, Fray Francisco, O. M., *Sermón del Seráfico Patriarca San Francisco, en el día de su fiesta, Año MDCXXX, celebrada en el convento de la Sangre de los Pp. Capuchinos de la Ciudad de Valencia*, incluido en *Sacra décima y primicia evangélica de sermones predicados por el Reverendíssimo Padre Maestro F. Francisco Boyl*, Zaragoza, Pedro Vergés, 1644 (BNM 3-64.014).

BREGOLI-RUSSO, Mauda, *L'Impresa come ritratto del Rinascimento*, Nápoles, Loffredo (Valutazioni), 1990.

BRUSHER, Joseph, S. J., «Adrian VI», en *Popes through the Ages*, en <www.knigth.org/advent>.

BUENAVENTURA, San, *Enseñamiento del corazón*, Toledo, Juan Varela de Salamanca, 1510 (BNM R-31.600).

BURLEY, Walter, *Liber de vita et moribus philosophorum*, ed. Hermann Knust, Tübingen, 1886.

CACHO, María Teresa, «Misoginia y Barroco: Baltasar Gracián», en María Ángeles Durán y José Antonio Rey (eds.), *Literatura y vida cotidiana. Actas de las Cuartas Jornadas de Investigación Disciplinaria*, Zaragoza, Secretarías de Publicaciones de las Universidades Autónoma de Madrid y de Zaragoza, 1987, págs. 173-186.

CAMOENS, Luis de, *Rimas de Luis de Camões, accrescentadas nesta segunda impressão*, Lisboa, Pedro Crasbeeck, 1598 (BNM R-3703).

CARDUCHO, Vincencio, *Diálogos de la Pintura. Su defensa, origen, essencia, difinición, modos y diferencias*, Madrid, Francisco Martínez, 1634 (BUC 11.715).

CARRILLO Y SOTOMAYOR, Luis, *Obras*, ed. Rosa Navarro Durán, Madrid, Castalia (Clásicos Castalia, 182), 1990.

CASTRO, Agustín de, S. J., *Sermón que predicó el reverendíssimo Padre Agustín de Castro, de la Compañía de Jesús [...] en las Exequias que el Colegio Imperial desta Corte hizo a la Sereníssima Infanta Soror Margarita de la Cruz*, en Zeballos Saavedra: *Ideas del púlpito...*, páginas 301-331.

CATTIN, Giulio, *Historia de la música, 2. El Medioevo. Primera Parte*, Madrid, Turner (Turner Música), 1979.

CERDAN, Francis, «Sermones, sermonarios y predicadores citados por Gracián en la *Agudeza*. Apuntes bibliográficos y algunas consideraciones», en *Varia Bibliographica. Homenaje a José Simón Díaz*, Kassel, Reichenberger, 1987, págs. 175-182.

CHASTENET, Jacques, *Isabel I de Inglaterra*, Barcelona, Planeta, 1963.

CHIRINO DE SALAZAR, Fernando, S. J., *Pro Immaculata Deiparae Virginis Conceptione defensio*, «Compluti, ex officina Ioannis Gratiani, MDCXVIII» (BNM 3-11.541).

CICERÓN, *De amicitia*, en *De senectute, De amicitia, De divinatione*, Londres y Cambridge, William Heinemann y Harvard Univ. Press, 1964.

— *In L. Calpurnium Pisonem*, trad. N. H. Watts, Londres y Cambridge (Mass.), William Heinemann y Harvard Univ. Press, 1972.

— *Philippicae*, trad. Walter C. A. Ker, Cambridge (Mass.) y Londres, Harvard Univ. Press y William Heinemann, 1969.

— *Pro M. Fonteio*, trad. N. H. Watts, Londres y Cambridge (Mass.), William Heinemann y Harvard Univ. Press, 1972.

— *Pro Publio Sestio Oratio*, trad. R. Gardner, Londres y Cambridge (Mass.), William Heinemann y Harvard Univ. Press, 1966.

[CICERÓN], *Ad C. Herennium de ratione dicendi*, trad. H. Caplan, Londres y Cambridge (Mass.), William Heinemann y Harvard Univ. Press, 1964.

COLONNA, Francesco, *Sueño de Polifilo*, trad. Pilar Pedraza, Murcia, Galería Librería Yerba-Comisión Cult. del Colegio de Aparejadores y Arquitectos Técnicos-Conserjería de Cultura del Consejo Regional, 1981, 2 vols.

COMINES, Filipe de, *Las memorias de Felipe de Comines, Señor de Argentón. De los hechos y empresas de Luis Undécimo y Carlos Octavo, reyes de Francia*, trad. Juan Vitrian (prior y provisor de Calatayud, amén de Capellán del Rey), Amberes, Juan Meursio, 1643, 2 tomos en un volumen (BNM 2-63.942).

CONTI, Natale, *Mitología*, trad. Rosa María Iglesias Montiel y María Consuelo Álvarez Morán, Murcia, Universidad de Murcia, 1988.

COROMINAS, Joan, *Diccionario Crítico Etimológico de la Lengua Castellana*, Madrid, Gredos, 1976, 4 vols.

COSSÍO, José María de, *Fábulas mitológicas en España*, Madrid, Espasa-Calpe, 1952.

COSTA, Angelina, «Versos y doctrina de Carrillo y Sotomayor ilustran la *Agudeza y Arte de Ingenio*», en C. Argente del Castillo *et al.* (eds.), *Homenaje al Profesor Antonio Gallego Morell*, Granada, Universidad, 1989, vol. I, págs. 319-332.

COSTER, Adolphe, *Baltasar Gracián*, Zaragoza, Institución Fernando el Católico, 1947.

COVARRUBIAS, Sebastián de, *Tesoro de la lengua castellana o española*, ed. Martín de Riquer, Barcelona, Alta Fulla, 1984.

CUARTERO SANCHO, María Pilar, *Fuentes clásicas de la literatura paremiológica española del siglo XVI*, Zaragoza, Inst. Fernando el Católico, 1981.

CUÉLLAR XARAVA Y MEDRANO, Bernardo de, *La verdad desnuda sin afeites consagrada a la princesa de los cielos en manos del rey Nuestro Señor D. Phelipe IIII el Grande*. (BNM R-19.810).

Cuentos españoles de los siglos XVI y XVII, ed. Maxime Chevalier, Madrid, Taurus (Temas de España, 119), 1982.

De ave Phoenice. El mito del Ave Fénix, ed. Ángel Anglada Anfruns, Barcelona, Bosch (Erasmo, textos bilingües), 1983.

DÍAZ-PLAJA, Guillermo, «Una introducción a Gracián», en *El estilo de*

San Ignacio y otras páginas, Barcelona, Noguer, 1956; reimpreso en *Ensayos sobre literatura y arte*, Madrid, Aguilar, 1973, págs. 811-830. También en *El espíritu del Barroco*, Barcelona, Crítica, 1983, págs. 109-125, por donde cito.

Diccionario Enciclopédico de la Biblia, Barcelona, Herder, 1993.

Diccionario Griego Español, dir. Florencio I. Sebastián Yarza, Barcelona, Sopena, 1988.

Dizionario Enciclopedico della Bibbia, Borla, Roma, 1995.

EGIDO, Aurora, «La *hidra bocal*. Sobre la palabra poética en el Barroco», en *Fronteras de la poesía en el Barroco*, Barcelona, Crítica, 1990, págs. 9-55.

— «La variedad en la *Agudeza* de Baltasar Gracián», en *Fronteras de la poesía en el Barroco*, Barcelona, Crítica, 1990, págs. 241-258.

— «*Retratos de los Reyes de Aragón» de Andrés de Uztarroz y otros poemas de Academia*, Zaragoza, Diputación Provincial, Institución Fernando el Católico, 1983.

— *La rosa del silencio. Estudios sobre Gracián*, Madrid, Alianza (Alianza Universidad 851), 1996.

ELIZALDE, Ignacio, *San Francisco Javier en la literatura española*, Madrid, CSIC (Anejos de la *Revista de Literatura*, 12), 1961.

— *San Ignacio en la literatura*, Madrid, Universidad Pontificia de Salamanca-Fundación Universitaria Española (Espirituales españoles), 1983.

Encyclopaedia Britannica. Britannica CD 97, Version 1.1, RCA Symmetric Stream Cipher, 1997.

ERASMO, *Apophthegmata*, «Lugduni, apud Seb. Gryphium, MDLVI» (BUPC, portada deteriorada).

— *La lengua de Erasmo nuevamente romançada*, trad. Bernardo Pérez de Chinchón, ed. Dorothy Sherman Severin, Madrid, Real Academia Española (Anejos del BRAE, XXXI), 1975.

ESTÉBANEZ CALDERÓN, Demetrio, *Diccionario de términos literarios*, Madrid, Alianza (Alianza Diccionarios), 1996.

FALCÓ, Jaime Juan, *Obras Completas, I: Obra poética*, ed. Daniel López-Cañete Quiles, León, Secretariado de Publicaciones de la Universidad de León (Humanistas Españoles, 13), 1996.

FERRARI, Ángel, *Fernando el Católico en Baltasar Gracián*, Madrid, Espasa-Calpe, 1945.

FICINO, Marsilio, *De amore. Comentario a «El Banquete» de Platón*, trad. Rocío de la Villa Ardura, Madrid, Tecnos (Metrópolis), 1989.

FLORENCIA, Jerónimo de, S. J., *Marial que contiene varios sermones de todas las fiestas de Nuestra Señora predicados a las Magestades de Philippo III y Philippo IIII*, Alcalá, Juan de Orduña, 1625, 2 vols. (BNM 3-56.497-8).

— *Sermón de la Gloriosa Assumpción de Nuestra Señora, que predicó el Padre Gerónymo de Florencia [...] el último día del novenario que hizo el Ilustrísimo Cardenal de Toledo Don Bernardo de Sandoval y Rojas, a la dedicación del Sagrario de la Santa Iglesia,* s. l., s. a., s. i. (BNM V-Cª 281, núm. 42).

— *Sermón que predicó a la Magestad del Rey Don Felipe III [...] el P. Gerónimo de Florencia [...] en las Honras que su Magestad hizo a la Sereníssima Reyna Doña Margarita, su muger, que es en gloria, en San Gerónimo el Real de Madrid, a 18 de noviembre de 1611 años,* Madrid, Juan de la Cuesta, 1611 (BNM V-Cª 292, núm. 13).

— *Sermón que predicó el Padre Gerónimo de Florencia [...] en las Honras que se hizieron al Excelentíssimo Señor don Pedro de Castro, Conde de Lemos [...] en el Real Monasterio de las Descalças de Madrid, a 27 de otubre del año de 1622,* (s. l., s. f., s. i., BNM VE-153, núm. 25).

FLORUS, L. Annaeus, *Epitomae de Tito Livio Bellorum Omnium Annorum DCC Libri II,* trad. Edward Seymour Forster, Londres y Cambridge (Mass.), William Heinemann y Harvard Univ. Press, 1966.

FONK, Leopold, «St. John the Evangelist», en *The Catholic Encyclopedia,* en <http://www.knight.org/advent/cathen> (14/1/1998).

FOURNIVAL, Richard de, *Bestiario de amor,* Madrid, Miraguano (Libros de los malos tiempos), 1990.

FRAGO GARCÍA, Juan A., «Actitud de Gracián ante el hecho lingüístico», en Jorge M. Ayala (coord.), *Baltasar Gracián. El discurso de la vida. Una nueva visión y lectura de su obra,* págs. 68-74.

FRONTINO, Sexto Julio, *Los cuatro libros de Sexto Julio Frontino,* Salamanca, Lorenzo de Liondedei, 1516 (BNM R-31.603).

FULGENCIO, *Mitologiarum,* en *Fabii Planciadis Fulgentii Opera,* rec. Rudolfus Helm, «Stutgardiae, in aedibus B. G. Teubneri, MCMLXX».

GARCÍA ARRANZ, José Julio, *Ornitología emblemática. Las aves en la literatura simbólica ilustrada en Europa durante los siglos XVI y XVII,* Cáceres, Universidad de Extremadura, 1996.

GARCÍA BERRIO, Antonio, *Intolerancia de poder y protesta popular en el Siglo de Oro: Los debates sobre la licitud moral del teatro,* Málaga, Universidad, 1978.

GARCÍA GUAL, Carlos, *Los siete sabios (y tres más),* Madrid, Alianza (El Libro de Bolsillo, 1639), 1989.

GIL, Luis, *Panorama social del humanismo español (1500-1800),* Madrid, Alhambra, 1981.

GIL POLO, Gaspar, *Diana enamorada,* ed. Rafael Ferreres, Madrid, Espasa-Calpe (Clásicos Castellanos, 135), 1973.

GIOVIO, Paulo, *De las cosas succedidas en el mundo*, Granada, Hugo de Mena, 1566 (BNM R-15.087).

— *Diálogos de las empresas militares y amorosas*, León de Francia, en casa de Guillielmo Roville, 1562 (BNM R-15.192).

— *La vida y chrónica de Gonçalo Hernández de Córdoba, llamado por sobrenombre el Gran Capitán*, Zaragoza, Esteban de Nágera, 1554 (BNM R-580).

GÓNGORA, Luis de, *Las firmezas de Isabela*, ed. Robert Jammes, Madrid, Castalia (Clásicos Castalia, 137), 1984.

— *Obras completas*, ed. Juan Millé y Giménez e Isabel Millé y Giménez, Madrid, Aguilar (Col. Joya), 1972.

— *Obras en verso del Homero español*, ed. facsímil, pról. e índices de Dámaso Alonso, Madrid, CSIC (Clásicos Hispánicos, Serie I, vol. I), 1963.

— *Romances*, ed. Antonio Carreño, Madrid, Cátedra (Letras Hispánicas, 160), 1982.

GONZÁLEZ CAÑAL, Rafael, «Dido y Eneas en la poesía española del Siglo de Oro», *Criticón*, 44 (1988), págs. 25-54.

GRACIÁN, Baltasar, *Agudeza y Arte de Ingenio*, ed. Evaristo Correa Calderón, Madrid, Castalia (Clásicos Castalia 14-15), 1987, 2 vols.

— *Art et figures de l'esprit. Agudeza y arte de ingenio*, trad., intr. y notas de Benito Pelegrín, París, Seuil, 1983.

— *El Comulgatorio*, ed. Evaristo Correa Calderón, Madrid, Espasa-Calpe (Clásicos Castellanos), 1977.

— *El Discreto*, ed. Aurora Egido, Madrid, Alianza (Libro de Bolsillo, 1833), 1997.

— *El Héroe*, ed. Miguel Batllori y Ceferino Peralta, Madrid, Atlas (BAE, CCXXIX), 1969, págs. 234-270.

— *El Político*, ed. Miguel Batllori y Ceferino Peralta, Madrid, Atlas (BAE, CCXXIX), 1969, págs. 271-302.

— *La pointe ou l'art du génie*, trad. Michèle Gendreau-Massaloux y Pierre Laurens, prefacio de Marc Fumaroli, Artigues-près-Bordeaux, L'Age d'Homme (Collection Unesco d'Oeuvres représentatives, Série européenne), 1983.

— *Oráculo manual y arte de prudencia*, ed. Emilio Blanco, Madrid, Cátedra (Letras Hispánicas 395), 1995.

— *Oráculo manual y arte de prudencia*, ed. Miguel Romera-Navarro, Madrid, CSIC, 1954.

Gracián y su época. Actas de la I Reunión de Filólogos Aragoneses, Zaragoza, Institución Fernando el Católico, 1986.

GRADY, Hugh H., «Rhetoric, Wit, and Art in Gracián's *Agudeza*», *MLQ*, 41 (1980), págs. 21-37.

GREEN, Otis H., «Sobre el significado de "Crisi(s)" antes de *El Criticón*. Una nota para la historia del conceptismo», en *Homenaje a Gracián*, págs. 99-102.

GRIMAL, Pierre, *Diccionario de la Mitología Griega y Romana*, Barcelona, Labor, 1965.

GUEVARA, Fr. Antonio de, *Aviso de privados o Despertador de cortesanos*, ed. A. Álvarez de la Villa, París, Louis Michaud, s. f.

—— *Relox de príncipes*, ed. Emilio Blanco, Madrid, ABL-Confres (Escritores Franciscanos Españoles, 1), 1994.

GUARINI, Battista, *Opere poetiche del molto Illustre Signore Cavalier Battista Guarini, nelle quali si contengono Il Pastor Fido, Tragicomedia pastorale, Sonetti, Madrigali et alcune ottave*, Venecia, Giovanni Battista Ciotti, 1606 (BNM U-3.953).

—— *Rime del Molto Illustre Signor Cavaliere Battista Guarini*, Venecia, Giovanni Battista Ciotti, 1606 (BNM U-3.953, viene a continuación de *Il Pastor fido* en el ejemplar citado más arriba).

HELIODORO, *Historia etiópica de los Amores de Teágenes y Cariclea*, ed. Francisco López-Estrada, Madrid, Aldus (Biblioteca Selecta de Clásicos Españoles), 1954.

—— *Las Etiópicas o Teágenes y Cariclea*, trad. Emilio Crespo Güemes, Madrid, Gredos (Biblioteca Clásica Gredos, 25), 1979.

HERRERA, María Teresa (dir.), *Diccionario español de textos médicos antiguos*, Madrid, Arco/Libros, 1996, 2 vols.

HIDALGO-SERNA, Emilio, «Origen y causas de la "agudeza": necesaria revisión del "conceptismo" español», en S. Neumeister (ed.), *Actas del IX Congreso de la Asociación Internacional de Hispanistas*, Francfort, Vervuert Verlag, 1989, vol. I, págs. 477-486.

HORACIO, *De arte poetica*, en *Epistulae*, trad. François Villeneuve, París, Les Belles Lettres, 1961.

HORAPOLO, *Hieroglyphica*, ed. Jesús M.ª González de Zárate, Madrid, Akal (Arte y Estética 25), 1991.

HOROZCO Y COVARRUBIAS, Juan, *Emblemas morales*, Segovia, Juan de la Cuesta, 1589 (R-4.985).

—— *Paradoxas christianas contra las falsas opiniones del mundo*, Segovia, Marcos de Ortega, 1592 (BNM R-27.760).

HURTADO DE MENDOZA, Antonio, *Comedia famosa titulada El marido hace mujer y el trato muda costumbre*, en *Dramáticos contemporáneos de Lope de Vega*, vol. II, ed. R. de Mesonero Romanos, Madrid, Rivadeneyra, 1881, BAE, 45.

—— *Fiesta que se hizo en Aranjuez a los años del Rey Nuestro Señor Don Felipe IV*, Madrid, Juan de la Cuesta, 1623 (BNM R-15.515).

—— *Querer por solo querer*, Madrid, Juan de la Cuesta, 1623 (BNM R-12.240).

—   *Vida de Nuestra Señora*, Lisboa, «A custa de Miguel Manescal», 1669 (BNM R-35.804).

JANKÉLEVITCH, Vladimir, «Apparence et manière», en *Homenaje a Gracián*, págs. 119-129.

JERÓNIMO, San, *Epistolario*, ed. Juan Bautista Valero, Madrid, BAC, 1992, vol. I.

KASSIER, Theodore L., *The Thruth Disguised. Allegorical Structure and Technique in Gracián's «Criticón»*, Londres, Tamesis (Serie A, Monografías LIII), 1976.

KENNEDY, D. J., «St. Thomas Aquinas», en *The Catholic Encyclopedia*, en <http://www.knight.org/advent/cathen> (24/11/1997).

KIRSCH, J. P., «St. Lawrence», en *The Catholic Encyclopedia*, en <http://www.knight.org/advent/cathen> (14/1/1998).

KRAUSS, Werner, *La doctrina de la vida según Baltasar Gracián*, Madrid, Rialp, 1962.

LARSEN, Kevin, «The Presence of Luis de Camoens in Gracián's *Agudeza y arte de ingenio*», *Mester*, X (1981), págs. 4-13.

LASTANOSA, Vincencio Juan de, *Museo de las Medallas desconocidas españolas*, Huesca, Juan Nogués, 1645 (ed. facs., Juan R. Cayón, Madrid, 1977).

LAURENTI, Joseph L., «La admiración de Baltasar Gracián por Italia», *Archivo Hispalense*, XLIII (1965), págs. 265-276.

LEDDA, Giuseppina, «Los jeroglíficos en los sermones barrocos. Desde la palabra a la imagen, desde la imagen a la palabra», en Sagrario López Poza (ed.), *Literatura Emblemática Hispánica. Actas del I Simposio Internacional (La Coruña, 14-17 de Septiembre, 1994)*, La Coruña, Universidad de La Coruña, 1996, págs. 111-128.

LEDESMA, Alonso de, *Conceptos espirituales y morales*, ed. Francisco Almagro, Madrid, Editora Nacional (Biblioteca de Visionarios, Heterodoxos y Marginados), 1978.

LIDA DE MALKIEL, María Rosa, *Dido en la literatura española. Su retrato y su defensa*, Londres, Tamesis Books (Serie A, Monografías XXXVII), 1974.

LÓPEZ, Diego, *Declaración magistral sobre las Emblemas de Andrés Alciato*, Valencia, Jerónimo Vilagrasa, 1655 (BNM 3-39.318).

LÓPEZ DE ZÁRATE, Francisco, *Varias poesías de Francisco López de Zárate*, s. l., Viuda de Alonso Martín Balboa, 1619 (ejemplar defectuoso, falto de portada y de colofón. Tomo los datos de una portada manuscrita, BNM R-16.270).

LÓPEZ POZO, Francisco, *Diccionario Español-Griego-Latino*, Córdoba, Tipografía Católica, 1997.

LOUGHLIN, James F., «St. Ambrose», en *The Catholic Encyclopedia*, <http://www.knight.org/advent/cathen> (7/11/97).

LUCAS DE HIDALGO, Gaspar, *Diálogos de apacible entretenimiento*, en *Curiosidades bibliográficas*, ed. Adolfo de Castro, Madrid, Atlas (BAE XXXVI), 1950, págs. 279-316.

LUCIANO, *Hermotimus, sive de sectis*, en *Luciani Samosatensis Philosophi Opera Omnia quae extant*, «Lutetiae Parisiorum, apud Iulianum Bertault, MDCXV» (BNM 7-14.683).

Los Lucidarios españoles, ed. Richard P. Kinkade, Madrid, Gredos, 1968.

LUCANO, *De bello civili*, trad. J. D. Duff, Cambridge (Mass.) y Londres, Harvard Univ. Press y William Heinemann, 1969.

LUQUE FAJARDO, Francisco de, *Relación de la fiesta que se hizo en Sevilla a la Beatificación del glorioso San Ignacio, fundador de la Compañía de Jesús*, Sevilla, Luis Estupiñán, 1610 (BNM R-4.975).

MACROBIO, *Saturnalia*, en Macrobe, Varron et Pomponius Mela: *Opera*, dir. M. Nisard, París, J. J. Dubochet et Compagnie, Editeurs, 1845.

MANRIQUE, Gómez, *Cancionero*, ed. Antonio Paz y Melia, Madrid, Imprenta A. Pérez Dubrull, 1885, 2 vols. (reed. facsímil, Valencia, Diputación, 1991).

MARCIAL, *Epigramas*, trad. Juan Fernández Valverde y Antonio Ramírez de Verger, Madrid, Gredos (Biblioteca Clásica Gredos 237), 1997, vol. II.

— *Epigrammata*, ed. y trad. D. R. Shackleton Bailey, Cambridge (Mass.) y Londres, Harvard Univ. Press, 1993, 3 vols.

MARTINENGO, Alessandro, «Cibi picanti, foglie amare (e letteratura) in Gracián», en Maria Grazia Profeti (ed.), *Codici del Gusto*, Milán, Franco Angeli, 1992, págs. 302-312.

McHUGH, J. A., «Mystery», en *The Catholic Encyclopedia*, en <http://www.knight.org/advent/cathen> (14/1/1998).

The Medieval Castilian Bestiary, ed. Spurgeon Baldwin, Exeter, University of Exeter (Exeter Hispanic Texts, XXXI), 1982.

MEISTERMANN, Barnabas, «Nazareth», en *The Catholic Encyclopedia*, en <http://www.knight.org/advent/cathen> (14/1/1998).

MENDOZA, Francisco de, S. J., *Viridarium sacrae ac profanae eruditionis*, s. l., s. i., s. f. (pero probablemente «Lugdoni, Iacobi Cardon, 1632», BNM 7-14.243).

MERSHMAN, Francis, «St. Vicent», en *The Catholic Encyclopedia*, en <http://www.knight.org/advent/cathen> (14/1/1998).

MEXÍA, Pedro, *Silva de varia lección*, ed. Antonio Castro, Madrid, Cátedra (Letras Hispánicas, 264 y 288), 1989-1990, 2 vols.

MIRTO FRANGIPANE, Plácido, *Blasones de la Virgen, Madre de Dios y Señora Nuestra, compuestos i repartidos en sermones. Primera Parte que publica y declara los de su limpia Concepción*, Zaragoza, Juan de Larumbe, 1635 (BUC 8.512).

118

MOLLOY, Joseph V., «Methuselah», en *The Catholic Encyclopedia*, en <http://www.knight.org/advent/cathen> (14/1/1998).

MONTEMAYOR, Jorge de, *La Diana*, ed. Juan Montero, estudio preliminar de Juan Bautista de Avalle-Arce, Barcelona, Crítica (Biblioteca Clásica, 35), 1996.

MORALES, Gaspar de, *De las virtudes y propiedades maravillosas de las piedras preciosas*, ed. Juan Carlos Ruiz Sierra, Madrid, Editora Nacional (Biblioteca de Visionarios, Heterodoxos y Marginados, 17), 1977.

NANUM MIRABELLIUM, D., *Nova Polyanthea*, «Venetiis, apud Ioannem Guerilium, MDCVII» (BNM 3-51.887).

NEUMEISTER, Sebastian y BRIESEMEISTER, Dietrich (eds.), *El mundo de Gracián. Actas del Coloquio Internacional Berlín 1988*, Berlín, Colloquium Verlag, 1991.

NIDER, Valentina, «"Reparo" y "reparar": apuntes sobre el léxico de la *Agudeza y arte de ingenio*», *Criticón*, 53 (1991), págs. 97-108.

NISENO, fr. Diego, *El Político del Cielo*, Madrid, María de Quiñones, 1637 y 1638, 2 vols. (BNM 3-8.341/2).

O'CONNOR, John B., «St. John Damascene», en *The Catholic Encyclopedia*, en <http://www.knight.org/advent/cathen> (4/11/97).

OTT, Michael, «Pope Urban VIII», en *The Catholic Encyclopedia*, en <http://www.knight.org/advent/cathen> (6/11/97).

OVIDIO, *Fasti*, trad. sir James George Frazer, Cambridge (Mass.) y Londres, Harvard Univ. Press y William Heinemann, 1976.

— *Tristia. Ex Ponto*, trad. Arthur Leslie Wheeler, Cambridge (Mass.) y Londres, Harvard Univ. Press y William Heinemann, 1975.

PALAZZI, Giovanni Andrea, *I discorsi di M. Gio. Andrea Palazzi sopra l'Imprese*, Bolonia, Alessandro Bonacci, 1575 (BNM 3-38.966).

PARAVICINO, *Obras pósthumas, divinas y humanas de don Félix de Arteaga*, Madrid, Carlos Sánchez, 1641 (BNM R-8.761).

PARGA Y PONDAL, Salvador, «Marcial en la preceptiva de Baltasar Gracián», *RABM*, 51 (1930), págs. 219-247.

PARKER, Alexander A., «"Concept" and "Conceit": An Aspect of Comparative Literary History», *MLR*, LXVII (1982), páginas XXI-XXXV.

PELEGRÍN, Benito, «Física y metafísica del estilo de Baltasar Gracián», en Jorge M. Ayala (coord.), *Baltasar Gracián...*, páginas 46-67.

PÉREZ DE HERRERA, Cristóbal, *Proverbios morales y consejos christianos, muy provechosos para concierto y espejo de la vida, adornado de lugares y textos de las divinas y humanas letras. Y enigmas filosóficas, naturales y morales, con sus comentos*, Madrid, Luis Sánchez, 1608 (BNM R-31.013).

PÉREZ DE MOYA, Juan, *Philosophía secreta*, ed. Carlos Clavería, Madrid, Cátedra (Letras Hispánicas, 404), 1995.

PÉREZ DE OLIVA, Fernán, *Diálogo de la dignidad del hombre. Razonamientos. Ejercicios*, ed. María Luisa Cerrón Puga, Madrid, Cátedra (Letras Hispánicas, 396), 1995.

PERIÑÁN, Blanca, «Gracián y Freud», en Jorge M. Ayala (coord.), *Baltasar Gracián...*, págs. 166-171.

PETRARCA, Francisco, *Francisco Petrarca con los seys triunfos de toscano sacados en castellano con el comento que sobrellos se hizo*, Logroño, Arnao Guillén de Brocar, 1512 (BNM R-10.290).

PICINELLI, Filippo, *Los cuerpos celestes. Libro I (El mundo simbólico)*, ed. Eloy Gómez Bravo y Bárbara Skinfill Nogal, México, El Colegio de Michoacán, 1997.

PICCOLOMINI, Enea Silvio, *Descripción de Asia*, ed. Francisco Socas, Madrid, Servicio de Publicaciones de la Universidad de Sevilla-Sociedad Quinto Centenario-Alianza Editorial (Biblioteca de Colón III), 1992.

PLINIO, *Panegyricus Plinii Secundi dictus Traiano Imp.*, trad. Betty Radice, Londres y Cambridge (Mass.), William Heinemann y Harvard Univ. Press, 1969.

PLUTARCO, *Apophthegmata*, en *Opuscula Plutarchi Chaeronei sedulo undequaque collecta*, París, «Sub praelo Ascensiano, MDXXVI» (BUPC).

— *Apotegmas*, en *Obras morales y de costumbres (Moralia)*, vol. III, intr. y trad. Mercedes López Salvá y María Antonia Medel, Madrid, Gredos (Biblioteca Clásica Gredos, 103), 1987.

— *Vidas*, trad. Alfonso de Palencia, Sevilla, Cuatro compañeros alemanes, 1491, 2 vols. (BNM I-2.224-5).

Poetas líricos de los siglos XVI y XVII, Madrid, Atlas (Biblioteca de Autores Españoles, 42), 1951, vol. II.

POLIENO, *Gli Stratagemi di Polieno, di grandissimo utile ai capitane nelle diverse occassioni della guerra*, trad. M. Lelio Carrani, Venecia, Gabriel Giolito de Ferrara e fratelli, 1552 (BNM 3-13.815).

POPE, Hugh, «Angels», en *The Catholic Encyclopedia*, en <http://www.knight.org/advent/cathen> (7/11/97).

PORREÑO, Baltasar, *Dichos y Hechos del Señor Rey don Felipe Segundo el Prudente*, Sevilla, Pedro Gómez de Pastrana, 1639 (BNM R-15.023).

— *Libro de la Limpia Concepción de la Virgen María, Madre de Dios y Nuestra Señora*, Cuenca, Domingo de la Iglesia, 1629 (BNM 3-61.688).

QUINTILIANO, *Institutio oratoria*, trad. H. E. Butler, Londres y Cambridge (Mass.), William Heinemann y Harvard Univ. Press, 1966, 4 vols.

RIBADENEIRA, Pedro, *Vita del P. Francesco Borgia*, «Firenze, Appreso Michelangelo Sermartelli, MDC» (BNM R-35.348).

R[ODRÍGUEZ] DE LA FLOR, Fernando, *Emblemas. Lecturas de la imagen simbólica*, Madrid, Alianza (Alianza Forma, 132), 1995.

ROMERA-NAVARRO, Miguel, «Góngora, Quevedo y algunos literatos más en *El Criticón*», *RFE*, XXI (1934), págs. 248-273.

ROMO FEITO, Fernando, «La paradoja: historia de una definición», en Antonio Ruiz Castellanos (coord.), *Actas del Primer Encuentro Interdisciplinar sobre Retórica, Texto y Comunicación*, Cádiz, Universidad, 1994, vol. II, págs. 31-33.

ROSALES, Luis, *Pasión y muerte del Conde de Villamediana*, en *Obras Completas. II. Estudios sobre el Barroco*, Madrid, Trotta, 1997.

ROSENTHAL, Earl S., «The Invention of the Columnar Device of Emperor Charles V at the Court of Burgundy in Flanders in 1516», *Journal of the Wartbourg and Courtauld Institutes*, 36 (1973), págs. 198-230.

— «"Plus ultra", "Non plus ultra" and the Columnar Device of Emperor Charles V», *Journal of the Wartbourg and Courtauld Institutes*, 34 (1971), págs. 204-208.

ROTHBERG, Irving P., «Covarrubias, Gracián and the *Greek Anthology*», *Studies in Philology*, LIII (1956), págs. 540-552.

ROZAS, Juan Manuel, «El compromiso moral en la *Agudeza* (y en las *Poesías varias* de Alfay)», en *Gracián y su época*, páginas 191-200.

— «Localización, autoría y fecha de una fábula mitológica atribuida a Collado del Hierro», *BRAE*, XLVIII (1968), págs. 87-99.

RUFO, Juan, *Las seiscientas apotegmas y otras obras en verso*, ed. Alberto Blecua, Madrid, Espasa-Calpe (Clásicos Castellanos), 1971.

RUSCELLI, Jerónimo, *Le Imprese Illustri*, Venecia, Francesco de Franceschi Senesi, 1584 (BUC 35.469).

SALAZAR, Alonso de, *Fiestas que hizo el Insigne Collegio de la Compañía de Jesús de Salamanca a la Beatificación del glorioso Patriarcha San Ignacio de Loyola*, Salamanca, Viuda de Artús Taberniel, 1610 (BNM 3-22.517).

SCALIGERO, Julio César, *Poemata omnia in duas partes divisa*, «In Biblipolio Comeliano, 1600» (BNM T-7.748).

SANTA CRUZ, Melchor de, *Floresta española*, ed. Maximiliano Cabañas, Madrid, Cátedra (Letras Hispánicas, 411), 1996.

— *Floresta española*, ed. y estudio preliminar de María Pilar Cuartero y Maxime Chevalier, Barcelona, Crítica (Biblioteca Clásica, 40), 1997.

SEBASTIÁN, Santiago, *Emblemática e Historia del Arte*, Madrid, Cátedra (Arte, Grandes Temas), 1995.

SELIG, Karl Ludwig, «La *Agudeza* y el arte de citar», en Sebastian Neumeister *et al.* (ed.), *El mundo de Gracián*, págs. 67-74.

SEM TOB, *Proverbios morales*, ed. Agustín García Calvo, Madrid, Alianza, 1983.

SENABRE, Ricardo, *Gracián y El Criticón*, Salamanca, Universidad, 1979.

SÉNECA EL VIEJO, *Suasoriarum liber*, trad. M. Winterbottom, Cambridge (Mass.) y Londres, Harvard Univ. Press y William Heinemann, 1974.

SÉNECA, *Ad Neronem Caesarem De Clementia*, en *Moral Essays*, vol. 1.

— *Moral Essays*, Cambridge (Mass.) y Londres, Harvard Univ. Press, 1985 y 1990, 2 vols.

— *De Tranquilitate animi*, en *Moral Essays*, vol. 2.

— *Ad Lucilium Epistulae morales*, trad. Richard M. Gummere, Londres y Cambridge (Mass.), William Heinemann y Harvard Univ. Press, 1967-1972, 3 vols.

PSEUDO-SÉNECA, *De moribus*, s. l., s. f., s. i., sin foliación (BNM I-844/9).

SETANTI, Joaquín, *Centellas de varios conceptos*, a continuación de los *Aphorismos sacados de la Historia de Publio Cornelio Tácito por el Dr. Benedicto Arias Montano para la conservación de las Monarquías, hasta agora no impressos*, Barcelona, Sebastián ¿Cormellas? (portada deteriorada), 1614 (BNM 3-56.054).

SLOMAN, A. E., «The Two Versions of Góngora's "Entre los sueltos caballos"», *RFE*, XLIV (1961), págs. 435-441.

SMITH, Hilary Dansey, «Baltasar Gracián's Preachers: Sermon Sources in the *Agudeza*», *BHS*, LXIII (1986), págs. 327-338.

SOUVAY, Charles L., «St. Stephen», en *The Catholic Encyclopedia*, en <http://www.knight.org/advent/cathen> (14/1/1998).

STROLLE, Jon M., «Gracián and *gusto*», *Kentucky Romance Quarterly*, XIX (1972), págs. 485-500.

SUÁREZ DE FIGUEROA, Cristóbal, «Discurso sobre la predicación del Sr. don Fr. Diego López de Andrada», en Diego López de Andrada, O. S. A., *Tratados de la Puríssima Concepción de la Virgen Nuestra Señora*, Nápoles, Lázaro Escorigio, 1633 (BNM 2-50.855).

SUETONIO, *Vitae duodecim Caesarum*, trad. J. C. Rolfe, Londres y Cambridge (Mass.), William Heinemann y Harvard Univ. Press, 1970, 2 vols.

TÁCITO, *Annales*, trad. J. Jackson, Cambridge (Mass.) y Londres, Harvard University Press y William Heinemann, 1970-1979, 2 vols.

TASSIS, Juan de, Conde de Villamediana, *La gloria de Niquea*, en *Obras de...*, Zaragoza, 1629 (ed. facs. a cargo de Felipe Pedraza, Aranjuez, Ara-Iovis, 1986).

— *Obras de...*, Madrid, María de Quiñones, 1635 (BNM R-5.808).

— *Poesía impresa completa*, ed. José Francisco Ruiz Casanova, Madrid, Cátedra (Letras Hispánicas, 320), 1990.

TERENCIO, *Andria*, trad. John Sargeaunt, Londres y Cambridge (Mass.), William Heinemann y Harvard Univ. Press, 1964.

TERRONES DEL CAÑO, Francisco, *Instrucción de Predicadores*, Pról. y notas del P. Félix G. Olmedo, Madrid, Espasa-Calpe (Clásicos Castellanos 126), 1960.

TIMONEDA, Joan, *Buen aviso y Portacuentos. El Sobremesa y alivio de caminantes*, ed. Maxime Chevalier, Madrid, Espasa-Calpe (Clásicos Castellanos, 19), 1990.

TIRSO DE MOLINA, *Cigarrales de Toledo*, ed. Luis Vázquez, Madrid, Castalia (Clásicos Castalia, 216), 1996.

VALERIANO, Pierio, *Hieroglyphica sive de sacris Aegyptiorum Litteris Commentarii*, Basilea, s. i., 1556 (BNM 1-22.626).

VALERIO MÁXIMO, *Factorum et dictorum memorabilium libri novem*, ed. Carolus Kempf, «Lipsiae, in aedibus B. G. Teubneri, MDCCCLXXXVIII».

VARELA, Javier, *La muerte del Rey. El ceremonial funerario de la monarquía española (1500-1885)*, Madrid, Turner, 1990.

VEGA CARPIO, Lope Félix de, *Justa poética y alabanzas justas que hizo la insigne villa de Madrid al bienaventurado San Isidro en las fiestas de su beatificación*, recopiladas por Lope de Vega Carpio, Madrid, Viuda de Alonso Martín, 1620 (cito por *Obras escogidas. Tomo II. Poesías líricas. Poemas. Prosa. Novelas*, ed. Federico Carlos Sainz de Robles, Madrid, Aguilar, 1973, págs. 1109-1117).

VEGA, Lope de, *La Arcadia*, ed. Edwin S. Morby, Madrid, Castalia (Clásicos Castalia, 63), 1975.

— *Novelas a Marcia Leonarda*, ed. Francisco Rico, Madrid, Alianza, 1968.

— *Obras poéticas*, ed. José Manuel Blecua, Barcelona, Planeta (Clásicos Universales Planeta, 66), 1983.

VELEYO PATÉRCULO, *Historiae Romanae. Res Gestae Divi Augusti*, Londres y Cambridge (Mass.), William Heinemann y Harvard Univ. Press, 1967.

Vida de Esopo, trad. P. Bádenas de la Peña y J. López Facal, Madrid, Gredos (Biblioteca Clásica Gredos, 6), 1978.

VILLALOBOS, Francisco de, *Los problemas de Villalobos*, en Adolfo de Castro (ed.), *Curiosidades bibliográficas*, Madrid, Atlas (BAE XXXVI), 1950.

VILLALÓN, Cristóbal de, *El Crótalon de Cristóforo Gnofoso*, ed. Asunción Rallo, Madrid, Cátedra (Letras Hispánicas, 155), 1982.

VILLAMEDIANA, Conde de, Véase Juan de TASSIS.

VILLEGAS, Bernardino de, *Vida admirable de la Puríssima Virgen Santa Lutgarda*, Madrid, Teresa Iunti, 1625 (BNM 7-16.984, falto de portada).

VILLENA, Enrique de, *Obras Completas, I*, ed. Pedro M. Cátedra, Madrid, Biblioteca Castro-Turner, 1994.

VIRGILIO, *Aeneida*, Cambridge (Mass.) y Londres, Harvard Univ. Press y William Heinemann, 1986, 2 vols.

VIVES, Juan Luis, *Obras completas*, trad. Lorenzo Riber, Madrid, Aguilar, 1947, 2 vols (ed. facsímil, Generalitat Valenciana/Consell Valencià de Cultura, 1992).

WARDROPER, Nancy Palmer, *Baltasar Gracián's Two Interpretations of the Variety of «Agudeza»: 1642 and 1648*, Ann Arbor, UMI, 1985.

— «El discurso III de la *Agudeza y arte de ingenio* de Baltasar Gracián: "Variedad de la Agudeza"», en Sebastian Neumeister (ed.), *Actas del IX Congreso de la Asociación Internacional de Hispanistas*, Francfort, Vervuert, 1989, vol. I, págs. 569-574.

— «Some Unidentified Poetic Fragments in Gracián's *Agudeza*», *RHM*, 39 (1976-1977), págs. 49-51.

YNDURÁIN, Domingo, «Las cartas de Laureola (Beber cenizas)», *Edad de Oro*, III (1984), págs. 299-309.

ZAMORA, Bonifacio, «¿Qué dice el Padre Gracián de la Reina Isabel?», *Boletín de la Institución Fernán González*, XXX, 117 (1951), págs. 725-739.

ZAPATA DE CHAVES, Luis, *Miscelánea. Silva de casos curiosos*, sel. Antonio Rodríguez-Moñino, Madrid, Compañía Iberoamericana de Publicaciones, s. a.

ZEBALLOS SAAVEDRA, Carlos, *Ideas del púlpito y teatro de varios predicadores de España*, Barcelona, Sebastián y Jaime Matevad, 1638 (BNM 6-i-3.014).

ZURITA, Jerónimo, *Anales de la Corona de Aragón*, ed. Ángel Canellas López, Zaragoza, Institución Fernando el Católico, 1967, vol. I.

Arte de ingenio,
Tratado de la Agudeza

ARTE
DE INGENIO,
TRATADO DE LA
AGVDEZA.

En que se explican todos los
modos, y diferencias de
Conceptos.

POR

Lorenço Gracian.

DEDICALA

Al Principe Nuestro Señor.

Con Privilegio en Madrid, Por Iuan
Sanchez, Año 1642.

A costa de Roberto Lorenço, Mercader de Libros.

Portada de la edición de 1642.

ARTE
DE INGENIO,
TRATADO DE LA
AGUDEZA.

En que se explican todos los
modos y diferencias de
Conceptos.

POR

Lorenço[1] Gracián.

DEDÍCALA

Al Príncipe Nuestro Señor.
Con Privilegio en Madrid, Por Juan
Sánchez, Año 1642.

——————————

A costa de Roberto Lorenço,
Mercader de Libros[2].

---

[1] L: LORENC,O
[2] Añado a continuación el pie de imprenta de la edición lisboeta: «DEDI-
CADO / A / D. IOAM. DA COSTA, / Conde de Soure, etc. / [Filete] / EM
LISBOA / Com todas as licenças necessarias / Na Officina, CRAESBEEC-
kIANA *[Sic]*. An. 1659. / Per Simão Antunes de Almeyda.»

Aprobación del P. Juan Bautista de Ávila, de la Compañía de Jesús, Calificador del Supremo Consejo de la Santa General Inquisición, Lector de las Letras Divinas, Hebreas, Caldeas y Siriacas en los Estudios Reales del Colegio de Madrid[3].

Por mandado del Señor Licenciado D. Lorenço de Iturrizarra, Vicario General en esta Corte de Madrid y su partido, he visto un libro intitulado *Arte de Ingenio y Agudeza*, compuesto por Lorenço Gracián. No tiene cosa contra la Fe Católica Romana y buenas costumbres; antes será de mucha utilidad para todos los estudiosos, despertándolos el ingenio tanto, que más se le dé que se le mejore. Esto me parece, salvo etcétera. En estos Estudios Reales del Colegio Imperial de Madrid, y octubre 31. 1641.

Juan Bautista Dávila.

---

³ Todos estos preliminares faltan en L.

Licencia del Ordinario[4].

El Licenciado Lorenço de Iturrizarra, Vicario General de la Villa de Madrid y su partido, etcétera. Por la presente, aviendo hecho ver el libro de *Arte de Ingenio y Agudeza*, compuesto por Lorenço Gracián, declaramos no tiene cosa contra la Fe y buenas costumbres. Y por lo que a Nós toca, se puede imprimir. En Madrid, a treinta y uno de octubre de mil y seiscientos y quarenta y un años.

Licenciado Lorenço de Iturrizarra.

Por su mandado,
Simón Ximénez.

M. P. S.

Por mandado de Vuestra Alteza, he visto este *Arte de Ingenio, Método de Agudeza,* escrito por Lorenço Gracián con señalado ingenio, agudeza y sal, con que haze su discurso más agradable y festivo, con dichos y hechos de señalados varones. Puédesele dar la licencia que pide para que se dé a la estampa. Madrid. Noviembre 18. 1641.

M. Gil González Dávila.

---

[4] La edición de 1659 lleva, entre otros textos preliminares, la siguiente licencia: «Licenc,as *[sic]*. Vi este livro, o qual tem por titulo *Arte de Ingenio, tratado de la Agudeza.* Por Lorenço Gracián, impresso en Madrid año de 1642. O dito livro, despois de ser revisto foy aprovado, como consta do principio delle; e me parece que nam tem cousa contra nossa santa fee e bons custumes. Em S. Domingos de Lisboa, 19 de março de 1658». La firma fr. Agustinho de Cordes, y prueba que para la edición lisboeta se empleó un ejemplar de la edición de 1642, a la que agrega sus propios errores, que no son pocos.

Suma del Privilegio.

Tiene Privilegio Lorenço Gracián por tiempo y espacio de diez años para poder imprimir un libro intitulado *Arte de Ingenio y Agudeza*, en que se explican todos los modos de Conceptos, como consta de su original, refrendado de Martín de Segura, Secretario del Rey Nuestro Señor. Su fecha en Madrid, a 10 días del mes de Diziembre de 1641 años[5].

Suma de la Tassa.

Está tassado este libro intitulado *Arte de Ingenio y Agudeza*, compuesto por Lorenço Gracián[6], por los señores del Real Consejo, a quatro maravedís cada pliego, como consta de su original, ante Martín de Segura, Escrivano de Cámara. Su fecha en Madrid, a 12 de Febrero de 1642 años.

Fe de Erratas[7].

Este libro intitulado *Arte de Ingenio, Tratado de la Agudeza*, con estas erratas corresponde con su original. Dada en Madrid, a 11 de Febrero de 1642.

*Dotor D. Francisco Murcia
de la Llana.*

---

[5] H *om.* «Su fecha ... 1641 años»
[6] H *om.* «Lorenço Gracián»
[7] Las pocas erratas denunciadas por el Doctor Francisco Murcia de la Llana van ya corregidas en el texto.

131

Señor[8]:

Quando ya la Fama previene clarín nuevo a las Católicas hazañas de V. A., yo también anticipo Arte al aplauso. Presento este de Agudeza, no a los pies, sino al prodigioso Ingenio que amanece, aunque todo es entendimiento en V. A. Obligación fue, que no suerte, por lo que tiene de extraordinario, al Mayor Prodigio Real. ¡O, esperanza única de la Monarquía Católica, Singular en todo para ser sol de entrambos mundos! Que quiso el Cielo magnificarnos el don con el realce[9] de único. Confiessan a la par la Naturaleza y la Fortuna agotado su caudal[10] en V. A., aquella de gracias y esta de favores, para poder dar substituto. Corresponde a la singularidad del nacimiento la del nombre, no tanto para desquite moderno del Antiguo Rey Sacrílego quanto para ser universal Epifanía de un Dios ostentado, no al Oriente solo en un Baltasar Sabio, sino a todo el mundo en un Baltasar Católico. Conságrasse, pues, este mi atrevido assunto, no sólo al patrocinio, sino al empleo de las Heroycas Proezas de V. A. para blasonarlas con todas las plumas de la Fama en sus Conceptuosos Escritores. Viva, Reyne y Triunfe V. A. Siglos a desseos.

---

[8] Falta en L esta dedicatoria, que se sustituye por otra, firmada por Simão Antunes d'Almeyda y dirigida a don Ioam de Costa, Conde de Souvre.

[9] Para el significado de realce en Gracián, véase la nota de Aurora Egido a *El Discreto*, págs. 163-164, n. 31.

[10] La voz es polisémica, y bien común en la prosa graciana, como indica Aurora Egido en nota 348 a *El Discreto* (pág. 313). Al mezclar naturaleza y fortuna, hay que pensar en el tercero de los sentidos aportados por *Autoridades:* «Se toma algunas veces por copia grande, número y cantidad considerable de alguna cosa, aunque no sea dinero o hacienda», que pueden ser calidades y bienes del ánimo o, simplemente, cosas estimables, preciosas.

Al letor

He destinado algunos de mis trabajos al juyzio; este dedico al Ingenio. Teórica flamante[11], que, aunque se hallan algunas de sus sutilezas en la Retórica, aun no llegan a vislumbres[12]: hijos huérfanos que, por no conocer su verdadera madre, se prohijavan a la eloqüencia. Válese[13] la Agudeza de los tropos y figuras Retóricas como de instrumentos para exprimir cultamente sus conceptos; pero contiénense ellos a la raya de fundamentos de la sutileza y, quando más, de adornos del pensamiento.

Afecté la variedad en los exemplos, ni todos Sacros, ni todos Profanos; unos graves, otros corrientes; ya por la hermosura, ya por la dulzura. Principalmente por la diversidad de gustos para quienes se sazonó. El Predicador estimará el substancial concepto de Ambrosio; el humanista, el picante de Marcial. Aquí hallará el Filósofo el prudente dicho de Séneca; el Historiador, el malicioso de Tácito; el Orador, el sutil de Plinio; y el Poeta, el brillante de Ausonio, porque el que enseña es deudor universal.

Tomé los exemplos de la lengua en que los hallé, que si la Latina blasona al relevante Floro, la Italiana al valiente

---

[11] «Theórica. Conocimiento especulativo e interior de la essencia y calidad de las cosas» *(Auts.,* s. v.). «Flamante. Vale también lo que está nuevo, que no se ha ajado ni deslucido» *(Auts.,* s. v.).

[12] «Metaphóricamente, se toma por conjetura, sospecha, u indicio» *(Auts.).* Comp. *El Héroe,* III, pág. 247a: «La valentía, la prontitud, la sutileza de ingenio, sol es deste mundo en cifra; si no rayo, vislumbre de divinidad».

[13] L: Valece

133

Taso[14], la Española al culto Góngora y la Portuguesa al afectuoso Camoes[15]. Previne la explicación a los de estraña lengua; y si freqüento los Españoles, es porque la Agudeza reyna en ellos, assí como la Erudición en los Franceses, la Eloqüencia en los Italianos y la Invención en los Griegos.

Pudiera aver dado a este volumen la forma de alguna alegoría, ya sazonando un combite en que cada una de las nueve Musas sirviera[16] en delicado plato su género de Conceptos; o si no, erigiendo un nuevo monte de la mente, en competencia del Parnaso, con sus nueve Agudezas en vez de las nueve Piérides[17], o qualquiera otra invención. Pero heme dexado llevar del Genio Español, o por gravedad o por libertad en el discurrir. Quando la forma no contentare, los materiales satisfagan, que tanto tan valiente Concepto, tanto tan bien dicho junto, desempeñarán el tiempo, lograrán el precio.

Y tú, ¡o, libro!, aunque lo nuevo y lo raro te afiançan, si no el aplauso, el favor de los Letores; con todo esso deprecarás[18] la suerte de encontrar con quien te entienda.

---

[14] Para la presencia de Tasso en Gracián, véase Joaquín Arce, *Tasso y la poesía española*, pág. 28.

[15] Para la presencia de Camoens en la *Agudeza*, así como para los problemas de atribución de algunas de sus obras (varios de los poemas que Gracián menciona no forman parte del *corpus* canónico), véase Kevin Larsen, «The Presence of Luis de Camoes in Gracián's *Agudeza*...», págs. 4 y ss. Parece que el celo barroco de Gracián forzó el marco natural de alguno de los poemas del portugués, de forma que el vate se nos presenta en la *Agudeza* «more baroque —more rhetorical, more hiperbolic, more paradoxical, and especially more *conceptista*— than he really is» (pág. 8).

[16] L: suviera

[17] Se trata de las Musas (véase Natale Conti, *Mitología*, VII, xv, «Sobre las Musas», págs. 545 y ss.).

[18] Deprecar: «Rogar, pedir, suplicar con instancia o eficacia» *(Auts.)*.

Panegírico al Arte y al Objecto

Fácil es adelantar lo començado. Arduo el inventar; y después de tanto, cerca de insuperable, aunque no todo lo que se prosigue se adelanta. Hallaron los antiguos método al sylogismo, arte al Tropo; sellaron la Agudeza, o por no ofenderla, o por desauciarla, remitiéndola a sola la valentía del Ingenio. Contentáronse con admirarla, no passaron a observarla[1], con que no se le halla reflexión, quanto menos difinición.

Son los Conceptos hijos más del esfuerço de la mente[2] que del artificio; concíbense acaso[3]; salen a luz sin magisterio. La imitación procura suplir el arte, pero con desigualdades de substituto, con carencias de variedad. La contingencia de especies tiene también gran parte, que prohijaron muchos a la ventura.

No se puede negar Arte donde amenaçan yerros, ni hábito donde reina la dificultad: ármase con reglas un Sylogismo, fórjese con ellas un Concepto. Mendiga dirección todo artificio, ¡quánto más sutilezas del Ingenio! Nace el hombre tan desnudo en alma, como en el cuerpo, de noticias, y de plumas[4]; pero la industria le desquita con ventajas.

---

[1] observarla L: observala

[2] de la mente L: que de la mente

[3] Acaso: «Vale lo mismo que sin pensar, casualmente y sin esperarlo ni imaginarse» *(Auts.)*.

[4] Parece un guiño al viejo tema, tan trillado por los humanistas en latín y en romance, de la dignidad del hombre: «Así que todo el mundo y su gran-

Censuránse en los más las Agudezas, antes por unas que por únicas, y homogéneos los pensamientos: o todos crysis[5], o todos reparos, correspondencias o equívocos. Y es que falta el Arte, por más que sobre el Ingenio, y con ella la variedad[6], gran madre de la belleza. Es la Agudeza pasto del alma, ambrosia[7] del espíritu, y hállanse algunos tan cebados en la delicadeza, tan hechos a las delicias del Concepto, que no passan[8] otro[9] que sutilezas. Son cuerpos vivos sus obras, con

deza estamos nosotros retraídos en muy chico espacio, en la más vil parte dél, donde nascemos desproveídos de todos los dones que a los otros animales proveyó naturaleza. A unos cubrió de pelos, a otros de pluma...», dirá Aurelio en el *Diálogo* de Pérez de Oliva, pág. 125. Claro que Gracián siempre gusta de jugar con ventaja...

[5] Hasta dieciocho veces emplea Gracián la voz «crysi(s)» en el *Arte de ingenio*. En tres ocasiones le sirve para dar título a sus discursos (XIX, XX y XXI), y también es el nombre que dará a las divisiones en *El Criticón*. Tiene que ver con el griego «krino», 'juzgar', juicio. No estoy seguro de que el significado que da a esta voz sea siempre el mismo. Para la palabra, véase Otis H. Green, «Sobre el significado de crisi(s)...»; Theodore L. Kassier, *The Truth Disguised...*, *passim*, y especialmente págs. 56-93; Fernando Lázaro, «El género literario de *El Criticón*», pág. 71; y ahora las págs. de Aurora Egido en su prólogo a *El Discreto* (págs. 63-64), así como la nota 114 al texto (pág. 208). En cualquier caso, téngase en cuenta que seis años antes de publicarse *El Héroe*, Gabriel de la Gasca y Espinosa había definido la palabra con resonancias de intelectualidad en su *Manual de avisos del perfecto cortesano, reducido a un político secretario de príncipes* (Madrid, 1631), y que Gracián hubo de conocer: «El estilo elegante es lo mismo que labrado con trabajo. *Crítico* se deriva de *crisis*, que es tanto como *primor del entendimiento*, con que se discierne lo bueno de lo malo» (tomo la cita de Green, pág. 101).

[6] Para la noción de variedad en Gracián, véase el discurso III de este mismo *Arte de Ingenio*. Comp. de momento, por la semejanza en la construcción, *El Político:* «La variedad es madre del gusto» (pág. 299b). Sobre este asunto, véase el discurso XXXIV de este *Arte de ingenio* y, allí, una nota al pie tocante a la variedad.

[7] Sigo la acentuación propuesta por Aurora Egido en su ed. de *El Discreto*, pág. 206, justificada en n. 110, donde alude precisamente al texto de *Agudeza*, V (vale igual el *Arte*, V), en que Gracián juega con el nombre de San Ambrosio.

[8] Uso desviado de «pasar»: vale lo mismo que tragar, en acepción 28 de *Autoridades*, aunque bien pudiera entenderse como «sufrir, tolerar o padecer» (*ibid.*, acepc. 23). Me quedo, con todo, con la primera, dados el «pasto», «ambrosía», «cebados» y «delicias» de la línea inmediatamente anterior.

[9] Otro. Con el sentido antiguo de 'otra cosa'. Para un posible uso dialectal aragonés de esta construcción, véase Juan A. Frago García, «Actitud de Gracián ante el hecho lingüístico», pág. 71.

alma conceptuosa; que los otros son cadáveres que yazen en sepulcros de polvo y comidos de polilla. ¡Pequeño cuerpo de Chrisólogo![10], encierra espíritu gigante; ¡breve *Panegýrico* de Plinio!, se mide con la eternidad.

Tiene cada potencia un Rey entre sus actos, y un otro entre sus objectos: entre los de la mente reina el Concepto, triunfa la Agudeza. Entendimiento sin Conceptos es Sol sin rayos, y quantos brillan en las celestes lumbreras[11] son materiales[12] con los del Ingenio.

_____

[10] Chrisólogo L: Grisólogo

[11] Lumbrera es, en primera acepción, «el cuerpo que despide luz de sí» (*Auts.*), lo que estaría en clara correspondencia con el Sol de la línea anterior, sin perjuicio de posibles usos metafóricos.

[12] materiales H: materiales comparados

Discurso II

Essencia de la Agudeza ilustrada

Si el percibir la Agudeza acredita de Águila, el produzirla empeñará en Ángel: empleo de Cherubines[1] y elevación de hombres, que remonta el ser a extravagante Hierarquía[2].

Es esta Entidad una de aquellas que son más conocidas a bulto, y menos a precisión; déxase percibir, no definir; y en tan remoto assunto estímase qualquiera descripción. Lo que es para los ojos la hermosura y para los oídos la consonancia[3], esso es para el Entendimiento el Concepto. Séalo este del suavíssimo de los Doctores a la Cordera de las Vírgines: «Fue —dize Ambrosio— su fervor sobre su edad; muchas

---

[1] Vale lo mismo que «cherub», voz hebrea que significa «Espíritu Angélico de la Suprema Gerarchía de los nueve Choros de los Ángeles, por el don de ciencia de que especialmente están dotados los que son de la classe della» *(Auts.*, pero más pormenorizado y detallado en Hugh Pope, «Angels», especialmente el apartado «Hierarchical organization»). Nótese cómo, a partir de aquí, y en estos primeros discursos del *Arte de Ingenio*, menudean las referencias a las diferentes jerarquías angélicas, tanto al hablar de la agudeza como al referirse a ciertos autores. Según Ricardo Senabre, los términos «angélicos» de este pasaje sitúan al cultivador de la agudeza cerca del rango de la inmortalidad *(Gracián y El Criticón*, pág. 61).

[2] «Aplícase esta voz principalmente y como por excelencia a el orden y disposición de los choros de los Ángeles» *(Auts.*, s. v. «Gerarchía»).

[3] Consonancia: «Harmonía que resulta de la unión acordada de dos o más voces, u del instrumento o instrumentos bien templados, cuyos sonidos agradables divierten y deleitan» *(Auts.).* Nótese que Gracián vuelve a las nociones de hermosura y consonancia dentro de este mismo discurso, tres párrafos más abajo.

más sus virtudes que sus años; y diría yo que su nombre de Cordera (que esso significa Inés) no fue nombre de muger, sino oráculo de Mártir, profecía de su sacrificio.» *Fuit devotio supra aetatem; virtus supra naturam; vt mihi videatur non hominis habuisse nomen, sed oraculum Martyris, quod indicavit quid esset futura*[4].

Si los materiales objectos dizen una cierta agradable sympatía, una conformidad con sus inferiores potencias; ¿quánta mayor alcançará una ingeniosa sutileza con la que es Reina de todas ellas? Pruévelo este concepto del culto Cayo Veleyo, quando llega a referir o a ponderar el trágico fin del gran Pompeyo: «Víspera —dize— fue el día de su muerte del de su nacimiento, mostrándose la fortuna tan otra de sí misma en este gran varón, que al que ayer le faltava la tierra para la vitoria, oy le faltó para la sepultura.» *Pridie natalem ipsius vitae*[5] *fuit exitus; in tantum in illo viro a se discordante fortuna, vt cui modo ad victoriam terra defuerat, deesset ad*[6] *sepulturam*[7].

Pero esta conformidad o sympatía entre el concepto y la potencia en alguna otra perfección se funda, causa radical de conformarse la Agudeza y diformarse[8] su contraria, y esse es el verdadero constitutivo que rastreamos.

Toda potencia intencional del alma goza de algún artificio en su objeto; la proporción entre las partes del visible es hermosura; entre los sonidos, consonancia. Que hasta el vulgar

---

[4] La cita pertenece a San Ambrosio. La transcribo completa y con la puntuación y separación correctas: «Sed quid dignum de ea loqui possumus, cuius ne nomen quidem vacuum luce laudis fuit? Devotio supra aetatem, virtus supra naturam; ut mihi videatur non hominis habuisse nomen, sed oraculum martyris, quo indicavit quid esset futura» (San Ambrosio, *De Virginibus*, I, ii, *PL*, XVI, col. 200).

[5] vitae H: vita

[6] H *om.* «ad»

[7] «Hic post tres consulatus et totidem triumphos domitumque terrarum orbem sanctissimi atque praestantissimi viri in id evecti, super quod ascendi non potest, duodesexagesimum annum agentis pridie natalem ipsius vitae fuit exitus, in tantum in illo viro a se discordante fortuna, ut cui modo ad victoriam terra defuerat, deesset ad sepulturam» (Veleyo Patérculo, *Historiae Romanae*, II, liii, 3).

[8] No aparece esta forma en el *Diccionario de Autoridades*, que recoge «Deformar» y «Disforme». Hay que entenderlo como opuesto al «conformarse» anterior.

gusto[9] halla convinación entre lo picante y suave, entre lo dulce y lo agrio. El Entendimiento como primera potencia álçase con la prima del artificio, con lo estremado del primor en todas sus diferencias de objectos. Destínanse las artes a estos artificios, adelantando y facilitando su perfección. Atiende la Dialéctica a la conexión de términos para formar un sylogismo, y la Retórica al ornato de palabras para componer una figura.

De aquí se saca con evidencia que el Concepto consiste también en artificio, y el superlativo de todos. No se contenta el Ingenio con sola la verdad, como el juizio, sino que aspira a la hermosura. Poco fuera en la Architectura assegurar firmeza, si no atendiera al ornato. ¿Qué symmetría, en Griega o en Romana Architectura, assí lisonjea la vista como el artificio primoroso suspende la inteligencia en este Epigramma de Pentadio a Narciso, en que pondera que, si pereció por las aguas mancebo, se restaura por las mismas flor?:

> *Hic est ille suis nimium qui credidit vndis,*
> *Narcisus, vero[10] dignus amore puer.*
> *Cernis ab irriguo repetentem gramine ripam,*
> *Vt per quas perijt crescere possit aquis[11].*

Resaltan más con unos que con otros los extremos cognoscibles; y el correlato[12] que es realce para uno es lastre para otro. Consiste, pues, este artificio conceptuoso en una primorosa concordancia, en una armónica correlación entre los cognoscibles extremos, expressa por un acto del entendimiento. Campea esta correspondencia en este pensamiento

---

[9] Para los varios significados de la voz «gusto» en Gracián, así como para los modificadores que suelen acompañarla, cfr. Jon M. Strolle, «Gracián and *gusto*», págs. 485-500.

[10] vero H: ero

[11] *Anthologia Latina*, epigramma 260 (pág. 193; al. 266), «De Narciso», ya señalado por Gendreau-Massaloux y Laurens en su traducción (pág. 47), con alguna variante (v. 3 Cerne sub inriguo repetentem gramine ripas; v. 4 aquis: aquas).

[12] Según *Autoridades*, es voz poco usada, y equivale a 'correlativo': «La cosa que dice o hace relación a otra». Ejemplifica precisamente con el disc. IV de la *Agudeza*.

de Patérculo: «Marco Cicerón —dize—, aquel que se devió a sí todos sus aumentos, varón de una novedad nobilíssima, y assí como por su vida esclarecido, assí por su ingenio máximo, y a quien devemos el no quedar vencidos del ingenio de aquellos cuyas armas vencimos.» *Marcus Cicero, qui omnia incrementa sua sibi debuit, vir novitatis nobilissimae et vt vita clarus, ita ingenio maximus qui effecit, ne quorum arma viceramus, eorum ingenio vinceremur*[13].

Esta es la Essencia de la Agudeza en común. Iránse distinguiendo sus géneros y especies por sus propias diferencias.

---

[13] Vuelve Gracián de nuevo a Veleyo Patérculo *(Historiae Romanae*, II, xxxiv, 3, con la variante «qui» por «quique», lo que coincide con varias ramas de la tradición).

Discurso III

Variedad de la Agudeza[1]

La uniformidad limita, la variedad dilata, y tanto es más sublime quanto más nobles entidades multiplica. No brillan tantos Astros en el Firmamento, campean flores en el prado, quantas se alternan sutilezas y conceptos en una fecunda inteligencia.

Ay distinción en essencias, y esta es la preeminente; y ayla por accidentes, segundaria. Una y otra perficionan la Agudeza con belleza superlativa. Hállanse de primera magnitud, Soles por lo raro, sales por lo agradable[2]. Otras ay de segunda, y aun de ínfima sal menuda en abundancia. Una Agudeza grave por lo sublime de la materia y sutil por lo realçado del artificio es acto digno de un Ángel.

La primera distinción sea entre la Agudeza de perspicacia y la de artificio, que es el objecto desta Arte. Aquella atiende[3]

---

[1] Para la cuestión de la variedad en Gracián y en el contexto de nuestro Siglo de Oro, basta ver Aurora Egido, «La variedad en la *Agudeza* de Baltasar Gracián», o «La *Hidra bocal*. Sobre la palabra poética en el Barroco», págs. 28 y ss. Ha analizado pasajes de este discurso Nancy P. Wardropper en «El discurso III de la *Agudeza y arte de ingenio* de B. G.: "Variedad de la agudeza"». Leland H. Chambers también pondera su importancia en el conjunto del *Arte* («Theory and Practice in the *Agudeza*...», pág. 114.).

[2] Para esta frase, y la que sigue, comp. *El Héroe*, V: «Hay perfecciones soles, y hay perfecciones luces. Galantea el águila al sol; piérdese en él el alado gusanillo por la luz de un candil...» (pág. 250a). Para el campo semántico «sal» en la *Agudeza* y otras obras de Gracián, cfr. Alessandro Martinengo, «Cibi picanti, foglie amare (e letteratura) en Gracián», pág. 307.

[3] atiende H: tiende

a dar alcance a las dificultosas verdades, descubriendo la más recóndita; esta, no cuydando de esso, afecta la hermosura sutil. Aquella es más útil; esta, deleitable. Aquella es todas las Artes y Ciencias en sus actos y sus hábitos; esta, como estrella errante[4], no tiene casa fixa.

Pudiera dividirse la Agudeza de artificio en Agudeza de concepto, de palabra y de acción[5]. Que las ay prontas, muy hijas del Ingenio: división de accidente en los sujetos; pero lo que merece por adequada, desmerece por vulgar.

Más propiamente se dividiera en Agudeza de correspondencia y conformidad entre los extremos del Concepto, como esta de Floro a la muerte de Julio César: «Aquel —dize— que anegó todo el Orbe con la Romana sangre, inundó todo el Senado con la suya.» *Sic ille qui terrarum Orbem civili sanguine implerat, tandem ipse sanguine suo curiam implevit*[6]. Y en Agudeza de contrariedad y discordancia entre los mismos extremos; como esta de San Chrysólogo[7] a la Madalena, hecha trofeo a los pies de su Maestro: «He aquí —dize— trocado el orden de las cosas: siempre el cielo embía su lluvia a la tierra, y oy la tierra riega al cielo». *En mutatus ordo rerum*[8]*: pluviam terrae coelum dat semper, ecce nunc rigat terra coelum*[9]*, imo super coelos, et vsque ad ipsum Dominum imber humanarum prosilit lachrymarum*[10]. Mas esta división no abar-

---

[4] Estrellas errantes, o erráticas, son los cinco planetas (Saturno, Júpiter, Marte, Venus y Mercurio) de movimientos desiguales, al igual que «otros Planetillas más pequeños que sólo se descubren con el antojo de larga vista» o satélites (*Auts.*, s. v. «estrella»).

[5] Para esta división graciana, y especialmente para la agudeza de acción, véase Emilio Hidalgo-Serna, «La "agudeza de acción" en *El Héroe*», páginas 164 y ss.

[6] «Sic ille, qui terrarum orbem civili sanguine impleverat, tandem ipse sanguine suo curiam implevit» (L. Anneus Florus, *Epitomae de Tito Livio Bellorum Omnium Annorum DCC Libri II*, II, xiii, 95).

[7] Chrysólogo L: Grisólogo

[8] rerum H: terrarum

[9] H *om.* «dat semper ... coelum»

[10] «*Lacrymis rigabat pedes ejus.* En mutatur ordo rerum, pluviam terrae coelum dat semper: ecce nunc rigat terra coelum, immo super coelos et usque ad ipsum Dominum imber humanarum prosilit lacrymarum, ut juxta Psalmistam et de aquis fletuum cantetur illud: *Et aquae quae super coelos sunt...*» (San Pedro Crisólogo, «Sermo XCIII: De conversione Magdalenae», *PL*, LII, col. 463).

ca todas las especies de la Agudeza, como las crysis, exageraciones, y otras.

Ay Agudeza pura, que no contiene más de una especie de Concepto, sea Reparo[11] o Proporción; y ay Agudeza mixta, monstro[12] del Concepto, porque concurren en ella a vezes dos y tres especies de sutileza, mezclándose las perfecciones y comunicándose las essencias.

Divídese adequadamente en Agudeza de artificio menor y de artificio mayor. Quiero dezir: Incomplexa y Compuesta. La Incomplexa es un acto solo, pero con pluralidad de formalidades y de extremos, que terminan el artificio, que fundan la correlación. Como se muestra en esta ponderación de aquel gran Padre[13], cuyo Augusto nombre le corona por Rey de los Ingenios: «Nace Juan —dize Augustino— quando los días comiençan a menguar; nace Christo quando comiençan a crecer, para que se cumpla lo que el mismo Juan dixo: 'Él conviene que crezca, y que yo[14] mengüe'.» *Nascitur Ioannes cum dies inciperent minui: natus est ipse cum dies inciperent crescere; vt praefiguraretur quod ait, idem Ioannes illum opportet crescere, me autem minui*[15].

---

[11] Para el «reparo», véase el discurso VII («De la Agudeza de Reparo»), así como Valentina Nider, «"Reparo" y "reparar": apuntes sobre el léxico de la *Agudeza y arte de ingenio*», quien señala que Gracián emplea la voz por lo general en su sentido habitual de 'observación', 'nota', o en la acepción negativa de 'reprehensión', 'confutación', aunque también... (léase allí, págs. 97 y ss.).

[12] Con el sentido figurado, pero habitual en Gracián, de «qualquier cosa excessivamente grande o extraordinaria en qualquier línea» *(Auts.*, s. v.).

[13] Como se muestra en esta ponderación de aquel gran Padre L: como ponderó aquel gran Padre

[14] que yo L: yo que

[15] Creo que la cita es de uno de los sermones del Obispo de Hipona: «Praemisit enim hominem Ioannem, qui tunc nasceretur, cum dies inciperet minui: et natus est ipse, cum dies inciperent crescere, ut ex hoc praefiguraretur quod ait idem Ioannes, *Illum oportet crescere, me autem minui* (Ioan., III, 30)» (San Agustín, *Sermones de tempore*, «Sermo CXCIV», *PL*, XXXVIII, 1016; con todo véase también *PL*, XXXV, 1504 para otra cita semejante de San Agustín). Para San Agustín, a quien Gracián volverá a citar en el *Arte* posteriormente, comp. *El Héroe*: «Aun en los gentiles y infieles, reduce el sol de los ingenios, Augustino, toda la grandeza al fundamento de algunas virtudes morales» (pág. 270a, «Primor último, y corona»).

La Agudeza compuesta consta de muchos actos, si bien se unen en la moral trabaçón de un discurso. Cada piedra de las preciosas, de por sí, pudiera oponerse a estrella; pero, juntas en un joyel, emulan el firmamento. Composición artificiosa del Ingenio en que se erige máquina sublime, no de columnas ni architrabes, sino de assumptos y de conceptos. Ingenioso discurso fue dedicado a la Aurora del Empíreo, que con gran misterio se llamó María, que significa 'Señora'[16], porque fue concebida no como esclava, sino como señora de la culpa. Nació como señora de la vida, no sujeta a sus penalidades; murió como señora de la muerte, herida del amor divino.

Buélvese a dividir la Agudeza incomplexa en sus géneros[17] y modos; y redúcese a quatro raízes, y como fuentes. La primera es de correlación y conveniencia de un sujeto con otro, y aquí entran las proporciones, improporciones, semejanças, paridades, alusiones, etcétera. La segunda es de ponderación juiziosa sutil, y a esta se reducen los desempeños, crysis, paradoxas, encarecimientos, sentencias[18], etcétera. La tercera es de raciocinación, y a esta pertenecen los reparos, misterios[19], ilaciones, pruevas, etcétera. La quarta es de invención, y comprehende las ficciones, estratagemas, invenciones raras en acción y dicho, que todas se declaran en los discursos siguientes.

---

[16] No es este el sentido más general de la etimología del nombre de María en la Biblia, aunque el arameo del siglo I refería este nombre a 'mara' ('señor') en el sentido de 'dama' o 'señora' (*Diccionario Enciclopédico de la Biblia*, s. v. «María»).

[17] sus géneros H: sus dos géneros

[18] H *om.* «sentencias»

[19] Como señala Valentina Nider, en el trabajo citado algo más arriba en nota a este mismo discurso, es difícil deslindar términos como ponderación, reparo o misterio, puesto que «no se encuentra a lo largo de la obra una definición clara del nuevo uso de estas palabras», que se emplean de forma más corriente e informal de lo que es habitual.

DISCURSO IIII

De los Conceptos
de Correspondencia y Proporción

Privilegio es de Ciencia reduzir a generales principios su enseñança. Son las máximas lo que el nombre dize, las fuentes del discurrir, los fundamentos del enseñar[1]. Comience por un principio real el Arte reyna.

Es el sujeto sobre quien se discurre, ya en conceptuosa panegiri[2], ya en ingeniosa crysi, uno como centro, de quien reparte el discurso líneas de sutileza a las entidades que lo rodean, a los adjuntos[3] que lo coronan, como son causas, efectos, atributos, contingencias, circunstancias y qualquiera otra entidad correspondiente. Cárealas con el sujeto, y unas con otras entre sí[4]; y en descubriendo alguna conformidad, o proporción, que digan unas[5] con otras,

---

[1] H *om.* «los fundamentos del enseñar»
«Máxima: sentencia, axioma, principio o fundamento de algún Arte o ciencia» *(Auts.,* s. v.).
[2] «Panegiri» es forma abreviada poco usual de «panegírico», que también emplea Gracián en ocasiones (véase, por ejemplo, el discurso I). Admite otra acentuación («panégiri»), si se hace derivar del griego, como indica Aurora Egido (nota 425 a *El Discreto,* pág. 346).
[3] Para el término «adjunto» en Gracián y su relación con la tópica de la época, cfr. Hugh Grady, «Rhetoric, Wit and Art...», págs. 23 y ss.
[4] H *om.* «y unas con otras entre sí»
[5] unas L: de unas

exprímela con sutileza. El exemplo lo prueve y lo declare[6]. Careó san Ambrosio el nacimiento y muerte del Bautista, y, hallando esta correspondencia, dixo: «No sé de[7] qué me admire más, si de su prodigioso nacimiento o si de su más prodigiosa muerte. Con razón murió por la verdad el que nació por profecía.» *Vtrum quod mirabiliter natus sit, an quod mirabilius sit occissus? Natus enim est in profetia; in veritate peremptus est*[8].

De suerte que esta primera especie de Concepto consiste en una cierta armonía y agradable correspondencia que dizen entre sí dos extremos. Hizo Augustino centro de su agudeza a aquella gran Señora, que lo fue de la Sabiduría infinita, y dixo: «Dignóse el Verbo eterno de trocar el seno del Padre por el sagrado virginal vientre de su Madre, y passó esta Señora, de Esposa de un pobre Carpintero, a serlo del Architecto del cielo»[9]. *Ex sinu*[10] *Patris in vterum dignatur descendere Matris; quae dum desponsaretur fabro, coeli nupsit Architecto*[11]. Quando esta correspondencia está recóndita, y que es me-

---

[6] Cfr. *Ad Herennium*, IV, iii: «Primum omnium exempla ponuntur nec confirmandi neque testificandi causa, sed demonstrandi».

[7] H *om.* «de»

[8] El texto que cita Gracián pertenece a uno de los sermones atribuidos en ocasiones a San Ambrosio: «In sancti ac beatissimi Joannis Baptistae laudibus, cuius natalem hodie celebramus, quid potissimum praedicem, nescio: utrum quod mirabiliter natus sit, an quod mirabilius sit occisus? Natus enim est in prophetia, in veritate peremptus est: nascendo annuntiavit Salvatoris adventum, moriendo condemnavit Herodis incestum» *(Sermones S. Ambrosio hactenus ascripti*, «Sermo L: In Natali Sancti Joannis Baptistae», *PL*, XVII, 730).

[9] H *om.* «Dignóse el Verbo ... del Architecto del cielo»

[10] Ex sinu H: Es finu

[11] La cita procede, efectivamente, de San Agustín, con dos particularidades: de un lado, pertenece a los sermones atribuidos al de Hipona, y de otro mezcla dos textos que están bastante separados dentro del sermón, salvo error mío: «[3] Ex sinu Patris in uterum dignatus est descendere Genitricis: sed nec regionem suam majestas infinita deseruit, nec eum virginalis aula cum accepisset, inclusit. [...] [7] Exsultemus in fide et ad partum Virginis, quae dum desponsaretur fabro, coeli nupsit Architecto» (San Agustín, *Sermones Suppositios*, «Sermo CXX: In Natali Domini 4», *PL*, XXXIX, cols. 1985 y 1987).

nester discurrir para hallarla, es más ingeniosa. Como esta de don Luis de Góngora:

> *Estremo de las hermosas*
> *Y estremo de las crueles;*
> *Hija al fin de sus arenas,*
> *Engendradoras de sierpes*[12].

Este modo de concepto se llama proporcional, porque en él se atiende a la correspondencia que hazen los estremos cognoscibles entre sí; y esta Agudeza contiene aquel Epigrama de Marcial, que ha merecido más aplausos que sílabas. Careó a Diaulo, antes Médico y después sepulturero, y dixo:

> *Nuper erat Medicus; nunc est Vespillo Diaulus:*
> *Quod Vespillo facit fecerat et Medicus*[13].

Hállase Symetría intelectual entre los cognoscibles objetos; tanto más primorosa que la material entre columnas y acroteras[14], quanto va del objeto del Ingenio al de un sentido. ¿Qué correspondencia más ingeniosa que la desta ponderación al hazerse esclaba la Madre Virgen quando la hazen Reyna? *Por quanto* —dize— *quando avía de ser Esclava de la culpa en su Concepción puríssima, la gracia la hizo Reyna; oy en su Anunciación, quando avía de ser Reyna, su humildad la haze Esclava.*

Estremada correspondencia la de aquel concepto de don Antonio de Mendoza en la *Vida de la Emperatriz de los cielos;* dize assí:

---

[12] Fragmento del romance de Góngora que comienza «Entre los sueltos caballos». Versos 53-56, con una variante en el verso 2 de la cita de Gracián: y estremo de las crueles: cuando no de las crueles (Luis de Góngora, *Romances,* ed. Carreño, pág. 146, ed. Vicuña. fol. 78r; sobre esta composición gongorina, véase A. E. Sloman, «The Two Versions of Góngora's "Entre los sueltos caballos"»).

[13] «Nuper erat medicus, nunc est vispillo Diaulus: / quod vispillo facit, fecerat et medicus» (Marcial, *Epigrammata,* I, xlvii).

[14] «Voz griega, que significa la parte eminente en los edificios o en las columnas de ellos. [...] Es voz de la Architectura» *(Auts.,* s. v.).

Estraña, venera, admira
Tan soberanos portentos,
Que Juan es la voz de un mudo
Y ella es la vista de un ciego[15].

Esta armonía ingeniosa unas vezes se halla entre las causas del sujeto de la Panegiri. Assí aquel a quien la Reyna del Empíreo le restituyó la mano para que prodigiosamente escriviesse sus excelencias, San Juan Damasceno[16], careó las dos causas paternas desta señora, y dixo: «El padre es Joachim, que significa preparación; la madre Ana, que es gracia. ¿Preparación y gracia? Luego María fue concebida con circunstancias, con privilegios, de Sacramento. Esto más fue comulgar la naturaleza que concebirla»[17]. Concepto que pudiera honrar un Cherubín.

Otras vezes campea esta correlación entre los efectos del sujeto. Desta suerte proporcionó Floro en Tarquino el[18] So-

---

[15] Se trata de Antonio Hurtado de Mendoza. Poeta y dramaturgo, nacido en 1586 y muerto en 1644. Felipe IV le hizo Secretario de Cámara y Justicia, y fue también miembro del Consejo Supremo del Santo Oficio. No es de extrañar que Gracián lo cite de forma elogiosa en más ocasiones a lo largo del *Arte de ingenio:* le llamaban «El Discreto de Palacio», y su estilo le sitúa en la estela gongorina (pueden verse más datos junto con sus obras en Ignacio Arellano, *Historia del teatro español del siglo XVII,* págs. 419-424). Aquí recoge la estrofa 130 de la *Vida de Nuestra Señora* (pág. 23), perfectamente transcrita por el jesuita, por más que el título de la obra y el nombre del autor no sean todo lo exactos que deben. Gracián volverá a citar este mismo fragmento en el discurso V.

[16] Según la legendaria vida de San Juan Damasceno, el santo cayó en una trampa sucia del Emperador bizantino, mediante una carta falsa en la que ofrecía la ciudad de Damasco a un extranjero. Pese a las protestas de inocencia, la epístola se acepta como auténtica, y se le condena a perder la mano con que la escribió. La sentencia se ejecutó, pero, según refiere su biógrafo, la intervención milagrosa de la Virgen se la restituyó, lo que explica la alusión de Gracián (John B. O'Connor, «St. John Damascene»).

[17] No he dado de momento con la fuente exacta de este pasaje de San Juan Damasceno, pero bien podría tratarse del libro tercero de *La Fe ortodoxa,* donde el de Damasco realiza una defensa de la Virgen María. En cualquier caso, el fragmento era del gusto del jesuita, porque lo citará de nuevo, sin atribución alguna, en el primer punto de la meditación primera de *El comulgatorio,* págs. 9-10.

[18] H *om.* «el»

149

bervio la iniquidad en alcançar el Reyno con la tiranía en el governarlo. «El poder —dixo— adquirido con maldad, no con menos lo exerció que lo consiguió». *Hic regnum avitum, quod a Servio tenebatur, rapere maluit, quam expectare, immississque in eum percusoribus; scelere partam[19] potestatem non melius egit quam acquisierat[20].* Los efectos del vano y ciego amor proporcionó desta suerte el inmortal Camoes:

> *Venceome Amor, não o nego;*
> *Tem mais força que eu asaz;*
> *Que como hé cego e rapaz,*
> *Dáme porrada de cego[21].*

Las circunstancias, que son muchas, suelen ser ordinaria materia desta armonía ingeniosa. Ponderó San Agustín el crecer del día al nacer del[22] Sol de Justicia, y dixo: «Crezca el día temporal quando naze el día eterno; acérquese el Sol material, pues el divino naze en la tierra; mengüen las tinieblas al amanezer la verdadera luz.» *Nec inmerito aucto iam ab hinc die, hodie lux incrementum cepit; cum humano generi in hoc vtique die vera lux venit. Die enim aeterno nascente augmentum debuit dies temporalis accipere: defectionem sentiunt opera tenebrarum[23].* De la correspondencia del lugar tomó pie don Luis de Góngora para un gran concepto, y dixo:

---

[19] partam L: portam

[20] Se trata de un pasaje del comienzo del *Epítome* de Floro: «Hic regnum avitum, quod a Servio tenebatur, rapere maluit quam expectare, missique in eum percussoribus scelere partam potestatem non melius egit quam adquisiverat» (I, i, 7).

[21] Es un mote de Luis de Camoens, *Rimas*, fol. 183r.

[22] del H: el

[23] Parece que cita Gracián otro de los sermones atribuidos a San Agustín (CXXVI, «In Natali Domini», *PL*, XXXIX, col. 1995), con ciertas alteraciones del texto canónico: «Crescit ecce dies cum ortu nascentis, et lucrativo proventu vel succesibus momentorum: noctisque imminuto curriculo defectionem sentiunt opera tenebrarum. Die enim aeterno nascente, augmentum debuit dies temporalis accipere».

> *Dos términos de beldad*
> *Se levantan junto*[24] *adonde*
> *Los quiso poner Alcides*
> *Con dos columnas al Orbe*[25].

Las contingencias solicitan la prontitud[26], y la fecundan[27] para este modo de concepto. Ingeniosamente Marcial glosó la contingencia de quedar sepultada una aveja en una gota de electro[28], diziendo que fue sin duda premio de sus dulces trabaxos:

> *Et latet, et lucet Phaetontide condita gutta,*
> *Vt videatur Apis nectare clausa suo,*
> *Dignum tantorum pretium tulit illa laborum,*
> *Credibile est ipsam sic voluisse mori*[29].

---

[24] junto H: juntos

[25] Versos 5-8 del romance «De la Marquesa de Ayamonte y su hija» de Góngora, que comienza «Donde esclarecidamente» *(Romances*, ed. Carreño, pág. 316; ed. Vicuña, fol. 75r).

[26] Prontitud (y «pronto», en ocasiones) tiene un doble significado en el *Arte*. Por una parte, alude a la 'celeridad, presteza', el primero de los sentidos que recoge *Autoridades* (s. v.), pero en otros casos, prontitud vale «viveza de ingenio, o de genio natural» *(ibid.*, 2.ª acepción). Doy algunas apariciones de los dos sentidos: «Pudiera dividirse la Agudeza de artificio en Agudeza de concepto, de palabra y de acción. Que las ay *prontas*, muy hijas del Ingenio: división de accidente en los sujetos, pero lo que merece por adequada, desmerece por vulgar» (disc. III); «Desta suerte el Gran Capitán, eminente en este género de *prontitud*» (disc. XIII); «Es hidra bocal una dicción, que a más de su directa significación, si la cortan o la trastruecan, de cada sílaba renace una *prontitud*, y de cada acento un concepto» (disc. XXIV); «Llámase ésta Agudeza de desempeño, y pudiera vencedora, pues sitiada la inteligencia de una perplexidad, y cogidos todos los passos, con todo esso socorrida de su *prontitud* halla repentina salida» (disc. XXVII); «Pídese también en la pregunta algún medio prudencial, o alguna dificultad en la elección, y la *prontitud* está en hallarlo y proponerlo sentenciosamente» (disc. XXXV); «No tiene tanto lugar la perfección donde no le tiene la elección. Alcanza a vezes más parte en estas *prontitudes* la ventura que la perspicacia, lisongean por lo temprano el gusto como al agraz» (disc. L); «Consiste la *Prontitud* ya en el vigor del Ingenio, ya en la facilidad de las especies» (disc. L; todas las cursivas son mías). Finalmente, véase *El Discreto:* «...porque realces de prontitud salieron siempre de remontes de ingenio» (pág. 278).

[27] H: secundan

[28] Electro: 'ámbar' (véase Covarrubias, *Tesoro*, ss. vv. «Electro» y «Ámbar»).

[29] «Et latet et lucet Phaethontide condita gutta, / ut videatur apis nectare clusa suo. / dignum tantorum pretium tulit illa laborum: / credibile est ipsam sic voluisse mori» (Marcial, *Epigrammata*, IV, xxxii).

Si sólo el exprimir esta correspondencia y armonía entre los extremos es sutileza y obra grande del Ingenio, ¿qué será quando no se contente con esso solo un grande Ingenio, sino que passe a realçarla? Prodigio es ya del sutiliçar. Puédese adelantar de muchos modos; sea el primero no sólo fundar la proporción i correspondencia entre los estremos, sino darle aumento de parte de alguno dellos. Desta suerte el mismo Marcial, a[30] la vívora que estava escondida en la boca de una osa de metal y, llegando un muchacho a jugar y meter la mano, como solía otras vezes, le mordió, no sólo proporcionó fiera con fiera, sino que ponderó que vivía con más cruel alma la osa fingida que si fuera verdadera:

Vipera sed caeco scelerata latebat in ore:
Vivebatque anima deteriore fera[31].

Por lo contrario, quando ay excesso entre los dos extremos, ir realçando el uno para que llegue a igualar al otro, fundándolo en la grandeza de su perfección, es relevante sutileza. Assí Andrada[32], aquel gran heredero de la sutileza de su gran Padre Agustino, careando la hermosura virginal de Santa Inés en carne mortal con la dotal[33] de la gloria, dixo que sin duda se adelantó la gracia a la gloria en hermosearla, pre-

---

[30] H *om.* «a»

[31] «Vipera sed caeco scelerata latebat in aere, / vivebatque anima deteriore fera. / non sensit puer esse dolos, nisi dente recepto / dum perit. o facinus, falsa quod ursa fuit» (Marcial, *Epigrammata*, III, 19, 5-8).

[32] Fray Diego López de Andrade (1569-1635), agustino portugués, predicador real y obispo de Otranto. Publicó muchos sermones. Véase Francis Cerdan, «Sermones, sermonarios y predicadores citados por Gracián...», quien indica (pág. 179) que se alude aquí al *Sermón de Santa Inés*, impreso en Pamplona en 1621. Me ha sido imposible encontrar ejemplar alguno de esta pieza. Se le citará varias veces más a lo largo del *Arte de ingenio*, y no es de extrañar, a tenor de lo que de él dice Cristóbal Suárez de Figueroa en su «Discurso sobre la predicación del Sr. don Fr. Diego López de Andrada»: «le ceden y veneran todos por *la alteza del sujeto*, por el orden exquisito de la materia y por *la ingeniosa invención* [...] Dél se puede afirmar lo que de Cicerón César, tras aver obtenido tantas prerogativas, tantos triumfos: '¡quánto más es aver acrecentado *los límites del humano ingenio* que los del Imperio Romano!' (s. f., la cursiva es mía).

[33] «Dotal. Lo perteneciente a dote. Viene del latino *Dotalis*» (*Auts.*, s. v.).

vínola, no la dexó qué hazer. A vezes no está la proporción, pero se nota la falta della con sutileza. Assí dixo el Prodigioso Lope de Vega:

> *Mis pastores te dezían,*
> *Quando a mi puerta llamavas:*
> *«En vano llama a la puerta*
> *Quien no ha llamado en el alma»*[34].

También es grande sutileza ir levantando alguno de los extremos para fundar la proporción, descubriéndole alguna formalidad, o supliendo con su perfección lo que falta en el nombre, o en la circunstancia, para la ingeniosa correspondencia. Fue destinado entre los grandes de España el de Alba para el Real cortejo de la Sereníssima Reyna de Hungría, Augusta ya Emperatriz, en su viaje del Ebro al Albis; glosó uno el acierto, y dixo: «Bien va el Alva con el Sol»[35]. Adelantó otro, que ay vitorias en el Ingenio: «Heroico desempeño, que si Alemania enriqueció a España más con sola una Margarita[36] que entrambas Indias con sus riquezas, oy España retorna esta perla que conduze el Alba.»

Vencer una[37] aguda proporción con otra mayor es el último excesso: execútase comúnmente por un bien fundado encarecimiento. Assí Sulpicio Cartaginés, al mandar[38] Virgilio quemar su *Eneyda*, por una saçonada proporción glosó que no eran nuevos para Troya los incendios:

---

[34] El fragmento forma parte, como señaló Correa, de las *Novelas a Marcia Leonarda* del Fénix, pero con cierta alteración en el orden de los versos: «¡Oh cuántas noches que dije, / cuando a mi puerta llamabas: / 'En vano llama a la puerta / quien no ha llamado en el alma!' / Mis pastores te decían: 'No está Fabio en la cabaña'» *(Las fortunas de Diana*, págs. 42-43).

[35] Un juego de palabras parecido con las voces «alba» y «sol» en *Las seiscientas apotegmas* de Juan Rufo (núm. 109, pág. 50). En Gracián, véase *El Héroe*, V: «Estaba el mundo lleno de las proezas del que fue alba del mayor sol, digo de las vitorias de don Hernando Álvarez de Toledo...» (pág. 251a).

[36] Según la acepción primera en la época, 'perla' (cfr. *Auts.*, s. v.).

[37] *una* H: en

[38] M el mandar H: al mandar. La edición de 1648 lee «al mandar», lección que incorporo al texto (aunque M no resulte, desde luego, del todo descabellado).

153

Infoelix alio cecidit prope Pergamon igni,
Et prope est alio Troya cremata rogo[39].

Realçó el concepto Cornelio Gallo, ponderando que huviera sido más cruel este segundo que lo fue el primero, pues
fue feliz aquel en desquite de tan heroyco canto:

Atque iterum Troiam, sed maior flamma cremabit,
Fac laudes Italum, fac tua, facta legi[40].

Con este género de concepto remata el célebre Luis de Camoes aquel Soneto apreciado por Rey de los demás:

Roga a Deos, que teus annos encurtou,
Que tão cedo de cá me leve a ver-te,
quão cedo de meus olhos te levou[41].

---

[39] *Anthologia Latina*, II, Hexasticha in Aeneidos Libris (señalado por Gendreau-Massaloux y Laurens en su traducción, pero no he podido verificar
la cita).

[40] *Anthologia Latina*, I, núm. 235 (al. 242, pág. 172, señalado por Gendreau-Massaloux y Laurens en su traducción), con ciertas variantes: «Anne
iterum Troiam, sed maior, flamma cremabit? / Fac laudes Italum, fac tua gesta legi».

[41] Se trata del último terceto del soneto 19 («Alma minha gentil, que te
partiste», fol. 5v) de las *Rimas* de Camoens.

Discurso V

De la Agudeza
de Improporción y disonancia

Es la Improporción el otro extremo en este género de Agudeza, contraria a la passada, pero no desigual, porque de los extremos suele ser émula[1] la perfección. Fórmase por artificio contrapuesto a la proporción: allí se busca la correspondencia; aquí, la oposición entre los estremos. El gran Ambrosio, cuyo nombre bautizó misterioso sus escritos[2], siempre ingenioso sobre eloqüente[3], pero en el discurso de Santa Inés,

---

[1] Émulo es «el contrario, el embidioso en un mesmo arte y exercicio, que procura siempre aventajarse; y muchas vezes se toma en buena parte quando la emulación es en cosas virtuosas o razonables» (Covarrubias, *Tesoro*, s. v.).

[2] Para la alusión graciana, véase la nota 110 de la ed. de *El Discreto* de Aurora Egido, quien aclara con Covarrubias: «Ambrosio. Gran doctor de la Iglesia, no sin misterio tuvo este nombre por dulcíssimo pasto de su doctrina» (pág. 206).

[3] Las características del estilo de San Ambrosio las explica bien un maestro jesuita, el P. Francisco de Mendoza: «Hoc enim mihi videntur significasse illae apes quae in eius ore adhuc infantis et dormientis struxisse favos, et finxisse mella memorantur, praesagio plane non obscuro fore, ut ex illius, ore melle dulcior flueret oratio» *(Viridarium utriusque eruditionis, tam sacrae tam profanae,* III, iii, pág. 47b). Lo había hecho antes San Agustín: «He was one of those who speak the truth, and speak it well, *judiciously, pointedly, and with beauty and power of expression*» *(De Doctrina christiana,* IV, xxi, 50 —la cursiva es mía—, pero lo tomo de J. F. Loughlin, «St. Ambrose», donde queda explicado de forma convincente, creo, el amor de Gracián por este Padre, cuya brevedad y sentido práctico, unido a su estilo frecuentemente ingenioso, hubieron de impresionarle —aunque, de paso, conviene recordar que San Agustín no se refiere sólo a San Ambrosio con esa frase, sino también a San Cipriano y algunos otros padres).

apassionado, contrapuso delicadamente la pequeñez de su cuerpo a la grandeza de su espíritu, la delicadeza virginal con la crueldad tirana: «¿Huvo —dize— lugar en aquel delicado cuerpecito para tantas y tan grandes heridas? Y la que no tuvo donde recibir los golpes del yerro, tuvo donde conseguir las coronas. Aún no sazonada para la pena, y ya madura para la vitoria.» *Fuitne in illo corpusculo vulneri locus? Et quae non habuit quo ferrum reciperet, habuit quo ferrum vinceret. Nondum idonea poenae, et iam matura victoriae; certare difficilis, facilis coronari*[4].

Naze de la proporción la hermosura, no siempre de la Improporción; pero el notarla es perfección, quando no del objeto, del concepto. Ponderó bien el Cordovés Jurado la ceguera de dos amantes en su *Romance de los Comendadores:*

> *Jorge y Beatriz se miraron*
> *Con un afecto encendido,*
> *Que, entrándoles por los ojos,*
> *Nunca vieron el peligro*[5].

Ármase esta contrariedad entre los mismos términos que la conformidad; y assí, entre el sujeto y sus causas, con ventaja. Careó uno al Bautista, voz, con Zacarías, mudo, y concluye con esta sublimidad: «Enmudezca Zacarías al engendrar a Juan, para que conste que él, que es más que Profeta, más es también que voz de Profeta; voz es de la divina palabra, con ecos de sabiduría infinita.» Entre dos accidentes se halla esta contraposición. Assí cantó el Guarini:

---

[4] El texto pertenece de nuevo a *De Virginibus* de San Ambrosio, con un fragmento eliminado en el medio: «[7] Quo detestabilior crudelitas, quae nec minusculae pepercit aetati: immo magna vis fidei, quae etiam ab illa testimonium invenit aetate. Fuitne in illo corpusculo vulneri locus? Et quae non habuit quo ferrum reciperet, habuit quo ferrum vinceret. [...] 8. Novum martyrii genus? Nondum idonea poenae, et jam matura victoriae: certare difficilis, facilis coronari: magisterium virtutis implevit, quae praejudicium vehebat aetatis» (San Ambrosio, *De Virginibus*, I, ii, *PL*, XVI, col. 201).

[5] Son los versos 205-208 del «Romance de los Comendadores» de Juan Rufo, con una ligera variante: *Que, entrándoles: y, entrándoles*. En esta última forma aparece en las dos versiones de la pieza del cordobés recogidas por Alberto Blecua (Juan Rufo, *Las seiscientas apotegmas y otras obras en verso*, páginas 251 y 357).

> *O felice augelletto,*
> *Come nel tuo diletto*
> *ti ricompensa ben l'alma natura:*
> *se ti negò saber, ti die ventura[6].*

Con la variedad de tiempos, passado y presente, suele ir la de circunstancias, y de efectos[7], dando fundamento a la contraposición. Careó don Luis de Góngora en aquella su Canción dos vezes Real, por el sujeto, que es el Mártir Príncipe Godo, y por lo magestuoso de la composición:

> *Oy es el sacro venturoso día*
> *En que la gran Metrópoli de España,*
> *Que no te quiso Rey, te adora sancto[8].*

Más adelante:

> *Príncipe Mártir, cuyas sacras sienes,*
> *Aun no inpedidas de[9] Real Corona,*
> *La espada honró del pérfido Arriano;*
> *Tú cuya mano al cetro, si perdona,*
> *No a la palma que aora en ella tienes[10].*

Fue este Culto Poeta Cisne en los concentos[11], Águila en los Conceptos: en toda especie de Agudeza fue eminente,

---

[6] Son los versos 6-9 del Madrigal XIX de Guarini, titulado «Felicità d'Usignuolo», y que comienza «Dolcissimo Usignuolo». Para el empleo que Gracián hace de la lengua italiana, así como de su gusto por lo italiano, véase Joseph L. Laurenti, «La admiración de Baltasar Gracián por Italia», págs. 265-267.

[7] efectos H: afectos

[8] Comienzo de la «Canción I» de las «Canciones sacras» incluidas en las *Obras en verso del Homero español*, fol. 49r (v. 1 venturoso día: y venturoso día; v. 3 Que no te quiso rey: Que no te juró Rey). En ed. Millé lleva por título «En una fiesta que se hizo en Sevilla a San Hermenegildo» (pág. 571).

[9] de H: de la

[10] Versos 35-39 de la «Canción I» citada en la nota superior (v. 37 La espada honró del pérfido Arriano: La fiera espada honró del Arriano; v. 39 que aora en ella tienes: que en ella ahora tienes). En la ed. Vicuña, fol. 49v; ed. Millé, pág. 572.

[11] «Canto acordado, harmonioso y dulce, que resulta de diversas voces concertadas. Viene del Latino *Concentus*, que significa esto mismo» *(Auts.).*

pero en esta de contraproporciones[12] consistió el triunfo de su ingenio. Vense sus obras entretexidas destas sutilezas:

> *El cuerpo con poca sangre,*
> *Los ojos con mucha noche,*
> *Le halló en el campo aquella*
> *Vida y muerte de los hombres*[13].

Y luego[14]:

> *Un mal vivo con dos almas*
> *Y una ciega con dos Soles*[15].

Entre todas, esta:

> *Muchos siglos de hermosura*
> *En pocos años de edad*[16].

Hasta la variedad de lugares da materia a la disonancia. Dixo Floro del porfiado favor de los Latinos, para que bolviese[17] Tarquino a la Real silla: «Querían que el pueblo, que mandava fuera, sirviesse dentro de Roma.» *Latini quoque Tarquinos asserebant, aemulatione et*[18] *invidia; vt Populus qui foris dominabatur, saltem domi serviret*[19].

---

[12] contraproporciones H: proporciones

[13] VV. 13-16 del romance gongorino «En un pastoral albergue» (ed. Vicuña, fol. 81v; ed. Carreño, págs. 281-282; v. 13 El cuerpo con poca sangre: Las venas con poca sangre). Para este fragmento gongorino, así como para las dos citas siguientes, véase Nancy P. Wardropper, «Some Unidentified Poetic Fragments in Gracián's *Agudeza*», págs. 49-50. Y para la dicotomía vida / muerte, véase, en este mismo discurso, la nota al soneto de Góngora que cita Gracián un poco más abajo.

[14] H *om.* «Y luego:»

[15] VV. 67-68 del romance gongorino citado en la nota superior (ed. Carreño, pág. 284).

[16] VV. 15-16 del Romance 62 de Góngora («Apeóse el caballero», ed. Vicuña, fol. 76v, ed. Carreño, pág. 331), que cita también Villamediana en *La Gloria de Niquea*, pág. 15.

[17] M bolvióse: L bolviese. Corrijo con el apoyo de la segunda redacción (1648, pág. 26).

[18] et H: atque

[19] «Latini quoque Tarquinios adserebant aemulatione et invidia, ut populus qui foris dominabatur saltim domi serviret» (Floro, *Epítome*, I, v, 11).

Entre la vida y la muerte de un monstro de fortuna[20], otro que lo fue en todo cantó esta disonancia:

> *Este que en la fortuna más subida*
> *Ni cupo en sí, ni cupo en él la suerte,*
> *Viviendo pareció digno de muerte,*
> *Muriendo pareció digno de vida.*
> *¡O, Providencia no comprehendida,*
> *Auxilio superior, aviso fuerte,*
> *El humo en que el aplauso se convierte*
> *Haze la afrenta más esclarecida!*
> *Calificó un cuchillo los perfetos*
> *Medios que Religión zelante ordena,*
> *Para ascender a la mayor vitoria;*
> *Y trocando las causas sus efectos,*
> *Si glorias le conducen a la pena,*
> *Penas le restituyen a la gloria[21].*

En la misma muerte halló ingeniosa contraposición Bartolomé Leonardo en su laureado Soneto, por el assumpto, que fue a San Laurencio, y por el concepto, que fue grande; dixo:

> *Qual Cisne que con últimos alientos*
> *Vive y muere cantando a un mismo punto,*
> *Y en el sepulcro y nido, todo junto,*
> *Más vivos articula los acentos;*
> *Tal en la dura cama, en fuegos lentos,*
> *El Invicto Español, vivo y difunto,*

---

[20] El monstruo de fortuna es Rodrigo Calderón, como se verá en la nota siguiente.

[21] Soneto del Conde de Villamediana, perteneciente al grupo de los «Sonetos fúnebres», y dedicado a la muerte de don Rodrigo Calderón (véase *Poesía impresa completa*, pág. 319, con muchas variantes: v. 2 la suerte: su suerte; v. 5 no comprehendida: nunca comprimida; v. 8 Haze la afrenta más esclarecida: hace la misma afrenta esclarecida; v. 9 calificó un cuchillo: purificó el cuchillo —así en la ed. de 1635, según el editor—; v. 11 Medios que Religión: medios que la religión). Conviene prestar atención a la presencia en la *Agudeza* de sonetos de cualquier tema, en los que, a la zaga de San Ignacio, lo que se plantea suele ser siempre la dicotomía vida/muerte (Juan Manuel Rozas, «El compromiso moral...», pág. 196).

> *Levantó este divino contrapunto*[22],
> *Puesto entre los Tiranos y tormentos:*
> *«Yo, Celestial Señor, yo, aquel Laurencio*
> *A cuyo coraçón fuerça embiaste*
> *Para mayor martirio suficiente,*
> *Y a quien tu visitaste en el silencio*
> *De la noche, y con fuego examinaste,*
> *Ardiendo el alma en otro más ardiente,*
> *Recibe este mi espíritu inocente.*
> *Y tú, tirano cruel, cruel Ceraste*[23],
> *Rebuelve y come deste lado abierto*
> *Y da sepulcro vivo a un cuerpo muerto»*[24].

Otro dixo:

> *Serán tus entrañas crudas*
> *Sepulcro de un cuerpo assado*[25].

Esta disonancia no sólo se funda entre el[26] sujeto y sus adyacentes propios, sino también con qualquiera otro extrínseco con quien diga relación, como en este del Plausible[27] Lope de Vega:

---

[22] Contrapunto «es una concordancia harmoniosa de voces contrapuestas, esto es, debido al uso de especies consonantes» *(Auts., s. v.).*

[23] Ceraste es una «serpiente semejante a la víbora, de la qual se diferencia en tener dos cuernecillos. Es larga de un codo y de color de arena» *(Auts., s. v.).*

[24] Es el soneto «A San Lorenzo, mártir, y a su martirio», incluido por José Manuel Blecua entre los «Poemas auténticos no incluidos en las *Rimas* o atribuidos en otros manuscritos» *(Rimas, II, pág. 196).* La pieza obtuvo premio en un certamen público, según anota Blecua a partir del ms. 4141, y parece que fue Gracián el primero en ponerlo en letras de molde *(ibid.).* Variantes: v. 2 a un mismo punto: al mismo punto; v. 4 los acentos: sus acentos; v. 8 puesto entre los tiranos: cercado de tiranos).

[25] Una anécdota parecida, basada en un mecanismo semejante y puesta en boca de un bufón, puede verse en el número 225 de la *Floresta española de apotegmas* de Melchor de Santa Cruz (pág. 232). Para la cuestión de ingerir cenizas, Domingo Ynduráin, «Las cartas de Laureola (Beber cenizas)».

[26] el L: lo

[27] «Digno o merecedor de aplauso, recomendable», según recuerda Aurora Egido *(El Discreto,* pág. 199, n. 94), quien indica a su vez la frecuencia del término en Gracián. Comp. *El Héroe,* VIII: «En los asuntos del ingenio triunfó siempre la plausibilidad» (pág. 255a).

> *Creedme, selvas, a mí,*
> *Que de buen gusto me precio,*
> *Que si no fueran tan vivos,*
> *No estuviera yo tan muerto.*
> *[...]*
> *Ausente, estoy animoso,*
> *Y en llegando a verlos, tiemblo,*
> *Siendo el primero en el mundo*
> *Que tiemblo con tanto fuego*[28].

La improporción unas vezes consiste en sola una diversidad de circunstancias, como aquella ponderación de San Agustín a la Oración de San Estevan: «El que estando en pie —dize— encomendó su espíritu al Señor, por sus enemigos oró arrodillado, rogó por los enemigos como amigo, y luego durmió en el Señor. ¡O, sueño de paz! Descansa el justo entre sus contrarios, pero ¿quál iva a los amigos el que así amava los enemigos?» *Qui stando suum spiritum commendavit Domino, pro illorum delicto fixo genu oravit. Orabat Dominum pro inimicis, vt amicus. Hoc dicto, obdormivit in Domino*[29]. *O somnum pacis! Quid illo somno quietius? Qualis ibat ad amicos, qui sic diligebat inimicos?*[30].

Más agradable y más ingeniosa es quando dize contrariedad entre los extremos. Ponderó desta suerte la hazañosa muerte de Lucrecia el Camoes:

> *Estranha ousadia!, estranho feito!,*
> *Que, dando morte breve ao corpo humano,*
> *Tenha sua memoria larga vida!*[31].

---

[28] Son dos fragmentos de un romance que incluye Lope de Vega en *Las fortunas de Diana (Novelas a Marcia Leonarda*, págs. 56 y 57, respectivamente. Hay alguna variante: lín. 8 tiemblo: tiembla).

[29] *Act.,* 7, 59.

[30] Gracián cita uno de los *Sermones suppositicios* del de Hipona («In Natali Sancti Stephani», núm. CCXV, *PL*, XXXIX, col. 2146), con una peculiaridad, y es que falta un fragmento grande entre «ut amicus» y «hoc dicto». Se omite también «Quid illo somno tranquillius?».

[31] Es el terceto final del soneto 95 («Aquela que, de pura castidade», fol. 24v) de las *Rimas* de Camoens.

Quando esta contrariedad es entre las propiedades y efectos, es más relevante y participa de reparo. Observó San León el aver hecho el cielo a un cuervo voraz guarda fiel de los sagrados despojos del ínclito Mártir Vincencio[32], y dixo: «Prosiguen las vitorias del Mártir vencedor, y es embiado un cuervo, ave que suele cebarse en los cadáveres, para que, hambriento, guarde y defienda el manjar expuesto de sus sagradas Reliquias.» *Sed ut divinis excrescentibus beneficiis maioris victoriae Vincentio gratia conferatur, mittitur corvus, avis amica cadaveribus expositas corporis dapes servatura ieiuna*[33]. Quanto mayor es la repugnancia, haze más conceptuosa la Improporción. Assí, uno dixo de San Francisco de Borja, hablando con la Emperatriz:

> *Ojos Garços, que en un tiempo*
> *Competíais con el Sol,*
> *Quando eclypsados, me dais*
> *Mayor luz y resplandor.*

Tiene sus realces también la Improporción, y el aumento de parte del un extremo cae mejor en ella que en la proporción[34]. Assí, el Jurado Cordovés, aviéndole dado a uno siete puñaladas para sepultar con él un secreto que, escapando,

---

[32] San Vicente, diácono zaragozano martirizado en el 304 bajo Diocleciano. Una vez muerto, se arrojó su cuerpo a los buitres, pero fue defendido por un cuervo. Nacido en Zaragoza, y de madre oscense, no es de extrañar que atrajese la atención de Gracián, quien además valoraría el hecho de ser el patrón de la ciudad del Ebro, por no hablar de la identidad nominal con su benefactor Lastanosa (véase Francis Mershman, «St. Vicent»).

[33] La segunda edición (1648, pág. 30) lo atribuye al mismo autor. Sin embargo, si se atiende a la fe de erratas de 1648, sería de San Agustín. En realidad, se trata del sermón XIII de San León Magno, «In Natali S. Vincentii martyris», con ligera variante: «Sed ut divinis excrescentibus beneficiis majoris victoriae Vincentio gratia conferretur, mittitur corvus, avis amica cadaveribus, expositas corporis dapes servatura jejuna» (*PL*, LIV, col. 503). Para San León, recitado aquí en el disc. XIV, comp. *El Héroe:* «Entre los Héroes sacrosantos, los dos primeros a quienes dio renombre la grandeza, Gregorio y León, les dio esplendor la santidad» (pág. 270b, «Primor último, y corona»).

[34] H *om.* «y el aumento ... en la proporción»

hizo público, dixo que por cerrarle una boca, le avían abierto siete[35].

Duplicó la contraposición ingeniosamente el tan discreto como magnánimo Augusto en este eterno apophtegma: «Oýd, moços —dixo—, oýd a un viejo que, quando era moço, los viejos le escuchavan»[36].

No se contentó con la diformidad, sino que añadió la sazonada alusión el primogénito de la Agudeza, Marcial. Blasonava uno la antigüedad de sus vasos, diziendo que unos eran de Néstor, otros de Laomedonte y del Rey Príamo; pero después les dava en las taças de mil años un vino de ocho días. «Basta —dixo—, que en los vasos del abuelo Príamo nos das a bever el niño Astianacta, su nieto»:

Miratus fueris cum prisca toreumata multum;
In Priami cyathis Astyanacta bibes[37].

La mezcla de Proporción y Improporción duplica la sutileza. Desta suerte el equívoco de Cherubín y Serafín[38], Augustino, pasó de la disonancia entre los testigos dormidos contra el Sol despierto en su triunfante Resurrección, a la confor-

---

[35] «Ciertos galanes dieron a una mujer ocho puñaladas, queriéndola matar porque no descubriese un secreto de importancia. Pues como quedase viva y lo dijese a todo el mundo, dijo: 'Por cerralle a esta mujer una boca, le abrieron ocho más'» (Rufo, *Las seiscientas apotegmas...*, núm. 404, pág. 145).

[36] «Quum iuvenes nobiles ac dignitate claros inter se tumultuantes vellet compescere, nec auscultarent illi, sed tumultuari pergerent, 'Audite, inquit, iuvenes senem, quem iuvenem senes audierunt» (Erasmo, *Apophthegmata*, «Octavius Caesar Augustus», 10, pág. 278). Véase por contraste el apotegma núm. 613 de Juan Rufo (págs. 212-213). La vejez aparece con frecuencia no sólo en el *Arte de ingenio*, sino también en *El Criticón*, con dos versiones, positiva y negativa (cfr. «Baltasar Gracián», en B. Bartolomé, dir., *Historia de la acción educadora...*, I, págs. 548-549).

[37] «miratus fueris cum prisca toreumata multum, / in Priami calathis Astyanacta bibes» (Marcial, *Epigrammata*, VIII, vi, 15-16).

[38] Para querubín, véase la nota al comienzo del discurso II. El serafín es un ángel del primer coro de los nueve celestes de la jerarquía superior *(Auts., s. v.)*. La mención de Gracián se explica porque serafines y querubines son los ángeles de la primera jerarquía, los más cercanos al Ser Supremo (véase, por ejemplo, Santo Tomás, *Summa Theologica*, I, 108, que sigue a Dionisio Areopagita, *De coelesti hierarchia*, VI, vii. Cfr. el trabajo citado de Hugh Pope).

midad de los Actores sepultados en el sueño de su pérfida ceguera con los testigos igualmente adormecidos, y dixo: *Dormientes testes adhibes? Vere tu ipse obdormisti, qui scrutando talia
defecisti*[39]. Ingeniosamente Ausonio dixo de Dido:

> *Infoelix Dido, nulli bene nupta marito,*
> *Hoc pereunte fugis, hoc fugiente peris*[40].

Realçó este pensamiento el conceptuoso cavallero Guarini, y dixo:

> *¡Ay, Dido desdichada!*
> *Mal casada de amante, y de marido,*
> *Aquel te fue traydor, y este vendido:*
> *Murió el uno, y huiste;*
> *Huyó el otro, y moriste*[41].

Y don Antonio de Mendoça en aquel Poema tan digno de
su asunto, dixo:

> *Estraña, venera, admira*
> *Tan soberanos portentos,*
> *Que Juan es la voz de un mudo*
> *Y ella es la vista de un ciego*[42].

---

[39] «Dicite quia vobis dormientibus venerunt discipuli ejus, et abstulerunt
eum? Dormientes testes adhibes: vere tu ipse obdormisti, qui scrutando talia
defecisti» (San Agustín, *Enarratio in Psalmum LXIII, PL*, XXXVI, col. 768).

[40] Aparece como de Ausonio, entre «Aliquot aliorum veterum epitaphia»
(Ausonii ... Opera, núm. 184). Lo cita Luis Zapata en su *Miscelánea* (sel. Rodríguez-Moñino, pág. 71).

[41] Es traducción de una composición de Guarini: «O, sfortunata Dido, /
Mal fornita d'amante, e di marito: / Ti fu quel traditor, questo tradito. / Morì
l'uno, e fuggisti; / Fuggì l'altro, e moristi» *(Rime*, fol. 64r). No es extraño que
Gracián haya tomado también los versos anteriores de Ausonio de este lugar,
pues vienen allí mismo precediendo al desarrollo del Guarini. Como señala
González Cañal, este epigrama gustó bastante a los poetas del Siglo de Oro,
quizá a causa de la antítesis final, «que sintetizaba con gran precisión la des-
graciada historia» de la pobre Dido (véase «Dido y Eneas en la poesía española del Siglo de Oro», págs. 51-52 para Gracián; cfr. también María Rosa Lida,
Dido en la literatura española, pág. 17).

[42] H *om.* «Y don Antonio de Mendoça ... Y ella es la vista de un ciego».
Y no es de extrañar, porque los versos de la *Vida de Nuestra Señora* ya los había
citado Gracián en el discurso anterior, donde dejé la correspondiente nota.

Fúndase con grande artificio la Improporción en dos semejanças opuestas. Assí dixo el ingenioso Conde de Villamediana:

> *Es la muger un mar todo fortuna,*
> *Una mudable vela a todo viento,*
> *Es cometa de fácil movimiento,*
> *Sol en el rostro y en el alma Luna[43].*

---

[43] Es el comienzo del soneto titulado «Definición de la mujer» de Villamediana *(Poesía impresa completa*, número 265, pág. 345. Apareció por vez primera en la edición de 1635). Vuelve a citar este mismo fragmento al comienzo del discurso X. Juan Manuel Rozas ya señaló que Gracián recuerda varias veces al Conde en la *Agudeza*, pero siempre como héroe y famoso personaje, sentencioso y picante, y nunca su poesía de cancionero, sonetos gongorinos y marinistas o sus grandes fábulas («El compromiso moral...», págs. 195-196). Salvo aquí, claro.

DISCURSO VI

De los Conceptos de Misterio

Mucho promete el nombre, corresponde la realidad. Quien dize Misterio, dize preñez, verdad escondida y recóndita[1]. Noticias pleiteadas causan más gusto que por pacífica cognición; son como vitorias del discurso, trofeos de la curiosidad[2].

Consiste el artificio desta gran especie de Agudeza en levantar misterio entre la conexión de los extremos. Repito:

---

[1] Cfr. Covarrubias: «Llamamos misterio qualquier cosa que está encerrada debaxo de velo, o de hecho o de palabras, o otras señales» *(Tesoro*, s. v. «misterio»). Para los sentidos religiosos, J. A. McHugh, «Mystery».

[2] Gracián vuelve sobre lo mismo algo más abajo dentro de este mismo discurso: «La principal eminencia desta agudeza de Misterio está en dar una razón sutil por lo exquisito y proporcionado, que arguye vivacidad de Ingenio: esta ha de estar escondida, para que, acrecentando la dificultad, despierte más la atención y solicite la curiosidad». Y comp. *El Héroe:* «Anticipé entre los primores el de la curiosidad...» (pág. 242). Y téngase presente a Vives: «Comenzó diciendo que con aquellas envolturas la *Verdad* será para muchos más admirable cuanto más rara; pues de la rareza acostumbra nacer la admiración» *(Veritas fucata*, en *Obras completas*, I, pág. 889b). O, más cerca de Gracián, fr. Diego Niseno, quien, citando a Aristóteles [*Met.*, I] abunda en el sentir: «El filosofar nació de la admiración, el discurrir de la misma dificultad i profundidad de las cosas; que por el mismo caso que son difíciles de entenderlas, le dan al entendimiento mayor codicia de alcançarlas» *(El Político del Cielo*, II, fol. 241r, col. 2; véase también, a propósito de la visión de la zarza ardiente en Moisés, fol. 241v, col. 1, que no me resisto a dejar de traer aquí: «Que el umano entendimiento emprende con más osadía i prosigue con más tesón lo que está más remontado, i lo que ve más profundo sigue el neblí del ingenio con más brioso ardimiento... la garza de la dificultad, que buela más alta...»).

causas, efectos, adjuntos, circunstancias, contingencias, etc. Y después de bien ponderada la dificultad, dase una razón sutil y adequada que la satisfaga. Examinó ingenioso Ovidio el sacrificio del Sol, que era un ligero caballo, y satisfizo sentencioso: *Ne celeri fieret victima tarda Deo*[3].

Tal vez[4] no se pondera de propósito[5] la dificultad, sino que se apunta, que si el concepto es valiente, bien se dexa conocer. Assí dixo don Luis de Góngora:

> *Pero no son tan piadosos,*
> *Aunque sí lo son, pues vemos*
> *Que visten rayos de luto*
> *Por quantas almas han muerto*[6].

Aunque no se requiere que aya contradición o repugnancia entre los extremos, que esso pertenece al concepto de Reparo, pero sí que aya algún fundamento sobre que fundar el Misterio; porque levantarle donde no le ay es un elado desaire, y da en vacío la ponderación. El más propio es la conexión con este extremo, pudiendo aver sido con otros. Dificultó un moderno Escritor de las excelencias de la Emperatriz del cielo en el nacer y morar esta Señora en Nazaret, y no en otras, y satisfizo assí: «Fue sin duda porque Nazaret quiere dezir Ciudad Florida[7], que dondequiera que reyna esta gran Señora, todo lo convierte en Paraíso; el coraçón más elado, en primavera; las espinas de culpas, en flores de virtudes; y al fin todo florece donde María nace.»

Lo extravagante de una contingencia es gran materia del misterio. Fue estremada la de Plinio en su *Panegiri*. Ponderó

---

[3] Ovidio, *Fasti*, I, 386, algo distinto en las ediciones modernas: «Ne detur celeri victima tarda deo».

[4] Tal vez: 'en alguna ocasión', que es el sentido que tiene la expresión en pasajes posteriores del *Arte de ingenio*.

[5] propósito L: prepósito

[6] Versos finales del Romance XXV de los líricos («En dos luzientes estrellas») en la ed. de Vicuña (fol. 93v; ed. Carreño, núm. 51, pág. 292).

[7] La Vulgata traduce «Nazareth» por «flor» en Isaías, XI, 1, y San Jerónimo da la misma interpretación: «Ibimus in Nazareth et iuxta interpretationem nominis eius 'florem' videbimus Galileae» *(Epistolario*, XLVI, 13, pág. 390. Véase también Barnabas Meistermann, «Nazareth»).

la contingencia de traer un lauro de Hungría, al adoptar Nerva a Traxano en el Capitolio, y dixo: «Llegó en esta sazón una corona de Panonia, disponiendo[8] assí el cielo para que los principios de un invicto Emperador los honrassen insignias vencedoras». *Allata erat ex Pannonia laurea, id agentibus Diis, vt invicti[9] Imperatoris exortum victoriae insigne decoraret*[10].

Suceder con estas circunstancias más que con otras; desta suerte más que de aquella, es gran fundamento deste género de discurrir. Dixo Andrada del morir el Angélico Doctor explicando los *Cantares*, que avía sido en Misterio de que su muerte no era muerte, sino desposorios de aquella alma con su Criador[11]. En el vestido halló Misterio don Luis de Góngora, y dixo en su limada comedia de *Las Firmezas*:

> *A mi Serafín vestido*
> *Hallé de un Açul Turquí,*
> *Que no se viste de menos*
> *Que de cielo un Serafín*[12].

Hasta en la contingencia del lugar fundó Marcial un prodigio de Agudeza. Ponderó las muertes de los tres Pompeyos en las tres partes del mundo, el Padre en África, y los dos[13] hijos en Asia y en Europa, y dio esta ingeniosa salida: «No cabía una ruina tan grande en un solo lugar, y assí se repartió por todas las tres partes entonces del Universo.»

---

[8] disponiendo L: disponiéndola H: disponiéndolo
[9] invicti H: invicta
[10] «Adlata erat ex Pannonia laurea, id agentibus dis ut invicti imperatoris exortum victoriae insigne decoraret» (Plinio, *Panegyricus*, 8, 2).
[11] Santo Tomás murió, efectivamente, explicando el *Cantar:* se dirigía a Lyon para participar en el Concilio, invitado por Gregorio X, cuando cayó definitivamente enfermo. Ante la insistencia de los frailes cistercienses de Fossa Nuova, el doctor Angélico acepta su hospitalidad, y allí dictó, a petición de los monjes, un breve comentario sobre la obra citada (véase D. J. Kennedy, «St. Thomas Aquinas»). No se olvide que, como recuerda Jorge Ayala, la *Ratio studiorum* recomendaba hablar honoríficamente del Aquinate («La formación intelectual de Baltasar Gracián», pág. 23).
[12] Luis de Góngora, *Las firmezas de Isabela*, acto III, vv. 2294-2297.
[13] L *om.* «dos»

> *Pompeios iuvenes Assia, atque Europa, sed ipsum,*
> *Terra tegit Lybies; si tamen vlla tegit?*
> *Quid mirum toto si spargitur Orbe? Iacere*
> *vno non potuit tanta ruina loco*[14].

Una disonancia entre los extremos del careo es el fundamento más relevante para la ponderación misteriosa. Sea desempeño aquel inmortal concepto de Virgilio. Estava Roma en medio de sus regozijos Cesáreos quando se los aguó el cielo. Lloró melancólica[15] la noche, que siempre el pesar fue dexos[16] del placer. Bolvió a[17] amanecer risueño[18] el día. Madrugó el sol seieníssimo a las Augustas fiestas. Cogió el Poeta la disonancia de tiempos, y glosóla en este dístico, diziendo que Júpiter y el César andavan a medias en el mando:

> *Nocte pluit tota; redeunt spectacula mane,*
> *Divisum Imperium cum Iobe Caesar habet.*

Concepto que le mereció a su Autor, no uno, sino muchos laureles, y aun algunos se arroxaron a dezir que este único equivalía a todos juntos los de Marcial; no atendiendo a que la muchedumbre les quita a[19] aquellos de aprecio lo que le da a este su singularidad.

De la contingencia se toma ordinariamente ocasión para fundar el Misterio y dar el desempeño en una sutil razón. Assí dixo el Hortensio español en su *Poema del Rey don Alonso:*

---

[14] «Pompeios iuvenes Asia atque Europa, sed ipsum / terra tegit Libyes, si tamen ulla tegit. / quid mirum toto si spargitur orbe? iacere / uno non poterat tanta ruina loco» (Marcial, *Epigrammata*, V, lxxiv).

[15] melancólica L: melancolía

[16] «Metaphóricamente se toma por el bueno u mal efecto que queda de alguna passión del ánimo, como de la virtud o el vicio» *(Auts.*, s. v. «dexo»). Creo que este es el sentido correcto en este caso, aunque Gracián emplea la voz con otras miras en *El Discreto* (pág. 249, y n. 203 de Aurora Egido).

[17] L *om.* «a»

[18] risueño L: risoño

[19] L *om.* «a»

> Ella los sus verdes ojos,
> Maguer quiso abrir, non basta,
> Porque nin color a Alfonso
> Le quede ya de esperança[20].

Quando la misma conseqüencia parece que pedía dezirse o hazerse de otra suerte, es el centro de un Misterio; ponderó San Chrisólogo[21] al dezir el Sagrado Evangelista de los padres de Juan que no tenían hijo, y no hijos, la singularidad del Bautista: *Non dixit non erant illis filii, sed non erat illis filius, quia singularis futurus erat, qui erat de talibus nasciturus*[22].

De suerte que la determinación a un adjunto donde huvo contingencia de otros es la raíz de las ponderaciones misteriosas. Siempre el advertido obra con alma, executa con intención; pero cifrada en la acción muda o en la razón misteriosa. Llega el atento y descúbrelas a costa de su Ingenio. Desta suerte ponderó uno; dixo[23]:

> La cadena de diamantes
> Colgada della una sierpe,
> Cruel divisa del alma
> Y de sus iras crueles.

La principal eminencia desta agudeza de Misterio está en dar una razón sutil por lo exquisito y proporcionado, que arguye vivacidad de Ingenio: esta ha de estar escondida, para que, acrecentando la dificultad, despierte más la atención y solicite la curiosidad. Luego lo extravagante[24] de la solución

---

[20] Se refiere a fray Hortensio Félix Paravicino. El poema al que alude lleva por título «Romance a la Judía que mataron del Rey don Alonso, en estilo antiguo», recogido en sus *Obras pósthumas*, vv. 69-72, fol. 44v.

[21] Chrisólogo L: Grisólogo

[22] «*Et non erat*, inquit, *illis filius, eo quod esset Elisabeth sterilis*. Non dixit, Non erant illis filii, sed Non erat illis filius, quia singularis futurus erat, qui erat de talibus nasciturus» (San Pedro Crisólogo, *Sermones*, «Sermo XCI», *PL*, LII, col. 456).

[23] L om. «dixo»

[24] «Desreglado, sin orden ni méthodo, raro y extraordinario» *(Auts.*, s. v.). Recuerda A. A. Parker, a tenor del libro de fray Tomás Ramón *Conceptos ex-*

170

desempeña gustosamente el Discurso. Tiene su especial arte el dar la salida a la duda.

El más ordinario modo conténtase con dar la razón adequada de aquella conexión de circunstancias y extremos, descubriendo alguna conveniencia entre ellos. Assí uno ponderó el aparecerse la estrella del Señor en el Oriente, y venir de allá sus Reyes, más que del Occidente: *Ecce Magi ab Oriente, et caetera*[25]. Y dio una gran salida al Misterio grande, diziendo que el plausible venir a Dios es el[26] del Oriente de la vida, del principio de las honras y riquezas, no el convertirse a Dios al ocaso de la vejez, al dexo de los placeres.

Hallar conformidad entre los extremos es ingeniosa solución. Por este rumbo un erudito Humanista comenta las carroças de los Dioses, diziendo que la de Diana arrebatavan ciervas, porque en las lides de la castidad está assegurada la vitoria más a la ligereza de la fuga que a la porfía del combate. La de Venus mueven cisnes, porque los Poetas son de ordinario pías impías de lascivia[27]. Arrastran tigres la de Baco en misterio de que la embriaguez alimenta la crueldad. Desta suerte las va explicando todas[28].

Dar una agradable proporción por desempeño es el colmo deste artificio. Fue muy sazonada la de Cayo Veleyo, careando a Mario, desterrado a Cartago, con sus ruinas: «Toleró

---

travagantes y peregrinos, sacados de las divinas y humanas letras y Santos Padres (Barcelona, 1619, citado también por H. D. Smith, «Baltasar Gracián's Preachers...», págs. 330 y 337) que, en realidad, con la voz se aludía no a los evangelios de los domingos, sino a misas para ocasiones especiales («"Concept" and "Conceit"...», pág. XXXIV).

[25] «Cum ergo natus esset Iesus in Bethlehem Iuda in diebus Herodis regis, ecce Magi ab Oriente venerunt Ierosolymam, dicentes: 'Ubi est qui natus est rex Iudaeorum?'» (*Mt.*, 2, 1).

[26] H *om.* «el»

[27] de lascivia L H: de la lascivia

[28] Quizá Gracián esté pensando en los *Triunfos* de Petrarca, donde se describen varios carros tirados por animales varios (véase *Francisco Petrarca con los seys Triunfos [...] con el comento que sobrellos se hizo*), aunque me inclino más, sin atreverme a poner la mano en el carro, por el *Sueño de Polifilo* de F. Colonna, donde se ven «un carro de hielo cristalino, arrastrado por dos ciervos blancos y cornudos» en el que va sentada una diosa (Diana, XXIX, pág. 350) y otro, el de Baco, impulsado por seis tigres de Hircania (XIV, pág. 148). Debo la sugerencia a Domingo Ynduráin.

—dize— su penosa vida en una choza, donde Mario, contemplando a Cartago, y ella mirándole a él, pudiessen recíprocamente consolarle»[29]. *Inopem vitam in tugurio*[30] *ruinarum Carthaginensium toleravit: cum Marius aspiciens Carthaginem; illa intuens Marium alter alteri possent esse solatio*[31].

Puédese también dar por solución una Improporción, que es más dificultoso y raro modo. Desta suerte dixo San Ambrosio que quiso ser faxado el que venía a desatar los laços de nuestras culpas. *Voluit pannis involui*[32]*, vt nos a laqueis mortis absolueret*[33].

Dóblase el Misterio quando se caree con otro semejante. Renueve los aplausos todo buen gusto y ingenio a aquel pensamiento máximo que tuvo igual objeto. Fue su Autor el Padre Agustín de Castro, de la Compañía de Jesús. Fue su assumpto la mayor acción de la señora Infanta Sor Margarita de la Cruz, Religiosa Princesa, que no se contentó con privar su cabeça de tantas Reales Coronas como la buscavan; pero la despojó de sus cabellos, corona natural de su hermosura, y desta suerte con ambiciones de esclava se ofreció al Rey de los Reyes delante un[34] Crucifixo. Correspondió a tan grata víctima el celestial Esposo con un favor Augusto, inclinándole su espinada cabeça[35]. Ponderó el ingenioso Padre que fue

---

[29] consolarle H: consolarse

[30] tugurio H: tugurium

[31] «At ille adsecutus circa insulam Aenariam filium cursum in Africam direxit inopemque vitam in tugurio ruinarum Carthaginiensium toleravit, cum Marius aspiciens Carthaginem, illa intuens Marium, alter alteri possent esse solacio» (Veleyo Patérculo, *Historiae Romanae*, II, xix, 4).

[32] Voluit pannis involui H: Volui pannis involuit

[33] Creo que, efectivamente, la cita pertenece a San Ambrosio, aunque algo deformada: «Ille igitur parvulus, ille infantulus fuit; ut tu vir possis esse perfectus: ille involutus in pannis; ut tu mortis laqueis sis absolutus» *(PL*, XV, col. 1567).

[34] un H: de un

[35] Refiere el milagro el P. Agustín de Castro: «... tomóse última determinación: avíase ofrecido a Christo Señor Nuestro por esposa, y haziendo el devido sentimiento de aver de cambiar esposo divino por humano, aunque tan grande, fue a representar sus quexas vañada en lágrimas a Christo crucificado. Púsose en oración en la Tribuna del Real Convento de las Descalças y començó a dezir al Crucifixo que está en el Altar Mayor: '¿Qué es esto, Señor? ¿No sabéis Vos en quánto afecto me he dado por esposa vuestra? ¿Avéis de

sobrenatural demonstración de que la aceptava por Esposa, porque si en estas virginales bodas se entregan los espíritus, señal fue deste sacramento el inclinar la cabeça, significación fue de entregarle su Espíritu, pues con la misma acción se lo entregó a su eterno Padre. *Et inclinato capite tradidit spiritum*[36]. Concepto digno de coronar esta especie de sutileza.

---

permitir que falte la firmeza a quien no falta la Fe? No me he de levantar de vuestro acatamiento hasta llevar seguras prendas de lo que os suplico. ¿No me dais palabra que ninguno otro será mi esposo sino Vos?' Entonces Christo crucificado baxó la cabeça dando el sí, y sin nuevas razones se desbarató lo que con tanto acuerdo se avía tratado» *(Sermón que predicó el ... P. Agustín de Castro ... en las Exequias que el Colegio Imperial desta Corte hizo a la Serveníssima Infanta Soror Margarita de la Cruz*, págs. 320b-321a).

[36] Concluye el P. Agustín de Castro: «Fue altíssimo misterio, dize el Apóstol San Pablo, que assí como las bodas humanas se hazen por la entrega de los cuerpos, assí el matrimonio con Dios se haze por la entrega del espíritu [...] San Juan dize de Christo quando murió: *Inclinato capite tradidit spiritum* [*Jn.*, 19, 30], que hizo la entrega del espíritu baxando la cabeça...» *(ibíd.*, página 321a-b).

De la Agudeza de Reparo

Es el Reparo el acto máximo del Ingenio. Por lo menos, el que le cuesta más: duplica el[1] arte al misterio, pues allí perdona la inconseqüencia, y aquí aprieta hasta contradición. Si toda dificultad haze punta[2] al Ingenio, ¿quánto[3] más la que incluye repugnancia? Unir a fuerça de Discurso dos contraditorios estremos, estremo arguye de sutileza.

Consiste, pues, el Reparo en levantar oposición entre el sujeto y alguno de sus adjuntos, que es rigurosamente dificultar. Pondérase la discordancia, y luego passa el Ingenio a dar una sutil y adequada solución. Reparó Orígenes en aquella respuesta tan extravagantemente motivada que dio la castíssima Susana a los delinqüentes Juezes: *Si hoc egero, mors mihi est; si non egero, non effugiam manus vestras.* «Si consiento, muero; si disiento, no escaparé de vuestras manos.» Repara el gran apassionado de la honestidad, y dize: «Señora, o sea turbación, o sea Misterio, las razones trocáis. Si consentís, no moriréis; antes al contrario. Mas sí, que en la corrupción está la muerte, y en la pureza la inmortalidad.»

---

[1] Me he planteado en varias ocasiones enmendar aquí «el» por «en» («duplica [el Reparo] en arte al misterio, pues allí...»). Parece mejor así, pero se puede entender también que el arte del reparo duplica al expuesto anteriormente, el de misterio, de ahí que no toque nada.

[2] Hacer punta: «Vale también sobresalir entre otros de su especie» *(Auts.,* s. v. «punta»).

[3] quánto H: quánta

De suerte que esta Agudeza de Reparo se distingue de la de Misterio en que aquí entre los extremos ha de aver alguna oposición y repugnancia[4]. Notó el Padre Gerónimo de Florencia que espiró el Autor de la vida hablando con su Madre para endulçar su amarga muerte[5]; pero si María es amargura, ¿y la del mar, que esso significa su nombre[6]? ¿Cómo puede açucarar? Mas sí, que es triaca[7] del alivio, que atrayendo para sí las penas y sinsabores, dexa para sus hijos el contento.

Esta contrariedad entre los extremos del reparo admite latitud[8]: tal vez basta una disonancia. Glosó donosamente un Poeta la corona de laurel, premio en oxarasca de los grandes Ingenios:

> *Para coronar Poetas*
> *Escogió sus ramas Febo,*
> *Que de árbol que no da fruto*
> *Se coronan los Ingenios*[9].

Crece la sutileza al passo que la contrariedad. Reparó un moderno Escritor de las glorias Marianas en el título que

---

[4] H *om.* «y repugnancia»

[5] Sin tenerlo meridianamente claro, creo que Gracián alude al *Sermón I de la Asunción de Nuestra Señora*: «Christo, que acabó su vida tratando de la comodidad de María, encomendándosela a Juan, y hablando de ella y con ella, teniendo este por feliz remate de su santíssima vida» (Jerónimo de Florencia, *Marial...*, vol. II, pág. 381a), aunque quizá pueda tratarse del *Sermón XIV de la Inmaculada Concepción de Nuestra Señora*: «Cierta y sabida cosa es que la muerte de Cristo, sobre los gravíssimos dolores y penas, estuvo llena de gran desamparo del Padre, y assí es menester que le busquemos todo el alivio posible que darle pudiéremos. [...] Luego mayor alivio tuvo Christo en medio de sus dolores en merecer para su madre toda la gracia y gloria que le mereció...» (*Marial...*, vol. I, págs. 338b y 339b).

[6] Para el mar, cfr. Covarrubias: «Del nombre latino *mare*. Responde al nombre hebreo [...] mar, que vale amargura» (*Tesoro*, s. v.). En cuanto a María, véase allí mismo: «María. Nombre propio, que en la lengua hebrea vale tanto como *exaltata vel amaritudinis mare...*» (s. v. «María»).

[7] Para la triaca, aparte del socorrido *Tesoro* de Covarrubias, s. v., véase ahora María Teresa Herrera (dir.), *Diccionario español de textos médicos antiguos*, s. v.

[8] «Lo mismo que anchura» (*Auts.*, s. v. «latitud»).

[9] Versos 65-68 de la *Fábula de Apolo y Dafne* de Alonso de Salas Barbadillo, recogidos en las *Poesías varias de grandes ingenios españoles* de Alfay, pág. 86 (v. 2 Escogió sus ramas: Escoge sus ramas).

puso al mayor de los libros el Autor de los Autores: *Liber Generationis Iesu Christi*. ¿No fuera más glorioso *Libro de las hazañas, de los milagros, virtudes, dotrina*[10] *y prodigios de Jesuchristo*? El Reparo es grande, mayor el desempeño. Es el máximo blasón de Christo, según la divinidad, el ser engendrado de su eterno Padre, y es su mayor timbre, según la humanidad, el ser engendrado de su Madre María. Es la mayor hazaña, el mayor milagro, y el animado texto de su dotrina.

En la repugnancia está en su mayor punto esta agudeza. Contrapuso uno en Matusalén su vida con su nombre. Este significa deseo de la muerte[11]; aquella es la más larga de los mortales: aquí está la oposición. Concierta finalmente esta contrariedad con un digno desengaño: que la muerte sigue al que la huye y parece que olvida a quien la teme[12].

La Contrariedad en que se funda el Reparo no siempre se antepone a la razón y salida, sino que se pospone. Assí el Guarini dixo[13]:

> *Ma quell'eterno amor, che del bel viso*
> *Vido che 'ndegno era terreno amante*
> *Volse per se quelle vellece sante*
> *E chiuse[14] in poca cella il Paradiso[15].*

Tal vez basta una Impropiedad. Notó ingenioso y grave el Padre Fernando de Salaçar en su tomo, trono ya de la Mages-

---

[10] H *om.* «dotrina»

[11] Ignoro de dónde procede esa etimología: Joseph V. Molloy no la recoge entre las varias que se han propuesto para el nombre de este longevo personaje bíblico («Methuselah»), como tampoco el *Dizionario Enciclopedico della Bibbia* (s. v. «Matusalemme»).

[12] No sé si habrá recuerdo de Lucano («Mors ipsa refugit saepe virum», *Farsalia*, II, lxxv); no lo creo. Y tampoco de San Buenaventura, pero no se debe olvidar que en su *Enseñamiento del corazón* titula el capítulo XIII «Que gran señal es de perfección desear la muerte sin ningún temor», y que algunos de los pensamientos dicen bien con lo expresado aquí por Gracián: «todos los males obra el temor de la muerte, y todos los bienes el desprecio della» (s. f.).

[13] Assí el Guarini dixo L: Assí dixo Guarini

[14] Corrijo el «chisue» del original por la forma correcta.

[15] Segundo cuarteto del soneto que abre las *Rime* del Guarini, cuyo primer verso dice: «Il Ciel chiuso in bel volto, e'l Sol di viso» (fol. 8r; v. 2 Vido: Vide; v. 3 vellece: bellezze).

tad Mariana, la falta del verbo material en la embaxada angélica. Reparó en que dixo: *Dominus tecum*, sin dezir *est*, ni *fuit*, ni *erit*[16], pues en lengua de Ángel no caben[17] barbarismos, no caben cortedades: profundidades, sí, misterios también. «No determinó parte de tiempo —dize este Docto Padre— por abarcarlos todos. Dexólo indefinito, por no ocasionar duda de gracia en algún instante de su vida»[18].

Una Antítesi es gran fundamento de un Reparo. Careó acertadamente un Autor del Sacro Monte calçado el Arcángel san Gabriel, primero en el retrete de Nazaret, y después en el Huerto de Getsemaní. Que aquí conforte al Hijo para la mayor ignominia, entiéndese; pero que allí sea menester animar la Madre para la mayor excelencia, ¡enigma es, y soberano! «Es tanta la humildad desta Señora —dize—, que es menester que la misma fortaleza de Dios, que confortó a Christo para morir, aliente a María para reynar.»

En la solución y desempeño del Reparo ay su artificio y diversidad; porque unas vezes no se da más que una ingeniosa razón de aquella oposición de estremos. Assí Marcial, reparando en que Thays, Joven, tenía muy negros los dientes, y Lecania, viexa, mui blancos, diola la[19] razón, diziendo: «Es que los desta son comprados[20]; los de aquella, propios.»

---

[16] «Et ingressus angelus ad eam dixit: 'Ave gratia plena; Dominus tecum; benedicta tu in mulieribus'» (*Lc.*, 1, 28).

[17] M: caen. Enmiendo en «caben» de acuerdo con la segunda redacción («no caben barbarismos», pág. 45). Con todo, no es descartable en absoluto que la lección «caen» sea la correcta, dado que así Gracián habría evitado la repetición.

[18] Se refiere Gracián a Fernando Chirino de Salazar, jesuita, autor de una *Prática de la freqüencia de la Sagrada Comunión* (1622) y de una *Expositio in Proverbia Salomonis* (1618). Con todo, la cita está tomada —creo— de otra obra, *Pro Immaculata Deiparae Virginis Conceptione defensio* (1618): «Itaque putat Angeli verba ad omnia temporis discrimina esse porrigenda, scilicet ad praeteritum, praesens atque futurum [...] Sed quia praeteritum ac futurum tempus partibile est, atque adeo fieri poterat, ut eo in tempore partim adesset, partim abesset Deus: propterea a quibusdam huic salutationis Angelicae clausulae subiicitur adverbium *semper* ad hunc modum» (cap. XXXIX, «Aliquot etiam Novi Testamenti loca ad immaculatam Virginis Conceptionem comprobandum assumuntur», III, 15).

[19] diola la L H: diola

[20] comprados L: comparados

Thays habet nigros, niveos Lecania dentes;
Quae ratio est? Emptos haec habet, illa suos[21].

Otras vezes, después de bien ponderada la disonancia, se deshaze con la razón y se convierte en conformidad. Ponderó uno el coronarse Hércules de álamo infructífero, y sin fortaleza. ¿No fuera más propio de roble o de laurel[22]? Corónase de álamo, que es geroglífico[23] del tiempo, con sus ojas blancas y negras[24]; porque las hazañas merecen inmortalidad, no las consumen los años, sino que las coronan.

En la misma solución puede aver su antítesi y contraposición de contrariedad. Ingeniosamente Marcial, de un hombre rico y poderoso, que siempre estava triste y suspirando, dixo: «A este, de puro bien, le va mal.»

Vrere nec miserum cessant[25] *suspiria pectus:*
Vis dicam male sit cur tibi Tucca? Bene est[26].

Puédese dar tal vez una hiperbólica salida, como esta del culto Guarini en su tan aplaudido Poema:

---

[21] Marcial, *Epigrammata*, V, xliii.

[22] El laurel significaba generalmente la virtud, la verdad, la perseverancia o la gloria militar, entre otros sentidos (véase Alciato, *Emblemas*, núm. CCX, pág. 251; pero véase también Horapolo, *Hieroglyphica*, págs. 325-326 con otro uso); de ahí, de Alciato, digo, probablemente el deseo de Gracián. Hércules, por otra parte, está siempre presente en la iconografía aragonesa, como indica Aurora Egido *(El Discreto*, pág. 165, n. 34; y en el *Arte*, véase el disc. XLVII).

[23] geroglífico M L: gerolífico

[24] Véase el emblema CCXI de Alciato: «Populus alba», con el siguiente epigrama: «Herculeos crines bicolor quod populus ornet. / Temporis alternat noxque diesque vices» (ed. S. Sebastián, pág. 252, con el siguiente comentario: el álamo blanco se le dedicó a Hércules porque cuando descendió al Hades se trajo como recuerdo este árbol, la única madera permitida en los sacrificios a Zeus. El árbol tiene sentido cósmico, «ya que por la parte que está negro hace referencia a la noche, y al día por la parte que está blanco, mientras que sus hojas nerviosas, siempre en movimiento, significan el paso del tiempo», *ibid.*, pág. 252; véanse allí las fuentes primarias en n. 407).

[25] cessant H: sessant

[26] «Urere nec miserum cessant suspiria pectus. / vis dicam male sit cur tibi, Cotta? bene est» (Marcial, *Epigrammata*, X, xiv, 9-10).

... Perche non l'ama.
Ed è vivo? Ed ha core? E non è cieco?
Benche se dritto miro
A lei per altro core
Non restò fiamma più, quando nel mio
Spirò da que' begli ochi
Tute le fiamme sue, tuti gli amori[27].

---

[27] *Il Pastor Fido*, Acto primero, escena II, pág. 28.

De los Conceptos sobre Semejança

La Semejança es origen de una inmensidad conceptuosa. Tercer principio de sutileza, mas sin límites, porque della manan los metamorfosis, allegorías, símiles, disímiles, comparaciones, disparidades, apodos, transmutaciones y otras inumerables diferencias de Agudeza.

En este modo de discurrir caréase el sujeto con las entidades extrínsecas; sus adjuntos, con los del término assimilado. El primer orden de Conceptos que se levanta sobre este fundamento es el de las Semejanças conceptuosas, para cuya inteligencia se note que no qualquiera Semejança contiene en sí sutileza, y passa por Concepto, sino aquellas que se fundan en alguna circunstancia especial y les da pie alguna rara contingencia. Estas son el objeto desta Arte y discurso, incluyen doblado artificio, el conceptuoso a más del retórico, porque sin esto no serían más que tropos sin alma de sutileza. Desta suerte el ingenioso Rufo dixo de un Príncipe que, disparando una pistola, se le reventó el cañón y le derribó el pulgar, que quien era un León en el valor y en las armas, lo avía de ser también en tener una uña menos, como el León entre todas las demás fieras[1]. La sutileza

---

[1] «Tirando un arcabuz el Duque de Osuna, le reventó de manera que le llevó la cabeza del dedo pulgar de la mano derecha. Y como algunos, doliéndose dello, pareciese que le afligían preguntándole con demasiada congoja: '¿Cómo quedará Vuestra Señoría, después que la llaga se cicatrice?', respondió Juan Rufo: '¡Cómo ha de quedar, sino como león, con una uña menos!'» (Rufo, *Las seiscientas apotegmas...*, núm. 279, pág. 105).

desta Semejança consiste en aquella especialidad de tener un dedo menos; porque si se fundara en el valor a solas, fuera una Semejança muerta.

Qualquiera contingencia especial da pie con artificiosa sutileza para la semejanza. Cantó don Luis de Góngora al nazer el Sol de los Serafines:

> Nace el niño, y velo a velo
> Dexa en cabello a su Madre;
> Que esto de dorar las cumbres
> Es muy del Sol quando sale[2].

Puédese fundar la semejança sobre la conformidad especial de qualquiera de los adjuntos del sujeto y del término. En el nombre de María Santíssima, que significa Estrella de la mar[3], fundó la semejança un Escritor desta Señora con la Estrella del Norte, y ponderó la conformidad en no conocer ocaso de culpa[4].

En el equívoco del nombre se fundó también aquel aplaudido Pasquín de Roma en tiempo de Nerón, quando al rebelarse Francia despertó él del sueño de su floxedad. *Galli* (dezía) *te cantando excitarunt*[5]; «los Gallos te han despertado»[6].

---

[2] Comienzo del romance 92 de Góngora, «Al Nacimiento de Cristo, Nuestro Señor» (ed. Carreño, pág. 468, v. 4: quando sale: cuando nace).

[3] de la mar H: del mar
Para la interpretación de María como «estrella del mar», cfr., por ejemplo, San Bernardo, *Sermoni per le feste della Madonna*, sermón 2, 16, pág. 79. Y para cómo San Jerónimo entiende por María «gota del mar» *(stilla maris)*, que termina siendo *stella maris*, cfr. el *Diccionario Enciclopédico de la Biblia*, s. v. «María».

[4] Quizá se trate de la *Vida de Nuestra Señora* de Antonio Hurtado de Mendoza: «Luziente, fecunda Estrella / del mar, donde en vez de puerto, / Navegante Sol humano / buscó tierra y halló Cielo» (pág. 1, estr. 1); o «Sed Norte, pues sois Estrella; / Que en vos el amparo nuestro, / Entre alcançarle y pedirle / No cabe distancia en medio» (pág. 5, estr. 21).

[5] excitarunt L: exitarunt

[6] H *om.* «Galli (dezía) ... te han despertado»
Lo trae Erasmo: «Columnis statuarum illud adscriptum est Galli te cantando excitarunt. Indignissime tulerat Galliarum defectionem, proinde decreverat Gallos omnes Romae agentes contrucidare provinciamque exercitui diripiendam tradere» *(Apophthegmata,* lib. VI, «Sextus Nero», 15, pág. 437).

181

Del Bautista ponderó un Orador Christiano que con razón fue anunciado del Ángel al ofrecer su Padre, Zacarías, el incienso. Porque el que avía de ser la Fénix de los Santos se pareciesse a la Fénix en concebirse entre aromas[7]. Del Evangelista ponderó otro el estar al pecho de su Maestro, porque es muy propio del Águila el cebarse en el coraçón[8]. Y de San Estevan, que el que era corona de los Mártires lo pareciesse en la preciosa pedrería[9]. Todas estas semejanças se fundan en alguna raçón y circunstancia especial que da pie al ingenioso artificio.

Quando la semejança se funda en alguna correspondencia con las causas o efectos del sujeto, es una gran delicadeza. Superlativo concepto fue el del Guarini quando comparó a Venus con la mar, fundándola en ser su hija:

> *Figlia del mar ben degna,*
> *E degnamente nata*
> *Di quel perfido monstro,*
> *Che con aura di speme allettatrice*
> *Prima lusinghi, e poi*
> *Movi ne' petti humani,*
> *Tante fiere procelle*

---

[7] Para el nacimiento del Fénix entre aromas, véase el comienzo del discurso XLIV, donde queda explicado junto con otras características de la peculiar ave.

[8] Para el águila, véase el *Bestiario Toscano:* «Esta águila [...] representa a todos aquellos que miran con los ojos del corazón hacia aquel resplandor que todo lo ilumina, es decir, Nuestro Señor Jesucristo, y saben quién hizo el cielo y la tierra [...], porque dijo San Juan Evangelista 'Omnia per ipsum facta sunt...'. Por esto San Juan Evangelista es representado por la Santa Iglesia a manera de águila...» (XXXVI, pág. 43. Muy similar en el *Bestiari* catalán publicado por S. Panunzio, I, pág. 121). Comp. Richard de Fournival: «El pico del águila simboliza el orgullo que se opone al amor. Porque al romper su pico se vuelve humilde hasta el punto de abrir la fortaleza de su corazón, que aprisionaba su lengua, permitiendo así que pueda agradecer y conceder» *(Bestiario de amor,* pág. 83).

[9] San Esteban fue el primero de los mártires. De acuerdo con una tradición del siglo v, el nombre Stephanos era un equivalente griego del arameo «kelil», 'corona' (cfr. Charles L. Souvay, «St. Stephen»).

D'impetuosi et torbidi desiri,
Di pianti, e di sospiri,
Che madre di tempeste, e di furore
Deba chiamarti il mondo,
E non madre d'Amore[10]*.*

----

[10] Versos de la escena VIII del acto IV de *Il Pastor Fido* de Guarini (páginas 169-170, v. 11 deba chiamarti: devria chiamarti).

De las Semejanças que se fundan en Misterio o Reparo

Suele ser ingeniosa solución de las ponderaciones misteriosas la Semejança, y dáseles salida por ella con mucho artificio. Ponderó Plinio en su *Panegiri* que los motines y alteraciones del pueblo Romano que precedieron al pacífico Imperio de Traxano[1] avían sido como la tempestad del cielo y borrasca del mar, que asseguran después la serenidad y bonança: *Coeli, et maris temperiem commedant*[2] *turbines, et tempestates; ita ad augendam pacem tuam illum*[3] *tumultum praecessisse*[4] *crediderim*[5].

Ni con menos Agudeza sirven de desempeño al Reparo. Ponderó uno, en la Genealogía de Christo Señor nuestro por San Mateo, el nombrar solas quatro mugeres pecadoras, y después dellas a aquella gran Señora, essenta de toda culpa, y da la solución por una sazonada Semejança: «Assí como estando el cielo nublado campea y brilla más una estrella, assí

---

[1] Para Trajano en Gracián, véase, por ejemplo, *El Político*, pág. 285a: «El mejor de los gentiles fue Trajano...», etc.

[2] commedant H: commendat

[3] illum H: illam

[4] praecessisse H: praesessisse

[5] «ac sicut maris caelique temperiem turbines tempestatesque commendant, ita ad augendam pacis tuae gratiam illum tumultum praecessisse crediderim» (Plinio, *Panegyricus*, V, viii).

María, que lo es del mar, brilla más por entre los celages de tantas culpas.»

Otras vezes se supone la Semejança agena, y se funda sobre ella el Reparo, dando una sutil salida. Assí Diego López de Andrada dixo que con razón se comparó el perder el cielo a cinco Vírgenes despreciadas del celestial Esposo[6], porque no ay tormento en el mundo[7] que se le iguale a una muger despreciada.

La Semejança con que se le da salida a un Reparo o dificultad puede ser hiperbólica, añadiendo a su primor el del encarecimiento. Tenía mal en los oýdos un Príncipe, y dixo ingeniosamente Rufo que, assí como se gastan los dientes de comer dulce, assí a aquel señor se le avían gastado los oýdos de oýr dulce[8].

Quando la semejança con que se le da salida a la dificultad es sentenciosa, dobla la gracia del concepto. Ponderó uno el Prodigio de los Cometas en pronosticar las muertes de los Príncipes, y dixo que con superior propiedad, por la semejança en lo breve y frágil del lucimiento[9].

Es también gran primor desta sutileza quando la semejança dize conformidad con las propiedades del sujeto y del término. Ingeniosamente ponderó uno el Martirio de San Juan

---

[6] Alude, claro, a *Mt.*, XXV, 1.

[7] H *om.* «en el mundo»

[8] «Dijo que los Reyes están en manifiesto peligro de enfermar de los oídos, porque como los dientes se dañan de comer mucho dulce, así el sentido del oír se estraga oyendo siempre dulzuras y lisonjas» (Rufo, *Las seiscientas apotegmas...*, núm. 311, pág. 117).

[9] «Al tempo di Ludovico Pio Imperatore apparve una strana cometa, ed egli domandò da Annonio, che ciò scrive nelle sue chroniche, quel ch'essa significasse. Ed egli rispose che significava morte di Prencipe, ma che il Profeta Gieremia dice che non dovevano haver paura di segni celeste, come i Gentili. E l'Imperator rispose che noi non dobbiamo temer altro che quello che ha creato coi e quella stella» (Botero, *Detti*, págs. 593-594). No tengo nada claro que Gracián pensase en este pasaje. De hecho, si de lo que se trata es de dar cuenta de la costumbre, véase la primera parte del epitafio de Carlos V (autor Lope de Vega) que Gracián citará en el disc. XIV, que creo va en el mismo sentido: «Aquí dio fin un cometa / que del mismo sol nació, / con resplandor que mostró / ser hijo de tal planeta» *(Obras poéticas*, pág. 244).

Evangelista en la tina de azeite[10], y dixo que con mucha razón el que era luz inextinguible de la Iglesia era ilustrado con tal género de Martirio.

Proporcionó desta suerte con suma Agudeza don Luis de Góngora el túmulo de la Reyna doña Margarita, y acomodó bien la semejança:

> *No de fino diamante, o rubí ardiente,*
> *Luzes brillando aquel, este centellas,*
> *Crespo volumen vio de plumas bellas*
> *Nacer la gala más vistosamente,*
> * Que obscuro el buelo, y con razón doliente,*
> *De la perla Católica que sellas,*
> *A besar te levantas las estrellas,*
> *Melancólica aguja, si luciente.*
> * Pompa eres de dolor, seña no vana*
> *De nuestra vanidad. Dígalo el viento,*
> *Que ya de luzes, ya de aromas, tanto*
> * Humo te deve. ¡Ay, ambición humana,*
> *Prudente pavón oy con ojos ciento,*
> *Si al desengaño se los das, y al llanto!*[11]

Quanto mayor es la razón de la dificultad, y más la ocasión del Reparo, sale más la semejança que da la solución. Reparó sutilmente uno en la presteza con que se movió la Reyna de los cielos para ir a visitar a santa Isabel, y responde con una excelente semejança: que assí como el cielo no se movió hasta que tuvo el Sol al quarto día, assí este cielo animado de María, en aviendo concebido al Sol infinito, se mueve con tanta ligereza a dar luz y a comunicar divinas influencias.

---

[10] Es Tertuliano (*De praescript.*, xxxvi) quien recuerda que San Juan Evangelista fue arrojado a una caldera de aceite hirviendo ante la Porta Latina de Roma sin sufrir heridas (Leopold Fonk, «St. John the Evangelist»).

[11] Es el soneto I de los «Sonetos fúnebres» en la ed. de Vicuña (fol. 30r) y el núm. 319 en la de Millé. Está dedicado a las honras fúnebres de la Reina Margarita de Austria, con variantes (v. 5: Que obscuro el vuelo: Que, escura el vuelo; v. 11 Que ya de luzes, ya de aromas, tanto: Que ya de aromas, ya de luzes, tanto).

Discurso X

De las Semejanças que se fundan en Proporción o Disonancia

La más ingeniosa de las Semejanças es la que se funda en alguna agradable Proporción y Consonancia de los estremos. El Jurado de Cordova, aquel que juró[1] de agudo, diziendo del apellido de una dama, tan honesta quan hermosa, que era áspero y nada conforme a su belleza, porque se llamava D. N. de Espinar, acudió con su estremada promptitud:

> *Antes es nombre propio de hermosa,*
> *Pues hasta el Espinar tiene de rosa*[2].

Por el contrario, se funda con agradable primor en una improporción. Grandemente dixo el Conde de Villamediana:

> *Es la muger un mar todo fortuna,*
> *Una mudable vela a todo viento,*
> *Es Cometa de fácil movimiento,*
> *Sol en el rostro y en el alma Luna*[3].

---

[1] Con el sentido de «hacer profesión de alguna cosa, o resolución de seguirla o exercitarla» *(Auts.,* s. v.).

[2] «Loaban de muy hermosa a una que se llamaba Fulana del Espinar, y hubo quien dijese que tenía áspero nombre para ser tan linda. Respondió» los versos que cita Gracián (Rufo, *Las seiscientas apotegmas...,* núm. 534, pág. 187).

[3] Es el comienzo del soneto titulado «Definición de la mujer», que ya había citado Gracián al final del discurso V.

La antítesis y oposición de dos símiles dize gran realze. Dixo Marcial a uno que se teñía:

> *Mentiris iuvenem tinctis lentine capillis,*
> *Tam subito corvus, qui modo cygnus eras?*[4].

La gradación de una Semejança a otra más apretante tiene su especial agrado. Desta suerte cantó el ingenioso Jurado de los dos ciegos amantes:

> *Y la visita, que un tiempo*
> *Guardó de quartana estilo,*
> *Era ya fiebre contina*
> *Con frenesí y parasismos*[5].

La Contrariedad de los efectos se exprime ingeniosamente por dos contrapuestas Semejanças. Dulcíssimamente el Guarini dixo:

> *Amarilli del candido ligustro*
> *Di più candida, e più bella;*
> *Ma del'aspido sordo,*
> *E più sorda, e più fera, e più fugace*[6].

Y en otra parte:

> *Si miro il tuo bel viso,*
> *Amore è un paradiso;*
> *Ma s'i' miro il mio core,*
> *È un infernal ardore*[7].

---

[4] «Mentiris iuvenem tinctis, Laetine, capillis, / tam subito corvus, qui modo cycnus eras. / non omnes fallis; scit te Proserpina canum: / personam capiti detrahet illa tuo» (Marcial, *Epigrammata*, III, xliii, señalado por Correa en su ed. de la *Agudeza*, quien indica a su vez que este pasaje del bilbilitano lo menciona también en el *Criticón*, III, cr. I).

[5] Son los versos 223-226 del «Romance de los Comendadores» de Juan Rufo. Pueden verse en *Las seiscientas apotegmas y otras obras en verso*, pág. 252.

[6] *Il Pastor Fido*, Acto I, escena II, pág. 25 (v. 2 Di piu: piu).

[7] *Il Pastor Fido*, Acto II, escena II, pág. 69.

Realçar una semejança grande con otra más significativa es sutileza coronada. Dígalo este augusto concepto, que se escrivió con tinta Real:

> *Alagüeños son al gusto,*
> *Pues con un grave mirar,*
> *Cocodrilos asiguran*
> *Quando basiliscos dan.*

También es gran concepto adelantar el sujeto al término de la semejança, como este al valeroso Troyano:

> *La Fénix no sale ufana*
> *Entre ceniças desechas,*
> *Como él entre ardientes asquas*[8].

Desta suerte adelantó don Luis de Góngora con un ingenioso hipérbole la semejança:

> *Era tanta su hermosura,*
> *Que bien se hallaran claveles*
> *Más ciertos en sus dos labios*
> *Que en los dos floridos meses*[9].

La contraposición es gran realce de la semejança, porque hazen agradable armonía entre sí dos dellas con su antítesi. Assí dixo don Luis de Góngora:

---

[8] José María de Cossío, en *Fábulas mitológicas en España* (págs. 662-663), remite este fragmento a un poema de Diego de Morlanes (ms. 3907 de la BNM, f. 51).

[9] Versos del romance «Entre los sueltos caballos». Sin embargo, faltan en el manuscrito Chacón, y su autenticidad es dudosa. Carreño *(Romances,* núm. 16, pág. 146, los omite —*vid.* explicación en nota 57—, al igual que Vicuña). Los transcribe Millé, entre corchetes y con un cuerpo de letra algo más pequeño, y con los dos primeros versos ligeramente distintos: «Era tal su hermosura, / que se hallaran claveles», núm. 17, pág. 71; Gracián, desde luego, mantiene el ritmo octosilábico).

> Espuela de honor[10] le pica
> Y freno de amor le para;
> No salir es cobardía,
> Ingratitud es dexalla[11].

Este mismo artificio contiene aquel elegante y conceptuoso Soneto del mismo Autor a San Ignacio Patriarca[12], metido en el estanque elado para apagar el fuego de un lascivo moço.

> En tenebrosa noche, en mar ayrado,
> Al través diera un marinero ciego,
> De dulce voz y de homicida ruego,
> De Sirena mortal lisonjeado,
>   Si el fervoroso zelador cuidado
> Del Grande Ignacio no ofreciera luego
> (Farol divino) su encendido fuego
> A los cristales de un estanque elado.
>   Trueca las velas el baxel perdido
> Y escollos juzga que en la mar se laban
> Las vozes que en la arena oye lascivas.
>   Besa el puerto, altamente conducido,
> De las que, para norte suyo, estaban
> Ardiendo en aguas muertas llamas vivas[13].

---

[10] honor H: amor
[11] Vv. 21-24 del Romance VI de los amorosos en la ed. de Vicuña («Servía en Orán al Rey», fol. 77v; ed. Carreño, núm. 23, pág. 181, con ciertas variantes. V. 1 le pica: le pican).
[12] Para la figura de San Ignacio en la *Agudeza*, véase *San Ignacio en la literatura* de Ignacio Elizalde, págs. 303-306.
[13] En la ed. de Vicuña, es el soneto V de los «Sonetos Sacros» (fol. 34v); en la de Millé hace el número 307, «A la rigurosa acción con que San Ignacio redujo a un pecador» (v. 10 Y escollos juzga que en la mar se lavan: Y escollos juzga que en el mar se lavan). Está citado y recogido en multitud de obras de y sobre jesuitas. Sólo un ejemplo: la *Relación* que de las fiestas con motivo de la beatificación del de Loyola hace Francisco de Luque Fajardo (Sevilla, 1610, fol. 48v).

Discurso XI

De las semejanças
que se fundan en Sentencia

Encierra tal vez la Semejança una grave Sentencia, y en esto consiste entonces su artificio y valor. Uno y otro consiguió Bartolomé Leonardo en este grave Soneto:

> *Cloris, este rosal, que libre o rudo*
> *Del arte huyó al favor de la Floresta,*
> *Su arrogancia selvática depuesta,*
> *Vezinas flores le verán desnudo.*
>
> *Nota essa rosa, que aun aora pudo*
> *Abrir el paso a su niñez modesta,*
> *Para quán breves términos apresta*
> *La grana que libró del verde ñudo[1].*
>
> *Vive su planta los estivos meses;*
> *Mas el honor de los purpúreos senos*
> *(Mísera edad) la madurez de un día.*
>
> *Pues si lo raro, ¡o, Cloris!, dura menos,*
> *La pompa de tu Abril ¿por qué confía*
> *Que ha de reynar con hados más corteses?[2]*

---

[1] del verde ñudo H: de verde ñudo.
[2] Hace el número 111 en la ed. de Blecua de las *Rimas*, vol. I, pág. 212.

De una Semejança destas se puede sacar una gran moralidad. Merece lugar tras el passado este otro de Francisco López de Zárate al mismo assumpto, y con el mismo genio:

> Esta, a quien ya se le atrevió el arado,
> Con púrpura fragante adornó el viento,
> Y negando en la pompa su elemento,
> Bien que caduca luz, fue Sol del prado.
> Tuviéronla los ojos por cuidado,
> Siendo su triunfo breve pensamiento.
> ¿Quién sino el yerro fuera tan violento,
> De la ignorancia rústica guiado?
> Aún no gozó de vida aquel instante
> Que se permite a las plebeyas flores,
> Porque llegó al Ocaso en el Oriente.
> ¡O, tú, quando más rosa y más triunfante!,
> Teme, que las bellezas son colores,
> Y fácil de morir todo accidente[3].

Lo satírico haze la semejança plausible. Comparava un discreto las mercedes de los Reyes al arrojar piedras, que las grandes se quedan allí cerca, caen a los pies; pero las chinas van muy lexos.

Es gran fruto de una semejança destas el desengaño y moralidad. Raro fue este soneto de don Luis de Góngora, y nunca bastantemente apreciado:

> Menos solicitó veloz saeta
> Destinada señal, que mordió aguda;
> Agonal carro por la arena muda
> No coronó con más silencio meta,

---

[3] El soneto se titula «La Rosa», y está incluido en un tomo sin portada y sin colofón, que lleva escrito a mano el título *Varias poesías de Francisco López de Zárate*, así como los datos bibliográficos, fol. 77v (v. 12 quando: quanto). Con todo, me inclino a pensar que Gracián quizá lo haya tomado de la relación que hizo Lope de Vega de la *Justa poética* con motivo de la beatificación de San Isidro (pág. 1115), con el que coincide plenamente salvo en el v. 12: «cuanto más roca», que parece ser errata por «rosa» en la ed. de Aguilar.

Que presurosa corre, que secreta,
A su fin nuestra edad. A quien lo duda,
Fiera que sea de razón desnuda,
Cada Sol repetido es un cometa.
  ¿Confiésalo Cartago, y tú lo ignoras?
Peligro corre Celio si porfías[4]
En seguir sombras y abraçar engaños.
  Mal te perdonarán a ti las horas,
Las horas que limando están los días,
Los días que royendo están los años[5].

---

[4] Peligro corre Celio si porfías H: Peligro corres, Celio, si porfías
[5] Soneto 374, «De la brevedad engañosa de la vida» (ed. Millé, págs. 525-526, con variante significativa en v. 10: Peligro corre Celio si porfías: Peligro corres, Licio, si porfías).

De los Conceptos por Desemejança

Pretende la Desemejança más peregrino su artificio. Hállanse en ella todas las sutilezas y primores que en la Semejança. Las conceptuosas, y que son objetos[1] de este Arte, son las que se fundan en alguna contingencia rara y especial. Eclipsóse el Sol el día que nació un Príncipe en nada esclarecido, y glosó uno que con razón se le negaba el Sol al que no lo avía de ser por sus ilustres hechos. La agudeza está en la Desemejança, sacada de la extraordinaria contingencia, que sin ella no tuviera alma conceptuosa.

Qualquiera de las circunstancias o adjuntos del sujeto da pie con relevante sutileza a la diformidad. Del Rey don Pedro el Cruel dixo uno que con razón le privó del Reyno y substituyó un bastardo al que no avía querido ser Padre de sus vassallos.

La Desemejança unas vezes cede en encomio, otras en vituperio. Fue Rey de epigramas este a la Reyna del Empíreo:

Sunt pulchrae sylvae, sunt pulchra et littora; pulchrum
Est pratum, in viridi gramina pulchra solo;
Sunt pulchrae gemmae; sunt astra et sydera pulchra[2],
Sunt pulchri flores; est quoque pulchra dies:

---

[1] objetos H: objeto
[2] H *om.* «Sunt pulchrae... sydera pulchra»

Pulchrior es³ silvis, Pia virgo, littore, prato,
Gramine, gemma, astris, sidere, flore, die.

También la Desemejança suele ser sutil desempeño de un misterio o reparo. Ponderó uno el llamar⁴ desierto al Empíreo el Mayoral divino, quando dixo que dexadas las noventa y nueve en el desierto, baxó a buscar la oveja perdida⁵. Y responde que es tan grande el excesso que haze el virgíneo vientre adornado de la gracia y de las virtudes, que el mesmo cielo le cede el serlo, y se retira a desierto en comparación suya.

Por otra Desemejança dio valiente salida san Ambrosio a aquel igual reparo: ¿por qué salieron Osos, y no Leones, ni Tigres, a despedaçar los muchachos que se burlavan del Profeta Eliseo? Y responde el Padre que fue para castigar los hijos y reprehender sus padres con la Desemejança y exemplo⁶ de la Osa, que con su lengua va formando y perficionando sus deformes hijuelos⁷.

---

³ M est H: es. Parece clara la pertinencia de la corrección de Arturo del Hoyo, que incorporo al texto.

⁴ el llamar L: en llamar

⁵ *Lc*, XV, 4.

⁶ H *om.* «y exemplo»

⁷ Alude Gracián al *Hexaemeron* de San Ambrosio: «Ursa insidians licet, ut Scriptura ait, est enim plena fraudis fera; tamen fertur informes utero partus edere, sed natos lingua fingere atque in speciem sui similitudinemque formare. Non miraris in fera tam pii oris officia, cuius naturam pietas exprimit? Ursa igitur partus suos ad sui effingit similitudinem, tu filios tuos instituere similes tui non potes?» *(loc. cit.,* VI, 18; *PL*, XIV, col. 263). De la costumbre de la osa, que Gracián menciona a otro efecto en *El Político* (págs. 298-299), dejan constancia, entre otros (y aparte de San Ambrosio), Aristóteles, Eliano, Plinio, Pierio Valeriano, Horapolo y unos cuantos de los emblemistas europeos (recoge los textos J. Mª. González de Zárate al hilo de Horapolo, *Hieroglyphica*, II, v, 11, págs. 311-313). Agrego uno que no veo por allí, procedente del *Bestiario medieval*: «Et quando engendran jazen en uno commo el ome & la muger; et la fenbra non trae más de treynta días, & por el abreviamiento del tienpo la natura non puede conplir en ellas la forma que deven aver en el vientre de su madre, ante nasçe una pieça de carne blanda sin ninguna figura, si non que á dos ojos. & entonçe la madre fórmala y endrésçela con su lengua segund la su semejança...» *(The Medieval Castilian Bestiary*, cap. CLXXXXIII, pág. 58). La imagen era del gusto de la familia jesuita: véase la *Relación* citada en el discurso X de Francisco de Luque Fajardo, fol. 111v.

Fúndase con estremado artificio la Desemejança en una sentencia, y encierra en sí una siempre agradable moralidad. Assí en este perfectíssimo Soneto, que fue trofeo de la Poesía Española, contrapuso un Príncipe de España, y más de la Agudeza, lo turbio del coraçón humano con la claridad[8] de una fuente:

> Risa del monte, de las aves lyra,
> Pompa del prado, espejo de la Aurora,
> Alma de Abril, espíritu de Flora
> Por quien la rosa y el jazmín respira.
>
> Aunque tu curso en quantos pasos gira
> Perlas vierte, esmeraldas atesora,
> Tu claro proceder más me enamora
> Que quanto en ti naturaleza admira.
>
> ¡Quán sin engaño tus entrañas puras
> Dexan que por luciente vidriera
> Se cuenten las guijuelas de tu estrado!
> ¡Quán sin malicia cándida murmuras!
> ¡O, sencillez de aquella edad primera!,
> ¡Perdióla el hombre, y adquirióla[9] el prado![10].

No menos realçan la Desemejança las contraposiciones y proporciones. Vanse alternando en este Poema al Duque Santo:

> Entre agenas ceniças oy renace
> La Fénix de gran día, y el gusano,
> Que no en cuna de aromas sale ufano[11],

---

[8] claridad L: caridad

[9] y adquirióla L: adquirióla

[10] El soneto es de atribución dudosa. Lo que queda claro es que Gracián lo tomó de los *Cigarrales de Toledo* de Tirso de Molina, quien lo introduce de forma muy semejante: «Encomendó la Reina a Narcisa la suerte que le cabía, y respondió este soneto, que agora diré es de un príncipe de Castilla, igual en el ingenio y en la sangre, siendo en esta de la mejor de Europa» (pág. 437; el soneto, en págs. 437-8. Para las atribuciones, véase allí la nota 1006). Presenta, con todo, ciertas variantes respecto del texto de Tirso (v. 8: que quanto en ti: que en quanto en ti; v. 11: guijuelas: hijuelas).

[11] Los versos 2 y 3 de este soneto aparecen en H intercambiados el uno por el otro.

Sino en un ataúd hediondo nace.
El ser le da, y al otro morir haze,
Gusano roedor del pecho humano;
Con nueva vida nuevo cortesano
Quiere ser de Señor que nunca yaze.
¡O Fénix la más rara que produxo
Brillante Sol entre el incienso ardiente!
¡Santa transformación no comprehendida!
Sólo el rayo de luz, sólo el influxo
Te da ser, de aquel Sol que, omnipotente,
Sacó de propia muerte agena vida.

Discurso XIII

De los Apodos

Son comúnmente los Apodos unas semejanças breves y prontas: relámpagos del ingenio, que en una palabra encierran mucha sutileza. Para ser ingeniosos requieren también su fundamento de alguna circunstancia especial. Desta suerte el Gran Capitán, eminente en este género de prontitud[1], a un Cavallero que amaneció muy armado después de una batalla, y gran vitoria, dudando los circunstantes quién era, dixo: «Santelmo, Santelmo»[2].

---

[1] Véase *El Discreto*, ed. Egido, pág. 202, donde Gracián equipara las galanterías del Gran Capitán a las «sentencias de los prudentes, las malicias de los críticos, los chistes de los áulicos, las sales de Alenquer, los picantes de Toledo, las donosidades del Zapata».

[2] Lo cuenta por extenso Paulo Giovio en el libro III de la *Vida y Chrónica del Gran Capitán:* «En aquel día que en la ribera de Gaeta fueron en una larga y dificultosa batalla los franceses vencidos y puestos por las puertas de Gaeta adentro, haviéndose presentado un cavallero catalán llamado Cerbellón al combatir algo más tarde de lo que fuera necessario, siendo la batalla fenecida y ganada la victoria, armado y puesto en una barca, [...] llegó preguntando don Diego de Mendoça quién era aquel que venía tan bien armado. Gonçalo Hernández le respondió: 'Como sois corto de vista, no conoçéis que es Santelmo'. Llaman los marineros cristianos la estrella de Santelmo aquella que se muestra encima de la entena después de una escura y grande tormenta, prometiendo bonança. [...] Entendieron los que estavan presentes la delicadeza del mote, porque reprehendía al Cerbellón por haver venido tan tarde. Los del enderredor rieron tanto, que, en desembarcando el Cerbellón, le saludaron por Santelmo, el qual sobrenombre le quedó entre los soldados para siempre» (fol. LXXVv). También en la *Floresta española de apotegmas* de Melchor de Santa Cruz (II, iii, 3, páginas 65-66). Romera-Navarro, sin embargo, piensa en *El Cortesano* de Castiglione («Góngora, Quevedo y algunos literatos más...», pág. 269).

Todas las reglas que se dan para las semejanças conceptuosas se pueden aplicar a los Apodos, pues se fundan en ella, y no son más que semejanças breves a la ocasión. Del nombre se toma pie con grande artificio para el Apodo; assí uno llamava al Rey Católico don Fernando, no que era[3] el quinto de Castilla, sino quinta essencia de Reyes[4].

En el equívoco se funda con mucha gracia; desta suerte un galante Español llamava a un Cardenal que causó graves daños a la Monarquía Católica «el Cardenal de N. y el Postema de España»[5].

Tomando ocasión Marcial de lo que se alabava Affra, dixo:

Mammas atque tatas habet Affra; sed ipsa tatarum
Dici et mammarum maxima mamma potest[6].

Añaden a la semejança otros el encarecimiento, y estos exprimen mucho. A Tiberio apodó su Maestro «pedaço de lodo amasado con sangre»[7]; a la Virgen llamó San Ambrosio «la Cara de Dios»: *Quod si te faciem Dei appellem, digna existis[8].*

---

[3] Tanto M como L leen «no era que». H corrige «que no era». Dada la estructura de la frase, me parece mejor la enmienda «no que era».

[4] En realidad, todo *El Político* sirve como prueba de esa afirmación graciana. Véase la pág. 292b: «Compitieron en Fernando el caudal y la aplicación para componer un rey perfecto, un monarca máximo: cuarenta años reinó, sin desperdiciar uno tan solo, y obró más que cuarenta reyes juntos», o la 301b. Véase, además, la glosa de Ángel Ferrari a este pasaje de la *Agudeza* en *Fernando el Católico en Baltasar Gracián*, págs. 406-407.

[5] El dicho del galante español lo recoge Juan Rufo: «Decía un caballero que cierto Cardenal salió quejosísimo de una gran señora, porque, al visitalla, anduvo muy limitada en las cortesías. 'De esa manera —respondió al que lo contaba—, él entró Cardenal y salió postema'» *(Las seiscientas apotegmas...,* núm. 425, pág. 151).

[6] Marcial, *Epigrammata*, I, c.

[7] «Thedorus Gadareus Tiberii in rhetoricis praeceptor, animadvertens in puero sanguinarium ingenium sub specie lenitatis latitans, subinde inter obiurgandum appellavit illum [...] lutum sanguine maceratum» (Erasmo, *Apophthegmata*, lib. V, Tiberius Caesar, 9, pág. 431).

[8] Creo que era San Agustín quien apellidaba de forma parecida a la Virgen («formam Dei»), aunque no es descabellado que la obra se atribuya a San Ambrosio, puesto que forma parte de las piezas de atribución dudosa: «Si

199

A Pompeyo llamó Marcial «frente coronada», y a Cicerón, «boca laureada de Roma»:

> *Illud laurigeros ageres cum laeta triumphos,*
> *Hoc tibi, Roma, caput cum loquereris erat*[9].

De la gran ciudad de Hormuz se dixo que, si el mundo fuera un anillo, ella fuera la piedra preciosa dél. De Santa Teresa dixo don Luis de Góngora:

> *... En pocos años*[10]
> *Tantas fundaciones dexa,*
> *Quantos passos da en España,*
> *Orbe ya de sus estrellas*[11].

Los sentenciosos merecen todo aprecio. La hermosura sin honestidad dixo Jacob Almançor que era vianda sin sal[12]. Rufo la llamó «flor pisada»[13]. Las palabras dixo un Filósofo

---

matrem Gentium dicam, praecedis. Si formam Dei appellem, digna existis. Si dominam Angelorum vocitem, per omnia esse probaris» (San Agustín, «Sermo CCVIII: In festo Assumptionis B. Mariae», en *Sermones suppositii de Sanctis, PL*, XXXIX, col. 2131). Para otras atribuciones, véase también *PL*, XXX, col. 149: «Si matrem vocem gentium, praecellis: si formam Dei appellem, digna existis» (de San Jerónimo, aunque con muy serias dudas).

[9] Marcial, *Epigrammata*, III, lxvi. Dado que Gracián lo cita completo en el discurso XIV, remito al lector a la nota correspondiente para el contraste entre las dos versiones.

[10] años H: años años

[11] Pertenecen estos versos al romance I de los «Romances sacros» en la ed. de Vicuña (fol. 112r; ed. Carreño, núm. 69, pág. 366, «En la Beatificación de Santa Teresa», vv. 33-36. El v. 33, completo, dice así: «Baxa, pues, y en pocos años»).

[12] No es eso exactamente lo que decía Jacob Almanzor, según recuerda Giovanni Botero en sus *Detti memorabili di Personaggi illustri* («Iacob Almanzor, re d'Africa e di Spagna, teneva questi detti scritti sopra la sua sedia reale: [...] La donna che non ha vergogna [è simile] alla vivanda che non ha sale», pág. 73). Es bastante probable, con todo, que Gracián esté contaminando con *Las seiscientas* de Rufo (cfr. la nota siguiente). El jesuita volverá a mencionar este personaje en el discurso XXIII (y véase *El Héroe*, IV, pág. 249b).

[13] «También dijo que la hermosura sin honestidad es como jardín sin agua, o como flores pisadas» (Rufo, *Las seiscientas apotegmas...*, núm. 593, página 206).

que eran sombra de los hechos[14]; las leyes, Anacarsis, telas de araña[15]. A la hermosura apodó la Reyna Católica doña Isabel «carta de recomendación»[16]; y la almoada, [uno][17], «Sibila muda»[18].

Los satíricos son plausibles. A un rico llamó Sócrates *Aureum mancipium*[19]. De un Avaro dixo uno que su bolsa

[14] El filósofo es Demócrito, a quien se lo atribuye en el discurso XXXV (véase allí la nota).

[15] «Huic illud quoque tribuitur multo vulgatissimum: Leges aranearum telis esse similes, in quibus infirmiora animalia haererent, valentiora perrumperent. Ita leges humiles ac tenues constringunt, a potentibus impune violantur» (Erasmo, *Apophthegmata*, lib. VII, Anacharsis scytha, 22, pág. 560. A veces se atribuye el dicho a Solón: «Huic attribuunt et illud longe celebratissimum 'leges aranearum telis esse similes' quanquam idem et aliis adscribitur, nominatim Anacharsidi» *(ibid.*, lib. VII, «Solon Salaminius», 5, pág. 545; y atribuido al de Salamina viene en la *Silva* de Mexía, IV, x, vol. II, pág. 396).

[16] «Decía la reina [Isabel] que el que tenía buen gesto llevaba carta de recomendación» (Melchor de Santa Cruz, *Floresta española de apotegmas*, II, i, 15, pág. 37). En realidad, la Reina Católica no hacía otro que parafrasear al Estagirita (o a Diógenes, según versiones): «Puchritudinem dicebat quavis epistola efficaciorem ad commendationem. Sunt qui hoc adscribant Diogeni» (Erasmo, *Apophthegmata*, libr. VII, «Aristóteles», 15, pág. 578; véase también la nota de Chevalier-Cuartero en la *Floresta*, que lo registran también en Guicciardini, pág. 37, y en otros autores, págs. 357-358, entre los cuales Publilio Siro, «Formosa facies muta commendatio est», *Sententiae*, 169, en *Aurea Dicta*, pág. 89). Bonifacio Zamora recogió en un artículo el pensamiento de Gracián sobre la reina («¿Qué dice el Padre Gracián de la Reina Isabel?»), recordando este pasaje de la *Agudeza* (pág. 733), aunque se deja otros (véase el disc. XVIII del *Arte)*.

[17] M L: y la almoada H: y a la almohada. Dado que esta cita es de Juan Rufo, y no de la Reina Católica (como quiere M), es muy probable que el texto se encuentre deturpado. La frase completa debería decir algo así como «y otro, de la almoada...». O «y a la almohada, uno, Sibila muda», que es como lee la segunda redacción (pág. 304), y la lección que adopto aquí.

[18] «Tratándose de los oráculos que antiguamente respondían y de las sibilas, que fueron tan sabias y profetisas, dijo que 'había siempre una muda en el mundo, y de las que mejores consejos y respuestas habían dado'. Preguntado quién era, dijo 'que el almohada'» (Juan Rufo, *Las seiscientas apotegmas*, núm. 675, págs. 232-233). Véase *Oráculo*, 151, pág. 184, donde se enuncia en los mismos términos que en el *Arte*, y se glosa convenientemente.

[19] «Idem [Sócrates] conspiciens praedivitem quendam sed indoctum, 'Ecce, inquit, aureum mancipium'. Indoctus servus est et cupiditatum et eorum quae possidet» (Erasmo, *Apophthegmata*, lib. VIII, 56, pág. 629).

era boca de infierno[20]. A un mentiroso llamó Rufo mentiroso trilingüe, y a uno que tenía muchos nombres «don Ledanía»; a un hablador muy necio, «cascabel de plomo»[21].

Los juiciosos son admirados por su profundidad. Al Fisco Real llamó Traxano «el baço de la Monarquía», que, quanto más engorda él, enflaqueze más ella[22]. A los palos de la horca llamava Luis Undézimo «puntales de la República». A la necessidad apodó uno «sexto sentido»[23]. A España, un político, «boca del mundo», que traga el oro y la[24] plata de las Indias, quedándose con solo el gusto y dando a todas las demás Provincias el provecho.

Son estas semejanças breves grande ornato del estilo, perfección de la eloqüencia, que van dando vida[25] a las palabras. ¿Qué mejor se pudo dezir de lo que dixo este antiguo?:

---

[20] No es otro que Juan Rufo, de quien recogerá más apotegmas a continuación, citándolo ya: «A un avariento dijo: 'Vuestra bolsa tiene boca de infierno, porque en entrando el dinero en ella, *nulla est redemptio*'» (Rufo, *Las seiscientas apotegmas...*, núm. 217, pág. 83).

[21] «No sabía un hombre hablar verdad, y, sin la lengua materna, había aprendido curiosamente griego y latín, por el cual dijo 'que era mentiroso trilingüe'». «Nacióle un hijo muy deseado a un señor, y púsole tres nombres de santos porque se lograse. Sabido lo cual, dijo: 'Mejor fuera llamalle Ledanía'». «A un chocarrero viejo y pesado en cuanto decía, le dijo 'que era cascabel de plomo'» (Juan Rufo, *Las seiscientas apotegmas...*, núms. 650, 687 y 351, respectivamente, págs. 226, 236 y 129).

[22] Es Erasmo una vez más quien recuerda en los *Apotegmas* que Trajano decía que «Fiscum esse lienem, quod eo crescente, reliqui artus contabescant» (lib. VIII, Traianus, 1, pág. 629). Pero no se olvide que el emblema CXLVI de Alciato, «Opulentia tiranni, paupertas subiectorum», lleva la siguiente glosa: «Humani quod splen est corporis in populi re. Hoc Caesar fiscum dixerat esse suum. Splene aucto reliqui tabescunt corporis artus, Fisco aucto arguitur civica pauperies» (pág. 188).

[23] Son legión los autores que hablan de los cinco sentidos, desde el Estagirita a Plutarco de Queronea hasta los coetáneos de Gracián, pasando, por citar sólo un caso, por los Lucidarios (véase ed. Kinkade, págs. 150 y ss.). Incluso hay quien habla de seis, pero ese sexto suele ser la razón (así Marsilio Ficino, *De amore*, quien la coloca junto a los cinco clásicos, pág. 87), aunque es innegable que lo de la necesidad es mucho mejor.

[24] H *om.* «la»

[25] vida H: cita

202

Cerró airada la ventana,
Y al Moro el cielo que tiene[26].

Ingeniosamente, como siempre, apodó Marcial la mano
de Cévola en el fuego:

Aspicis ut teneat flammas, poenaque fruatur
Fortis, et atonito regnet in igne manus?
Ipse sui spectator adest, et nobile dextrae
Funus amat; totis pascitur ille sacris[27].

---

[26] Wardropper *(Baltasar Gracián's Two Interpretations...)* remite a un romance anónimo («Por la plaza de San Lúcar»).
[27] «Qui nunc Caesareae lusus spectatur harenae, / temporibus Bruti gloria
summa fuit. / aspicis ut teneat flammas poenaque fruatur / fortis et attonito
regnet in igne manus! / ipse sui spectator adest et nobile dextrae / funus
amat: totis pascitur illa sacris» (Marcial, *Epigrammata*, VIII, xxx, 1-6).

De los Conceptos de Paridad

El segundo orden de Conceptos que se levanta sobre este fundamento de semejança es el de las comparaciones: de tan grande artificio, que puede ladearse[1] con la más agradable sutileza.

Pero no qualquiera comparación incluye agudeza, sino aquella a quien da pie la conformidad y semejança de alguna circunstancia especial, como es una rara contingencia. Careó Marcial el prodigioso sucesso del León de César con el del Águila de Júpiter, y contrapuso assí en lisonja del gran dueño:

Aethereas Aquila puerum portante per auras,
Illaesum timidis vnguibus haesit onus:
Nunc sua Caesareos exorat praeda Leones
Tutus et ingenti ludit in ore lepus.
Quae maiora putas miracula? Summus vtrisque
Autor adest: haec sunt Caesaris, illa Iovis[2].

---

[1] Ladear es «mover alguna cosa, torciéndola e inclinándola a un lado u a otro», señala *Auts.*, que indica a su vez que se emplea como verbo recíproco. Aquí vale por 'colocarse al lado', aunque traslaticiamente significa también «inclinarse al dictamen, opinión o partido de alguno», sentido que no es del todo descartable en este pasaje. Comp. *El Político:* «Es la capacidad la otra columna que, ladeada del valor, aseguran entrambas la reputación» (pág. 290a).

[2] Se trata de uno de los primeros epigramas de Marcial (I, vi), que Gracián transcribe completo, con las siguientes variantes, amén de la puntuación,

En esta contingencia que da pie a la semejança está la Agudeza; porque sin ella no fuera Concepto, sino una comparación Retórica. Reálzala esto a ser sutileza y objeto de mayor Arte[3].

De la uniformidad de palabras en el nacimiento del Bautista con el de Christo —pues dize: *Elisabet impletum est tempus pariendi*[4]; y de María: *Impleti sunt dies vt pareret*[5]—, concluyó Andrada la misteriosa Paridad entre el Señor y su Precursor.

La correspondencia del nombre, ayudada de algo más, da pie con grande[6] sutileza al careo. Assí don Luis de Góngora cantó de Santa Teresa:

> *Tanto, y tan bien escrivió,*
> *Que podrá correr parexas*
> *Su espíritu con la pluma*
> *Del Prelado de su Iglesia.*
> *Pues Abulenses los dos,*
> *Ya que no iguales en letras,*
> *En nombre iguales: él fue*
> *Tostado, y Aumada ella[7].*

El término de la comparación ha de ser sublime, y quando el fundamento de la conformidad la[8] favorece, haze un Concepto de primera classe. Tal fue este a don Jayme el Conquistador, del Dotor Juan Francisco Andrés, insigne Historiador de Aragón, porque no le falte nunca a este Augusto Rey-

---

que corrijo sin indicación alguna: lín. 1. Aethereas: Aetherias; Aquila: aquila; lín. 3. Leones: leones; lín. 6. Autor: auctor.

[3] H *om.* «Reálzala esto ... mayor Arte»

[4] *Lc.*, 1, 57.

[5] *Lc.*, 2, 6.

[6] grande H: gran

[7] VV. 41-48 del Romance gongorino a la Beatificación de Santa Teresa ya citado por Gracián en el discurso anterior (ed. Vicuña, fol. 112v; ed. Carreño, núm. 69, pág. 368; v. 48: Tostado, y Aumada ella: Tostado, Ahumada ella).

[8] H *om.* «la»

no un Zurita[9], cuya memoria la renueva. Dize, pues, en sus *Elogios a los Reyes de Aragón*, con igual eminencia en el verso que en la prosa:

> *De la suerte que el César escrivía,*
> *Depuesto de la mano el duro azero,*
> *Las vitorias y triunfos de aquel día;*
> *Assí, el Conquistador Jayme primero*
> *No sólo le igualó en la valentía,*
> *Pero en ser Coronista verdadero,*
> *Dudando a qué devamos mayor gloria:*
> *A sus hazañas o a su docta Historia[10].*

La correspondencia en empleos y el martirio en las Cortes de la Fe de los dos insignes Mártires Levitas contrapuso ingeniosa y gravemente san León Máximo: *Leviticorum luminum coruscante fulgore, quam clarificata est Hierosolima Stephano, tam illustris fieret Roma Laurentio[11].*

---

[9] Jerónimo Zurita y Castro, historiador, nacido, claro, en Zaragoza en 1512 y fallecido en 1580. Autor, entre otras obras, de los *Anales de la Corona de Aragón*. Véase D. J. Dormer, *Progresos de la historia en el reyno de Aragón y elogios de Gerónimo Zurita* (Zaragoza, 1680).

[10] Esta mención de Gracián era uno de los dos únicos testimonios que quedaban de este poema (el otro era la estrofa dedicada a Juan II que el mismo Uztarroz copió en el extracto que hizo del *Arte de trovar* de Enrique de Villena) hasta que Aurora Egido editó el ms. 17.574 de la BNM. En la ed. citada de los *Retratos de los Reyes de Aragón*, la octava ocupa los versos 345-352 del poema (pág. 28, con ciertas variantes, v. 5 No sólo le igualó: No sólo le imitó). Como anota A. Egido, para Gracián era fundamental equilibrar el sujeto y el estilo empleado en describirlo. En el ejemplo aquí citado, «la ecuación entre los términos comparativos es perfecta. A los ojos del jesuita, Uztarroz [...] había conseguido el decoro, dando a Jaime I el equivalente adecuado del héroe docto: César» (introd., pág. 8).

[11] «Gaudeamus igitur, dilectissimi, gaudio spiritali, et de felicissimo inclyti viri fine gloriemur in Domino, qui est mirabilis in sanctis suis, in quibus nobis et praesidium constituit et exemplum; atque ita per universum mundum clarificavit gloriam suam, ut a solis ortu usque ad occasum, leviticorum luminum coruscante fulgore, quam clarificata est Jerosolyma Stephano, tam illustris fieret Roma Laurentio» (San León, «Sermo LXXXV [Al. LXXXIII]», *PL*, LIV, col. 437). De San Esteban, el primero de los mártires, ya quedó nota en el discurso VIII. Para San Lorenzo, asado a la parrilla en Roma el 10 de agosto del 258, víctima de la persecución de Valeriano, cfr. B. P. Kirsch, «St. Lawrence».

Quantos más son los fundamentos de la Paridad, dan más realzes al Concepto. Assí don Luis de Góngora formó agradable competencia entre el Salomón de España y el de Israel, por su saber y sus Templos:

> *Perdone el tiempo, lisonjee la Parca*
> *La beldad desta octava maravilla,*
> *Los años deste Salomón Segundo*[12].

Quando la comparación toma pie de alguna contingencia es la más plausible. Assí el agudo universal, el aborto de la fiera en el anfiteatro, dando la vida al hijuelo por la misma herida que la perdía la madre, lo comparó al nacimiento de Baco, y añadiendo a la Agudeza la moralidad, le llamó fiera:

> *Inter Caesareae discrimina saeva Dianae*
> *Fixisset gravidam cum levis hasta suem,*
> *Exiliit partus miserae de vulnere matris.*
> *O, Lucina ferox, hoc peperisse*[13] *fuit?*
> *Pluribus illa mori voluisset saucia telis,*
> *Omnibus vt natis*[14] *triste pateret iter.*
> *Quis neget esse satum materno funere Bacum?*
> *Sic genitum numen credite: nata fera est*[15].

Eclipse el de Marcial, por el objeto y por el Concepto, este otro del Máximo, Heroico y Santíssimo Padre Urbano Octavo, señor nuestro, en quien la sutileza de su ingenio fue realze al decoro de sus graves prendas. Contrapuso al Arco celestial el anillo de la Madre de Dios, que atesora la Ciudad de Perusio:

---

[12] Es el terceto final del Soneto «Al Escorial», que comienza «Sacros, altos, dorados capiteles» (ed. Vicuña, fol. 8v; ed. Millé, págs. 460-461).

[13] peperisse L: peperisset

[14] natis L: nati

[15] Se trata de uno de los epigramas contenidos en el *De spectaculis liber* (14, o 12, según numeraciones) de Marcial, que Gracián transcribe aquí al completo, con las siguientes variantes: lín. 3 exiliit: exuluit; lín. 7 neget: negat; Bacum: Bacchum.

> *Imbriferis arcus fulgens in nubibus Orbem;*
> *Effera diluuii damna timere vetat.*
> *Sic Deus omnipotens voluit: decus, anule, maius*
> *Est tibi, quem suplex vrbs Perusina colit.*
> *Es gemino constans arcu foelicior index:*
> *Nam peragit Virgo nupta salutis opus,*
> *Virgineo terrae coniungens foedere*[16] *coelum.*
> *Hac duce non pelagi, non Stygis vnda nocet*[17].

Esto es lo que toca al fundamento de las comparaciones. En el modo de levantarlas ay su artificio y gracia, unas vezes adelantando el un estremo al otro, dando la razón sutil del excesso. Assí, el mismo Marcial encareció la maldad de Antonio en matar a Cicerón, sobre la de Fotino, el que cortó la cabeça al gran Pompeyo, diziendo que este executó tal atrocidad por dar gusto a otro; pero Antonio a sí mismo:

> *Par scelus admissit Phariis Antonius armis,*
> *Abscidit vultus ensis vterque sacros.*
> *Illud laurigeros ageres cum laeta triumfos,*
> *Hoc tibi Roma caput cum loquereris erat.*
> *Antonii tamen est peior, quam causa Fotini,*
> *Hic facinus Domino praestitit, ille sibi*[18].

---

[16] H *om.* «foedere»

[17] Se trata de una composición íntegra de Maffeo Barberini, el Papa Urbano VIII, que lleva por título «De pronubo Deiparae Virginis Annulo, qui Perusiae religiosissime asseruatur», incluida en sus *Poemata*, pág. 228 (con variantes, lín. 7 coelum: caelum). No es extraño que Gracián mencione a Urbano VIII en el *Arte* como ejemplo: los socios de la Compañía debían tenerlo bien presente, dado que comenzó su pontificado en 1623 confirmando las Bulas de las canonizaciones de San Felipe Neri, Ignacio de Loyola y San Francisco Javier, iniciadas por Gregorio XV. Él mismo canonizó a otros jesuitas, como F. Borgia, en 1624 (Michael Ott, «Pope Urban VIII»).

[18] «Par scelus admisit Phariis Antonius armis: / abscidit vultus ensis uterque sacros. / illud, laurigeros ageres cum laeta triumphos, / hoc tibi, Roma, caput, cum loquereris, erat. / Antoni tamen est peior quam causa Pothini: / hic facinus domino praestitit, ille sibi». Se trata de un epigrama de Marcial (III, lxvi, 1-6), que Gracián transcribe completo, y que ya había citado parcialmente en el discurso XIII.

Conceder Paridad en lo menos por concluir excesso en lo más tiene su agradable delicadeza. Cantó don Luis de Góngora de tres hermanas en todo:

> *Las gracias de Venus son,*
> *Aunque dize quien las ve*
> *Que las gracias solamente*
> *Las igualan en ser tres[19].*

Acontece tal vez no estar del todo formada la correspondencia para la Comparación, y entonces se muestra el arte en valerse de aquella falta para mayor agudeza, diziendo condicionalmente: «Si esto fuera assí, fuera estotro», como dixo el Cordovés Jurado:

> *Entró donde en mármol Pario*
> *Pensara ver, por Lisipo,*
> *Un Ángel, si de los ojos*
> *No le descendiera un Nilo[20].*

También es grande sutileza acabar de ajustar la correspondencia, que es Agudeza doblada. Assí aquel Autor no conocido, porque aspirasse a sobrehumano su pensamiento a una Madre y a un Hijo, a quienes faltava a entrambos la mitad de la vista, dixo: «Niño, dale a tu Madre tu vista, y assí tú quedarás ciego amor, y ella Venus»[21]:

> *Lusce puer Luscae lumen concede Parenti,*
> *Sic tu[22] caecus Amor; sic erit illa Venus.*

Otras vezes se da por razón el faltar la conformidad, para que no igualasse el un estremo al otro. Desta suerte aquel

---

[19] Vv. 5-8 del romance gongorino «Las tres Auroras que el Tajo», que no incluye Vicuña. Según indica Carreño (núm. 88, «De las señoras Doña Francisca y doña Margarita de Tabora y doña María Cotiño», págs. 459 y ss.), lo publica por vez primera Hozes.

[20] Versos 1171-1174 del «Romance de los Comendadores» de Juan Rufo (*Las seiscientas apotegmas y otras obras en verso*, pág. 278).

[21] H *om.* «Niño, dale ... y ella Venus»

[22] tu H: ut

que fue Vega fertilíssima inundada de los raudales[23] Aonios cantó de un Carlos, y pudiera de dos, juntando la comparación con el reparo:

> *Término breve y succinto*
> *Quiso el cielo que viviesse,*
> *Porque otro Carlos no huviesse*
> *Que igualasse a Carlos Quinto*[24].

Por grande que sea el término de la comparación, no se admite tal vez, sino que se le concede algún assomo de igualdad, que es grande encarecimiento, como este:

> *Quien ve quál os hizo Dios,*
> *Y ve otra muy hermosa,*
> *Parece que ve una cosa*
> *Que en algo quiso ser vos.*
> *[...]*
> *Mostróse en vos tan sutil*
> *Naturaleza, y tan diestra,*
> *Que una sola facción vuestra*
> *Hará hermosas a cien mil*[25].

---

[23] raudales L: rauales

[24] Se encuentra entre los «Epitafios fúnebres a diversos sepulcros» incluidos en las *Rimas* de Lope de Vega *(Obras poéticas*, pág. 244). La primera parte de la composición ya quedó citada en nota al disc. IX (véase allí).

[25] Versos cantados por Arsileo en el libro tercero de *La Diana* de Jorge de Montemayor, y que comienzan «Alcé los ojos por veros» (pág. 152), con una salvedad: Gracián debía estar recordando de memoria, porque el primero de los fragmentos citados es posterior en *La Diana*. El último verso difiere: «hará hermosas cien mil». El telón de fondo, como anota Juan Montero, es el tópico de la dama como obra maestra de Dios *(ibid.*, nota 86). Por otra parte, bien pronto volverá a mencionar esta composición (véase el discurso XVI).

Discurso XV

De la Agudeza de Disparidad

Todo gran Ingenio es ambidextro[1]: gran destreza es discurrir a dos vertientes, y donde la ingeniosa comparación no tuvo lugar, dar por lo contrario y levantar la Disparidad sutil. Fórmase al contrario de la comparación: esta tiene por fundamento la conformidad de adjuntos y circunstancias de los estremos; aquella, la diferencia. Fue grande la de San León entre los dos Fundadores de Roma gentil, Rómulo y Remo, y los dos de la Roma Christiana, San Pedro y San Pablo: «Aquellos —dize— te hizieron Maestra del error; estos, discípula de la verdad. Aquellos assentaron en ti la silla del Imperio de la tierra, y estos, la del Reyno del cielo. Manchó tus fundamentos uno de aquellos con la fraterna sangre; estos los amasaron con la de entrambos.» *Isti enim sunt viri per quos tibi Evangelium Christi Roma resplenduit, et quae eras Magistra erroris facta es discipula veritatis. Isti sunt Patres tui, verique[2] pastores, qui te regnis celestibus inferendam multo melius, multoque facilius condiderunt, quam illi, quorum studio prima moenium tuorum fundamenta locata sunt: ex quibus, is qui tibi nomen dedit fraterna te cede foedavit[3].*

---

[1] M: ambridextro. Corrijo la errata de acuerdo con el diccionario y con la segunda redacción (pág. 103).
[2] verique L: veritque
[3] Con pequeñísimas variantes, pertenece, en efecto, al sermón LXXXII (Al. LXXX) de San León Magno: «Verumtamen hodierna festivitas, praeter

De la oposición de los efectos se saca con grande Agudeza la de las causas. Assí Plinio ponderó en su *Panegiri* el entrar Traxano triunfando[4] en Roma a pie, y rodeado de sus Romanos, quando los otros Césares solían entrar en carroças triunfales tiradas de fieras, y a vezes de hombres. «Esto sí —dize— que no es triunfar de la paciencia de los Ciudadanos, sino de la sobervia de tus antecessores.» *Priores invehi importarique solebant, non dico quadriyugo[5] curru et albentibus equis, sed humeris hominum, quod arrogantius erat. Tu sola corporis proceritate elatior aliis, et excelsior, non de patientia nostra quemdam triunfum, sed de superbia Principum egisti[6].*

De la diferencia del nombre con estremada sutileza sacó la contrapuesta disparidad San Bernardo entre Eva y la verdadera Madre de los vivientes; porque Eva, leído al revés, dize el Ave de María[7].

Sobre la uniformidad del nombre levantó con grande Agudeza Patérculo la antítesi en los hechos, quando dixo: «El primero de los Cipiones abrió el camino a la potencia de los Romanos, y el segundo a su flaqueza.» *Potentiae Ro-*

---

illam reverentiam quam toto terrarum orbe promeruit, speciali et propria nostrae urbis exsultatione veneranda est: ut ubi praecipuorum apostolorum glorificatus est exitus, ibi in die martyrii eorum sit laetitiae principatus. Isti enim sunt viri per quos tibi evangelium Christi, Roma, resplenduit; et quae eras magistra erroris, fasta es discipula veritatis. Isti sunt sancti patres tui verique pastores, qui te regnis coelestibus inserendam multo melius multoque felicius condiderunt, quam illi quorum studio prima moenium tuorum fundamenta locata sunt: ex quibus is qui tibi nomen dedit fraterna te caede foedavit» *(PL,* LIV, cols. 422-423).

[4] H *om.* «triunfando»

[5] quadriyugo L: quadriguo. M también lee «quadriguo», pero en la «Fe de erratas» se indica que debe corregirse de la manera en que aparece en el texto.

[6] Plinio, *Panegyricus,* 22, 1. La cita es correcta, con pequeñas variaciones ortográficas.

[7] El juego de palabras es bien conocido. Aunque no la enuncia como Gracián, varias veces se acerca San Bernardo a esta cuestión *(Homilías sobre el «Missus est»,* II, 3, pág. 527; III, 7, pág. 541; *Sermones de Santos,* «En el domingo infraoctavo...», pág. 623; y por supuesto en el *De aqueductu,* de donde saco: «No ignoráis a quién fueron dirigidas estas palabras: *Dios te salve, llena de gracia.* [...] Quizá para que Eva pudiera justificarse por medio de su Hija, y cesara ya la queja del hombre contra la mujer», págs. 1467-1468).

manorum primus Scipio viam apperuerat: Luxuria posterior apperuit[8].

En el modo de formar la disparidad ay también su variedad artificiosa. Levantar un estremo a carearle con otro, y después aquel primero posponerle a otro tercero, que es el principal sujeto del encomio, es un sutilíssimo primor desta especie de Agudeza. Assí Marcial, aviendo careado el Palacio del César con el de Júpiter, concluye que con ser tan grande, aún no es igual al dueño:

> *Haec, Auguste, tamen, quae vertice sydera pulsat,*
> *Par domus est coelo, sed minor est Domino*[9].

Tomar pie de la misma contingencia para ajustar el sujeto con uno y desemejarle con otro, es relevante sutileza en este género de concepto. El Jurado de Córdova, aviendo cegado el Conde de Cifuentes, niño muy agraciado, dixo:

> *Sin duda que el cielo quiso,*
> *De piadoso y prevenido,*
> *Hazer al Conde Cupido*
> *Porque no fuera Narcisso*[10].

Hállanse Disparidades dobladas por una parte y por otra, con todos los estremos. Desta suerte dixo Veleyo de Homero que ni tuvo antes de sí a quien poder imitar, ni después de sí quien pudiesse imitarle: *Deinde Homeri illuxit ingenium, in quo*

---

[8] Veleyo Patérculo, *Historiae Romanae*, II, i, 1 (primus: prior; luxuria: luxuriae).

[9] Se trata del final del epigrama 36 del libro VIII de Marcial (versos 11-12), con ligeras variaciones ortográficas.

[10] «Cegó de tierna edad el Conde Cifuentes, y, con faltalle sentido tan importante, quedó tan gentilhombre, aseado y de buen aire, que templaba en parte con la maravilla desto la lástima de velle assí. Tratándose, pues, un día de cuán galán y de buen arte era, y de la secreta causa porque Dios había permitido que tan lindo mochacho careciese de vista, respondió: 'El cielo, sin duda, quiso / de piadoso y prevenido / hacer al conde Cupido / porque no fuese Narciso'» (Rufo, *Las seiscientas apotegmas...*, núm. 43, págs. 26-27).

hoc maximum est, quod neque; ante illum, quem ille imitaretur, ne-
que post illum, qui eum mitari[11] *posset inventus est*[12].

El mixto de paridad y disparidad, con su agradable antítesi, es el último primor deste artificio. Dixo Marcial de Levi-
na, castíssima antes y después adúltera: «Fue Penélope, y bolvió Elena».

> *Casta nec antiquis cedens Levina Sabinis*
> *Et*[13] *quamvis tetrico tristior ipsa viro,*
> *Dum modo Lucrino, modo se permittit Averno,*
> *Et dum Baianis saepe fovetur aquis,*
> *Incidit in flammas: iuvenemque secuta relicto*
> *Coniuge Penelope venit, abit Elene*[14].

Esta Agudeza contiene este Soneto de don Miguel de Ribellas[15], Cavallero Valenciano, Poema digno de eterno aprecio, al Príncipe de los Arcángeles:

> *Gallardo Capitán que, armado de oro,*
> *Con la lanza fatal puesta en la mano,*
> *Pisas el cuello del feroz tirano*
> *Que a su Rey y a su Dios perdió el decoro.*
> *El pie sagrado con respeto adoro,*
> *Que assí castiga el loco intento vano,*
> *Y en el divino alcáçar soberano*
> *Tiene el primer lugar del primer coro.*
> *Postraréme a tus pies con tu licencia,*
> *Y allí do está Luzbel preso y tendido,*
> *Juntos los dos haremos penitencia;*

---

[11] mitari H: imitaret
[12] «Clarissimum deinde Homeri inluxit ingenium, sine exemplo maximum, qui magnitudine operis et fulgore carminum solus appellari poeta meruit; in quo hoc maximum est, quod neque ante illum, quem ipse imitaretur,
neque post illum, qui eum imitari posset, inventus esset» (Veleyo Patérculo,
Historiae Romanae, I, v, 1-2).
[13] ET H: e
[14] Marcial, *Epigrammata*, I, lxii (completo).
[15] Ribellas L: Rebillas

> *Que si al mismo Señor tengo ofendido,*
> *No queda entre Él y mí más diferencia*
> *De estar Él pertinaz, yo[16] arrepentido.*

Levantar el un estremo y después anteponerle el otro es Arte de ingeniosíssima Disparidad. Desta suerte dixo Ausonio del Emperador Traxano:

> *Quem fateare[17] bonum, difiteare parem[18].*

---

[16] yo L: y yo
[17] fateare H: fatere
[18] «Adgreditur regimen viridi Traianus in aeuo, / belli laude prior, cetera patris habens. / Hic quoque prole carens sociat sibi sorte legendi, / quem fateare bonum, diffiteare parem» *(Ausonii... Opuscula,* «De XII Caesaribus», XIV, Traianus, pág. 208).

215

De las Transmutaciones

Esta especie de Conceptos es de las más agradables que se observan. Consiste su artificio en transformar un sucesso y convertirlo en lo[1] contrario de lo que parece: obra grande de la inventiva y una como tropelía[2] del ingenio. Desta suerte el Gran Capitán, de ingenio igual a su valor[3], aviéndose pegado fuego a la pólvora al començar aquella memorable batalla de la Chirinola, animó a sus gentes, diziendo que no era desgracia, sino luminarias[4] anticipadas de la cierta vitoria[5].

---

[1] H *om.* «lo»

[2] Es «aceleración confusa y desordenada», pero se toma también por «atropellamiento, o violencia en las acciones» *(Auts.)*, que parece cuadrar más aquí.

[3] Parece que Gracián admira al Gran Capitán, como quedó patente en la cita que de él hizo en el discurso XIII, pero al hablar de su valor y agudeza (al fin y al cabo, también era cordobés) no hace sino seguir la estela de los biógrafos del ilustre soldado. Paulo Giovio, por ejemplo, dice que, amén de las virtudes que se le suponen a todo soldado, «tenían por averiguado que por una escondida fuerça de excelente ingenio, adevinava muchas vezes las cosas que estavan por venir» *(La vida y chrónica de [...] el Gran Capitán,* fols. XXXVI-XXXVII).

[4] «La luz que se pone en las ventanas, en las torres y calles, en señal de fiesta o regozijo público» *(Auts.,* s. v.). Cfr. *El Político,* «Las luminarias de su nacimiento fueron rayos de las bombardas...» (pág. 279a).

[5] Frente a los textos que aduce Correa (I, pág. 179), creo que Gracián arranca de Paulo Giovio, pero no de *La vida y chrónica de [...] el Gran Capitán* (que también lo cuenta, cfr. fol. XLVIv), sino de la versión que este mismo da en *De todas las cosas succedidas en el mundo:* «Entonces, Gonçalo Hernández,

Y aunque en este linage de Conceptos campea más la sutileza que la verdad, con todo esso se requiere algún fundamento, esto es, alguna conformidad y como apariencia[6] con aquel otro estremo en que se transforma; de suerte que el sucesso tenga algún género de equivocación, y este a dos luzes. Assí César, cayendo al saltar del baxel en África, corrigió el agüero, diziendo: «Teneo te, Affrica»[7]. No ha sido caer, sino tomar possessión.

Algunas vezes no se transforma el mismo sucesso, sino sus causas, prohijándole a otras de las que parecían. Estávase armando el animoso Conde de Cabra para entrar en la batalla, y començó a temblar; admirados de la novedad sus Cavalleros, les dixo: «No es de[8] temor, no, sino de esfuerço. Temen las carnes del estrecho en que las ha de empeñar el coraçón»[9].

Otras vezes se convierten los efectos y los fines en los contrarios de los que se pretendían. Diziendo Adriano Sexto que

mandando que cargassen y tirassen otra vez el artillería, díxole con mucha pena Leonardo de Aleze: 'Señor, todos los barriles de pólvora se han abrasado, no se sabe si a caso o con malicia'. '¡O, qué buen agüero oygo! —dixo no turbándose Gonçalo Hernández— porque no nos pueden dezir cosa tan alegre como que ya ay luminarias de nuestra victoria'» (fol. 62v). Está también en la *Floresta española de apotegmas* de Melchor de Santa Cruz (II, iii, 8, página 66).

[6] Para la noción de apariencia, aunque referida a otras obras del jesuita, véase Vladimir Jankélevitch, «Apparence et manière».

[7] «Ne religione quidem ulla a quoquam incepto absterritus unquam vel retardatus est. [...] Prolapsus etiam in egressu navis verso ad melius omine: 'Teneo te, inquit, Africa'» (Suetonio, *Vitae duodecim Caesarum*, «Divus Iulius», LIX; también en Erasmo, *Apophthegmata*, lib. IV, «Iulius Caesar», 36, página 300). Quizá Gracián andaba repasando la *Floresta española de apotegmas* de Melchor de Santa Cruz, donde una anécdota bien parecida se atribuye al Gran Capitán (II, iii, 5, pág. 66, y la nota en pág. 376) y optó el jesuita por volver al mundo clásico, lugar del que arrancó la historia de convertir el agüero malo en bueno. Para casos parecidos (Epaminondas y otro capitán anónimo) de soldados que torcieron los agüeros a su favor, véase el *Tesoro* de Covarrubias, s. v. «agüero».

[8] No es de temor L: No os dé temor. M lee en este folio lo mismo que L, pero en la «Fe de erratas» aparece la corrección.

[9] «Armándose el Conde de Cabra, don N., preguntóle un caballero que le ayudaba a armar de qué temblaba un hombre de tanto ánimo como él. Respondió: 'Temen las carnes del estrecho en que las ha de poner el coraçón'» (Melchor de Santa Cruz, *Floresta española de apotegmas*, II, iii, 9, pág. 67; y véase allí la excelente nota de Chevalier-Cuartero, págs. 377-378).

mandaría echar en el Tibre el Pasquín[10] porque no hablasse tanto, «No conviene, Santíssimo Padre, —le dixo el galante Duque de Sesa, Embaxador de España—, porque no sólo no saldrá vuestra Santidad con su intento, antes bien, convirtiéndose en rana, cantará de noche y de día»[11].

Es muy propia esta sutileza para las disculpas. Assí dixo uno:

> *Si mi pluma otras loaba,*
> *Ensayóse en lo menor,*
> *Pues todas son borrador*
> *De lo que en vos[12] trasladava[13].*

Tiene también su agradable variedad esta Agudeza, muchos y diversos modos de formarse. Convertir el objeto en su contrario es grande sutileza. Assí Plinio dixo[14] de Nerva, ponderando su grande acierto en adoptar a Traxano: «Por esso mismo fue deseado de todos, porque con tal sucessor previno el no ser deseado.» *Eo carus omnibus, et[15] desiderandus, quod prospexerat, ne desideraretur[16].*

---

[10] en el Tibre el Pasquín L: el Pasquín en el Tybre

Pasquín es «La sátyra breve con algún dicho agudo, que regularmente se fixa en las esquinas o cantones para hacerla pública. Díxose por la estatua que hai con este nombre en Roma, donde se fixan estos papeles» *(Auts.,* s. v.), aunque aquí designa al personaje que satiriza.

[11] Lo trae Botero en sus *Detti memorabili:* «Adriano VI, havendo intesso che Pasquino haveva detto [...] mal di lui, ordinò che fosse gitatto nel Tevere, e sarebbe [...] se il Duca di Sessa, Imbasciatore di Carlo V Imperatore, ritenuto non l'havesse con dire che se si gitavva nelle acque Pasquino, le rane farebbono il suo mestiere, e non finirebbono mai di cantare» (pág. 286). También en la *Floresta española de apotegmas* de Melchor de Santa Cruz (I, i, 5, pág. 8 y págs. 344-345). Para este Papa, véase Joseph Brusher, *Popes through the Ages.*

[12] vos H: voz

[13] Versos cantados por Arsileo en el libro tercero de *La Diana* de Montemayor, y que comienzan «Alcé los ojos por veros» (pág. 152). «Trasladaba» vale aquí por 'pasar a limpio', según aclara Juan Montero en nota al lugar citado.

[14] Plinio dixo L: dixo Plinio

[15] et H: atque

[16] «Ita ille nullo magis publicus parens, quam quia tuus. Ingens gloria ingensque fama: cum abunde expertus esset, quam bene umeris tuis sederet imperium, tibi terras te terris reliquit, eo ipso carus omnibus ac desiderandus, quod prospexerat ne desideraretur» (Plinio, *Panegyricus,* 10).

Convirtió el contento en pesar, con ingeniosa ponderación, el afectuoso Jorge de Montemayor, y dixo:

> *No me diste, ¡o, crudo amor!,*
> *El bien que tuve en presencia,*
> *Sino porque el mal de ausencia*
> *Me pareciesse mayor*[17].

No contentarse con transferir llanamente, sino aumentando el estremo contrario de la transmutación es mayor primor. Glosó Marcial la iniquidad de Antonio en matar a Cicerón, y dixo: «¿Qué importa poner silencio a aquella eloqüente lengua, si todos se han de hazer lenguas por él?»

> *Quid prosunt sacrae pretiosa silentia linguae?*
> *Incipient omnes pro Cicerone loqui*[18].

Por un relevante encarecimiento celebró Floro la recípro-
ca muerte de Bruto, estando dando de puñaladas a Arunte,
hijo de Tarquino. «No fue morir —dize—, sino ir persiguien-
do el adúltero hasta la otra vida.» *Donec Aruntem filium Regis
manu sua Brutus occidit; superque ipso mortuo mutuo vulnere expiravit, plane quasi adulterum ad inferos vsque sequeretur*[19].

Con otro ingenioso encarecimiento transformó don Luis
de Góngora una caída, y dixo:

> *Tropeçó un día Dantea,*
> *Ninfa del mar, por quien son*
> *Grosera la discreción*
> *Y la hermosura fea.*
> *Si es bien que caída sea*
> *Tropeçón tan a compás,*

---

[17] Se trata del comienzo de la «Canción de Diana», como ya señaló
Correa (I, pág. 184), con variante en el cuarto verso: «me pareza muy mayor»
(pág. 81).

[18] Versos 7-8 del epigrama 69 del libro V de Marcial.

[19] «Tarquinii tamen tam diu dimicaverunt, donec Arruntem filium regis
manu sua Brutus occidit superque ipsum mutuo volnere expiravit, plane quasi adulterum ad inferos usque sequeretur» (Floro, *Epitomae*, I, iv, 8).

219

A la que presume más
De hermosa y de entendida,
Darla quiso esta caída
Para dexársela atrás[20].

No sólo se transforma el sucesso ya passado, sino lo que ha de ser. Assí Marcial dixo del hijo que le avía nacido al César que, en vez de las Parcas, le avía de hilar la vida la hermosa Julia, y, en vez del vital estambre, avía de suceder el dorado vellocino de Colcos:

Nascere Dardanio promissum nomen Iulo,
Vera Deum soboles; nascere, magne puer;
Cui pater aeternas post secula tradat habenas,
Quique regas Orbem cum seniore senex.
Ipsa tibi niveo trahet aurea pollice fila
Et totam Phryxi Iulia nebit Ovem[21].

Una transmutación destas es ingeniosíssima salida de un empeño. Desta suerte Augusto transformó su ambición en templança, quando depuso los Tribunos porque avían castigado al que puso una corona a su estatua, y, escandalizándose sus cortesanos, dixo que los avía depuesto porque le avían prevenido la ocasión de despreciar aquella honra.

---

[20] Ed. Millé, núm. 201 (v. 2 por quien son: con quien son; v. 5 Si es bien que caída sea: Si caída es bien que sea; v. 6 tropeçón tan a compás: tropiezo tan a compás).

[21] Marcial, *Epigrammata*, VI, iii (completo).

De los Conceptos por Encarecimiento

Poco es ya discurrir lo possible si no se trasciende a lo impossible. Las demás Agudezas dizen lo que es; esta, lo que pudiera ser. Ni se contenta con esso, sino que se arroxa a lo repugnante.

Consiste su artificio en un encarecimiento ingenioso, devido a la ocasión, que en las extraordinarias ha de ser el pensar extraordinario; y aunque no escrupulea[1] en la verdad esta Agudeza, por tener licencia general de exagerar, con todo esso pide fundamento en que apoyarse, y que la mesma concurrencia de circunstancias dé pie para la exageración; porque sin este fundamento no sería Agudeza, sino un hipérbole Retórico sin vida de Concepto. Son los tropos y figuras Retóricas materia y como fundamento para el realze de la Agudeza, y lo que la Retórica tiene por formalidad, esta arte tiene por materia sobre que echa el esmalte[2] de sutileza[3].

---

[1] Escrupulear es lo mismo que escrupulizar: «Tener duda sobre alguna cosa, formar escrúpulo y andar inquieto, y en cierta manera titubeando y con el ánimo desasossegado» *(Auts.,* ss. vv.). Comp. *El Héroe,* I: «En este entender, ninguno escrupuleará aplausos a la cruda paradoja del sabio...» (pág. 244b). O el sermón *Circuncisión de comedias* del P. Jaime Albert: «... que siendo los actos de la comedia lícitos, no aya que escrupulear en oýrla» (fol. D2r).

[2] No es extraño que Gracián recurra a la voz esmalte, teniendo en cuenta cómo la define *Auts.* («cierta labor de diversas colores, que se hace ordinariamente sobre oro o plata sobredorada. Es obra de gran *primor,* y su materia tiene principio en el Arte de la Alchimia», la cursiva es mía). Y no se olvide que, metafóricamente, esmaltar vale también «adornar, hermosear e ilustrar» *(ibid.,* s. v.).

[3] Sobre este pasaje, cfr. Blanca Periñán, «Gracián y Freud», págs. 167-168.

Fúndase comúnmente sobre una ponderación misteriosa, dándole salida por un bien pensado encarecimiento. Fundó misterio el conceptuoso Plinio en que muriesse Nerva luego que adoptó a Traxano[4], y dixo que fue porque los Dioses le envidiaron la acción. *Dii coelo vendicaverunt, ne quid post illud divinum, et immortale factum, mortale faceret, deberi quippe maximo operi hanc venerationem; vt novissimum esset: Autoremque eius statim consecrandum; vt quandoque inter posteros crederetur, an illud iam Deus fecisset[5].*

Dóblase la Agudeza quando la ponderación y la solución son hiperbólicas[6]. Glosó desta suerte[7] don Luis de Góngora la caída que dio de un cavallo un ginete novel:

> *Cavallo que despediste,*
> *No sólo un bello Español,*
> *Mas con los Rayos del Sol*
> *La dura tierra varriste.*
> *Viste ya de plumas, viste,*
> *Que si en esso[8] no sucedes*
> *Al Ave Real, no puedes*
> *Devidamente llevallo;*
> *Que el Águila aun es cavallo*
> *Indigno de Ganimedes[9].*

Sobre el reparo se levanta con mayor delicadeza. Assí Marcial ponderó la repentina muerte de Andrágoras, diziendo que aun en sueños le mató el Médico Hermócrates:

---

[4] Traxano L: Tarxano

[5] «Audita sunt tua vota, sed in quantum optimo illi et sanctissimo seni utile fuit, quem di ideo caelo vindicaverunt, ne quid post illud divinum et immortale factum mortale faceret: deberi quippe maximo operi hanc venerationem, ut novissimum esset, auctoremque eius statim consecrandum, ut quandoque inter posteros quareretur, an illud iam deus fecisset» (Plinio, *Panegyricus*, 10, 4-5).

[6] hiperbólicas H: hiperbólicos. Esta última es la forma que aparece en el texto, aunque la «Fe de erratas» indica que debe corregirse en masculino.

[7] L *om.* desta suerte

[8] si en esso L: sin esso

[9] Ed. Millé, núm. 178, donde lleva por título «De una caída que dio de un caballo el Conde de la Oliva en un parque» (pág. 382; v. 6 si en esso: si en esto; v. 7 al Ave Real: a la ave real).

Lotus nobiscum est, hilaris cenavit; et[10] idem
Inventus mane mortuus est Andragoras.
Tam subitae mortis causam Faustine requiris:
In somnis Medicum viderat Hermocratem[11].

Quanto mayor es la dificultad del reparo, viene más naci-do[12] el encarecimiento. Dixo López de Andrade que permi-tió el cielo que los escritos de Santo Tomás tuviessen alguna contradición porque no fuessen tenidos por Canónicos. Fúndase el encarecimiento con grande Agudeza en la corres-pondencia que dize la significación del nombre: assí uno, no hurtándole[13], sino adelantándole a Ausonio el Concepto, dixo de una que se llama Gracia:

Tres fuerunt Charites; sed dum mea gratia vixit.
Quatuor: vt periit tres numerantur item[14].

A la improporción de estremos le es devido el hipérbole. Compuso un ordinario Poeta una extraordinaria comedia de un Santo, y exageró el de Córdova que era aquel el mayor milagro del Santo[15].

---

[10] et H: atque
[11] «Lotus nobiscum est, hilaris cenavit, et idem / inventus mane est mor-tuus Andragoras. / tan subitae mortis causam, Faustine, requiris? / in somnis medicum viderat Hermocraten» (Marcial, *Epigrammata*, VI, liii).
[12] Nacido «se toma algunas veces por lo que es connatural y propio de al-guna cosa, que lo tiene por sí misma, independiente de otras», pero también vale «proprio, apto y a propósito para alguna cosa» (*Auts.*, s. v.). Comp. la se-gunda redacción: «Viene más nacido el encarecimiento quando aprieta el re-paro» (pág. 137), y un poco antes: «La dificultad del reparo haze más ingenio-so el encarecimiento con que se le da salida» (*ibid.*).
[13] hurtándole L: hurtándolo
[14] Hay varios epigramas muy cercanos a este, con comienzos casi idénti-cos («Sunt Charites ternae...», «Tres Charites...», etc.) en el libro IV de la *An-thologia seu Florilegium Graecolatinum* de Jerónimo Megisero (pág. 205), pero no hay ninguno que coincida completo. Para las tres Gracias, véanse en *El Discreto* las notas 339 (pág. 308) y 410 (pág. 338) de Aurora Egido.
[15] «Un poeta de buenos deseos acertó a hacer una comedia de un santo más bien de lo que dél se podía esperar; y como en la dicha obra se fuesen contando los milagros de aquel santo, dijo: 'Uno se olvida, y no de los me-nores que él hizo'. Preguntado cuál, respondió: 'Ser buena esta comedia'» (Juan Rufo, *Las seiscientas apotegmas*, núm. 607, pág. 211).

Toda contingencia rara es lance del exagerar. Discurrió Marcial muy a la ocasión quando en el anfiteatro acometió un Tigre y despedaçó un León, diziendo que lo que no hazía en los montes hizo después que estava entre los hombres:

> *Lambere secuti dextram consueta magistri*
> *Tigris, ab Hyrcano gloria sacra iugo,*
> *Saeva ferum rabido laceravit dente Leonem:*
> *Res nova, nonnullis cognita temporibus.*
> *Ausa est tale nihil, silvis dum vixit in altis:*
> *Postquam inter nos est, plus feritatis habet*[16].

No sólo sobre los misterios y reparos, pero sobre una paridad o disparidad se levanta con sutileza la exageración. Sea la primera de don Luis de Góngora:

> *Al campo salió en Estío*
> *Un Serafín labrador,*
> *Que el Sol en su mayor fuerça*
> *No puede ofender al Sol*[17].

Sea la segunda del Cordovés Jurado, que dio este mote a un quadrillero, en unas cañas detenidas ocho días por las lluvias:

> *Por envidia que el Sol tiene*
> *A otro Sol que yo me sé,*
> *Estos días no se ve*[18].

---

[16] Se trata del epigrama 21 (o 18, según otras numeraciones) completo del *De spectaculis* de Marcial, con ciertas variantes en los dos primeros versos: «Lambere securi dextram consueta magistri / tigris, ab Hyrcano gloria rara iugo».

[17] Comienzo del Romance V de los Líricos en la ed. de Vicuña (fol. 83 v, v. 1 en estío: el estío; ed. Carreño, núm. 71, pág. 373). Vuelve a citar Gracián el mismo pasaje en el discurso XXXIX.

[18] «Concertóse en la Corte una sortija con el mayor aparato y solennidad que se ha visto, y dilatóse tantos días por causa de las grandes lluvias, que convino mudar de letras algunos aventureros, unos por mudarse la ocasión, y otros porque divulgados sus motes no llegaran al tribunal de los juezes como vestido que se envejece en casa del sastre. Llegó, en fin, el día del rego-

Fíngese con mucha gracia la circunstancia que otras vezes se supone. Assí don Luis de Góngora:

> *Pasó a un tiesto de claveles,*
> *Que, agradecido, le vi*
> *Los cristales de su mano*
> *Pagarlos en un rubí.*
> *De espacio rompía el capullo,*
> *Como temiendo salir*
> *Ante el clavel de sus labios,*
> *Dulcemente carmesí*[19].

Transformó Floro por una ingeniosa exageración la calamidad de Roma quando los Franceses, diziendo que fue examen del valor Romano para merecer el Imperio del Orbe. *Ea certe fuit vis calamitatis, vt in experimentum illatam putem divinitus; scire volentibus immortalibus Diis an Romana*[20] *virtus Imperium Orbis mereretur*[21].

Exagerar con correspondencia y proporción es sutileza de primera clase. Difería el César su entrada en Roma hasta el día. Dixo entonces Marcial: «Señor, no reparéis en que es de noche, que lo esclarecido de vuestros hechos auyentará las tinieblas.»

> *Iam Caesar vel nocte veni, sint astra, licebit,*
> *Non deerit populo te veniente dies*[22].

---

cijo, poco menos llovioso que los pasados, y estando para ponerse a caballo don Alonso Girón, le pidió que en todo caso hiciese luego un mote, y así, de improviso, le hizo este» que transcribe aquí Gracián (Rufo, *Las seiscientas apotegmas...*, núm. 510, págs. 178-179).

[19] *Las firmezas de Isabela*, acto III, vv. 2342-2349, pág. 196.

[20] Romana L: Romane

[21] Se trata del *Epítome* de Floro (I, vii, 3), con ligeras variantes: «Ea certe fuit vis calamitatis, ut in experimentum inlatam putem divinitus, scire volentibus immortalibus dis, an Romana virtus imperium orbis mereretur».

[22] Son los versos finales de un epigrama de Marcial (VIII, xxi, 11-12): «iam, Caesar, vel nocte veni: stent astra licebit, / non deerit populo te veniente dies».

Con la alternación y contrariedad campea más el encarecimiento, como lo muestra este gran concepto del dulcíssimo
Marcial:

> *Quando el eterno Eutrapelo*
> *A Lupercio bien barbado*
> *Quita la barba de un lado,*
> *Ya ha nacido en este el pelo.*

> *Eutrapelus Tonsor dum circuit ora Luperci*
> *Expungitque genas, altera barba subit*[23].

Déxase llevar tal vez esta Agudeza de la sublimidad del objeto, aunque no favorezcan las circunstancias ni contingencias; pero nunca llega a la perfección del encarecimiento[24]
que se funda en ellas. El Marcial de Valencia, aquel que tuvo
sin duda algún rayo por ingenio, pues en todas las artes (que
fue universal) afectó siempre lo más dificultoso; en las exequias del César de todo el mundo, Carlos Quinto, cantó assí
Falcón:

> *Pro tumulo ponas Orbem, pro tegmine coelum;*
> *Sydera pro facibus, pro lachrymis maria*[25].

Y de Felipe Segundo dize:

> *Vt sit in Orbe locus, metas vbi fixere possis,*
> *Terra suos fines augeat*[26]*, et vnda suos*[27].

---

[23] Epigrama completo de Marcial (VII, lxxxiii), con una variante: Expun-
gitque - expingitque.

[24] a la perfección del encarecimiento L: a lo encarecimiento

[25] Es uno de los epigramas de Jaime Juan Falcó: «Pro tumulo ponas orbem, pro tegmine caelum, / pro facibus stellas, pro lacrimis maria» («In tumu-
lum Caroli V Imperatoris», en *Obras, I*, pág. 184).

[26] augeat H: augeant

[27] Jaime Juan Falcó, *Epigrammata*, XIV («Ad Philippum Secundum Regem
Hispaniae», en *Obras*, I, pág. 44, v. 1 fixere: figere; v. 2 et unda suos: unda
suos).

Desta suerte ponderó Rufo la ceguera de dos amantes en su trágico Romance:

> *Y aun huvo quien estuviesse*
> *del manjar tan divertido,*
> *Que de la mano a la boca*
> *Erró el derecho camino*[28].

Fuera perfecta esta agudeza si la huviera ayudado la ordinaria contingencia de escapárseles alguno dellos el bocado de la mano.

Quánto mayor fue el Concepto de Marcial con que cantó la quema del Fenis de la amenidad el monte Vesuvio, a quien su más loçana pompa le causó su mayor ruina. Pególe fuego un rayo, y después de abrasado hizo gran llanto el cielo, si fue llorar el llover:

> *Hic est pampineis viridis Vesuvius vmbris,*
> *Presserat*[29] *hic*[30] *madidos nobilis vbalacus:*
> *Haec iuga quam Nisse colles plus Bacus amavit,*
> *Hoc nuper Satyri monte dedere Choros.*
> *Haec vernis sedes, Lacedemone gratior illi,*
> *Hic locus Herculeo nomine clarus erat.*
> *Cuncta iacent flammis et tristi mersa favilla*[31]:
> *Nec superi velent hoc licuisse sibi*[32].

La grandeza del sujeto suple entonces lo que falta de fundamento y de ocasión para el encarecimiento. Assí dixo Ausonio de Augusto:

---

[28] Versos 723-726 del «Romance de los Comendadores» de Juan Rufo *(Las seiscientas apotegmas y otras obras en verso*, pág. 266).

[29] Presserat H: preferat

[30] hic L: hit

[31] fauilla L: fauillas

[32] Marcial, *Epigrammata*, IV, xliv, con variantes: lín. 2 medidos: madidos; ubalacus: uva lacus; lín. 3 Nisse: Nysae; Bacus: Bacchus; lín. 5 vernis fedes: Veneris sedes; lín. 8 velent: vellent.

In terris positum credidit esse Deum[33].

Esto es lo que pertenece al fundamento desta hiperbólica sutileza. En el modo formal de la exageración ay muchas diferencias. Va[34] por grados: modérase tal vez, y aunque dize mucho, pero no todo lo que se pudiera dezir. Desta suerte cantó don Luis de Góngora:

> *Yervas le aplica a sus llagas,*
> *Que si no sanan entonces,*
> *En virtud de tales manos*
> *Lisonjean los dolores*[35].

Otras vezes parece que se detiene y dize mucho más. Encareció Marcial la gigantez de Claudia:

> *Summa Palatini poteras aequare Colosi;*
> *Si fieres brevior, Claudia, sesquipede*[36].

El modo de encarecer condicional es muy usado en este artificio. Assí el divino Dionisio exprimió la milagrosa belleza y el sobrehumano decoro del Sol de los Serafines, María, si caben encarecimientos en tanto objeto. Dixo, pues, que si la Fe no le guiara al verdadero Dios, que se equivocara en su Madre santíssima.

Con un impossible condicionado ponderó un moderno Escritor de esta Señora aquellas palabras de la Sabiduría: *Ego ex ore Altissimi prodivi*[37], que como tan cortadas a la medida Mariana se las apropia la Iglesia. Dixo, pues, que esta gran

---

[33] «Vltor, successorque dehinc Octavius, idem / Caesar, et Augusti nomine nobilior. / Longaeva, et nunquam dubiis violata potestas, / In terris positum credidit esse deum» *(Ausonii... Opera, núm. 191).*

[34] Va L: ya

[35] Vv. 37-40 del romance I de los líricos en la ed. de Vicuña (fol. 82r; ed. Carreño, núm. 48, pág. 283, quien lee el primer verso: «Hierbas aplica a sus llagas»).

[36] Marcial, *Epigrammata*, VIII, lx (lín. 1: Colosi: Colossi).

[37] prodivi L: prouidi
Ecclo., XXIV, 5.

Reyna se dize aver salido de la boca del Altíssimo, porque si la boca de Dios pudiera pedir, ella fuera a pedir de boca del mismo Dios: tan lexos estuvo de salir de la gula de los primeros padres[38].

No es menester que se exprima la condicional; basta apuntarla. Assí Julio César Escalígero dixo de la gran Menfis:

> *Affrica cur posita est vobis pars tertia mundi?*
> *Tertia quando orbis pars ego sola forem*[39].

Puédese también fingir condicionadamente las contingencias para fundar el encarecimiento. Cultamente Apuleyo, poniendo en el centro de aquel atrio tan bien descrito a la Diosa de la caça, llegando a describir los lebreles, dixo que si acaso ladrara allí algún verdadero sabueso, se engañara el más atento y creyera que salía el ladrido de las gargantas de los mármoles: *Canes vtrimque deae latera*[40] *muniunt, et ipse lapis erant. His oculi minantur, aures rigent, nares hiant*[41]*, ora saeviunt, et secunde latratus de proximo ingruerit eum putabis*[42] *de faucibus lapidis exisse*[43].

---

[38] Ignoro quién pueda ser el susodicho escritor de la Virgen. El abanico es amplio. Véase la lista que da Baltasar Porreño en su *Libro de la Limpia Concepción de la Virgen María:* pasan de la cincuentena los de la Compañía de Jesús que han escrito sobre el asunto (fols. 49v-51v), amén de Papas, Reyes, autores varios y, por supuesto, todas las otras órdenes religiosas: franciscanos, mercedarios, etc. etc. etc. Valga lo dicho aquí para menciones posteriores de estos «Escritores de la Virgen».

[39] Son los últimos versos (5-6) de una pieza de Julio César Scaligero titulada «Memphis», que comienza con el siguiente verso: «Pene etiam ad Nigram Memphis porrecta Syenem». Está incluida en la parte «Urbes» de sus *Poemata omnia*, págs. 552-553. No hay variantes, salvo que la interrogación que Gracián coloca en el primer verso aparece en el final del segundo en el ejemplar citado.

[40] latera L: latero H: laetera

[41] H *om.* «nares hiant»

[42] putabis H: nutabis

[43] vxisse L: exisset

Es un pasaje bastante estropeado de *El asno de oro* de Apuleyo. Lo transcribo al completo a continuación: «Ecce lapis Parius in Dianam factus tenet libratam totius loci medietatem, signum perfecte luculentum, veste reflatum, procursu vegetum, introeuntibus obvium et maiestate numinis venerabile:

Fíngese con grande agudeza el encarecimiento ajustado a la ocasión por una hermosa prosopopeya. Assí Marcial introduze a Arria, ya mortal, y dando el puñal a su esposo, le dize: «No muero por la herida que me he dado, sino por la que tú te[44] davas.»

> *Casta suo gladium cum traderet Arria Paeto,*
> *Quem de visceribus traxerat[45] ipsa suis,*
> *'Si qua fides, vulnus quod feci non dolet,' inquit,*
> *'Sed quod tu facies, hoc mihi, Paete, dolet'[46].*

El afectuoso Camoes finge a Jacob volviendo a servir otros siete años, que dize:

> *Começa de servir outros set'annos,*
> *Dizendo: —Mais servira, se não fora*
> *Pera tão grande amor tão curta vida![47].*

Fue único en estos encarecimientos el Camoes, y entre todos este en la primera estancia[48] de su primera canción:

> *E de mim que vos amo,*
> *Em ver que soube[49] amaros me namoro[50].*

---

canes utrinquesecus deae latera muniunt, qui canes et ipsi lapis erant; his oculi minantur, aures rigent, nares hiant, ora saeviunt et sicunde de proximo latratus ingruerit eum putavit de faucibus lapidis exire, et, in quo summum specimen operae fabrilis egregius ille signifex prodidit, sublatis canibus in pectus arduis pedes imi resistunt, currunt priores» (II, iv). Nótese que Gracián cita la obra del africano unas veces como *El asno de oro*, y otras como *Metamorfosis*, que las dos denominaciones tienen su parte de verdad (cfr. el prólogo de Lisardo Rubio a su traducción de la obra, pág. 18: por más que el título auténtico sea el segundo de los indicados, el adoptado por la tradición ha sido el primero).

[44] te H: me

[45] traxerat H: traxera

[46] Marcial, *Epigrammata*, I, xiii (v. 2 traxerat: strinxerat; v. 4 quod tu: tu quod).

[47] Último terceto del soneto 29 de Camoens («Sete annos de pastor Jacob servía», *Rimas*, fol. 8r; v. final: tão curta vida: tão curta a vida).

[48] en la primera estancia L: en la primera estancia de su primera estancia

[49] soube H: oube

[50] Versos 10-11 de la estrofa 1 de la «Canción I» («Fermosa e gentil dama, quando vejo»), incluida en las *Rimas* del lusitano (fol. 27v).

Ni siempre se exprime en el encarecimiento lo que passa, sino lo que pudiera ser. Desta suerte dixo don Luis Carrillo:

> *Póngole guarda a mi pecho*
> *Del sufrimiento, que es tal*
> *Su fuego, que a mi galera*
> *Temo me la ha de abrasar*[51].

---

[51] Versos 21-24 del romance de Luis Carrillo y Sotomayor que comienza «Partóme en estas galeras» *(Obras*, pág. 283). Dos veces se cita a Carrillo en el *Arte de Ingenio*, y las dos menciona Gracián el mismo poema. No así en la segunda versión, donde su presencia es mucho mayor (véanse Angelina Costa: «Versos y doctrina de Carrillo y Sotomayor ilustran la *Agudeza y Arte de Ingenio*», pág. 326 para este fragmento; o Juan Manuel Rozas: «El compromiso moral...», pág. 196, n. 20).

De la Agudeza Paradoxa

Son las Paradoxas monstros de la verdad, y un extraordinario, aunque sea de ingenio, se recibe bien. Funda soberanía esta real potencia en levantar criaturas, digo, en acreditar provabilidades[1].

Son empresas del ingenio, y trofeos de la sutileza, los assuntos paradoxos. Consisten en una provabilidad tan ardua como extravagante. Mereció ser Idea aquel del Padre Gerónimo de Florencia. Ponderó que la Virgen fue como un complemento de la Santíssima Trinidad, porque, teniendo el Padre a quien comunicarse, y el Hijo también, María lo fue del Espíritu Santo; en quien parece que se deshaogó, y a quien comunicó todos sus dones y gracias[2].

---

[1] Para una historia de la paradoja en la Retórica clásica (Aristóteles y Quintiliano, fundamentalmente), su desaparición en el Renacimiento y su resurgimiento barroco en el marco del aristotelismo, véase Fernando Romo Feito, «La paradoja: historia de una definición», págs. 31-33.

[2] Alude al *Sermón VII de la Concepción de Nuestra Señora*, cuyo punto III está dedicado a probar que «la Reyna del Cielo es el complemento de toda la Trinidad». Allí explica Jerónimo de Florencia cómo el Padre se comunica con el Hijo en ser generador eterno y temporal de él, al igual que le sucede al Hijo. «Según esto, como la Trinidad se dize Padre, Hijo y Spíritu Santo, bien se dirá la Virgen complemento de la Trinidad, pues fue medio de la segunda paternidad y segunda filiación natural [...], y assí mil vezes bien dixo Hesichio que la Virgen Señora Nuestra es complemento de la Santíssima Trinidad» *(Marial*, vol. I, pág. 174b). Por otra parte, el Padre comunica el sumo bien al Hijo, y los dos al Espíritu Santo. Como no puede haber cuatro perso-

Piden estos discursos gran fundamento para no dar al traste[3] de falacias: menos inconveniente ser un Concepto falto que ser falso. De San Francisco Xavier dixo un gran Ingenio que avrá[4] sido Apóstol *de iure divino*, fundándose en que todos los Apóstoles salieron a la Conquista espiritual del mundo pareados; sólo a Santo Tomás no se le halla otro Compañero sino este Apóstol Jesuita[5].

Tienen por fundamento estos assumptos el mismo que los encarecimientos, ya del reparo, ya de la proporción por conveniencia o disonancia de las circunstancias y estremos. Ponderó un Escritor de la Virgen[6] que no sólo fue concebida María en gracia, sino que parece que ni su Madre pudiera concebirla, sino estando en ella; y en prueva desto fue la misma gracia por renombre.

En la Filosofía son mejor recibidas las Paradoxas, por ser menos escrupulosa. Portentos de la inventiva, que arrastran tras sí el gusto y la admiración[7]. Tal fue aquella de Pitágoras, que las esferas celestiales hazen al moverse suavíssima armonía. Ingeniosa fue también aquella de que estuviera mejor el

---

nas dentro de la Trinidad, el Espíritu Santo buscó una persona humana a quien comunicarlo: «Y esta es María, Madre de Dios. [...] Y assí esta Señora es como el desahogo del Espíritu Santo, pues en ella esplayó [...] y derramó con tan gran plenitud y abundancia sus dones y gracias» *(ibid.*, pág. 175b).

[3] «Trastre», en el original. Dar al traste es término náutico que significa «tropezar la nave por los costados en alguna costa de tierra o roca, en que se deshace o bara», aunque metafóricamente vale «destruir alguna cosa, abandonarla o perderla» *(Auts.*, s. v. «dar»).

[4] avrá L: avía

[5] Aunque no recoge estos pasajes del jesuita, véase, para este santo, Ignacio Elizalde, *San Francisco Javier en la literatura española*, págs. 199 y ss., y 234 y ss.

[6] En la segunda redacción, Gracián aclara que el escritor de la Virgen es su hermano Felipe Gracián (XXIII, pág. 150).

[7] Juan de Horozco y Covarrubias, en sus *Paradoxas christianas contra las falsas opiniones del mundo*, explica el valor que tienen: «... escogí para esto algunas sentencias, que por ser tan contrarias a lo que el mundo siente son Paradoxas, aunque por sí ninguna dificultad tienen; antes son llenas y averiguadas verdades, mas tienen necesidad de darse a entender a los que no estuvieren tan enseñados en ellas. Y no les falta lo que Plutarcho dixo de la doctrina de los Stoychos, que tenían *agudeza*, y que los *ingenios* alcançavan con ella seguridad. Y esto es, que nunca el *ingenio* se asegura con menos que la verdad» (del Prefacio, sin foliar; las cursivas son mías).

universo al revés, el Sol inmoble en el centro y la tierra en la circunferencia, en proporcionada distancia, con que fuera siempre claro día y eterna primavera[8].

En la Filosofía moral tienen lugar tal vez. Fue estremada la de Luciano, que al hombre le faltava en el pecho una ventanilla al coraçón[9]. Y la del sabio Griego, que la mitad es más que el todo[10]. Bión, que la hermosura es bien ageno[11]. Lucio

---

[8] Quizá pensaba Gracián en el siguiente pasaje de Diógenes Laercio, alterado o contradicho por alguien más tarde: «the elements [...] are four: fire, water, earth and air; these elements interchange and turn into one another completely, and combine to produce a universe animate, intelligent, spherical, with the earth at its centre, the earth itself too being spherical and inhabited round about» *(Vidas de los filósofos*, Pitágoras, VIII, 25, pág. 343). Y cfr. también las *Paradoxas christianas* de Juan de Horozco y Covarrubias, libro II, núm. 2: «Que la tierra es la que se mueve y el cielo es el que no se muda» (fols. 132v-137v).

[9] Lo cuenta, efectivamente, Luciano: «Caeterum ubi iam ad Momum ventum esset, quem certaminis arbitrum et expensorem elegerant, et ille singulorum opera diligentissime inspexisset [...] illud tamen in hominis opificio potissimum calumniatus est, atque ipsum quidem architectum Vulcanum non mediocriter perculit, quod artifex non in pectore ostiola quaedam addidisset, quibus apertis et reclusis perspicuus fieret omnibus quid ille velit, aut in animo strueret aut cogitaret, num mentiretur an verum diceret» *(Hermotimus, sive de sectis*, 20, págs. 286-287). Pero lo recuerda, junto con la fuente original, Natale Conti en su *Mitología*, IX, xx, «Sobre Momo», pág. 709. Para Momo en Gracián, véanse ahora las notas de Aurora Egido a la ed. de *El Discreto*, págs. 159-160, n. 26; y pág. 309, n. 342.

[10] La segunda redacción atribuye esta paradoja a «Pítaco, uno de los siete» (XXIII, pág. 154). La trae Juan de Horozco en el libro citado: «Que no en todo es mayor el todo que la parte, siendo la mitad muchas vezes más que el todo». Remite a la *Teogonía* de Hesíodo, así como al tercer libro de *Las leyes* y al quinto de *La república* platónica, para agregar: «Y considerando la moralidad que en sí contiene tan admirable sentencia, hallaremos ser cierto y averiguado que la mitad es más que el todo, porque la medianía es lo mejor en todo aquello que el excesso no fuere bueno» (I, iv, fol. 24v). Cicerón empleaba la misma frase aplicada a su hermano, que era bastante bajito, según cuenta Macrobio en las *Saturnales:* «Nec Q. Ciceroni fratri circa similem mordacitatem pepercit. Nam cum in ea provincia, quam ille rexerat, vidisset clypeatam imaginem eius, ingentibus lineamentis usque ad pectus ex more pictam, (erat autem Quintus ipse staturae parvae) ait: 'Frater meus dimidius major est quam totus'» (II, iii). Véase igualmente *El Héroe*, I, pág. 244b, donde Gracián recuerda la paradoja, así como la nota de Batllori-Peralta.

[11] «Formam dicebat esse bonum alienum, sentiens extra hominem esse, quod ipsi sibi nec dare potest, nec tueri datum, animi bona vere nostra sunt» (Erasmo, *Apophthegmata*, lib. VII, «Bion Borysthenites», 7, pág. 573).

234

Aneo Séneca, que no ay fortuna ni suerte, sino prudencia o imprudencia[12].

En la Política, si no a la plática[13], se permiten a la especulación. Dezía uno que la mayor capacidad de la más sabia muger no passa de la que tiene un hombre cuerdo a los catorze años[14]. Y otro, que no se ha de obrar por exemplo, por faltar casi siempre alguna de las circunstancias[15].

Ay algunas acciones Paradoxas, que a la primera vista parecen calificados desaciertos; pero a la revista[16] son aciertos ingeniosos. Tal fue aquel de la Reyna Católica doña Isabel,

---

[12] Gracián volverá a esta idea en el *Oráculo*, pero sin darle un padre: «bien filosofado, no ai otro arbitrio sino el de la virtud y atención, porque no ai más dicha ni más desdicha que prudencia o imprudencia» (núm. 21, página 113). En nota recordé un pasaje de Juvenal («Nullum numen abest si sit prudentia» *(Satirae*, II), así como las *Centellas* de Joaquín Setanti: «Contra toda razón se aplican a la fortuna las causas del medrar o desmedrar, pues nacen del saber o no saber», 50, fol. 6v).

[13] «Se toma assimismo por lo mismo que práctica, que es más conforme a su origen» *(Auts.*, s. v.), y así siempre en Gracián.

[14] En la segunda redacción, este pensamiento lo pone el jesuita en boca de «Francisco Gracián, mi padre, hombre de profundo juicio y muy noticioso» (ed. Correa, I, págs. 235-236). Con todo, véase Gaspar Lucas de Hidalgo: «Dª Margarita: Lo primero que pregunto es por lo que dijo Castañeda, que la mujer más grave es más liviana que el hombre más liviano, qué verdad tiene este dicho, o si es falso» *(Diálogos de apacible entretenimiento*, diálogo III, cap. IV, pág. 309a). Véase allí también la respuesta de Fabricio, que abunda en la idea). Y comp. *El Político*: «Reinan comúnmente en este sexo [femenino] las pasiones de tal modo, que no dejan lugar al consejo, a la espera, a la prudencia, partes esenciales del gobierno» (pág. 299a). Para la actitud de Gracián con respecto a la mujer, cfr. María Teresa Cacho, «Misoginia y Barroco...»; y ahora «La actitud de Gracián respecto de la mujer», en B. Bartolomé, dir., *Historia de la acción educadora...*, I, págs. 547-548.

[15] Ignoro de momento quién sea aquel «otro» que rechaza obrar de ejemplo, pero lo cierto es que la idea corresponde bien con el pensamiento de Gracián, como explica Emilio Hidalgo-Serna a tenor de *El Héroe*: «Sin la visión rápida de las correspondencias reales, ningún comportamiento será agudo... [...] El artificio ingenioso de estas acciones no es un juego arbitrario, sino la respuesta personal a las necesidades nuevas que deben ser satisfechas por cada individuo» («La "agudeza de acción" en *El Héroe*», págs. 167 y 169); de ahí lo imposible de fijar normas universales.

[16] «La segunda vista o examen, hecha con cuidado y diligencia» *(Auts.*, s. v.). Es voz frecuente en Gracián. Cfr. *Oráculo manual*, núm. 132 («Apelar a la revista es seguridad, y más donde no es evidente la satisfacción», pág. 173) o 227 («Quede siempre lugar a la revista», pág. 226).

quando mandó premiar a uno que avía hecho una diligencia muy mal, y no quando hizo otra antes muy bien, diziendo que en la primera se desmintió a sí mismo y a lo que se esperava dél, pero en la segunda avía correspondido a entrambas cosas[17]. Assí fue también la del otro Cavallero que, obligándole a ir a una empresa grande con poca gente, pidió menos. Bolvió a instar que quitassen de aquellos pocos. Preguntáronle con admiración la causa y el intento, y respondió: «Para ir a morir aun sobra gente»[18].

Qualquier Concepto, sea de semejança, de proporción, especialmente los encarecimientos, pueden incluir una Agudeza Paradoxa. Tal fue aquella excelente proporción de Escalígero a Artemissia:

> *In te vivebam, tecum vivente marite,*
> *Nec potui tecum, te moriente mori.*
> *Quim potui, sed non poterat nos iungere mors haec.*
> *Hoc[19] vetuit, non vis defuit illa mihi.*

---

[17] «Quería enviar el Rey Católico a un negocio de mucha calidad a un caballero que le parecía que era muy diligente. Sabiéndolo la Reina, le rogó que no lo enviase. Preguntó el Rey por qué no quería que fuese. Respondió: 'Porque tiene mala vista'. Porfiando el Rey que fuese, le envió; y trajo buen recaudo de lo que le mandaron. Ofrecióse otra vez de enviarle a otra cosa de mucha más calidad, y la Reina tornó a decir lo que primero había dicho; y por no enojar al Rey, consintió que fuese. Él despachó de tal manera el negocio a que le enviaron, que al Rey le pesó por no haber tomado el parecer de la Reina. Venido delante dellos, hecha relación de cuán mal le había sucedido, la Reina mandó a su secretario le asentase treinta mil maravedís de juro, por razón de aquel viaje. El secretario dijo a la Reina: 'Suplico a Vuestra Alteza me diga por qué le hace mercedes agora, haciéndolo mal, y no se las hizo primero, que las merecía mejor'. Respondió: 'Porque agora hizo lo que era razón, en errarlo, y no primero en acertarlo'» (Melchor de Santa Cruz, *Floresta española de apotegmas*, II, i, 13, págs. 36-37).

[18] Lo trae Melchor de Santa Cruz en la *Floresta española de apotegmas*: «Enviaban a un capitán a la guerra con pocos contra muchos, y él tomó la mitad menos. Preguntado por qué, respondió: 'Porque es mejor que mueran pocos, que muchos'» (II, iii, 12, pág. 68 y págs. 378-379. Como indican Chevalier-Cuartero, la fuente es Plutarco, y Erasmo lo cuenta igual de Leónidas, en *Apophthegmata*, lib. I, «Leonidas», núm. 44, pág. 86).

[19] Hoc H: Hac

Morte invita[20] igitur intra mea pectora vives
Cumque tua coniux coniuge totus eris[21].

Las Paradoxas han de ser como la sal, raras y plausibles, que como son provabilidades desacreditadas, no pueden dar reputación, y muchas, arguyen destemplança en el ingenio.

[20] invita H: in vita

[21] Se trata de una composición completa de Julio César Scaligero, titulada «Artemissia» e incluida en la parte dedicada a «Heroine» de sus *Poemata omnia* (pág. 344). Dejando de lado las diferencias de puntuación, hay variantes (v. 2 te moriente: post moriente; v. 6 tua coniux: tua coniunx; totus eris: totus erit). Para el asunto de comer cenizas, véase Domingo Ynduráin, «Las cartas de Laureola (Beber cenizas)».

De las Crysis Maliciosas

Dulcia[1] *cum tantum scribas Epigrammata semper*
    Et cerusata candidior acute,
Nullaque mica salis, nec amari fellis in illis
    Gutta sit, o demens, vis tamen ista legi!
Nec cibus ipse iuvat morsu fradatus aceti,
    Nec grata est facies cui gelasinus abest.
Infanti melimela dato fatuasque mariscas,
    Nam mihi, quae novit pungere, chia sapit[2].

En este Epigrama de buen gusto de aquel que, si en otras agudezas fue Apollíneo, en esta todo Marcial, se halla definida la Crítica sutileza; y sea primera calificación de su artificio que aquellos dos máximos[3] Censores, Tácito en la prosa y

---

[1] El original lee «Du cia».
[2] Marcial, *Epigrammata*, VII, xxv, con las siguientes alteraciones: lín. 2 cerusata: cerussata; lín. 4 ista: illa; lín. 5 fradatus: fraudatus. Dado que en este epigrama queda definida esta clase de agudeza, doy la traducción: «Si sólo escribes siempre epigramas modosos / y más cándidos que la piel de albayalde / y no hay en ellos ni una pizca de sal ni una gota / de hiel amarga, ¡encima, insensato, quieres que los lean! / No agrada la comida misma defraudada del chorrito de vinagre, / no es agradable el rostro al que le faltan hoyuelos. / Dale al niño manzanas dulces e higos insípidos, / que a mí me sabe bien el higo de Quíos, el que sabe picar» (la versión es de Fernández Valverde y Ramírez de Verger; lleva por título «Contra un poeta malo»).
[3] aquellos dos máximos H: aquellos los primeros

Marcial en el verso, entre todas las demás especies de Agudeza, a esta dedicaron su gusto, y en ella libraron su eminencia.

Sutileza maliciosa, Crýtica, intencional, al fin: todo superior gusto la estima porque lastima[4]. Consiste su artificio en glosar, interpretando, adivinando, torciendo, y aun fingiendo, las intenciones, ya a la malicia, y ya al encomio. Quien fue la brúxula en este malicioso rumbo, fue el Ídolo de los Estadistas, el oráculo de los Políticos, Cornelio Tácito, el qual no se contentó con la vulgar sencilla narración de la Historia, sino que la aforró[5] de glosas, Crysis y ponderaciones; no parava en la corteza de los sucessos, sino que transcendía a los más reservados retretes[6] de la intención; ni perdonó al mismo Augusto, pues dixo dél que avía escogido a Tiberio para su sucessor en el Orbe, y antepuéstole entenado[7] a Agripa y a Germánico, sobrinos, no por el bien común ni por especial afición, sino porque anteviéndole malquisto por su crueldad y hinchaçón, al passo que aquel fuesse abominado de todos, él fuesse[8] deseado de todos: *Ne Tiberium quidem caritate aut Reypublicae cura successorem adsertum, sed, quoniam arrogantium saevitiamque eius introspexerat, comparatione deterrima[9] sibi gloriam quaesivisse[10].*

Assí como el obrar con artificio y con reflexo[11] nace de

---

[4] Un juego de palabras con las mismas voces en una glosa de Juan Rufo: «Pues si el no tener lastima / y el tener tanto se estima» *(Las seiscientas apotegmas,* núm. 185, pág. 72).

[5] Aforrar es voz antigua por «forrar» (véase *Auts.,* s. v. «aforrar»).

[6] «Quarto pequeño en la casa o habitación, destinado para retirarse» *(Auts.,* s. v.).

[7] «El hijo o hija que nacieron antes y llevan al matrimonio los que de nuevo le contraen y passan a segundas nupcias» *(Auts.,* s. v.).

[8] fuesse L: fosse

[9] deterima L: daterrima

[10] Tácito, *Annales,* I, x (con variantes, adsertum: adscitum; introspexerat: introspexerit).

[11] «Se aplica también al conocimiento u consideración que se forma de alguna cosa para conocerla mejor» *(Auts.,* s. v.). Véase *Oráculo manual,* número 235: «Si ya la atención del reflexo que atiende no previene la sutileza en el que intenta...» (pág. 230). Nótese, no obstante, que la segunda edición lee en el pasaje correspondiente a éste «reflexa» («cautela, o segunda intención», «reflexión», en las dos acepciones recogidas por *Autoridades),* que también encaja con el sentido del párrafo (véase ed. 1648, XXVI, pág. 173).

ventaja de ingenio, assí el descubrir esse artificio y el notarlo es sutileza dos vezes primorosa. De Fabulla, que siempre se ladeava[12] de viexas o feas, descubrió Marcial con agudeza la intención:

> *Omnes aut vetulas habes amica*[13]
> *Aut turpes vetulisque foediores.*
> *Has ducis comites trahisque tecum,*
> *Per convivia, porticus, Theatra,*
> *Sic formosa, Fabulla, sic puella es*[14].

No se contenta tal vez con descubrir el artificio en la intención, sino que se arroja a fingirle. Desta suerte dixo de Alexandro un Político que el no aver procurado establecer su Monarquía avía sido o porque ninguno de sus sucessores le igualasse, o por no imaginar a otro alguno capaz de tanto empleo.

Quando la materia da pie a la Crysi con algún misterio o reparo, es glosar la intención con fundamento. De Gelio, que siempre estava obrando en su casa, y quando no hallava otro quehazer avría ventanas y cerrava puertas, dixo Marcial que era por no prestar, con la escusa inexorable de «Señor, estoy de obra»:

> *Gelius aedificat semper, modo limina ponit,*
> *Nunc foribus claves aptat emitque seras,*
> *Nunc has, nunc illas mutat reficitque fenestras:*
> *Dum tamen aedificet, quidlibet ille facit,*
> *Oranti numos vt dicere possit amico*
> *Vnum illud verbum Gelius, 'aedifico'*[15].

Transformar una afectación en su contraria es gran sutileza de este artificio. De la clemencia de Agusto dixo Séneca

---

[12] Vale aquí por «se acompañaba» (cfr. disc. XIV, donde se explicó la voz).
[13] amica H: amicas
[14] Marcial, *Epigrammata*, VIII, lxxix (lín. 1 Omnes aut vetulas habes amica: Omnis aut vetulas habes amicas; lín. 2 turpes: turpis).
[15] Marcial, *Epigrammata*, IX, xlvi (lín. 1 aedificant: aedificat; lín. 3 mutat reficitque: reficit mutatque; lín. 4 tamen: tantum; lín. 5 numos: nummos).

que era un hartazgo de crueldad: *Ego vero clementiam non voco lasam crudelitatem*[16]. Y Cicerón, al mandar César volver a levantar las estatuas derribadas de Pompeyo, dixo que no lo hazía por reponer las de Pompeyo, sino por establecer las suyas: *Caesar, dum Pompei statuas reponit, suas stabilit*[17].

No es menor notar la activa malicia de uno y la passiva sencillez de otro. Ingeniosamente desengaña Marcial a Gauro, a quien otro le menudeava los presentes, diziéndole: «Por rico y por viejo se me hazen sospechosos, y temo que este, con tanto presente, te desea ausente»[18]:

> *Munera qui tibi dat locupleti, Gaure, senique,*
> *Si sapis et sentis, hic tibi ait 'morere'*[19].

Contraponer dos intenciones añade la antítesi a la Crysi. De César y de Pompeyo dixo Floro que Pompeyo no podía sufrir igual, ni César superior: *Nec sic ferebat parem, nec ille*[20] *superiorem*[21].

Assí como se nota el artificio a la malicia y se glosa la intención al engaño, assí también, al contrario, se puede comentar a lo bueno y a la honestidad. Desta suerte Plinio, en su culta *Panegiri*, perfecta práctica de toda esta Theórica con-

---

[16] Séneca, *De clementia*, I, x, 2.

[17] Del acto de César deja constancia Suetonio: «sed et statuas Luci Sullae atque Pompei a plebe disiectas reposuit» («Divus Iulius», LXXIV, iv), aunque no dice nada acerca de la frase de Cicerón. Quien sí recoge la sentencia del Arpinate es Erasmo: «Quum Caesar rerum potius Pompeii statuas deiectas honorifice reposuisset, 'Caesar, inquit Cicero, dum Pompeii statuas reponit, suas stabilit'; sentiens illum hoc non in Pompeii gratiam facere, sed ut sibi clementiae simulatione favorem apud cives conciliaret, atque hoc pacto suum regnum constabiliret» *(Apophthegmata*, lib. IV, «M. Tullius Cicero», 20, pág. 315).

[18] M: y temo que este contento, presente, te sea ausente. El pasaje carece de sentido, por lo que enmiendo conforme a la segunda redacción (XXVI, pág. 180).

[19] Marcial, *Epigrammata*, VIII, xxvii.

[20] illa L: ille

[21] «Iam Pompeio suspectae Caesaris opes et Caesari Pompeiana dignitas gravis. Nec ille ferebat parem, nec hic superiorem. Pro nefas!» (Floro, *Epitomae*, II, xiii, 14; véase también Erasmo, *Apophthegmata*, lib. IV, «Iulius Caesar», 4, pág. 294).

ceptuosa, glosó el excessivo donativo de Traxano[22] al pueblo, diziendo que no avía sido para redimir tiranías ni desmentir desafueros, como otros hazían, sino para pagar igualmente la benevolencia de sus vasallos: *Nullam congiario culpam, nullam alimentis crudelitatem redimisti; nec tibi bene faciendi fuit causa, vt quae male feceras impune fecisses. Amor impendio isto, non venia quaesita est*[23].

Ramo[24] desta sutileza es, donde se afecta el artificio, declararlo por superfluo. Assí Marcial, de Cina, que siendo pobre afectava[25] parecerlo para ser tenido por rico, dixo:

> *Pauper videri vult Cinna, et est pauper*[26].

Fingir la malicia en las cosas inanimadas es también sutileza. Assí dixo don Luis de Góngora:

> *Que no crean a las aguas*
> *Sus vellos ojos serenos,*
> *Pues no la han lisonjeado*
> *Quando la murmuran luego*[27].

---

[22] Traxano L: Tarxano

[23] Plinio, *Panegyricus*, 28, 2.

[24] «Metaphóricamente se llama qualquiera de las especies que se originan de alguna cosa no material» *(Auts.*, s.v.).

[25] Afectar: «Poner especial cuidado y demasiado estudio y arte en la execución de algún hecho o dicho, para encubrirla u dissimularla» *(Auts.*, s. v.).

[26] Marcial, *Epigrammata*, VIII, xix (var.: vult Cinna: Cinna vult).

[27] Vv. 73-76 del Romance XII de los Líricos en la ed. de Vicuña (fols. 86-87), «Castillo de San Cervantes» (ed. Carreño, pág. 236).

DISCURSO XX

De las Crysis Irrisorias

Es tan fácil esta Agudeza quan gustosa, porque en la agena necedad todos discurren y todos aplauden antes al convicio[1] que al encomio. El ingenioso por naturaleza aquí dobla su intensión[2]; la sutileza destos conceptos está en notar la simplicidad en los objetos. Difiere esta Agudeza de la crítica en que aquella censura el artificio ageno; esta, la falta dél. Aquella, la malicia; esta, la necedad. Fue estremado Marcial en glosarlas assí. A Basta[3], que tenía el vaso de vidrio y el servicio de oro, dixo:

> *Ventus onus misero (nec te pudet) excipis auro*
> *Basta[4], bibis vitro, carius ergo, et caetera[5].*

Aunque no tienen dificultad estos conceptos, pero tienen variedad, y con artificio se puede glosar la falta dél en el ob-

---

[1] «Afrenta, injuria o improperio. Tiene poco uso, y viene del latino *convicium*, que significa lo mismo», aclara *Auts.* (s. v.).

[2] Para «intensión», véase nota en el disc. XLVIII.

[3] La segunda redacción lee «Basa», tanto aquí como en los versos de Marcial que vienen a continuación (XXVII, pág. 183), en consonancia con el original latino. *Vid.* nota *infra*.

[4] Basta H: Bas

[5] «Ventris onus misero, nec te pudet, excipis auro, / Bassa, bibis vitro: carius ergo cacas» (Marcial, *Epigrammata*, I, xxxvii, con cierto pudor en nuestro texto, para tan aguda lengua).

jeto. De dos cabos[6] se adelanta: de parte del desacierto que se censura, ponderando su aumento y circunstancias, y del modo de censurarlo. Sea primera sutileza doblar el desacierto. Desta suerte censuró uno a los mercaderes de la Alcarria de Toledo: «¡O, gente necia, de día sin muger, de noche sin hazienda!»[7].

Pondérase con mucha sal el descender *a maiori ad minus*. Donosamente se fisga[8] Marcial de Gelia, la qual mientras andava escogiendo maridos y asqueava[9] todo lo que no era un Príncipe, se hizo vieja, y al cabo casó con un cestero:

> *Dum proavos, atavosque refers, et nomina magna.*
> *Dum tibi noster eques sordida conditio est.*
> *Dum te posse negas nisi Cato Gellia claro.*
> *Nubere: Nubsisti, Gellia, cistifero*[10].

Al contrario, se haze argumento *a minori ad maius* para aumentar la improporción en el objeto. Desta suerte dixo Augusto[11] César que en casa de Herodes era mejor ser puerco que no hijo[12].

---

[6] Creo que con el sentido de «extremo» aquí, aunque también podría pensarse en «cabos» como 'puntos', según un uso habitual de los hablantes aragoneses que recoge, como la acepción anterior, el *Diccionario de Autoridades* (s. v.).

[7] «Pasando un moro por el Alcaná, en Toledo, como vio tan pequeñas tiendas, sin otra morada, preguntó que adónde dormían. Respondiéronle que allí estaban de día, y de noche se iban a sus casas, y quedaban aquellas tiendas en guarda de un alcaide. Dijo: 'iOh, gente necia!, ide día sin mujer, y de noche sin hacienda!'» (Melchor de Santa Cruz, *Floresta española de apotegmas*, V, vi, 8, pág. 157).

[8] 'Burlarse', 'escarnecer' (véase *Auts.*, s. v. «fisga» y «fisgar»).

[9] Asquear: «Tener asco» *(Auts.*, s. v.).

[10] «Dum proavos atavosque refers et nomina magna, / dum tibi noster eques sordida condicio est, / dum te posse negas nisi lato, Gellia, clavo / nubere, nupsisti, Gellia, cistibero» (Marcial, *Epigrammata*, V, xvii).

[11] H *om.* «Augusto»

[12] Lo cuenta Macrobio de César Augusto en las *Saturnales*: «Cum audisset, inter pueros, quos in Syria Herodes rex Judaeorum intra binatum iussit interfici, filium quoque eius occisum, ait: 'Melius est Herodis porcum esse, quam filium'» (II, iv). Muy parecido, incluso textualmente, en Erasmo, *Apophthegmata*, lib. IV, «Octavius Caesar Augustus», 23, pág. 281. Véase María Pilar Cuartero Sancho, *Fuentes clásicas...*, pág. 69.

Házese también el argumento de un estremo a otro para concluir la simplicidad. Célebre quartilla[13] fue esta del Jurado de Córdova a una doble necedad:

> *No fíes en prometido,*
> *Ya que pecas de contado,*
> *Que quien no paga tentado*
> *Mal pagará arrepentido*[14].

Pondérase ingeniosamente un desacierto por una inconseqüencia en el hecho. Dixo, tan ingenioso como verdadero, un truán a Francisco Primero de Francia: «Sire, estos vuestros sabios me parecen unos tontos, que consultan por dónde avéis de entrar en Italia y no os aconsejan por dónde avéis de salir»[15].

Quando con una nota se çayere[16] a dos, es doble el Concepto. Caminava muy aprissa, y con indecencia, Tulia, hija de Cicerón; al contrario, Pisón, su yerno, muy de espacio. Díxole estando presente Tulia: «Anda como hombre.» Con una palabra notó la improporción de entrambos[17].

---

[13] No recoge el *Diccionario de Autoridades* esta voz con el sentido de 'cuarteta', que es el que le corresponde aquí.

[14] «Ganaba una mujer su vida perdiendo su alma, y estaba pobre, con ser moza y hermosa, porque tenía vergüenza de pedir a sus galanes, y así decía que era dar a logro fiarse de gente principal. Respondió: 'No fíes en prometido, / pues que pecas de contado; / que quien no paga tentado, / mal pagará arrepentido'» (Rufo, *Las seiscientas apotegmas...*, núm. 178, pág. 69).

[15] Lo cuenta Botero en los *Detti*: «Francesco I, Rè di Francia, risoluto di passare con grosso essercito in Italia, mise in consulta per qual via vi dovesse entrare. Delche avendo fatto con i suoi conseglieri deliberatione, Amaril, suo buffone, all'uscire del consiglio gli si fece in contra, e gli disse: 'Sire, questi vostri savi mi paionno pazzi'. —'Per chè?', rispose il Re. —'Perciòche essi, soggiunse il buffone, hanno consultato lungamente d'onde voi avete a entrar in Italia, ma non hanno detto una parola della via d'uscire; però avvertite a non vi rimanere!' No fu fuor di proposito questa buffoneria, perche il Re fu poi fatto prigione a Italia» (pág. 106).

[16] «cayere» en el original. Enmiendo conforme a la segunda versión (página 189) y al sentido.

[17] Gracián recuerda, con ligeras diferencias, un pasaje de las *Saturnales* de Macrobio: «Cicero, inquam, cum Piso gener eius mollius incederet, filia autem concitatus, ait genero: 'Ambula tamquam femina'; ait filiae: 'Ambula tamquam vir'» (II, iii).

Esta misma contraposición de circunstancias trocadas glosó el Jurado de Cordova en esta Redondilla:

> ¡Válgame la soberana
> Virgen y Madre de Dios!
> ¡Qué muger se pierde en vos
> Y qué hombre en vuestra hermana![18].

Irónicamente corrigió Castro Verde la inquietud de su auditorio, diziendo a unos que se sossegassen y no despertassen a otros que dormían[19].

Fúndase también en la desproporción de los estremos aquella necedad que cuerdamente çayere[20]. Rufo a dos avaros:

> ¡O, ayunadores cautivos!
> ¿Quién vio tales desaciertos:
> Por engordar gatos muertos
> Enflaquecer gatos vivos?[21].

---

[18] «Cierto hidalgo natural de Castilla la Vieja, que si bien era virtuoso y apacible, tenía ademanes de mujer y remedaba al vivo a todas las que trataba, tenía una hermana severa y varonil. Le dijo estos versos hablando en aquella estrañeza...» (Rufo, *Las seiscientas apotegmas...*, núm. 132, pág. 56).

[19] Fr. Francisco de Castroverde nació en Sevilla en 1536 y murió en Madrid en 1611. Estudió en Salamanca, donde recibió el hábito de San Agustín en 1554. Pasó por Zaragoza y Andalucía, lugares ambos en los que desempeñó cargos varios, para terminar en Madrid como confesor de la Duquesa de Alba. En la corte llegará a ser predicador de Felipe II, confirmado por Felipe III (véase la nota 13 del P. Olmedo a la *Instrucción de predicadores*, pág. 11). Allí, Terrones del Caño lo llama «el predicador de más caudal que yo he oído». Lo que cuenta Gracián parece tener base real, puesto que el mismo Terrones, al comienzo del Tratado segundo de la obra citada, indica que con frecuencia los oyentes se cansan, y agrega: «Las alabanzas y excelencias del santo es bien tratarlas lo más en un cuarto de hora al principio o al fin del sermón; y aunque más lo usamos al fin, no tengo por malo lo que hace el padre maestro Castro Verde, que lo trata al principio por verse desembarazado, para entrarse en las consideraciones provechosas del Evangelio, *y predicar hasta que le pareciere, sin miedo...» (ibid.*, pág. 48, la cursiva es mía).

[20] «cayere» en el original. Vuelvo a corregir, con la ayuda de la segunda versión (pág. 191).

[21] «Teníase noticia de que dos hombres ricos y avarientos tenían en un cofre de Flandes unos pellejos de gato llenos de moneda, y que siempre los em-

246

Equivocar la necedad, y passarla de un sujeto a otro, es grande sutileza. Assentó en el libro de las necedades un criado a su amo, el Arçobispo de Toledo, don Alonso Carrillo, porque avía dado una gran cantidad de dinero a un Alquimista para ir por materiales. «¿Y si viniere?» —preguntó el Arçobispo—. «Señor —respondió el Coronista—, entonces yo borraré a Vuestra Illustríssima y le assentaré a él»[22].

Por un encarecimiento se glosa con excesso. De un Príncipe que avía gastado mucho en una cosa de poco momento, dixo uno que avía hecho fuego de canela para asar un rábano[23].

La semejança ayuda mucho a la ponderación. Del que jura con verdad dezía Rufo que es encender hachas para caminar por el Sol[24].

---

butían más. Pues como esta ansiosa ceguedad los traía desvelados, macilentos y deslucidos, hablándose en su miseria, les dijo así: '¡Oh ayunadores cautivos! / ¿Quién vio tales desconciertos / que, engordando gatos muertos, / se enflaquezcan hombres vivos?'» (Rufo, *Las seiscientas apotegmas...*, núm. 306, pág. 114).

[22] «El arzobispo don Alonso Carrillo tenía un criado que no le servía de otra cosa, sino de asentar las necedades que se hacían en su casa. Había él dado, poco había, a un alquimista buena cantidad de dinero para ir por ciertos materiales y vasijas para el negocio. Desde algunos días hizo traer sobremesa el libro en que se escrebían las necedades, para ver qué había de nuevo, do halló la que su señoría había hecho, en dar a un hombre no conocido tanto dinero. El arzobispo dijo: '¿Y si viniere?'. Respondió el cronista: 'Entonces quitaremos a vuestra señoría y pondremos a él'» (Melchor de Santa Cruz, *Floresta española de apotegmas*, I, iii, 1, pág. 15). Gracián parece seguir a Santa Cruz, aunque se trata de material mostrenco a estas alturas, pues la anécdota está en el *Sobremesa* de Timoneda (cuento 32, aunque atribuido a un duque, págs. 223-224), en el *Libro de chistes* de Pinedo, en los *Cuentos* de Arguijo, etc., y antes, en la Edad Media, en el *Baldo*, el *Conde Lucanor* (enxiemplo XX), el *Libro del Caballero Zifar*, etc., como señala Cabañas en nota al lugar citado en su edición (pág. 134).

[23] «A un hombre infame por su oficio y no menos por sí mismo (porque era lo menos ser juglar), que lo echaba por lo valiente, le dijo: 'Tan grande impertinencia es ser valiente vos, como si hiciérades lumbre de canela para asar un rábano. O como si diérades la capa en tiempo de frío por unos guantes, no teniendo manos'» (Rufo, *Las seiscientas apotegmas...*, núm. 379, página 137).

[24] «El que jura lo mismo que el tercero ve y sabe, dijo que 'es tan inconsiderado como el que encendiese hachas para alumbrarse al sol del medio día'» (Rufo, *Las seiscientas apotegmas...*, núm. 552, pág. 193).

Mayor ingenio arguye el fingir las necedades que el suponerlas: requiérese para ello gran propiedad en los sujetos. De semejantes chistes y cuentos están llenos los libros de placer, levantando mil graciosos testimonios a las naciones, a los pueblos y a los empleos.

Parte es deste género de conceptos, aunque por lo contrario, el notar que no huvo desacierto ni simplicidad donde lo parecía. Assí Marcial, de uno que, aviéndole pedido prestada una gran cantidad, dio dada la mitad, dixo que avía sido treta[25] por no perderlo todo:

> *Dimidium donare Lino quam credere totum,*
> *Qui mavult, mavult perdere dimidium*[26].

> *El que con Lino halló modo*
> *De darle lo medio dado,*
> *De lo que él pedía prestado*
> *No lo quiso perder todo*[27].

---

[25] treta L: tretra
[26] Marcial, *Epigrammata*, I, lxxv.
[27] La traducción es de don Manuel Salinas, tal y como asegura Gracián en la segunda redacción (XXVII, pág. 191).

DISCURSO XXI
De las Crysis Juiziosas

Participan[1] igualmente de la sutileza y prudencia las juizio-sas calificaciones. Consiste su artificio en un juizio, en una censura sutil de algún yerro o acierto recóndito[2] y nada vulgar. Desta suerte dixo un soldado de Aníbal, quando la vitoria de Canas, que el General sabía vencer, pero no usar de la vitoria[3].

Quando el común pondera una conocida infelicidad, un mal o bien manifiesto, observar otro más recóndito arguye gran viveza en el juizio. Assí el Duque de Alba no pondera-va en Pompeyo el aver sido vencido de los contrarios, sino de los suyos en dar la batalla contra su parecer[4].

---

[1] M: Participar. Corrijo con H en «Participan».

[2] H *om.* «o acierto recóndito»

[3] «E Hanníbal, vençedor [tras la batalla de Cannas] dio a los vençidos espaçio para respirar mientra que rehazía el exército y gastava tiempo [...] Es-criven que Hanníbal se arrepintió después muchas vezes desta tardança, y que públicamente se quexava por aver más querido en aquel tiempo consejar al reposo de su gente que creer a Maharbal, cabdillo de los cavalleros, el qual [...] dizen que viendo cómo Hanníbal se detenía, pronunció aquellas pala-bras tan divulgadas: 'Vençer sabes, Hanníbal, mas no sabes usar de la victo-ria'» (Plutarco, *Vida de Hanníbal*, fol. 173r; y véase allí mismo el fol. 170v para las mañas y artimañas del cartaginés tras las victorias).

[4] Lo trae Giovanni Botero en sus *Detti:* «Hernando, Duca d'Alba, fu capi-tano molto sodo, e fermo di giuditio, e saldo nelle sue risolutioni. Il perche havendo letto che Pompeo contra il suo proprio parere si era lasciato indurre dall'instanza de' soui a presentar la battaglia a Cesare, disse giuditiosamente che Pompeo era stato in quella guerra vinto due volte: la una de' suoi, che l'havevano contro ogni ragione indotto a combattere, e l'altra da Cesare, che l'havea sconfitto» (pág. 63).

Conocer las eminencias y calificarlas es principal empleo desta sutileza. Desta suerte Augusto deprecó a Cayo, al embiarle a Armenia, la benevolencia de Pompeyo, la audacia de Alexandro, y su fortuna propia[5].

También se califica, graduando las excelencias de los sujetos y de las Provincias. Tal fue aquella de las Provincias de España:

> *Boetica mittit equos, tauros Xarama feroces.*
> *Insignes Castella Duces, Aragonia Reges[6].*

Censúrase con una improporción ingeniosamente. De Mario dixo Patérculo: «Murió aquel varón grandemente dañoso en la guerra para los enemigos, en la paz para los Ciudadanos.» *Morbo opressus decessit Marius, vir in bello hostibus, in otio civibus infestissimus[7].*

Con una crítica antítesi dixo de Tiberio, disimulado, un atento cortesano, al reusar el Imperio: «Los demás cumplen tarde lo que prometen de presto[8]; tú lo que temprano hazes, tarde lo prometes.» *Caeteri quod pollicentur tarde praestant; tu quod praestas tarde polliceris[9].*

---

[5] «Quum Caium ex filia nepotem in Armeniam mitteret, optabat a diis ut illum Pompeii benevolentia, audacia Alexandri, ipsius autem fortuna comitaretur. Quod in singulis erat praecipuum, id optabat uni contigere. Illud autem singularis cuiusdam erat modestiae, quod vir ingenio, doctrina, consilioque; praestans sua preclara gesta fortune adscribebat» (Erasmo, *Apophthegmata*, lib. IV, «Octavius Caesar Augustus», 8, pág. 278).

[6] No doy con la fuente. No obstante, téngase en cuenta lo que dice el mismo Gracián en *El Héroe*, VI: «Aquel Marte castellano, por quien se dijo 'Castilla capitanes, si Aragón reyes', don Diego Pérez de Vargas...» (pág. 252b). Para la oposición Aragón-Castilla en la obra de Gracián, véase también Alessandro Martinengo, «Cibi picanti, foglie amare...», pág. 302.

[7] «Secundum deinde consulatum Cinna et septimum Marius in priorum dedecus iniit, cuius initio morbo oppressus decessit, vir in bello hostibus, in otio civibus infestissimus quietisque impatientissimus» (Veleyo Patérculo, *Historiae Romanae*, II, xxiii, 1).

[8] de presto H: presto

[9] No lo encuentro en Veleyo Patérculo. En la segunda redacción, se atribuye a Valerio Máximo (ed. Correa, II, pág. 21). Viene como el primero de los dichos de Tiberio en los *Apotegmas* de Erasmo: «Tiberio Caesari constanter et aegre suscipienti delatum imperium, quidam in os ausus est dicere: 'Caeteri quod pollicentur, tarde praestant; tu, quod praestas, tarde polliceris'» (lib. V, Tiberius Caesar, 1, pág. 430).

Las dubitaciones son artificiosa forma del censurar. Del heroico Aníbal ponderó Valerio Máximo, dexándose llevar del vulgar sentir de los estrangeros, que dexó en duda si avía de ser tenido por máximo o por péssimo. *Insignem nominis sui memoriam relicturus, in dubio maiorne, an peior haberi deberet, poneret*[10].

Ay unas verdades plausibles y gustosas, que participan igualmente de la Agudeza y de la prudencia, como aquella de Marcial a Emiliano, quando le dize: «Si eres pobre, siempre serás pobre, porque las dádivas no se hazen sino a los ricos.»

> *Semper eris pauper, si pauper es, Aemilianei*
> *Dantur opes nulli nunc nisi divitibus*[11].

Tienen algo de satíricas, y juntamente son sentenciosas. Dixo el mismo Marcial a uno que pleiteava una deuda: «Tú has de presentar al juez, has de pagar al Abogado, etcétera. Paréceme que es mejor pagar al acreedor, que es uno solo.»

> *Et iudex petit, petit Patronus*
> *Solvas censeo, Sexte, creditori*[12].

El principal assunto deste modo de Agudeza es una censura extraordinaria, nacida de una gran capacidad que alcança mucho. Tal fue el consejo que dio el Rey don Henrique de Castilla a su hijo, y el aprecio que hizo y división de sus vassallos, en los que avían seguido sus partes, las del Rey don Pedro, su hermano[13], y los neutrales[14]. Estremada fue la de

---

[10] «quo evenit ut alioqui insignem nominis sui memoriam relicturus, in dubio maiorne an peior vir haberi deberet poneret» (Valerio Máximo, *Factorum et dictorum memorabilium*, IX, vi, ext. 2).

[11] «Semper pauper eris, si pauper es, Aemiliane. / dantur opes nullis nunc nisi divitibus» (Marcial, *Epigrammata*, V, lxxxi).

[12] Marcial, *Epigrammata*, II, xiii.

[13] M: de hermano. Corrijo con H.

[14] Está en los *Detti memorabili* de Botero, donde lleva el epígrafe de 'consejo singular en materia de estado': «Henrico, Re di Castiglia, detto il Bastardo, hebbe una cruda guerra col Re Pietro, nella quale parte di Castiglia a lui, par-

Augusto, quando refiriéndole que Alexandro a los treinta y
dos años de su edad, aviendo conquistado el mundo, dixo:
«¿En qué passaremos lo que nos queda de vida?», se admiró
de que no entendiesse Alexandro que era mayor obra governar bien un Imperio que conquistarlo[15]. Viendo Julio César
unos Estrangeros cargados de perrillos, estimándolos mucho,
preguntó si en aquella tierra[16] parían las mugeres hombres[17].
Gran dicho fue el de Felipo a su hijo Alexandro: murmurava
de que su padre tenía muchas mugeres, y llevava mal tener
tantos hermanos. Díxole Felipo, aumentándole el miedo y
estimulándole a la virtud: «Procura, io, Alexandro!, pues has
de tener tantos competidores del Reyno, ser tal en la virtud
y en el valor, que merezcas ser antepuesto a todos»[18]. Dixo

---

te all'avversario aderì. Trovandose egli in punto di morte, disse al Vescovo
di Sigüenza, suo confessore, che avisasse il figliuolo che gli doveva succede-
re, che di tre sorti d'huomini che nel Regno si trovavano (alcuno dei quali havevano servito lui, altri il Re Pietro, altri erano stati a vedere), conservasse ai
primi le mercede lor fatte, ma in maniera che non si asicurasse della lor fede
e constanza; degli altri facesse conto, e si servisse como di quelli che avevano
mostrato costanza nell'impresa, e perche si sforzarebbono di compensare
l'offesa con l'ufficio, e di mostrar la fede con la diligenza. Dei neutrali non si
fidasse nelle cose di stato, perche postporrebbono sempre il servitio publico
all'interese particolare. Questo aviso parve tanto piu mirabile, quanto meno
con l'opinione commune si confacera» (pág. 19).

[15] «Quum audisset quod Alexander natus annos triginta duos, posteaquam plerasque mundi regiones peragrarat, dubitasset quid in reliquum vitae
tempus esset facturus, demirabatur si Alexander non iudicasset maius opus
bene gubernare partum imperium quam amplam ditionem comparasse»
(Erasmo, *Apophthegmata*, lib. IV, «Octavius Caesar Augustus», 6, pág. 277).

[16] en aquella tierra L: en aquellas tierras

[17] «Cuentan que César, viendo en Roma unos estranieros ombres ricos
que trayan por la çibdad en el regaço cachorros de canes y de simias, y que
se davan mucho a ellos, les preguntó si por ventura entre ellos parían las mugeres» (Plutarco, *Vidas paralelas*, trad. Alfonso de Palencia, «Pericles», I, vol. I,
pág. 121; pero está también en los *Apophthegmata* de Erasmo, lib. IV, César, 18, pág. 296).

[18] Es un apotegma de los recogidos por Plutarco (*Máximas de reyes y generales*, «Filipo, padre de Alejandro», 22, en *Moralia* 178E). Lo recoge Erasmo:
«Ubi rescivit Alexandrum filium queri quod pater ex pluribus foeminis gigne-
ret liberos, sic illum hortatus est: 'Ergo quum plures habeas regni competito-
res, da operam ut honestus ac probus evadas, ut non per me, sed per te ipsum
regnum obtinuisse videaris'» (*Apophthegmata*, lib. IV, «Philippus Macedo», 21,
págs. 250-251).

Pompeyo de sí mismo que todas las dignidades las avía conseguido antes de esperarlas y las avía dexado antes que otros las esperassen[19].

[19] «De se libere profitebatur quod omnem magistratum quem gesserat et citius esset nactus quam ipse expectasset, et citius deposuisset quam ab aliis expectatum esset» (Erasmo, *Apophthegmata*, lib. IV, «Pompeius Magnus», 15, pág. 304). Lo recuerda Gracián, atribuyéndolo a un «romano», en *El Discreto*, pág. 254.

Compone de sí misma todas las menudencias de la vida, según la tenía dispuesta y las avía dexado antes que partiesse a la jornada.

Discurso XXII

De los Conceptos Sentenciosos

Es la Agudeza Sentenciosa la máxima operación de la racionalidad, porque concurren en ella la perspicacia de la inteligencia y el acierto de la sindéresis[1]. Las sentencias y las crysis sazonan la historia, que sin estos dos resabios[2] es insulsa la narración, especialmente a gustos juiziosos.

Para sentencia no basta qualquiera verdad: ha de ser un desengaño prudente, sublime y recóndito. Son reglas del acierto, nortes de la dirección. Assí el agudo universal dixo:

> *Non est, crede, mihi, sapientis dicere «vivam»[3]:*
> *Sera nimis vita est crastina: vive hodie[4].*

Va mucho de ser una verdad célebre a ser común; bien puede ser célebre y sublime, como aquella de Platón: *Difficilia quae pulchra[5]*. La celebridad nace comúnmente de la rari-

---

[1] Vale por 'buen juicio', y es voz griega que significaba 'vigilar'. Más ocurrencias de la voz en Gracián, así como la sintonía con el Vives de la *Introducción a la sabiduría*, en la nota de Aurora Egido a *El Discreto*, pág. 294, n. 311.

[2] «El sabor extraordinario que dexa alguna cosa» (*Auts.*, s. v.).

[3] vivam H: viam.

[4] Marcial, *Epigrammata*, I, xv, 11-12.

[5] Es decir, que las cosas bellas son difíciles. Gustaba el ateniense de repetir lo que creo que es refrán. Cfr., por ejemplo, la *República*, IV, ix; *Hipias mayor*, 304E; etc.

dad[6], y lo extraordinario da quilate a la sentencia, como en esta[7] de Tucídides: *Plerumque foelix est prudentia.*

Las estravagantes observaciones son efectos de una gran capacidad. Assí el prudente Cosme de Medicis dezía: «Huir del necio, porque al cabo dize o haze la grosería»[8]. Y Marcial sagazmente:

> *Inmodicis brevis est aetas et rara senectus:*
> *Quidquid amas, cupias non placuisse nimis[9].*

Quanto más breves son en el dicho, suelen ser más dilatadas en el sentido. Assí Epicteto reduxo la Filosofía prudente a solas dos palabras: *Substine et abstine[10].* En la Filosofía moral desaguan las sentencias, como en Océano, de las fuentes de tanto sabio, y entre todos el Prodigioso Séneca hizo culta la Estoiquez y cortesana la Filosofía.

Aunque las sentencias hablan con universalidad, pueden singulariçarse con el arte. Assí se hallan algunos dichos grandes que son sentencias contrahídas, como aquella de Biante: *Omnia mea mecum porto[11],* y aquella otra del Emperador Car-

---

[6] «Qualidad que constituye una cosa en ser de rara, o rala», pero se toma también «por lo mismo que extrañeza o singularidad en su acaecimiento» *(Auts., s. v.).* Comp. *El Héroe,* VII: «Es la pluralidad descrédito de sí misma, aun en preciosos quilates; y, al contrario, la raridad encarece la moderada perfección» (pág. 253b). O *El Discreto:* «Más vale una excelente raridad, que siempre fue lo dificultoso estimado» (pág. 247).

[7] como en esta H: como esta

[8] «Cosmo de' Medici soleva dire che non si vuole mai impacciare con pazzi, perche sempre o fabbo altrui villania, o ne dicono» (Giovanni Botero, *Detti memorabili,* pág. 12).

[9] Son los dos últimos versos del epigrama VI, xxix de Marcial (lín. 2 cupies: cupias).

[10] «Idem Philosophiae summam duobus verbis comprehendere solitus est: [...] substine et abstine, quorum prius admonet, ut mala quae incurrunt aequo animo toleremus; posterius, ut a voluptatibus temperemus» (Erasmo, *Apophthegmata,* lib. VII, Epicteto, 3, pág. 586; pero sobre todo Alciato, *Emblemas,* XXXIV, págs. 67-68, y véase también un emblema con ese lema en Juan de Horozco, *Emblemas morales,* III, ii, fol. 105).

[11] Séneca lo pone en boca de Stilbon (Estelpón, en las versiones romances), cuando, tras haber perdido la patria, los hijos, la mujer, posesiones..., interrogado por Demetrio Poliorcetes, responde: «Omnia mea mecum sunt»,

los Quinto: «El tiempo y yo, a otros dos»[12]. Con la misma destreza con que se pueden contraher, se pueden generaliçar, y de los sucessos singulares ir sacando la enseñança en universalidad.

En las respuestas prontas y prudentes de una qüestión es esmalte la Agudeza al oro de una sentencia. Preguntándole uno a Sócrates si se casaría, respondió: «De cualquiera cosa que escogieres de las dos, te pesará después»[13]. Esta pronta prudencia hizo célebre a los siete sabios de Grecia[14].

Pero quando a lo juizioso de la sentencia se le añade lo delicado, lo hermoso de la Agudeza de ornato, colma la perfección, campea[15] el artificio sobre la prudencia. Por un encarecimiento exprimió bien la arcanidad[16] de un pecho Real el Tercer Pedro de Aragón: respondiendo al Embaxador del Papa que le preguntava contra quién armava, dixo que si en-

---

con el comentario del de Córdoba: «Ecce vir fortis ac strenuus» (Séneca, *Epistulae*, I, ix, 19). Cicerón lo atribuye a Bías de Periene (*Paradox.*, I, i, 8), al igual que Pedro Mexía en la *Silva de varia lección* (IV, x, vol. II, pág. 390. Véase María Pilar Cuartero Sancho, *Fuentes clásicas...*, pág. 70). Yo pensaría sobre todo en Alciato, *Emblemas*, XXXVII, págs. 71-72.

[12] El dicho es del gusto de Gracián, que lo cita también en *El Discreto*, III, pág. 191 y en el *Oráculo Manual* (núm. 55, pág. 133). Correas lo pone en boca de Felipe II, «dando a entender lo mucho que uno puede hacer con vida y tiempo» (*Vocabulario*, pág. 183). La misma atribución le dan Baltasar Porreño («Solía dezir Su Magestad 'El tiempo y yo, para otros dos', significando en esto que vale mucho el tiempo, pero sin él no se obra cosa de provecho, y tiene grande espera», *Dichos y hechos*, fol. 147v), Felipe de Comines, Saavedra Fajardo o Fernández de Velasco (véase la nota de A. Egido al lugar citado de *El Discreto*, pág. 191, n. 80). «Señor, yo y vuestra merced para otros dos» es frase que Melchor de Santa Cruz pone en boca de un caballero en la *Floresta española* (VI, vi, 4, págs. 178-179).

[13] «Rogatus ab adolescente quodam utrum melius censeret, uxorem ducere an non ducere, 'Utrumcumque, inquit, feceris, poenitebit', indicans et coelibatum et coniugium habere suas molestias, ad quas perferendas esset praeparandus animus» (Erasmo, *Apophthegmata*, lib. iii, Sócrates, 40, pág. 171).

[14] Para los Siete Sabios de Grecia, con variantes, véase Carlos García Gual, *Los siete sabios (y tres más)*, *passim*, pero especialmente págs. 16 y ss.

[15] «Vale sobresalir entre las demás cosas, de modo que se lleve la atención de todos» (*Auts.*, s. v.).

[16] «Cosa recóndita que uno reserva en sí, como noticia especial, máxima de estado, resolución y secreto confiado, y así otras cosas. [...] Es voz del uso moderno, introducida por los que se precian de cultos en el lenguaje» (*Auts.*, s. v.).

tendiera que su camisa sabía el menor secreto de su ánimo, al momento la abrasaría[17].

El ingenioso reparo y la sutil ponderación realçan grandemente una sentencia. Assí el absoluto poder de la muerte, que otros ponderan por sentencias llanas, lo declaró acertadamente Marcial en este inapreciable Epigrama. Cayó un pedaço de yelo y degolló un niño, y dixo el Poeta: «¿Dónde no está la muerte, si las aguas degüellan?»

> *Qua vicina pluit Vipsanis[18] porta columnis*
> *Et madet astiduo lubricus imbre lapis,*
> *In iugulam[19] pueri, qui roscida templa subibat,*
> *Decidit Hyberno praegravis vnda gelu:*
> *Cumque peregisset miseri crudelia fata,*
> *Tabuit in calido vulnere mucro tener.*
> *Quid non saeva sibi voluit fortuna licere?*
> *Aut vbi mors non est, si iugulatis aquae?[20]*

Prudente paradoxa fue la de Bión, que la hermosura era bien ageno[21]. Con una artificiosa contrariedad informó su

---

[17] «Pietro, Re d'Aragona, [...] per assistere ai Siciliani, che gli avevano promesso di rebellarsi a Carlo d'Angiò e darse a lui, apparecchiava; e con quella tutti li Re vicini sospesi teneva, ma sopra tutti Carlo, che perciò si partì da Brindisi, e andò a Montefiascone a ritrovar Papa Martino IV, e gli significò il suo sospetto. Il Papa mandò un frate al Re Pietro, a proferirgli in nome suo e di Carlo, largamente ogni aiuto, ove l'espeditione, ch'egli apprestava, fosse contra Infedeli. Et il Re gli rispose Che bruciarebbe la camicia che aveva indosso, se pensasse ch'ella sapesse quel ch'egli haveva nell'animo; e si troncarebbe la man sinistra se quel che la destra imprendeva, risapesse» (Giovanni Botero, *Detti memorabili*, pág. 300). En realidad, el rey don Pedro no hacía sino parafrasear a Quinto Cecilio Metelo (véase Pedro Mexía, *Silva de varia lección*, I, iv, vol. I, pág. 206, quien bebe de Plutarco o quizá de Erasmo; véase María Pilar Cuartero Sancho, *Fuentes clásicas de la literatura paremiológica...*, págs. 26-27). Atribuido a un capitán, en *El Sobremesa y alivio de caminantes*, cuento 113, págs. 276-277.

[18] Vipsanis L: Vispanis

[19] iugulam H: iugulum

[20] Se trata del epigrama IV, xviii de Marcial, completo, con ciertas variantes (lín. 2 astiduo: assiduo; lín. 3 iugulam: iugulum; templa: tecta).

[21] Gracián citaba esta misma sentencia en el discurso XVIII, donde queda la nota correspondiente.

prudente empresa Agusto, *Festina lente*[22]. Y por opuesta gradación, don Antonio de Mendoça dixo en competençia de Plauto:

> *En la obligación partido*
> *Llegáis el campo a tener:*
> *Cuerda, basta la muger;*
> *Sabio, aun no basta el marido.*
> *[...]*
> *Sufrir todos es el modo*
> *Más cuerdo y de más disculpas:*
> *Ellos todo, si no es culpas,*
> *Ellas las culpas y todo*[23].

La semejança fue siempre centro de la prudente Agudeza. Dezía Julio Segundo que las letras en un hombre vulgar son plata; en el noble, oro; en el Príncipe, piedras preciosas[24]. Apodó uno a la privança fortaleza donde se sube por escala levadiça, que, en estando en lo alto, retira la escala el que subió. A los hijos apodó un discreto enemigos dulces.

Sobre todo la proporción y la[25] correspondencia les da gracia relevante. Desta suerte el ingenioso Falcón proporcionó la vida del hombre, que es polvo, a los polvos de un relox, que la suelen medir:

---

[22] Hablando de las empresas de Augusto, dice Juan de Horozco: «El Término y un rayo fue otra empresa suya de que vemos adornado el reverso de algunas de sus medallas, y esto significa la firmeza y ligereza juntamente, que es el espacio apresurado y la priessa espaciosa que en el Delphín y el áncora se mostró con la letra griega que suena DATE PRIESSA DE ESPACIO, de que usó tanto tiempo y después dél usaron algunos en memoria suya» *(Emblemas morales*, I, x, 43v-44r; pero cfr. con I, xv, fol. 56r: «Ay también empresas en que el mote ninguna cosa añadió, y solo sirve de hazer compañía, como el FESTINA LENTE de la empresa antigua de Augusto. Y en parte estava mejor sin letra»). Sin salir de los emblemas, véanse los números XX y CXLIII de Alciato. Puede verse también Erasmo, *Apophthegmata*, lib. IV, Octavius Augustus, 55, pág. 290, quien remite a los *Adagia.*

[23] Antonio Hurtado de Mendoza, *El marido hace mujer y el trato muda costumbre*, págs. 421-422. Se trata de dos fragmentos cercanos, pero separados.

[24] «Papa Giulio II usava spesse volte di dire che le lettere negli huomini plebei sono argento, nei nobili oro, nei Prencipi gioie» (Giovanni Botero, *Detti memorabili*, pág. 13).

[25] H *om.* «la»

258

Haec nimis hora fugax, dum vitro currit arena,
Nos monet extremum non procul esse diem.
Summa brevis vitae levibus componitur horis.
Et quia pulvis homo est, pulveris instar abit[26].

[26] Jaime Juan Falcó, *Epigrammata*, LXXXIX («De horologio arenoso», en *Obras, I*, pág. 150).

De los Dichos Heroicos

Assí como ay sentencias que exprimen la prudente inteligencia, assí ay dichos magnánimos, que declaran con excelencia la grandeza del valor. Osténtase en aquellas la gran capacidad; en estos, la grandeza de ánimo: dichos propios de Héroes. No son universales, sino singulares en todo, y nacidos a la ocasión, como aquel de Luis Duodécimo: «No venga el Rey de Francia los agravios hechos al Duque de Orliens»[1].

Denotan la superioridad de un hombre en alguna virtud, y quanto más excelente esta, más merecedor el dicho de inmortal estimación. Ya en la prudencia, como aquel de Felipo el Macedón: *Iupiter, aliqua levi poena me multa*, quando se vio colmado de felicidades[2]. Ya en el generoso deseo de gloria,

---

[1] «Luigi XII, Re di Francia, mentre era Duca d'Orliens e in minor fortuna, hebbe diversi incontri, e non mancò gente che poco rispetto gli portasse, e passando più oltre, anche l'oltragiasse, [...] per la qual cagione, sendo egli alla corona di Francia salito, fu pregato a non volersi dell'ingiuria passata rissentire e vendicare, a' quali egli diede una risposta delle più memorabili, che si sappia: cioè, che non conveniva a un Re di Francia far le vendette del Duca d'Orliens» (Giovanni Botero, *Detti Memorabili*, pág. 35). Lo recuerda igualmente Gracián en *El Héroe* (pág. 249b, con nota de Batllori-Peralta) y en *El Discreto* (pág. 194, con nota de A. Egido).

[2] Es uno de los primeros apotegmas de Filipo recogidos por Plutarco *(Máximas de reyes y generales*, «Filipo, padre de Alejandro», 3, en *Moralia*, 177C). Lo trae ampliado Erasmo: «Cum illi nuntium esset allatum uno die multas res feliciter ac prospere gestas esse [...] porrectis in coelum manibus exclama-

como el de su hijo Alexandro: «¿Qué dexará para mí mi padre si él lo conquista todo?»[3]. En la clemencia, fue prodigioso el de Nerón, quando, al firmar una sentencia de muerte, dixo: «¡O, quién no supiera escrivir!»[4]. En la equidad y entereza, fue célebre el de Henrico el Castellano, que temía más las maldiciones de sus oprimidos vassallos que las lanças de los enemigos[5]. En la generosidad, el[6] de Jacob Almançor, que él había nacido para hazer bien a todos[7]. Basta un dicho de estos para acreditar de Héroe.

A un gran dicho de otro añadir aún más, supone doblado el valor. Refiriéndole al Magnánimo de los Reyes, Alfonso, aquel tan aplaudido dicho del Emperador Tito, quando examinando una noche su generosidad y viendo que no avía hecho merced alguna aquel día, dixo: *Diem perdidimus;*

---

vit: 'Et o fortuna, inquit, pro tot tantisque bonis levi quopiam malo me affice'» *(Apophthegmata,* lib. IV, «Philippus Macedo», 2, pág. 245). La traducción latina de los *Apotegmas* de Plutarco que manejo apenas difiere de la versión de Erasmo, luego Gracián ha de estar recordando de memoria, o bien se está sirviendo de alguna otra traducción, o piensa en algún otro libro de Plutarco donde se cuenta la misma anécdota (cfr. *Moralia,* 105A o 666A).

[3] Es el primero de los apotegmas de Alejandro recogidos por Plutarco *(Máximas de reyes y generales,* «Alejandro», 1, en *Moralia,* 179D, también en la *Vida de Alejandro Magno* del mismo, vol. 2, fol. 96r). También en Erasmo: «Is puer etiamnum [Alejandro], quum Philippus pater multa praeclare feliciterque gereret, nequaquam eo gaudebat, sed ad pueros aequales et collactaneos dicebat: 'Pater mihi nihil relicturus est'» *(Apophthegmata,* lib. IV, «Alexander Magnus», 1, pág. 255). De nuevo las dos versiones difieren, pues en ninguno de los casos es interrogativa la sentencia del Magno, pero véase *El Discreto,* pág. 330, donde hay frase semejante (n. 391 de Aurora Egido).

[4] «Animadversurus in latrones duos Burrus praefectus tuus, vir egregius et tibi principi natus, exigebat a te, scriberes, in quos et ex qua causa animadverti velles; hoc saepe dilatum ut aliquando fieret, instabat. Invitus invito cum chartam protulisset traderetque, exclamasti: 'Vellem litteras nescirem'» (Séneca, *Ad Neronem Caesarem De clementia,* II, 2).

[5] «Don Henrico, Re di Castiglia, diceva che temeva più le maleditione del popolo che l'armi de' nemici» (Botero, *loc. cit.,* pág. 4).

[6] L *om.* el

[7] «Jacob Almanzor, havendo fatto mercedi senza fine a' suoi creati, il padre lo ammoni che non fosse così largo donatore [...] Rispose il Prencipe che [...] non era nato se non per beneficar altrui, imitando il suo creatore, che con tanta clemenza dispensa li suoi beni alle creature» (Botero, *ibid.,* pág. 39).

añadió Alonso: «No sé que aya avido día que pudiera yo dezir esso»[8].

Ni denota menor grandeza el corregir un dicho destos. Assí, el Católico César corrigió en su célebre jornada de Alemania la carta del César Gentil. Dixo este: *Veni, vidi, visii*[9]; dixo Carlos: *Veni, vidi, vicit Deus*[10].

Las máximas Reales, aunque en rigor son sentencias, pero por decoro se les deve aparte observación, que no magisterio. Unas exprimen la obligación, como aquella de Vespasiano: que el Rey ha de morir en pie[11]. Otras, la beneficencia, como la de Tito, su hijo[12]: que de la presencia del Príncipe ninguno ha de salir descontento[13]. Ya la fidelidad[14], como el dicho

---

[8] esto L: esso
«Alfonso, Re di Napoli, fu tanto liberale, che, sentendo un dí ricordare che Tito Imperatore soleva dire che gli pareva d'haver perduto quel dí, nel qual ni una cosa donato avesse; egli, ringratiando Iddio, disse che per questo capo mai havea giorno alcuno perduto» (Botero, *op. cit.*, pág. 40).

[9] visii L: vicit H: vici
La frase es bien conocida: véase Plutarco, *Apotegmas*, «Gayo César», 12, en *Moralia*, 206E; del mismo, la *Vida de César*, L, en *Moralia*, 731F; Suetonio, *Vitae duodecim Caesarum*, «Divus Iulius», 37.

[10] «Carlo V, doppo la dissipatione dell'essercito de' Luterani e la rotta di Giovanni Federico di Sassonia, uso modeste queste parole: 'Io non posso dire, como disse Giulio Cesare, *Vini, vidi, vici*, ma diro bene *Veni, vidi et Dominus Deus vicit*» (Botero, *ibid.*, pág. 34). Y quizá, sólo quizá, un recuerdo de Séneca el Viejo: «... 'expectemus, si nihil aliud hoc effecturi, ne insolens barbarus dicat: veni, vidi, vici', cum hoc post multos annos divus Iulius victo Pharnace dixerit» *(Suasoriae*, II, xxii).

[11] Gracián poda la parte más grosera del episodio de Vespasiano para elevar la categoría del apotegma: «Quum vehementer angeretur vitiatis intestinis, nihilo secius [?] imperatoriis muneribus fungebatur, adeo ut lecto decumbens audiret legationes, et amicis hortantibus ut sibi parceret, respondit: 'Imperatorem stantem mori oportere'» (Erasmo, *Apophthegmata*, lib. VI, Vespasianus Pater, 17, pág. 443). Lo recuerda también en *El Político*, pág. 292a.

[12] como la de Tito su hijo H: como la de Tito a su hijo

[13] «Vespasianus filius quum admoneretur ab amicis, quod plura polliceretur interpellantibus quam praestare posset, respondit: 'Non oportet quemquam a Caesaris colloquio tristem discedere'» (Erasmo, *Apophthegmata*, lib. VI, Titus, Vespasiani filius, 1, pág. 443). Comp. *El Héroe*, XII: «El primer móvil de su séquito, después de la opinión, es la cortesía y la generosidad: con estas llegó Tito a ser llamado delicias del orbe» (pág. 260b).

[14] M Ya la felicidad. Enmiendo, con arreglo al sentido y con la ayuda de la segunda redacción («Ya de la fidelidad», XXX, pág. 213).

del Primer Francisco de Francia, que si la fidelidad se perdie-
re, se ha de buscar en el pecho de un Rey[15]. Ya la comprehen-
sión, como Maometo, que reducía todo el arte de governar
al premio y al apremio[16]. Desta suerte todos estos aforismos
Reales exprimen las virtudes Magestuosas, y siendo crédito
del que los prorrumpe[17], son reglas del que los observa.

La profundidad y grandeza destos dichos es indicio de la
del coraçón. Aviendo dado Alexandro quanto tenía y repar-
tido sus estados a sus amigos, al entrar en Asia, preguntóle
uno con qué se quedava. Dixo que con la esperança[18]. Gran
dicho fue el de Artaxerxes, que era acción más Real el hazer
grandes que el deshazerlos[19]. Mayor el de Agesilao, que para
ser Rey de los demás lo avía de ser primero de sí[20]. Julio Cé-

[15] Gracián arregla y mejora las palabras del monarca francés, según las
cuenta Botero en sus *Detti*: «Quando il Re Francesco I di Francia ricevette nel
suo regno Carlo V Imperatore [...], loando alcuni la lealtà del Re a lui mede-
simo e al cielo inalzandola, egli rispose che quando la fede e la promessa
poco valere dovesse fra tutto il resto dall'humano legnaggio, conveniva però
che ferma fosse et immutabile tra i Prencipi» (págs. 31-32).

[16] «Mahometo II, Re de' Turchi, riduceva tutte l'attioni d'un Prencipe alla
pena e al premio» (Botero, *Detti*, pág. 26).

[17] Gracián fuerza un poco la voz, quizá en el sentido segundo que trae
Autoridades: «Vale también proferir o arrojar, repentinamente y con fuerza y
violencia, alguna voz, suspiro u otra cosa que dé muestras de dolor u otro
afecto del ánimo» (s.v.).

[18] Una vez más, está en Erasmo: «Posteaquam in expeditionem profectus
regias opes pene omnes in milites ac duces distribuisset, roganti Perdiccae,
'Quid tibi nunc, rex, superest?' 'Spes', inquit» (*Apophthegmata*, lib. IV, «Alexander Magnus», 45, pág. 265). El texto, que viene igual en la *Vida de Alejandro* (vol. 2, fol. 99r) de las *Paralelas* de Plutarco, se citaba frecuentemente en
los tratados políticos. Puede verse el fragmento de Plutarco y su presencia
en otros libros de índole política en fray Antonio de Guevara, *Relox de príncipes*, III, xxviii, pág. 838, nota b.

[19] Supongo que el jesuita tenía en mente el siguiente apotegma de Artajerjes: «Artoxerxes, Xerxis filius, cognomento Longimanum, quod alteram manum haberet longiorem, dicere solet: 'Regalius esse addere quam adimere'»
(Erasmo, *Apophthegmata*, lib. V, Artoxerxes, 16, pág. 334).

[20] Gracián alude a uno de los apotegmas de Agesilao el Grande (Plutarco,
Apotegmas, Agesilao, 33, en *Moralia*, 210F), recogido por Erasmo: «Illud sibi
cum primis ducere solet gloriae, quod cum rex esset, caeterisque consilio
prospiceret, nihilo secius in laboribus obeundis nemini cederet, quodque sibi
ipsi imperaret suique, ut ita loquar, rex esset, id pulchrius esse iudicabat,
quam quod regnum obtineret in alios» (*Apophthegmata*, lib. I, «Agesilaus», 34,

sar, que las hazañas se han de executar sin consejo, porque la consideración del peligro no extinga la audacia, y la presteza es madre de la buena dicha[21]. Al contrario, Augusto dezía: *Festina lente*[22]. Antígono, que no avía presidios más fuertes ni seguros[23] que el amor de los vassallos[24].

Acompañaron algunos el dicho heroico con alguna acción misteriosa, siendo la sentencia explicación de la acción. Assí, Alexandro[25] se tapava la una oreja oyendo los acusadores, y preguntándole por qué hazía aquello, respondió: «Guardo esta otra para el reo»[26]. Lloró el mismo oyendo dezir a Ana-

---

pág. 28). Gracián deforma y arregla el dicho del espartano. Comp., por otra parte, el siguiente pasaje: «un lacedemonio Agesilao, cuyas sentencias merecieron ser las primeras en el libro de los discretos, y sus hechos en el de los valerosos» *(El Político*, pág. 290b).

[21] Gracián mejora con mucho el apotegma de César: «Facinora quae quoniam periculo obnoxia sunt et magna, gerenda esse dicebat, at de his non consultandum, quod ad haec perficienda plurimum habeat momenti celeritas. Expensio vero periculi revocat hominem ab audacia» (Erasmo, *Apophthegmata*, lib. IV, Julius Caesar, 6, pág. 294; Plutarco, *Máximas de romanos*, 206C). Volverá a mencionar la presteza como madre de la dicha en el discurso L. En *El Discreto* emplea la frase sin atribuir (pág. 278), pero en *El Político*, sin embargo, «la prudencia es madre de la buena dicha» (pág. 292a).

[22] Véase la nota correspondiente a la empresa de Augusto en el discurso anterior.

[23] ni seguros L: ni más seguros

[24] Creo que Gracián recuerda vagamente un apotegma de Agesilao *(Moralia*, 210F), que a veces se atribuye a Antálcidas (el mismo Plutarco, *ibid.*, 217E). «Rursus alii cuidam percontanti quam ob causam Sparta non cingeretur moenibus, ostendit cives armatos, 'Hi, inquiens, sunt Spartanae civitates moenia', significans Respub. nullo munimento tutiores esse quam virtute civium. Similiter quum alius quidam hoc idem percontatus esset, respondit: 'Civitatem non saxis lignisve, sed pro vallis ac moenibus, incolentium virtute monere opportere, quos si iungat concordia, nullus potest esse murus inexpugnabilior'» (Erasmo, *Apophthegmata*, «Agesilaus», 30 y 31, págs. 27-28).

[25] Alexandro L: Alegrando

[26] «En el comienço estava judgando Alexandro en causas capitales, y mientra que el accusador orava solía tener él con la una mano çerrada la otra oreja, porque aquella pareciesse estar guardada para el reo como ajena de toda calumnia» (Plutarco, *Vida de Alejandro Magno*, xlii, en *Vidas*, vol. 2, fol. 109r). Véase igualmente *El Sobremesa y alivio de caminantes* de Timoneda, cuento 162, págs. 305-306, donde se atribuye a un presidente anónimo (y en nota, más precedentes y más textos coetáneos; cfr. también María Pilar Cuartero Sancho, *Fuentes clásicas...*, pág. 146). Para Gracián, véase la nota de Aurora Egido a un pasaje de *El Discreto*, donde se atribuye a Júpiter la acción del

xágoras que avía muchos mundos, y dio la razón: porque aviendo tantos, él no avía aún conquistado uno[27]. Lloró también César leyendo los hechos de Alexandro, y dixo: «Porque desta edad ya avía conquistado todo el Oriente, y yo nada»[28]. Dixo Xerxes prudente razón de su llanto, contemplando sus numerosos exércitos[29].

Magno (pág. 342, y n. 418), y Miguel Romera-Navarro, «Góngora, Quevedo y algunos literatos más...», pág. 257.

[27] «Quum audisset Anaxagoram differentem, innumerabiles esse mundos, illacrymasse dicitur. Rogantibus nunquid accidisset lacrymis dignum, 'An non videor, inquit, merito flere, qui quum mundi sint innumerabiles, nos nondum unius domini facti sumus?'» (Erasmo, *Apophthegmata*, lib. IV, «Alexander Magnus», 58, pág. 267). También en Valerio Máximo, *Factorum et dictorum memorabilium*, VIII, xiv, ext. 2.

[28] Gracián se apunta a la versión de Plutarco *(Máximas de romanos*, César, 4; o *Vidas Paralelas*, César, XI), que recoge también Erasmo: «Quum Alexandri Magni res gestas legeret, non tenuit lachrymas, atque ad amicos: 'Hoc, inquit, aetatis qua nunc sum, Alexander devicit Darium; mihi vero ad hunc usque diem nihil praeclari facinoris gestum est» (Erasmo, *Apophthegmata*, lib. IV, Julius Caesar, 4, pág. 294). Suetonio, en la *Vida de César*, 7, daba otra: es al ver en Cádiz la estatua del Magno cuando llora César. Gracián, convencido como estaba del poder de la lectura, se apunta, lógicamente, a la primera versión. En realidad, es un tópico dentro de la literatura política (véase en ese sentido mi nota al *Relox de príncipes* de fray Antonio de Guevara, «Prólogo», pág. 44, nota a).

[29] «Quum vidisset universum Hellespontum navibus suis constratum, omnia littora atque Abydenorum plana hominibus referta, iactavit se beatum moxque fudit lacrymas. Tam subitam mutationem admiratus Artabanus regis patruus, qui dissuaserat eam expeditionem, ausus est rogare causam. Tum Xerxes, 'Subiit, inquit, animum meum cogitatio, quam brevis sit hominum vita, quando ex tan numerosa multitudine annun centesimum nemo superfuturus est'» (Erasmo, *Apophthegmata*, lib. V, Xerxes, 12, pág. 333).

De los Conceptos
que se sacan del Nombre

Esta especie de Agudeza suele ser origen de las demás; porque, si bien se nota, todas se socorren del nombre. Él suele fundar la proporción, ocasionar el reparo y dar pie a la paridad. Es hidra bocal una dicción, que a más de su directa significación, si la cortan o la trastruecan, de cada sílaba renace una prontitud, y de cada acento un concepto.

Alcança el nombre su conveniencia con la cosa denominada, no menos que las causas y efectos della:

Conveniunt rebus nomina saepe suis.

Pues si el descubrir aquella assegura sutileza en la reflexión, ¿por qué no el exprimirla en esta? Autorice esta especie de conceptos el celestial oráculo, prorrumpiendo en aquella delicadeza sacra: *Tu es Petrus, et super hanc petram aedificabo Ecclesiam meam*[1].

---

[1] *Mt.*, XVI, 18. El razonamiento etimológico contaba con una larga tradición, ya entre los hebreos y los clásicos greco-latinos, y por supuesto desde el origen del cristianismo, dado que los Padres (sobre todo San Jerónimo y San Agustín) abusaron del procedimiento, como bien recuerdan García Gibert y Hernández Sacristán: «El razonamiento etimológico en Baltasar Gracián» (pág. 159). El jesuita recurre al pasaje quizá más explotado en ese sentido.

Caréase un nombre, no sólo con el principal, sino con todos sus aderentes[2], hasta hallar con uno o con otro la artificiosa correspondencia. Assí, de la que hasta en el nombre se assemejó al soberano Cordero dixo el suavíssimo de los Doctores que su nombre de Inés, que significa cordera[3], no era nombre de muger, sino oráculo de Mártir, profecía de su sacrificio: *Cuius ne nomen quidem est vacuum luce laudis, vt mihi videatur, non[4] hominis habuisse nomen, sed oraculum Martiris[5].*

Mudó desta suerte la correspondencia del nombre de estrella con los efectos en la vida y en la muerte el agudíssimo Ausonio:

Stella, prius superis fulgebas Lucifer: at nunc
Extinctus, cassis lumine vesper eris[6].

---

[2] Ninguno de los sentidos recogidos por el *Diccionario de Autoridades* parece convenir con el pasaje del *Arte.* Quizá tenga que ver con todo lo que rodea al nombre, quizá con sus varios significados, o acepciones. Comp.: «Regla es muy de maestros en la discreción política tener observada su fortuna, y la de sus adherentes» *(El Héroe,* X, pág. 256b); o «Motivaba con mil conveniencias una empresa Enrico IV de Francia, cuando, acertada ya la intrínseca utilidad de ella, anteponía tal vez los adherentes» *(El Político,* págs. 293-294).

[3] Hay dos interpretaciones distintas del nombre Agnes, una que lo ve como versión latina del adjetivo griego *agne* ('pura', 'casta'), y otra que lo hace derivar del latín *agnus,* 'cordero'. Gracián se apunta a la segunda, como queda patente en el texto.

[4] M: no L: non H: non. Corrijo la errata.

[5] Se trata de un fragmento incompleto del cap. II del *De Virginibus* de San Ambrosio: «Natalis est sanctae Agnes, mirentur viri, non desperent parvuli; stupeant nuptae, imitentur innuptae. Sed quid dignum de ea loqui possumus, cujus ne nomen quidem vacuum luce laudis fuit? Devotio supra aetatem, virtus supra naturam; ut mihi videatur non hominis habuisse nomen, sed oraculum martyris, quo indicavit quid esset futura» *(PL,* XVI, col. II).

[6] Ausonio, «In stellam», núm. 73. Irving P. Rothberg apuntaba hacia la *Antología palatina* como fuente de este pasaje, porque Gracián «had learned from some source that the epigram was of a Greek origin» («Covarrubias, Gracián...», pág. 548). Sin ánimo de ser polémico, el texto a que remito al comienzo de la nota lleva la siguiente aclaración: «Ausonius convertit Graeca Platonis, quae apud Diogenem Laertium in Vita Platonis, et Appuleium in priore apologia et in libro tertio epigrammatum». Dado que el jesuita siempre cela fuentes, conviene la cautela.

Discúrrese felizmente, combinando con una o con otra circunstancia, hasta descubrir la agradable conformidad. El vitorioso nombre de Estevan, que significa 'corona'[7], lo esmaltó Agustino de los diamantes de las piedras y de los rubíes de su sangre. *Lapidatus a Iudaeis coronam meruit, tanquam suo sibi nomine positam. Stephanus enim Graece, Latine corona appellatur. Iam coronae nomen habebat; et ideo palmam martirii suo nomine praeferebat*[8].

Abarca tal vez un nombre[9] dos y tres correspondencias, y con oposición de extremos, en realce del significado. Aquel que entre Predicadores mereció la Antonomasia de sutil, Diego López de Andrade[10], notó en San Pedro que el renombre de Bariona, que significa hijo de la Paloma[11], exprime[12] a una[13] el ser hijo del Espíritu Santo, por dignidad, y de Joná, su Padre, por naturaleza. Para que en la mayor excelencia a que es levantado, no se olvide de la baxeza de donde subió, y el mismo nombre, que le lisonjea de lo que es, le está avisando de lo que fue.

Puédese invertir el nombre para sacar dél el concepto y la correspondencia ingeniosa. Desta suerte el Santíssimo Padre Urbano Octavo, nuestro Señor, cantó de la Cabeça del mundo que coronó no menos de laureles que de coronas:

---

[7] Recuérdese, para esta etimología, lo dicho en nota en el discurso VIII.

[8] Una vez más estamos ante uno de los sermones de atribución dudosa a San Agustín, el núm. CCXI: «In Natali Sancti Stephani», *PL*, XXXIX, col. 2140 (positam: impositam; coronae nomen: corona nomen).

[9] M un hombre. Enmiendo de acuerdo con el sentido y apoyándome en la segunda redacción (XXXI, pág. 217).

[10] López de Andrade L: López de Andrada

[11] Cfr. Mt., XVI, 17: «Respondens autem Iesus, dixit ei: Beatus es, Simon Bar Iona...». El término, que como se ve aparece unido al nombre de Simón Pedro, significa 'hijo de Jonás'. Hay otras interpretaciones, y aunque algunos han expresado la opinión inverificable de que «Baryoná» significa en arameo 'anarquista', me ha sido imposible dar con la etimología que aquí propone Gracián, a la zaga —supongo— del autor citado *(Diccionario Enciclopédico de la Biblia*, s. v. «Bariona»).

[12] exprime L: se exprime

[13] A una: 'juntamente', como reescribe en la segunda versión (XXXI, página 217).

Si nomen invertas amor est, vt congruit Roma
Nam pius in populos cuncta subegit amor[14].

El más llano artificio desta agudeza se contenta con provar el desempeño del nombre en la correspondencia de los hechos. Lisonjeó mucho Ovidio a Máximo con dezirle que llevava bien los ensanches de su nombre:

Maxime, qui tantum mensura nominis imples[15].

Halló la conveniencia y la desconveniencia en el nombre de Chione, que significa nieve, Marcial, y dixo: «Ni te conviene ni te desconviene el nombre de nieve, porque si eres negra, eres elada.»

Digna tuo cur sis indignaque nomine, dicam.
Frigida es et nigra es: non es et es Chione[16].

De la significación del nombre de Leonís sacó el Camoes, ya la semejança con el León, ya la Comparación con el Rey de los Capitanes, Leónidas; y cantó al valeroso Portugués:

Pois, ó Ninfas, cantay!, que claramente
Mais do que Leonidas fez en Grecia,
O nombre Leonis fez en Malaca[17].

---

[14] Versos finales de un poema de Mafeo Barberini: «Roma, sibi quondam quae robore subdidit orbem, / Antiguo ROBVR nomine significat. / Obsita tunc tenebris taurino polluit aras / Sanguine, cum faceret sacra nefanda Iovi; / Vertit ab his mentem cultus ex osa deorum, / Et veri floret relligione Dei. / Si nomen vertas, AMOR est: ut congruit! illi / Nam pius in populos cuncta subegit AMOR» *(Poemata,* págs. 227-228; para este Papa, recuérdese lo dicho en la nota del disc. XIV).

[15] Ovidio, *Ex Ponto,* I, ii, 1 (señalado por Gendreau-Massaloux / Laurens, pág. 234).

[16] Marcial, *Epigrammata,* III, xxxiv.

[17] Terceto final del soneto 105 del portugués («Vós, ninfas da gangética espessura», *Rimas,* fol. 27r). La edición de Lisboa reproduce aquí todo el soneto del autor portugués. Para el león como rey de los animales, véase nota en el disc. L.

No con menor delicadeza el Cavallero Guarini cantó en su tan aplaudido Poema:

> *Cruda Amarilli, che col' nome ancora*
> *D'amar ai lasto amaramente insegni*[18].

Sácase del nombre con grande artificio una semejança bien ajustada y sublime, como esta del Tasso al gran Cosme de Florencia, comparándole a un mundo, que esso significa Cosme:

> *Questa è vita di Cosmo anze del mondo*
> *Perch'un mondo fu Cosmo*[19].

Sirve también una correspondencia destas del nombre para desempeño de un reparo o misterio. Assí dixo don Luis de Góngora:

> *Lilio siempre Real, nací en Medina*
> *Del cielo, con razón, pues nací en ella*[20].

---

[18] *Il Pastor Fido*, Acto I, escena II, pág. 25 (v. 2 lasto: lasso).

[19] Para la grandeza de Cosme de Medici, a quien ya había citado en el discurso XXII, véase *El Político*, pág. 282b.

[20] Versos iniciales del soneto X de los Fúnebres en la ed. de Vicuña (fol. 32r; núm. 271, «En el sepulcro de la Duquesa de Lerma», en la ed. de Millé, pág. 469).

De los Conceptos por Paranomasia

Esta especie de conceptos es tenida por la popular de las agudezas, la más roçada[1] de todas, antes por lo fácil que por lo sutil: permítese a más que ordinarios ingenios. Emplearon muchos infelizmente en cosa tan común harto caudal[2] de Ingenio, sin alcançar los conceptos de más arte. Y acabaré esta censura començando un Soneto de Bartolomé Leonardo:

> *Si aspiras al laurel, muelle Poeta,*
> *La docta antigüedad tienes escrita;*
> *La de Virgilio y la de Horacio imita,*
> *Que el jugar[3] del vocablo es triste seta, etc.[4].*

Consiste el artificio destos conceptos en trocar alguna letra o sílaba de la dicción para sacarla a mayor[5] significación, en alabança o en desprecio. Fue ingeniosa esta de Andrelino en este dístico:

---

[1] Con el sentido de 'la más habitual', pero quizá no sea del todo descartable alguno de los que recoge *Autoridades* para la voz «rozarse».

[2] «Copia grande, número y cantidad considerable de alguna cosa» *(Auts.,* s. v.).

[3] El texto de 1642 (al igual que L) trae aquí «lugar», cuando la lección correcta es «jugar» (véase la nota siguiente), como restaura la edición de 1648. Incorporo la enmienda al texto.

[4] El soneto hace el número 90 en la ed. de las *Rimas* de José Manuel Blecua (vol. I, pág. 187, con una variante significativa, v. 4 lugar: jugar).

[5] a mayor L: la mayor

Si sapis amentem dicas, non lector, amantem:
Nam nihil insanus mentis amator habet[6].

Fuera aun más aplaudida, si no la deviera a Terencio, que primero dixo:

Inceptio est amantium, et amentium[7].

Jugó desta sutileza con ingeniosa alusión Ausonio Gallo:

Orta salo, suscepta[8] solo, patre edita coelo,
Aeneadum genitrix, hic habito alma Venus[9].

Tal vez no es menester mudar sílaba, que una sola tilde basta. Assí, el Cordovés Jurado dixo:

A Rui Gonçález decilde
Que mire mucho por sí;
Porque el punto de la I
Se le va haziendo tilde[10].

---

[6] Fausto Andrelino es autor de unas *Epistolae paroemiales ac morales*, así como de unas *Elegie* publicadas en 1520 o 1521 que no he logrado ver, aunque la Biblioteca Universitaria de Salamanca conserva un ejemplar de estas últimas (véase también bibliografía). María Isabel Toro Pascua, que ha tenido la gentileza de compulsar las citadas *Elegie*, me asegura que los versos citados no se encuentran en el tomo salmantino.

[7] Terencio, *Andria*, v. 218. Pero véase también Plauto, *Mercator*, 82. Y téngase en cuenta que San Ignacio había ordenado primero el expurgo de Terencio y los poetas latinos, pero que más tarde no le pareció bien ni siquiera podado, y decidió prohibirlo (véase Luis Gil, *Panorama social del humanismo español*, págs. 536 y ss.).

[8] suscepta L: sucepta

[9] *Ausonii ... Opuscula*, epigrama LII, pág. 308, señalado por Gendreau-Massaloux y Laurens en su traducción, pág. 239, con alguna variante (coelo: Caelo).

[10] «Partía de Nápoles un alférez a cierto presidio donde estaban muchos que eran amigos de los dos, y dándole recaudos para algunos, a manera de cartel iba escribiendo el dicho alférez. Y preguntándole qué diría a uno que se llamaba Rui González, respondió» con la copla que transcribe aquí Gracián (Rufo, *Las seiscientas apotegmas...*, núm. 538, pág. 188).

Puédense baraxar las sílabas en agenos nombres, cediendo en realce del propio sujeto. Este es el mejor Epigrama a la mejor Reyna:

> *Pallas, Iuno, Venus, nemorosis montibus Idae,*
> *Certamen formae cum subiere suae:*
> *Inter formosas si tu Dea quarta fuisses,*
> *Vicisses omnes, tu Dea sola Deas.*
> *Quam ieiuna foret Iuno, quam pallida Pallas,*
> *Quam Dea vana Venus! Tu Dea sola fores.*

Quando el retruécano dize con lo moral del sujeto, alcança correspondencia, que es gran realçe de la sutileza. Assí, a Tiberio le zahirieron los Romanos su embriaguez, trocándole el Nero Claudio Tiberio en Mero Caldo Biberio[11].

Pártese otras vezes todo el vocablo, quedando con significación entrambas partes. Ponderava un varón severo el tiempo que roban en España las comedias, ya representadas, ya leídas, y las llamava «come-día» y «come-días»[12].

Desta suerte introduze uno hablando el Beato Francisco de Borja con la Emperatriz:

> *Y aunque coronada Tumba*
> *Os sea Granada, yo*
> *Digo que es todo gran nada,*
> *Rey, Monarca, Emperador.*

---

[11] «Ceterum secreti licentiam nanctus et quasi civitatis oculis remotis, cuncta simul vitia male diu dissimulata tandem profudit; de quibus sigillatim ab exordio referam. In castris tiro etiam tum propter nimiam vini aviditatem pro Tiberio 'Biberius', pro Claudio 'Caldius', pro Nerone 'Mero' vocabatur» (Suetonio, *Vitae Duodecim Caesarum*, Tiberio, XLII, i; *vid.* igualmente Erasmo, *Apophthegmata*, lib. V, Tiberius, 8, pág. 431).

[12] Difícil saber quién era el *varón severo* de marras, dado que la idea era frecuentísima en todo tipo de autores de cuño religioso, y especialmente entre los jesuitas a partir de Juan de Mariana, como recuerda Antonio García Berrio en *Intolerancia de poder y protesta popular en el Siglo de Oro*..., págs. 25, 35, 38-39, 45... Aunque no lo dice como el varón severo citado, vale como botón de muestra el sermón *Circuncisión de comedias* del también jesuita Jaime Albert, en el que aparecen no pocas alusiones a las pérdidas de tiempo que causan las comedias.

Es tanta la variedad destas agudezas, quanta la licencia del baraxar las sílabas. Juntó uno artificiosamente en un nombre la primera y última sílaba, dexando las del medio con su ingeniosa significación, y dixo:

> En un medio está mi amor,
> Y sabe él
> Que si en medio está el sabor
> En los estremos la yel.

Queriendo dezir que le convenía a su amor ser tan mudo como era ciego, fundando el concepto en el nombre de Isabel.

Con este modo de Agudeza dio alma en Lema a un Gerolífico en un Certamen que se consagró en la gran Madre de las letras al Patriarca San Ignacio, un ingenio eterniçando el Tormes. Hizo del nombre de Ignacio pira, y letra al Fénix de los Patriarcas, por lo abrasado y lo lucido. Pintó un Fénix en este Lema: «MURIO INACIO»[13].

Leído el nombre al derecho y al reverso con la misma o equivalente significación es añadir sutileza a la sutileza. Del nombre de Santa Ana discurrió bien el que dixo que por todas partes pregonava gracia.

Consiste en esto el artificio de los laberintos; léese el nombre retrógrado[14] con realçada significación, como lo fue aquel

---

[13] Elevo a mayúsculas todas las letras del mote, y prescindo también de acentos, para no acabar la agudeza. Se trata, en realidad, de un jeroglífico del Racionero Joseph Sánchez: «Píntase un ave fénix, abrasándose en su llama a los rayos de un sol en que está un IESVS. Con esta letra: 'MURIO I NACIO'. Haze alusión al nombre de este santo» (en Alonso de Salazar, *Fiestas que hizo el insigne colegio de la Compañía de Jesús de Salamanca a la Beatificación...*, fol. 73r). Anagramas semejantes a este se encuentran en Francisco de Luque Fajardo, *Relación de la fiesta que se hizo en Sevilla a la Beatificación...*, fols. 27 y ss., o en fol. 118r (véase, para estos textos, Giuseppina Ledda, «Los jeroglíficos en los sermones barrocos», págs. 115-116, notas 20 y 22). Gracián estaría familiarizado con este tipo de literatura desde las fiestas de canonización del de Loyola en Calatayud en 1622 (véase Miguel Batllori, «La preparación de Gracián, escritor...», pág. 27).

[14] M: retrógado. Corrijo la errata.
Como indica Correa (II, pág. 50), citando el *Diccionario de Autoridades*, vale por «lo que vuelve o camina hacia atrás».

al Sol de la Fe en el Oriente, a San Francisco Xavier, que leído Xavier al contrario dize «Rey va Xavier»[15].

Asímbola[16] es a esta la primorosa composición de los anagrammas. Trastruécanse las sílabas y letras para forxar nueva y misteriosa significación en elogio[17] o en desprecio. Vase glosando el anagramma con uno y otro concepto; assí el Jurado de Córdova explicó el de García de Loaysa, Arçobispo de Toledo:

> García, gracia *es tu nombre,*
> *Sin que una letra le falte,*
> *Y* loa, *el precioso esmalte*
> *De tu felize renombre.*
> *La* Y *Griega es conjunción,*
> *Y el* SA *significa sabe.*
> *Mas como todo en ti cabe,*
> *Es nombre y difinición*[18].

Quando el anagramma es fácil y con alusión a la realidad del significado, merece todo aprecio. Dezía uno del taúr que el mismo nombre, a dos vezes que se repita, dize bien lo que es, porque luego se pronuncia «urta»[19].

---

[15] Para San Francisco Javier, cfr. el libro de Ignacio Elizalde citado en nota del discurso XVIII.

[16] En la segunda redacción, Gracián reescribe el párrafo de la siguiente manera: «En esta sutileza tiene también lugar la composición de los anagramas...» En griego, «asímbolos» es adjetivo para significar 'que no paga escote', 'gratuito', 'inútil', 'que no contribuye'... (cfr. *Diccionario Griego Español*, s. v.), pero creo que Gracián lo utiliza aquí con el sentido de 'semejante', 'similar'... También emplea la voz el P. Mendoza en su *Viridarium*, pág. 276.

[17] en elogio L: en el elogio

[18] «Tratábase un día del gran puesto que ocupaba García de Loaysa, maestro de V. A. y limosnero mayor de Su Majestad, y como era naturalmente apacible, venerable y jovial, y hubo quien dijese 'que hasta el nombre tenía agradable', lo cual oído por él, dijo: 'Es así: que García parece que quiere significar gracia', y prosiguió diciendo: 'García, gracia es tu nombre, / sin que una letra falte...'» (Rufo, *Las seiscientas apotegmas...*, núm. 370, pág. 134).

[19] No encuentro esta explicación de la voz «tahúr», aunque Juan Rufo da cuenta de forma análoga la etimología del inventor de los naipes: «Cosa recebida es que el primer inventor de los naipes se llamó Vilhan, pues se dice por tradición y no hay opinión en contrario, y así dijo que 'fue nombre fatal y prodigioso, que significa *vil hambre* en el que pierde, pues la pasa por causa

Hállase correspondencia y proporción en las Paranomasias, como esta de don Luis de Góngora:

> *Este que Babia al mundo oy ha ofrecido*
> *Poema, si no a números atado,*
> *De la erudición antes limado,*
> *De la disposición después lamido*[20].

No es menos agradable la antítesi en los retruécanos. Como lo fue esta del Cavallero Guarini:

> *O modestia molestia*[21].

Y esta del Jurado de Córdova:

> *El amor que me destierra,*
> *Esse me avrá de enterrar.*
> *¿Cómo vivirá en la mar*
> *Quien dexa el alma en la tierra?*[22].

tan vil, y en el que gana, por la insaciable que le queda de ganar más'» *(Las seiscientas apotegmas,* núm. 126, págs. 54-55).

[20] Cuarteto inicial del Soneto «A la tercera parte de la *Historia Pontifical* que el Doctor Luis Bavia escrivió» (ed. Vicuña, fol. 6r; ed. Millé, núm. 314, pág. 492; v. 3 De la erudición: De la disposición; v. 4 De la disposición: Y de la erudición).

[21] «O, modestia molesta / Degli amanti importuna», versos de *Il Pastor Fido* de Guarini (acto segundo, escena I, pág. 62).

[22] «Estando de camino para Italia don Luis de Guzmán, derretido por amores de una dama de Palacio, de quien andaba declarado servidor, le pidió una letra que se cantase otro día, a propósito de que no esperaba volver con vida, según iba aquella jornada. Y en el espacio que bastó para escribillos, le compuso estos versos, a quien el vulgo ha dado tantos padres como letras tienen: 'El dolor que me destierra, / esse me habrá de enterrar, / ¿cómo vivirá en la mar / quien deja el alma en la tierra?'» (Rufo, *Las seiscientas apotegmas...,* núm. 292, pág. 109).

Discurso XXVI
De los Equívocos

La Primorosa equivocación es como una palabra de dos cortes, y un exprimir a dos luces. Consiste su artificio en encerrar debaxo de una misma dicción dos significaciones. Diéronle a Agusto[1] un memorial que dezía: «Señor, el Prefecto de Sicilia es ladrón. ¿Qué te parece?» Leyóle, y sobreescrivió el humaníssimo Monarca: «Que me parece»[2].

Quando el equívoco dize concordancia[3] con las circunstancias y conformidad con el sujeto, es de mayor artificio. Assí el ingenioso Rufo exprimió con un equívoco sus dos achaques:

> *Aunque pobre y en pelota,*
> *Mal de ricos me importuna,*

---

[1] Agusto L: Augusto

[2] Plutarco, *Máximas de reyes y generales*, «César Augusto», 5, en *Moralia*, 207B. Y Erasmo: «In Sicilia pro Theodoro Arium praefectum instituit, sed quum Caesari quidam libellum porrexisset, in quo scriptum erat: 'Calvum Theodorus Tarsensis fur erat, quid tibi videtur?' Lecto eo, nihil aliud subscripsit quam 'Videtur'» *(Apophthegmata*, lib. IV, «Octavius Caesar Augustus», 4, pág. 277). El mismo juego de palabras, esta vez entre la Reina Isabel y don Alonso Carrillo, en la *Floresta española de apotegmas*, XI, iv, 4, páginas 290-291 y págs. 479-480.

[3] En el ejemplar de Madrid, que empleo para la transcripción, falta el fol. 75. Completo con la hoja correspondiente del ejemplar de la biblioteca colombina de Sevilla.

Porque al mar de mi fortuna
No le faltasse una gota[4].

La Equivocación suele comúnmente terciar[5] a la malicia y torcer el sentido. Desmentían el nombre de la Franca Francia una gran plaga de tributos. Gemía la nobleça, blasfemava el pueblo y todos prohijavan la culpa al Duque de Pernón, valido por entonces. Tocó el punto un gran Predicador del Rey en su misma presencia, y dixo: «Fieles Parisienses: no echéis la culpa de vuestra pena a Su Magestad Christianíssima, que es padre legítimo y verdadero; el que la tiene, bien conocido es *Per nom* y *Per* sobre *nom*.» Rióse mucho el auditorio, y vengóse también.

De la misma suerte favorece la equivocación a la alabança. Son las obras del divino Ledesma un equívoco continuado; fue plausible en este genio[6] y quiso más ser primero en él que segundo en otros[7]:

En una cama de campo
Estava Christo a la muerte,
Que en cama de campo nace
Y en cama de campo muere[8].

---

[4] «Desde que el señor don Juan [de Austria] murió, que le hacía mucha merced, nunca tuvo suceso que fuese de hombre bien afortunado, y tanto, que era ya como proverbio su mala dicha. Estando, pues, un día con dolor en un pie, diciéndole un doctor que era gota, respondió» con los versos que copia aquí Gracián (Rufo, *Las seiscientas apotegmas...*, núm. 572, pág. 200).

[5] «Vale también interponerse y mediar para componer algún ajuste, disputa o discordia» *(Auts.*, s. v., 3ª).

[6] genio H: género

[7] Recuerda aquí Gracián uno de los más conocidos apotegmas de Julio César (Plutarco, *Máximas de romanos*, 206B; Erasmo, *Apophthegmata*, lib. IV, «Iulius Caesar», 5, pág. 294: «Quum in Alpibus oppidulum quoddam frigidum praeteriret, ambigentibus amicis, an illic etiam essent seditiones contentionesque, de principatu subsistit, ac secum aliquandiu cogitavit: 'mox mallem, inquit, hic primus esse quam Romae secundus'»). Gracián gusta de aplicar las palabras de César a los más varios contextos. Comp., por ejemplo, *El Héroe*, VII, donde habla de un pintor (¿Velázquez?) «que satisfizo galantemente que quería más ser primero en aquella grosería que segundo en la delicadeza» (pág. 254a).

[8] Como señaló Correa, el poema pertenece a los *Conceptos espirituales y morales* de Alonso de Ledesma. Se trata de la primera estrofa del romance «A las

Pero, entre todos, el *Poema de San Laurencio* bastó a laurear su Musa:

> *Essas encendidas barras,*
> *Que abrasan vuestras costillas,*
> *Para otros son parrillas,*
> *Mas para vos frescas parras.*
> *Seréis sabroso bocado*
> *Para la mesa de Dios,*
> *Pues sois crudo para vos*
> *Y para todos assado*[9].

No perdonó Marcial a esta agudeza, como se ve en este y otros ingeniosos Epigramas:

> *Semper agis causas et res agis, Attale, semper:*
> *Est, non est quod agas, Attale, semper agis*[10].
> *Si res et causae desint, agis, Attale, mulas.*
> *Attale, ne quod agas, de his agas animam*[11].

El sumo artificio de la equivocación es retorcer la significación de un dicho ageno y darle otro sentido del que pretendió su Autor. Desta suerte, aviendo Sylla alcançado la dignidad de Pretor, amenaçó a César, diziéndole que usaría de su poder. Respondió el pronto y ingenioso Príncipe: «Con razón le llamaste tuyo, pues le compraste»[12].

---

palabras que dixo Christo en la Cruz, en metáfora de testamento» (pág. 63). Para la presencia de Alonso de Ledesma en la *Agudeza*, cfr. Adolphe Coster, *Baltasar Gracián*, págs. 211-212.

[9] Sigue Gracián citando los *Conceptos espirituales y morales* de Alonso de Ledesma. Esta vez, el poema «A San Laurencio, famoso español y mártir, en metáfora de acrysolar oro» (pág. 122).

[10] Aquí vuelvo a transcribir según el ejemplar de Madrid.

[11] Marcial, *Epigrammata*, I, lxxix, aunque el verso cuarto difiere de la versión habitual: «Attale, ne quod agas desit, agas animam».

[12] Lo trae Erasmo entre los dichos de Julio César: «Sylla praeturam adeptus comminatus est Caesari se sua in illum potestate usurum. 'Iure, inquit Caesar ridens, tuam potestatem appellas, quam tu aere mercatus est', notans Syllam quod eum magistratum largitionibus sibi parasset» *(Apophthegmata*, lib. IV, «Julius Caesar», 34, pág. 299).

Interprétase con mucha Agudeza la palabra, y valiéndose de la equivocación, se le da[13] diferente explicación. De Fabulla, que jurava ser suyos los cabellos, dixo Marcial que era assí, pues los avía comprado:

> *Iurat capillos esse, quos emit, suos*
> *Fabula, nunquid illa Paule peierat?*[14].

Retuércese con mucha gracia el sentido a la malicia, o a la sencillez. De Cloe, que enterró siete maridos, dixo el mismo Marcial, y traduxo Bartolomé Leonardo en esta dézima:

> *Cloe la séptima vez*
> *Las exequias celebró.*
> *Siete maridos lloró:*
> *No ay tan honrada viudez.*
> *¿Pudo con más sencillez*
> *Toda la verdad dezir?*
> *Mandó en la piedra escrivir*
> *Que ella les dio sepultura,*
> *Y dixo la verdad pura,*
> *Porque los hizo morir*[15].

Mirando una gran casa que avía levantado un ministro, dixo uno: «Esta no fue de sus passados». Acudió otro con ingeniosa Antítesi: «Pues será de sus presentes»[16].

---

[13] se le da H: se la da

[14] Marcial, *Epigrammata*, VI, xii, aunque el segundo verso presenta algunas variantes: «Fabulla: +numquid, Paule, peierat+?».

[15] Esta décima lleva el número 197 en la ed. de las *Rimas* de José Manuel Blecua (vol. I, pág. 134). Se trata, según indica el texto citado, de la traducción del epigrama dieciséis del libro noveno de Marcial («Inscripsit tumulo...»).

[16] El juego de palabras no es raro en la época. Gaspar Lucas de Hidalgo, en los *Diálogos de apacible entretenimiento*, refiere la siguiente conversación: «Dª Petronila: No son tantos los platos que tenéis de cena, que aunque se beba con cada uno, no llegaremos al suelo de la bota; que si no es nuestro ordinario y un par de presentes que le hicieron al Dotor, no tenemos otra cosa que daros. Castañeda: Vengan los presentes, que más vale cenar de presentes que de pasados y de porvenir» (Diálogo III, capítulo III, pág. 307a).

Fúndanse en el equívoco la correspondencia y proporción con mucha gracia. Assí Marcial a Nevia, que le avía combidado, y todo quanto sacavan a la mesa dezía que estava crudo, y lo bolvían adentro, dixo: «Paréceme que con esto no engendraremos crudezas[17] en el estómago.»

Dum non vis leporem, dum non vis carpere mullum[18],
Et plus quam Patri, Naevia, parcis apro,
Accusas rumpisque coquum[19], tamquam omnia cruda
Attulerit. nunquam sic ego crudus ero[20].

---

[17] «La indisposición que se padece en el estómago, causada de malos mantenimientos, u de comer con excesso, y no poder digerir por falta de calor natural, u de exercicio conveniente y moderado, u de otras causas» *(Auts.,* s. v. «crudezas»).

[18] mullum H: nullum

[19] coquum L: coquium

[20] Marcial, *Epigrammata,* III, xiii, aunque el primer verso difiere algo de la versión más frecuente: «Dum non vis pisces, dum non vis carpere pullos»; lín. 3 coquum: cocum.

DISCURSO XXVII

De la Agudeza por desempeño
en el hecho

¡O, quánto es en los súbitos casos el ingenio! Crece en los aprietos por antiparístasi[1], hasta desconocerse a sí mesmo. En las demás sutilezas discurre, pero en esta buela; y qual suele la vitoriosa planta[2], no sólo no cede al peso, ni se rinde

---

[1] Antiperístasis es voz griega, como indiqué en nota al *Oráculo manual*, núm. 56, pág. 133, que significa «Acción de dos qualidades contrarias, una de las quales por su oposición excita el vigor de la otra» *(Auts.,* s. v.). Comp. el pasaje citado del *Arte de prudencia:* «Ai caudales de antiparístasi, que, empeñados, obran mejor: suelen ser monstros que de pronto todo lo aciertan, y todo lo yerran de pensado». El vocablo aparece también en *El Discreto* (pág. 281, con nota 280 de Aurora Egido al pie).

[2] Se refiere a la palma, como explican multitud de autores, entre los cuales Alciato *(Emblemas,* XXXVI, pág. 70) o Pierio Valeriano, quien da varios significados. Para este en concreto, remite al octavo libro del *Banquete* de Plutarco, y a Aristóteles (se le pueden agregar Aulo Gelio, *Noctes Atticae,* III, vi; Juan de Salisbury, *Policraticus,* V, 6; etc.): «Victoria demum in Palma significatum [...] nempe si super arboris eius lignum magnum quantumlibet pondus imponas, Palma minime deorsum cedit, nec infra flectitur, sed adversus pondus resurgit, et sursum nitit in contrarium fornicata» *(Hieroglyphica,* L, «De Palma», fols. 369r-370r). La empleó como empresa el Duque de Urbino, precisamente con un mote alusivo a ello: «Inclinata resurgit» (véanse, entre otros, Jerónimo Ruscelli, *Le Imprese Illustri,* págs. 209 y ss.; Paulo Giovio, *Diálogos de las empresas...,* pág. 73; y en castellano Pedro Mexía, quien dedica el capítulo xxxiii del libro I de la *Silva* a esta planta, vol. I, págs. 458 y ss.; etc. Puede verse también la glosa de J. Mª. González de Zárate a Horapolo, *Hieroglyphica,* pág. 50).

al ahogo, pero crece entonces a privación y se descuella, hasta coronarse de los solares rayos.

Ay laberintos del discurso que el Mental Theseo[3], con el precioso ovillo[4] de una acertada salida, mide y vence. Llámase ésta Agudeza de desempeño, y pudiera vencedora; pues, sitiada la inteligencia de una perplexidad y cogidos todos los passos, con todo esso, socorrida de su prontitud, halla repentina salida. Sea su primer blasón el de aquel universal Monarca, que mereció primero el renombre de Magno, devido por transcendencia a todas[5] sus eminentes prendas, dando un corte a todos los estorvos de su grandeza en el gordio ñudo, con aquella política paradoxa: «Tanto monta cortar como desatar»[6].

Consiste el sutilíssimo artificio de esta especie en hallar el único medio con que salir de la dificultad, en descubrir el modo de desempeñarse. Fue Rey por esto Cyro, quando en aquel examen de Reyes descubrió primero el Sol en la frente de la opuesta montaña[7], y Darío por el solicitado relincho del cavallo[8].

---

[3] Teseo, hijo de Neptuno y de Etra, siendo aún adolescente, navegó ante Minos, rey de Creta, a manera de tributo. Dédalo había ideado un laberinto en Creta, «en el que eran encerrados los jóvenes enviados a Minos bajo el nombre de tributo, quienes se pensaba que eran devorados por el Minotauro. Pero, tras haber navegado Teseo hasta allí, fue instruido por Ariadna, la hija de Minos, con el invento de Dédalo, de qué modo, una vez muerto el Minotauro, se libraría de la inextricable trampa de los caminos y volvería a la entrada, donde había atado el hilo» (Natale Conti, *Mitología*, VII, ix, «Sobre Teseo», págs. 524-525).

[4] M: orillo H: ovillo. Orillo es «la orilla en el paño, la qual regularmente se hace de lana más basta» *(Auts.*, s. v.). Parece lógica la corrección de H, que además viene refrendada por la segunda versión (pág. 293) y por el sentido (véase la nota anterior), por lo que queda incluida aquí.

[5] a todas L: a todos

[6] Se trata del nudo gordiano, que Alejandro despachó de un tajo en ese lugar para ganar Asia, pues esa era la recompensa del que lo desatase (lo trae Plutarco en las *Paralelas*, Alejandro, XXIV, como recuerda Aurora Egido en nota a *El Discreto*, pág. 282).

[7] No es lo que cuenta el jesuita, pero véase lo que dice Plutarco al comienzo de la vida de Artajerjes: «Dizen que Cyro tomó nombre del primer Cyro, que se llamó deste nombre por sol, ca el Sol se dize Cyro en la lengua pérsica» *(Vidas*, «Artoxerxes», I, 3, vol. 2, fol. 275r).

[8] Lo de Darío y el caballo, en Valerio Máximo: «Sordida magorum dominatione oppressa Darius sex adiutoribus eiusdem dignitatis adsumptis pac-

No se sujeta a preceptos este artificio, por ser tanta su variedad y depender los medios de las ocasiones. Nacen comúnmente de una despejada[9] prontitud, imperturbable perspicacia, que, como tal, halla siempre los medios muy a mano. Assí aquel raro Embaxador de España, que en Griego Español y raro todo es uno[10], negándole assiento la bárbara Magestad, hizo Trono de su capa y, nunca más autoriçado, relató su embaxada. Ívase después en cuerpo[11], continuando su bizarría, y a los que llegaron advertirle de su afectado[12] olvido, dixo: «Los Españoles no estamos acostumbrados a llevarnos los assientos»[13].

---

tum cum praeclari operis consortibus fecit ut equis insidentes solis ortu cursum in quendam locum dirigerent, isque regno potiretur, cuius equus in eo primus hinnisset. Ceterum maximae mercedis cum petitoribus fortunae beneficium expectantibus solus acumine equisonis sui Oebaris prosperum exoptatae rei effectum adsecutus est, qui in equae genitalem partem demissam manum, cum ad eum locum ventum esset, naribus equi admovit. Quo odore inritatus ante omnes hinnitum edidit, auditoque eo sex reliqui summae potestatis candidati continuo equis delapsi, ut est mos Persarum, humi prostratis corporibus Darium regem salutaverunt. Quantum imperium quam parvo interceptum est vaframento!» *(Factorum et dictorum memorabilium,* VII, iii, 2).

[9] Despejado: «Vale también claro, desembarazado, perspicaz y limpio de imperfección, como juicio despejado» *(Auts.,* s. v.). Para el despejo en Gracián, véanse, por ejemplo, el Primor XIII de *El Héroe* («Del despejo») o el aforismo 127 del *Oráculo* («El despejo en todo»); así como Margherita Morreale, «Castiglione y *El Héroe:* Gracián y *Despejo».*

[10] Hay verdad en la afirmación de Gracián: *raro* se dice en griego spánio§ y spa nö§§vale por *hecho raro* (véase Francisco López Pozo, *Diccionario Español-Griego-Latino,* s. v. «raro»).

[11] En cuerpo: «Modo adverbial que explica el modo de estar uno vestido con la vestidura precisa que ciñe el cuerpo: esto es, sin capa, manto u otras ropas de mayor adorno» *(Auts.,* s. v. «cuerpo»).

[12] «Poner especial cuidado y demasiado estudio y arte en la execución de algún hecho u dicho, para encubrirla u dissimularla» *(Auts.,* s. v.).

[13] «Venido un embajador de Venecia a la corte del Gran Turco, y dándole audiencia a él juntamente con otros muchos que había en su corte, mandó el Turco que no le diesen silla al embajador de Venecia, por cierto respecto. Entrados los embajadores, cada cual se asentó en su debido lugar. Viendo el veneciano que para él faltaba silla, quitóse una ropa de majestad que traía, de brocado, hasta el suelo, y asentóse sobre ella. Acabando todos de relatar sus embajadas, y hecho su debido acatamiento al Gran Turco, salióse el embajador veneciano, dejando su ropa en el suelo. A esto dijo el Gran Turco: 'Mira, cristiano, que te dejas tu ropa'. Respondió el embajador: 'Sepa tu Majestad que los embajadores de Venecia no acostumbran llevarse las sillas en

Es gran refugio de un yerro esta prontitud, y remienda con ventaja los desaires. Célebre exemplo el del indolente Cévola, no castigando, transformando sí, en inmortal Fenis su vitoriosa mano, glossada assí de Marcial:

Si non errasset, fecerit illa minus[14].

Quando el medio es hazañoso, consigue eternidad. Tal fue el de aquel Abraham español, que con la muerte de un hijo eterniçó la gloria de su prosapia. Arrojó el puñal de la cinta[15], que no es nuevo en los Guzmanes el[16] ser más vassallos que padres. Adelantóse la fama a los enemigos en recogerle, y esculpir con él, no en pechos de bronce, sino en eternos diamantes, con la sangre filial la fidelidad de su casa[17].

Otros ay por estratagema, y por una rara invención. Heroica traça fue la del nunca asaz admirado don Fernando, ínclito Infante de Castilla, quando, viéndose en el más urgente riesgo su invencible fidelidad, pues le obligava todo un Reyno a ser su Rey, halló medio superior para no serlo. Llevóse

---

que se asientan'» (Joan Timoneda, *El Sobremesa y alivio de caminantes*, cuento 97, págs. 266-267). Gracián confunde la nacionalidad del embajador, influido quizá por la *Floresta* de Melchor de Santa Cruz, donde los protagonistas de la anécdota son un escudero y el Duque de Alba (VII, i, 28, pág. 199). Con todo, la versión más próxima a Gracián es la de Timoneda. Está también en varias obras dramáticas de Lope, Mira de Amescua y Calderón (véase la nota de Maxime Chevalier al pasaje citado de Timoneda).

[14] Se trata del último verso de un epigrama de Marcial (I, xxi, 8), con alguna variante (fecerit: fecerat). Para Mucio Scévola, romano famoso por haber puesto realmente la mano en el fuego, cfr. entre otros muchos, pues se le cita frecuentemente, Plutarco, *Vidas paralelas*.

[15] Puede ser la cintura, o bien el cordón que ciñe a esta (*Auts.*, s. v.).

[16] H *om.* «el»

[17] «Sendosi ribellato al Rè Don Sancio di Castiglia D. Giovanni, suo fratello, e per ciò passato al servitio di Iacob Almanzor, Rè di Barbaria, fu da lui mandato all'Impresa di Tariffa. Hor, non potendone egli venire a fine, mandò a dire ad Alfonso Pérez de Guzmán, che difendeva la piazza, che se non gliela dava allora, allora, un suo figliuolo ch'egli aveva nelle mani, scannarebbe. Il Gusmane, ciò inteso, lanciò per sopra i... della fortezza un pugnale, dicendo: 'Se l'Infante non ha pugnale con che uccidere il mio figliuolo, pigli otesto e l'uccide a sua posta, perche io non ho per si fatte minaccie ne per altro a far cosa contraria al servitio di Dio, e del Rè, mio signore'» (Botero, *Detti*, págs. 282-283).

el día de la coronación debaxo de la púrpura, no Real, sino leal, al verdadero Rey en pañales y, descubriéndolo de repente, lo entronizó sobre su cabeza[18]. Premió el cielo tanta virtud con las barras de Aragón, en misterio de lo mucho que la avía él tirado en la lealtad[19]. Invidióle Aragón a Castilla, pareciéndole que un varón tan grande no merecía menos que ser contado entre sus famosos Reyes.

Suele ser la dificultad doble, por instar contradición, y entonces es más estimable la salida. Discurrió a lo Griego el Thebano Ismenias en la embaxada al Persiano. Era inviolable ley entre los Persas el hincar la rodilla, en llegando a la Real presencia. Era afrenta entre los Griegos hazer tal. Él, para desmentir encontradas obligaciones, luego en entrando dexó caer un anillo, y inclinóse para recogerle, equivocando desta suerte la cortesía con la contingencia[20].

Dificultades ay tan desaforadas, y por otra parte, tan acertada la salida, que se deve reconocer en ellas el sobreordinario celestial auxilio. Tal fue la del ungido sabio, pesando en su justiciera balança la carne y sangre del hijo pleiteado[21]; y

---

[18] Se refiere a don Fernando de Antequera, infante de Castilla. Cuenta este episodio Jerónimo Zurita en los *Anales de la Corona de Aragón* (X, lxxxiv, vol. IV, págs. 896-897), quien señala que «es cosa de ponderar», pero lo relata en términos mucho más neutros: «juntándose [...] los perlados y ricos hombres y caballeros [...] y habiéndose de alzar los pendones por nuevo rey, uno de los mayores grandes que allí estaba enderezando sus palabras al infante le preguntó que por quién alzarían la voz de rey de Castilla, queriendo dar a entender que estaba en su mano y podía ordenar a su voluntad. Y sin otra consulta, como muy católico príncipe y mostrando por obra el amor y afición que tenía a su sobrino y la gran lealtad que en él había, respondió que por quién se había de alzar la voz de Castilla salvo por el rey don Juan, hijo primogénito del rey don Enrique. Al cual luego tomó en los brazos y besó la mano». Gracián debió conocer otra versión más novelesca.

[19] en la lealtad L: en la lealtad en la lealtad

[20] «Otrosí llegó al rey Ismenias thebano, e Pelópidas, que fue capitán cuando se ovo la victoria en Leutria. Aqueste Pelópidas ninguna cosa fizo ajena de su autoridad; mas Ismenias, cuando le dijeron que adorasse al rey, echó en tierra el anillo ante los pies, y abaxándose por el anillo en lo alzar de tierra fizo semblante que adorava al rey» (Plutarco, *Vidas*, «Artoxerxes», XXII, 4, vol. 2, fol. 281v).

[21] Alude diáfanamente al juicio de Salomón (III *Reg.*, III, 16 y ss.), que también mencionó, algo más esquinadamente, en *El Discreto*, pág. 281.

la otra de Claudio Emperador, mandando a una madre que admitiesse esposo al que ella negava hijo[22].

Este es el principal artificio que haze tan gustosas y entretenidas las comedias, tragedias, novelas y ficciones. Vanse empeñando los sucessos y apretando los lances, de tal suerte, que parecen a vezes no tener salida, y entonces está el primor del arte en hallar medio extravagante, pero verisímil, con que salir del enredado laberinto con grande gusto y fruición del Ingenio. Desta suerte saca Homero a Ulises y a sus compañeros de la cueva de Polifemo, vistiéndose de pieles, y con otra astucia los libra de las engañosas vozes de las sirenas[23]. Destos ingeniosos empeños va entretegiendo Apuleyo la entretenida novela de *Psique*[24], y Heliodoro la de *Clariquea*[25]. Han adelantado grandemente este artificio nuestros modernos, y entre todos el sentencioso don Antonio de Mendoça[26] y el conceptuoso Villaiçán[27].

---

[22] «In cognoscendo autem ac decernendo mira varietate animi fuit, modo circumspectus et sagax. [...] Feminam non agnoscentem filium suum dubia utrimque argumentorum fide ad confessionem compulit indicto matrimonio iuvenis» (Suetonio, *Vitae duodecim Caesarum*, «Divus Claudius», XV, 1-2).

[23] El episodio de las sirenas, en *Odisea*, XII, 39 y ss. La argucia, bien conocida, la refiere Natale Conti *(Mitología*, VII, xiii, «Sobre las sirenas»), remitiendo a la fuente original.

[24] Alude Gracián al «Cuento de Psique y Cupido», una de las aventuras novelescas más extensas narradas en *El asno de oro* de Apuleyo (lib. IV, 28 a lib. VI, 24), y que ha inspirado después a múltiples autores (véase la introducción de Lisardo Rubio a la traducción de la obra del africano, págs. 22 y ss.).

[25] Se refiere a la novela de Heliodoro *Las Etiópicas o Teágenes y Cariclea*, que Gracián mencionará también en amplia nómina en el prólogo del *Criticón*. La obra se tradujo del griego al latín en 1552 y al castellano varias veces (véase la introd. de Emilio Crespo citada en la relación inicial, págs. 45 y ss.). Hay edición de la traducción española: *Historia etiópica de los Amores de Teágenes y Cariclea*, con prólogo de Francisco López Estrada (págs. XXXV-XXXVII para Gracián, así como la pág. 49 de la trad. de Crespo). No se olvide que el Pinciano coloca la obra de Heliodoro a la altura de la *Ilíada* y de la *Eneida*.

[26] De Antonio Hurtado de Mendoza ya quedó nota en el discurso IV.

[27] Autor dramático nacido en Madrid en 1604 y muerto en 1633. Muy integrado en la vida cortesana, colaboró de forma anónima con otros autores (entre ellos el Antonio Hurtado de Mendoza que se acaba de mencionar) en las comedias firmadas por Felipe IV (más datos junto con sus obras en Ignacio Arellano, *Historia del Teatro Español del siglo XVII*, págs. 408-410).

Discurso XXVIII

De la Agudeza por desempeño en el dicho

Célebre qüestión es quál sea mayor Agudeza: la que passa al hecho o la que para en el dezir. Hijuela[1] de aquella otra: qué varones sean más famosos, los eminentes en el discurrir[2] o los insignes en el obrar.

Son más los desempeños por el dicho. Acúdese en ellos con una razón tan relevante, quan pronta y impensada, sacada a fuerça de Ingenio de los más arcanos senos del discurso; de suerte que, assí como en los desempeños por la obra sale de la dificultad el Ingenio, hallando el único medio, en estos se desempeña con una ingeniosa sutil razón. Satisfizo cortésmente don Alonso de Aguilar al reparo del Rey Católico quando le hospedó en su Palacio de Montilla. Preguntó el Rey por qué avía hecho en obra tan Augusta escalera tan angosta, y respondió: «Señor, nunca pensé tener huésped tan grande»[3]. Assí

---

[1] Parece tratarse de un diminutivo de «hija», según suele ser habitual en Gracián en cierto tipo de contextos: «Hijos huérfanos, que por no conocer su verdadera madre se prohijavan a la eloqüencia» (Al Lector); «Son los Conceptos hijos más del esfuerço de la mente que del artificio» (Disc. I).

[2] en el discurrir L: en discurrir

[3] «Posó el Rey don Fernando una noche en el castillo de Montilla, que don Alonso de Aguilar muy magníficamente había labrado. Subiendo el Rey por una escalera más estrecha de lo que para obra tan principal convenía, le preguntó: '¿Por qué hecistes tan angosta escalera?' Respondió: 'Señor, nunca

también el otro mercader Portugués satisfizo del excesivo precio del diamante al Rey de la prudencia[4].

No se contenta un gran Ingenio con salir de la dificultad, sino que saca a otros. Llegando la cautiva Reyna Symgambris[5], Madre del Persiano Darío[6], a la presencia de Alexandro por adorar al Rey, postróse al valido Efestión. Turbación fue, que no malicia. Advertida de su equivocación, añadió a su pena el corrimiento. Socorrió Alexandro, tan discreto como cortés, y dixo: «No ha sido yerro, señora, que un amigo es otro yo, y Efestión como Alexandro»[7]; de suerte que, con una prudente sentencia bien aplicada, se desempeñó a sí, y a la Reyna[8]. Añadió a la sentencia la semejança, tomada de la misma ocasión, un cortesano. Cenava el Príncipe don Carlos una noche, tan desabrido como siempre; cansado uno de los Áulicos, ya de la prolixidad, ya del humor del Príncipe, fuesse retirando poco a poco azia la pared, que le falseó, por estar detrás de las cortinas una chimenea. Cayó él; riéronse los

---

pensé tener tan ancho huéped'» (Melchor de Santa Cruz, *Floresta española de apotegmas*, II, ii, 15, pág. 45).

[4] Es Botero quien explica la oscura alusión de Gracián: «Un mercatante Porthugese compro nell'India un diamante per settanta mila scudi, e portatolo in Spagna, lo fece veder al Re Filipo Secundo, che non ne fece molta stima, e poi disse al mercatante: 'Che pensiero fu il vostro a dar settanta mila scudi per questo diamante?' 'Mi venne, rispose il Portoghese, all'hora in mente che vostra Maestà era al mondo'» (pág. 77). Quizá la oscuridad de la mención se deba a que Gracián ya había referido por extenso esta anécdota en *El Héroe*, V (pág. 250b), con lo que ya sería conocida por, al menos, algunos de sus lectores.

[5] Symgambris L: Symgrambris

[6] M lee «madre del Persiano, dañó». Se trata, obviamente, de un error, como demuestra el reclamo del fol. 80r, que indica que la primera palabra del vuelto es «Darío». «Dañó» es error que ha de subsanarse, como ya hizo H.

[7] como Alexandro L: otro Alexandro

[8] «Quodam tempore Darii mulieres invisit una cum Hephaestione. Hunc quum esset eodem ornatu quo rex, corpore etiam maior, Syngambris, Darii mater, pro rege adoravit. Eadem quum ex nutibus adstantium intellexisset errorem suum, perturbata denuo salutavit Alexandrum. Tum Alexander, 'Nihil est, o mater, quod turberis. Nam et hic Alexander est', sentiens amicum esse alterum Alexandrum» (Erasmo, *Apophthegmata*, lib. IV, «Alexander Magnus», 62, págs. 267-268; lo mismo en Valerio Máximo, *Factorum et dictorum memorabilium*, IV, vii, ext. 2; y en castellano, en la *Silva* de Mexía, II, xxx, volumen I, pág. 724).

que assistían. Solo Carlos, muy severo, dixo: «A tal grosería, tal castigo.» Él entonces, tan pronto al responder como al levantarse, dixo: «Señor, assí son todos los arrimos de Palacio»[9].

Por una ingeniosa transformación se da pronta[10] salida. Assí Augusto[11] convirtió la escasez del que le avía combidado en familiaridad, y dixo: «No pensava que éramos tan amigos»[12].

Seguir el hilo del empeño y hallarle la solución en sí mismo es ahorro del Ingenio y gran efecto de la Agudeza. Zahiriéndole a Cicerón que avía condenado más reos con su testimonio que librado con su patrocinio, concedió ser assí, porque era mayor su fee y autoridad que su eloqüencia[13].

No basta dar qualquier razón para que sea desempeño, sino que es menester que participe de sutileza. Encareciendo un Cavallero Portugués el vano fuego de su amor, dixéronle que se arroxasse luego en el estanque grande del Retiro. Res-

---

[9] «Estando comiendo en su Palacio de Madrid, asistía entre los demás criados y ministros un truhán, que se fue a arrimar a un paño francés que cubría una chimenea, pensando que se arrimava a la pared, y dio una buena caída que causó risa a todos los que servían en la mesa Real. Su Magestad con gran serenidad le dixo: 'Castigo es de vuestra descortesía, pues nadie puede estar arrimado donde yo estoy'. Respondió el truhán agudamente: 'Razón tenéis, pero juro a Dios que son tales como esto los arrimos de Palacio'. Este dicho atribuyen algunos al Príncipe don Carlos, su hijo» (Baltasar Porreño, *Dichos y hechos de Felipe II*, fol. 149r). Gracián se apunta a la segunda atribución.

[10] pronta H: pronto

[11] Agusto L: Augusto

[12] Lo cuenta Macrobio entre las agudezas de Augusto: «Exceptus est a quodam coena satis parca, et quasi quotidiana. Nam paene nulli se invitanti negabat. Post epulum igitur inops ac sine ullo apparatu discedens, vale dicenti hoc tantum insusurravit: 'Non putabam me tibi tam familiarem'» *(Saturnales*, II, iv; *vid.* también Erasmo, *Apophthegmata*, lib. IV, «Octavius Caesar Augustus», 27, pág. 283; atribuido a unos escuderos, en la *Floresta española de apotegmas*, VI, viii, 14, pág. 186).

[13] «Metello nepoti obiicienti quod Cicero testimonio suo plures occidisset quam patrocinio servasset, 'Plus enim, inquit, mihi fidei est quam eloquentiae'. Mira solertia convicium retorsum in laudem. Siquidem in teste spectatur fides, in patrono valet eloquentiae» (Erasmo, *Apophthegmata*, lib. IV, «M. Tullius Cicero», 5, pág. 313). Y compárese con Quintiliano: «Idem [Cicerón] per allegoriam M. Caelium, melius obiicentem crimina quam defendentem, bonam dextram, malam sinistram habere dicebat» *(Institutio oratoria*, VI, iii, 69).

pondió ingenioso: «Es muy pequeño», adelantando la exageración[14].

Por una antítesis respondió, más ingeniosa que cuerda, Julia, hija de Augusto[15]. Argüíale su padre sus estremos en componerse. «Oy sí —la dixo— que pareces hija de Augusto, y no ayer.» «Es que ayer me compuse esposa, y oy hija»[16].

Duplicó el desempeño Antígono quando, pidiéndole Trasilo, Filósofo, una dragma, respondió: «No es dádiva de un Rey.» Replicó Trasilo[17]: «Pues dame un talento.» Y él: «No es don para un Filósofo»[18].

Donosamente Marcial halló la solución en la misma petición, que es la suma destreza. Argüíale Cina que una nonada[19] que le pedía no se la quería conceder, y respóndele: «Pues si es nada lo que pides, nada es lo que te niego.»

> *Esse nihil dicis quidquid petis, improbe Cinna[20]:*
> *Si nihil, Cinna, petis, nihil tibi, Cinna, nego[21].*

---

[14] Maxime Chevalier menciona este episodio del portugués en *Cuentos españoles de los siglos XVI y XVII* (pág. 328), tomándolo de la *Agudeza*, sin atribuirle ninguna fuente concreta.

[15] Agusto L: Augusto

[16] Gracián sigue pensando en Macrobio, ahora con un recuerdo algo desfigurado de las *Saturnales:* «Venerat [Julia] ad eum [Augustum] licentiore habitu, et oculos offenderat patris tacentis. Mutavit cultus sui postera die morem, et laetum patrem, affectata severitate, complexa est. At ille, qui pridie dolorem suum continuerat, gaudium continere non potuit, et: 'Quantum hic ait in filia Augusti probabilior est cultus?'; non defuit patrocinio suo Julia his verbis: «Hodie enim me patris oculis ornavi; heri, viri'» (II, v; véase también Erasmo, *Apophthegmata*, lib. IV, «Octavius Caesar Augustus», 45, pág. 288).

[17] Trasilo L: Tarsilo

[18] Lo recogen Plutarco en las *Máximas de reyes y generales* (Antígono, 15, en *Moralia*, 182E) y Erasmo: «Thrasyllo Cynico petenti drachmam, 'Non est, inquit, munus regium'. Cynico subiiciente: 'Talentum igitur da'. 'At non est, inquit, Cynicum, tale munus accipere'. Utroque cornu repulit postulatoris improbitatem, quam existimabat nullo dignum beneficio» (*Apophthegmata*, lib. IV, «Antigonus, rex Macedonum», 15, pág. 272). Séneca amplía detalles en *De beneficiis*, II, xvii, 1.

[19] «Poco o mui poco» *(Auts.,* s. v.).

[20] Cinna L: Cinnae

[21] Marcial, *Epigrammata*, III, lxi.

Suele ser doble la salida. Assí Augusto, estándole uno pidiendo una merced, y viendo que venía otro a pedir otra, le dixo: «Assí haré lo que tú pides, como lo que pidirá aquel»[22].

[22] «Interim de se dicere ridiculum et quod in alium si absentem diceretur urbanum non erat, quoniam ipsi palam exprobratur, movet risum: quale Augusti est, cum ab eo miles nescio quid improbe peteret et veniret contra Marcianus, quem suspicabatur et ipsum aliquid iniuste rogaturum: 'Non magis, inquit, faciam, commilito, quod petis, quam quod Marcianus a me petiturus est'» (Quintiliano, *Institutio oratoria*, VI, iii, 94-95; señalado por Gendreau-Massaloux / Laurens en su traducción, pág. 306).

DISCURSO XXIX
De los Conceptos por Retorsión

Superioridad es de discurso no rendirse al Concepto del que moteja, sino aspirar al vencimiento con otro mayor. Son venerados estos Ingenios, y en las lides de sutileza tenidos por vivos, y de respuesta.

Consiste la reacción del Ingenio[1] en retorcer el dicho, ya mostrando que lo que se nos çayere[2], esso mismo se halla en el que nos arguye. Respóndese, pues, al mote, acudiendo a lo mismo en el contrario. Preguntó Pompeyo a Cicerón, quando llegó a su campo, que dónde avía dexado a su yerno Pisón. Respondió: «Quedóse en el campo de tu suegro César»[3]. Esta respuesta alude a lo mismo que se le opone, y en esso consistió la retorsión.

Rebátese otras vezes descubriendo en el que moteja el vicio contrario con excesso, que es un argüir de lo menos a lo más. Motejando Domicio Censor a Lucio Craso, que avía llorado por avérsele muerto un lebrel, respondió: «Confiesso que tienes tú más valor, pues aviéndosete muerto tres mugeres, aún te estás por derramar la primera lágrima»[4].

---

[1] Ingenio H: ingenioso
[2] M lee «cayere», de donde se ha caído, con seguridad, la parte inferior de la cedilla. Corrijo con H.
[3] «Deinde interroganti Pompeio, ubi gener eius Dolabella esset, respondit: 'Cum socero tuo'» (Macrobio, *Saturnales*, II, iii).
[4] «Idem [L. Crassus] Censor Cn. Domitio collegae exprobranti quod ob muraenam in vivario mortuam lacrymasset, 'At tu, inquit, quum uxores tres

Aunque no se halle convenirle al contrario lo que motexa, basta aludir en la respuesta a otra falta equivalente. Diziendo[5] un tuerto a un corcovado que era bien inclinado, respondió este: «Esso es mirarme con buenos ojos»; y otro, que avía cargado de mañana, respondió: «Sí, que aún no avéis abierto las ventanas»[6].

Concédesele lo que moteja, y confirmase con la retorsión. Pero quando se le responde con lo contrario de lo que nota, y esso se le aplica a él, es mayor sutileza. Assí Foción, diziéndole Demóstenes: «Mira que si los Atenienses salieren algún día de sí, te han de matar»; respondió: «Y a ti, si bolvieren en sí»[7].

No se contenta con desempeñarse esta sutileza, sino que vence. Notávale uno a Marcial de largo y prolixo, y respóndele por contraposición ingeniosa: «Tú sí que eres bien breve, pues nada escrives.»

Scrivere me dicis, Velox, epigrammata longa.
Ipse nihil scribis: tu breviora facis?[8].

Quando se halla repugnancia en lo que dize el que provoca con lo que haze o acostumbra, es grande respuesta. En-

---

extuleris, nullam emisisti lacrymam'. Scite *retorsum* convicium. Notavit illum quasi curasset uxorum mortem. Et alioqui turpius est in uxoris funere non flere, quam ob muraenam emittere lacrymas» (Erasmo, *Apophthegmata*, lib. VI, «Varia», 45, pág. 488; la cursiva, mía). Para otras discusiones del orador L. Craso, cfr. Valerio Máximo, *Dicta factaque*, IX, i, 4.

[5] Diziendo H: Diziéndole

[6] «Uno que era tuerto de un ojo topó una madrugada, cuando quería amanecer, a un corcovado, y díjole: 'Compadre, de mañana habéis cargado'. Respondió el corcovado: 'Por cierto, sí: es de mañana, pues vos no tenéis abierta más de una ventana'» (Melchor de Santa Cruz, *Floresta española de apotegmas*, VIII, vi, 3, pág. 241 y nota). Está también en el *Portacuentos* de Timoneda (parte II, cuento 100, pág. 196), en el *Galateo español* de Gracián Dantisco, y Chevalier lo ha estudiado como cuento folklórico. Añádase el *Sobremesa* de Timoneda (cuento 171, pág. 311).

[7] «Demostheni rhetori dicenti: 'Occident te, Phocion, athenienses, si quando coeperint insanire'. Hunc in modo respondit: 'Me quidem, si insanire occoeperint, at te si ad sanam mentem redierint'. Demosthenes enim pleraque ad gratiam apud populum loquebatur, et blanda potius quam salubria» (Erasmo, *Apophthegmata*, lib. IV, «Phocion Atheniensis», 5, pág. 307).

[8] Marcial, *Epigrammata*, I, cx (lín. 1 dicis: quereris).

trando tarde en el Senado Laberio, y no hallando lugar, díxole Cicerón: «Yo te hiziera lugar, si no estuviéramos tan apretados», tachándole a él de senador nuevo, y, al César, que avía hecho tantos. Respondió prontamente Laberio: «No sé cómo te falta lugar, estando acostumbrado a sentarte en dos sillas», notándole que era de los que comen a dos carrillos[9].

La Retorsión puede valerse con grande artificio de las demás Agudezas. Con una sentencia respondió estremadamente Marcial a Calistrato, que le motejava su pobreza, ordinaria en los Poetas: «Confiesso —dize— que nos diferenciamos los dos: tú en ser rico y yo en ser pobre; pero advierte que lo que tú eres, lo puede ser qualquiera; pero lo que yo, tú jamás lo serás.»

Hoc ego tuque sumus: sed quod sum, non potes esse:
Tu quod es, e populo[10] quilibet esse potest[11].

---

[9] Lo cuenta Macrobio en las *Saturnales:* «Deinde cum Laberius in fine ludorum anulo aureo honoratus a Caesare, e vestigio in quatuordecim ad spectandum transisset, violato ordine, et cum detrectatus esset eques Romanus, et cum mimus remissus; ait Cicero praetereunti Laberio, et sedile quaerenti: 'Recepissem te, nisi anguste sederem'; simul et illum respuens, et in novum senatum iocatus, cuius numerus Caesar supra fas auxerat. Nec impune. Respondit enim Laberius: 'Mirum si anguste sedes, qui soles duabus sellis sedere', exprobrata levitate Ciceronis, qua immerito optimus civis male audiebat» (II, iii).

[10] e populo L: et populo

[11] Son los versos finales de un epigrama de Marcial (V, xiii).

De las Acciones Ingeniosas
por invención

Su mismo nombre de Invención illustra este género de Agudeza, pues exprime novedad artificiosa del Ingenio y obra rara de la inventiva. No siempre se queda la sutileza en el concepto; comunícase tal vez a las acciones. Son muchos y primorosos sus asumtos.

Ocupan el primer lugar las Acciones misteriosas y significativas, que se valen de la ingeniosa Invención para exprimir con plausibilidad su intento, como lo fue la del ínclito don Pedro, Conde entonces de Saboya, con méritos de Rey. Entró este Héroe en la presencia del Emperador Otón[1] a hazer reconocimiento del feudo Imperial. Iva vestido todo el lado diestro de un precioso recamado[2], cubierto de pedrería; pero el izquierdo armado de fuertes y luzidas armas. Maravillado el César, y todos sus Potentados[3], del extravagante trage, le examinó el intento. «Señor —respondió—, yo traigo esta mitad assí adornada para mostrar que estoi pronto a cortexaros y serviros, y esta otra armada para dar a entender que lo estoi también a defender con las armas las tierras que con ellas he adquirido»[4].

---

[1] Otón L: O on [sic]

[2] Es un 'bordado de realce' (Auts., s. v.).

[3] «El Príncipe o Soberano que tiene dominio absoluto en alguna provincia o Estado, pero toma investidura de otro Príncipe superior» (Auts., s. v.).

[4] «Pietro, Conte di Savoia, andò a trovare Ottone, quarto Imperatore, per fargli huomaggio delle terre che dall'Imperio teneva; e si veste in modo

Ingenioso encarecimiento en este género fue el del otro Filósofo que al mediodía salió con la antorcha en la mano a buscar algún hombre en el mayor concurso de una plaça[5].

Suelen por la mayor parte explicar su pensamiento por semejança, y son símiles executados. Tal fue la prudente y cauta enseñança de aquel Abad que, sacando las tixeras de su estuche, fue igualando el arrayán y descabeçando los pimpollos que sobresalían[6].

Platícanse mucho estas invenciones en los cavallerosos empleos, y son como empressas o geroglíficos executados. Excelente capricho el de aquel Cavallero que entró a tornear dentro de una bien fingida montaña, para significar su firmeza propia y la dureza agena. Fue ruando por la Real plaça, y en llegando a la esfera de la actividad y influencia, instantá-

---

ch'egli haveva la parte sinistra della persona guarnita di armi relucente, e la destra riccamente adobbata, con che l'Imperatore non poco maravigliosamente restò; e perciò demandandogli per qual cagione egli quella sopraveste, meza d'acciaio e meza d'oro, portava, 'Io porto, rispose egli, il drappo d'oro a man dritta per honorar vostra Maestà; porto a man sinistra l'acciaio per mostrare che io son presto a difendere con l'arme quel che con l'arme ho acquisito'» (Botero, *Detti*, pág. 60).

[5] Como es bien sabido, se trata de Diógenes el cínico, según recuerda Laercio en las *Vidas de los filósofos*: «He lit a lamp in broad daylight, and said, as he went about: 'I am looking for a man'» (VI, 41, pág. 43). Recuerda de pasada la anécdota en *El Discreto* (pág. 205, y n. 107 de Aurora Egido), y la cuenta por extenso en el mismo libro (pág. 286, n. 289).

[6] Debe de aludir Gracián a los *Anales de la Corona de Aragón* de Jerónimo Zurita, donde se refiere el ejemplo que da el abad de San Ponce al mensajero del rey Ramiro II el Monje para tener quieto su reino: «Escribe el autor más antiguo que tenemos de las cosas de Aragón que, no hallando en quién fiase y le diese consejo cómo pudiese traer el gobierno de su reino pacífico y sosegase las alteraciones y discordias que en él había, envió un mensajero suyo secretamente al abad del monesterio de San Ponce de Tomeras, de cuya prudencia tenía gran confianza, encargándole le diese consejo de lo que debía seguir. Refieren haber usado de aquella *semejanza y ejemplo* que dio Trasibulo Milesio a Periandro, tirano de Corinto [...]. Esto fue, que entró el monje en un huerto y en presencia del mensajero anduvo cercenando y sacudiendo las cabezas y pimpollos más altos que en el jardín había y fue derribando primero los más lozanos y crecidos; y con esto envió al mensajero sin le dar otra respuesta. El cual, relatando al rey lo que había visto, entendió lo que por aquel ademán se le significaba y daba a entender» (vol. I, libro I, lv, pág. 1182; la cursiva es mía).

neamente reverdeció, brollaron[7] fuentes, brotaron plantas, cambiaron flores, bolaron aves y bulleron fieras. Pero, en encarándose con el Marcial Palenque[8], las fuentes se convirtieron en volcanes, las flores en llamas, la harmonía en horrísono[9] fragor, y todo el monte en un formidable Mongibelo, que con espantoso ruido rebentó, desgajándose en quatro partes, abortando un encélado[10] armado, rodeado de varios monstros que con trompas[11] y añafiles[12] le hazían salva[13]. Fueron luego descendiendo por las gradas, que con grande arte formaron las ruinas[14]. Procúrase siempre en estas invenciones que tengan alma de significación y hermosura de apariencia[15].

---

[7] «Bullir y hervir, como hace el agua quando está mui caliente. Dícese propriamente del agua quando mana y salta hacia arriba de las venas de la tierra» (Auts., s. v. «brollar»).

[8] «La valla o estacada que se hace para cerrar algún terreno en que ha de haber lid, torneo u otra fiesta pública. Díxose assí por hacerse de palos hincados en tierra» (Auts., s. v.).

[9] «Lo que con su ruido causa horror y espanto» (Auts., s. v.).

[10] Puede ser «Oculto, encubierto, escondido. Es voz anticuada» (Auts., s. v.), pero, dada la mención anterior del Mongibelo, lo más probable es que se trate de un personaje mitológico, Encélado, hijo de Titán y Terra, el más poderoso de todos los gigantes que conspiraron contra Júpiter.

[11] «Instrumento marcial comúnmente de bronce, formado como un clarín, con la diferencia de ser retorcido y de más buque, y va en diminución desde el un extremo al otro» (Auts., s. v.).

[12] «Instrumento músico a manera de trompeta derecha y de metal, de que usaban los moros» (Auts., s. v.).

[13] «Vale también disparo de armas de fuego en honor de algún personage, alegría de alguna festividad, o expresión de urbanidad y cortesía» (Auts., s. v.), aunque «por extensión significa también el canto y música que las aves hacen quando empieza a amanecer» (ibid.). Quizá tenga algo que ver.

[14] Creía que Gracián recordaba de forma imprecisa un pasaje del Orlando furioso, pero probablemente tiene razón Rafael Ramos, quien me indica que se trata de una Fiesta que se hizo en Aranjuez a los años del Rey N. S. D. Felipe IV, transcrita por Antonio Hurtado de Mendoza y publicada en 1623. El caballero protagonista es Amadís, y el párrafo del Arte es resumen de casi toda ella. Transcribo sólo un breve fragmento: «Cubría de improviso la montaña todo el teatro, y bolvíase luego a abrir aquella máquina al son de los instrumentos, y con novedad no esperada lo que fue monte y edificio vimos convertido en bellísimos jardines con flores y fuentes naturales...», etc. etc. (fol. 15r). Cfr. la nota siguiente.

[15] Obsérvese lo que decía Antonio Hurtado de Mendoza al hablar de la Fiesta citada en la nota anterior: «Ya advertí al principio que esto que estrañará al pueblo por comedia, y se llama en Palacio invención [...] Esta se fabrica de

Ay execuciones Allegóricas que exprimen grandemente un intento. Hizo siempre la Agudeza célebres las hazañas, y muchos hechos no tan heroicos como otros fueron más memorables por ella. Sonó mucho la campana del Rey don Ramiro de Aragón: tocó a muerte para sus altivos vassallos, y para él a inmortalidad de su reputación; acción que bastó sola a hazerle tan conocido como lo fueron los Jaimes, los Pedros y Fernandos por sus hazañas[16].

En otro género de significar fueron muy celebradas las tres vanderas, blanca, colorada y negra, que alternava en su tienda los tres primeros días del assedio aquel bárbaro rayo del Asia, el Tamorlán[17]; y el presente que hizieron los Citas a Alexandro.

Otras acciones ay que ponen todo el artificio de su invención en el ardid, y se llaman comúnmente estratagemas[18],

---

variedad desatada, *en que la vista lleva mejor parte que el oído,* y la ostentación consiste más en lo que se ve que en lo que se oye» *(loc. cit.,* fol. 13r-v; cursiva mía). No extraña, pues, que Gracián incluya este ejemplo dentro de las acciones de invención. Por otra parte, para la apariencia, véase el trabajo citado de Jankélevitch («Apparence et manière», especialmente pág. 120 en relación con lo que dice aquí Gracián).

[16] La historia de la Campana de Huesca puede leerse en los *Anales* de Zurita, inmediatamente a continuación del ejemplo del abad de San Ponce (I, lv, págs. 182-183): «Luego, según en aquella historia antigua se dice, mandó llamar a los ricos hombres, mesnaderos y procuradores de las villas y lugares de Aragón para que se ayuntasen a cortes en la ciudad de Huesca. En ellas propuso una cosa de burla y bien de reír [...]: que quería mandar fundir una campana que se oyese por todo su reino; y un día señalado, teniendo en su recámara gente de quien se confiaba, dioles orden de lo que debían hacer. Y llegando cada uno de los ricos hombres de quien el rey se quería asegurar para su venganza, le mandaba pasear adelante hasta que daba en manos y poder de los suyos; y desta manera fueron presos y muertos quince de los más principales ricos hombres [...]. Con esto puso tanto escarmiento que dicen haber tenido su reino en paz...»

[17] Habría que mirar la *Embajada* de Ruy González de Clavijo, pero de la costumbre da cuenta Enea Silvio Piccolomini en la *Descripción de Asia:* «En los asedios de las ciudades, el primer día usaba una tienda blanca, el segundo una roja y el tercero una negra; los que se rendían cuando acampaba con la blanca recibían el perdón; el color rojo indicaba que morirían los padres de familia, y el negro señalaba la destrucción de la ciudad y que todo sería reducido a cenizas» (cap. XXXI, pág. 78. Debo la cita a Rafael Ramos).

[18] La estratagema, generalmente, es un «ardid de guerra, engaño hecho al enemigo con astucia y destreza», pero por extensión vale también «astucia, fingimiento y engaño artificioso» *(Auts.,* s. v.). Véanse las notas siguientes.

prodigios de la inventiva. Reduxeron algunos toda la Agudeza a la[19] astucia. Paradoxa fue, pero valga por recomendación destas acciones. Consiste su primor en una execución no esperada, que es un sutilíssimo medio de vencer y salir con el intento. Tal fue la de aquel que, saliendo al desafío, llevava un escudo de Cristal, cubierto con una tela, y llegando a la ocasión, cogióle el Sol al contrario y, desarreboçando[20] el escudo de repente, le deslumbró y cegó de tal suerte con la vehemencia de los rayos, que con facilidad pudo vencerle[21].

No fue menos ingenioso[22] estratagema el de[23] Hipericles, de quien refiere Plutarco que, aviendo defendido con grande eloqüencia a una muger hermosíssima llamada Phrine, y viendo que era en vano, cortó el hilo a la oración y, quitándole un velo con que estava cubierta, assí como los demás reos, mostró su belleza tan rara, que borró toda sospecha de culpa y persuadió a los juezes su inocencia[24].

Son los estratagemas primores de todas las artes. Válese dellos la Retórica; estímalos la pintura para duplicar la perfección[25]; refiere muchos Plinio; el erudito y el moderno Carducho, tan eloqüente en la pluma como diestro en el pincel[26].

---

[19] a la H: a esta

[20] Desarrebozar metafóricamente vale «descubrir, manifestar y poner patente alguna cosa» *(Auts.*, s. v.).

[21] Comp. Ariosto: «D'un bel drappo di seta avea coperto / lo scudo in braccio il cavallier celeste. / Come avesse, non so, tanto sofferto / di tenerlo nascosto in quella veste; / ch'immantinente che lo mostra aperto, / forza è, chi 'l mira, abbarbagliato reste, / e cada come corpo morto cade, / e venga al negromante in potestade» *(Orlando furioso*, II, lv; pero véase también IV, xvii y VII, lxxvi. Agradezco a Rafael Ramos la gentileza —y la celeridad— de la cita).

[22] ingenioso H: ingeniosa. La corrección es desacertada, por cuanto Gracián utiliza la voz en masculino, como puede verse, sin ir más lejos, al comienzo del párrafo siguiente, donde vuelve a emplearla en el género señalado.

[23] el de H: la de. Véase la nota anterior.

[24] Da cuenta de este hecho Quintiliano en la *Institutio:* «Et Phrynen non Hyperidis actione, quanquam admirabili, sed conspectu corporis, quod illa speciosissimum alioqui diducta nudaverat tunica, putant periculo liberatam» (II, xv, 9).

[25] Léase, por ejemplo, y por citar sólo un caso, lo que refiere Pedro Mexía en su *Silva de varia lección*, II, xvii, vol. I, págs. 641-643.

[26] Vicente Carducho, pintor italiano muerto en 1638. Llegó a España en compañía de su hermano Bartolomé. Dejó numerosas obras. La alusión de

No los olvida la Architectura, y donde se logran con fruición es en los jardines y combites[27]. Pero donde prevalecen es en la militar: rescató muchos del ignorante olvido Sexto Julio Frontino en sus quatro agradables libros, para que sirviessen a la admiración exemplar, ya executados al vencimiento[28].

Los célebres son los heroicos, que sirven de ostentar plausiblemente alguna prenda de magnificiencia, valor, liberalidad o prudencia. Cuerda invención fue la de Saladino, y mayor de lo que se pudiera esperar de un Gentil, pero la muerte enseña mucho en poco tiempo. Mandó enarbolar en una asta los míseros despojos de una mortaja, y que el pregonero fuesse por toda la Corte pregonando el desengaño, siempre en ella perdido[29].

Extraordinaria invención fue la de aquel Embaxador extraordinario por España en Francia, en la más Augusta ocasión del duplicado Real Hymeneo. Acción bizarra, digo Española, en quien la gala, la riqueza y la invención, a juizio de París, arbitraron el vencimiento. Sacó este galán Príncipe, el día de su embaxada, el Oriente en piedras y el Occidente en perlas, y pudo, en fee de su gran dueño, Monarca de un Sol

---

Gracián tiene que ver con el libro que dejó escrito, además de los lienzos: *Diálogos de la pintura. Su defensa, origen, esencia, definición, modos y diferencias*, que a veces se ha calificado como la obra didáctica más importante sobre pintura.

[27] Comp. *El Discreto*: «Plático gustar es el de jardines, mejor el de edificios, calificado el de pinturas, singular el de piedras preciosas» (pág. 215).

[28] Ya decía Valerio Máximo, tras hablar precisamente de la astucia de los romanos y de los extranjeros en los dichos y en los hechos, que hay también una astucia honrosa y que no se debe reprehender, cuyas obras se designan con este término griego *(strategemata)* porque apenas pueden expresarse con propiedad en lengua latina *(Dicta factaque...*, VII, iv). Véase el prólogo del mismo Frontino a *Strategemata*, traducidos en 1516 como *Los cuatro libros de Sexto Julio Frontino*, a los que cabe agregar *Gli Stratagemi* de Polieno, que lleva como apéndice en el título de la traducción italiana lo siguiente: «di grandissimo utile ai capitani nelle diverse occassioni della guerra» (portada).

[29] «Saladino, venuto dopo gloriosissime vittorie all'ultimo termine della vita, ordinò che dopo la sua morte andasse attorno un suo scudiere con una camicia sopra una lancia, dicendo: 'Al gran Saladino, Re di Sorie, di Giudea, di Eggito, etc. altro di tante sue grandezze, vittorie, trofei, tesori, non è restato che questo straccio» (Botero, *Detti*, pág. 73; igual en la *Floresta española de apotegmas* de Melchor de Santa Cruz, V, vi, 4, págs. 155-156).

a otro. Riqueza suma, mayor el artificio; pues, en llegando a la magestuosa presencia de la Real Esposa, que presidía como luna[30] a un cielo de señoras y de damas, al doblar la rodilla, centro de un laberinto de hilos, en que iva violentada toda aquella pedrería, quebraron todos a compás, saltaron todas las piedras a tropel, remedando nube que, herida de los rayos de aquel Sol de la belleza, graniçó diamantes a las damas, llovió aljófares a las mininas[31], fulminó rayos a los cortesanos, conquistando las voluntades todas con tan discreta batería.

---

[30] M: cuna. Enmiendo conforme al sentido y con la segunda redacción (disc. XLVII, pág. 301).

[31] Menina, la señora que desde niña entraba a servir a la reina en la clase de damas, hasta que le llegaba el tiempo de ponerse chapines, según recuerda *Autoridades*, s. v.

De la Agudeza
por una estravagante Ilación

Supone esta especie de sutileza extraordinaria perspicacia de Ingenio. Consiste su artificio en sacar una conseqüencia extravagante y recóndita. Assí uno, prestando una gran cantidad de dinero a otro, viendo que este los echava en el lienço[1] sin contarlos, sacó con ingeniosa illación que no pensava bolverlos; y assí, pidiéndole el lienço, dixo: «Quien no los cuenta, no los piensa pagar»[2].

No se pueden dar reglas ciertas y determinadas para estas sutiles conseqüencias: sola la valentía y vivacidad del Ingenio es bastante para tan estravagante discurrir. Tal fue el de Junio Bruto, que, consultando los hijos de Tarquino el Oráculo de Delfos quién dellos avía de mandar, y respondiéndoles que el primero que besasse a su madre, él prontamente, fingien-

---

[1] Es el pañuelo moderno: «un pedazo de tela de lino, de una vara en cuadro, que ordinariamente sirve para limpiarse las narices y el sudor» (*Auts.*, s. v.).

[2] «Al maestrescuela de Toledo, fundador del Colegio de Sancta Catalina, vino uno a pedirle prestados cincuenta ducados. Mandó sacar un talegón de reales, y dióselos. El que los pedía emprestados tomólos de su mano, y echólos en un pañizuelo, sin más contarlos. Viendo el maestrescuela que no los contaba, pidióle el pañizuelo con los dineros, y volviólos adonde los había sacado, diciendo: 'Quien no los cuenta, no los piensa pagar'» (Melchor de Santa Cruz, *Floresta española de apotegmas*, I, v, 1, pág. 21).

do que caía, vesó la tierra[3], discurriendo con notable Agudeza que ella era la madre común, y assí fue.

Suele ser paradoxa tal vez la illación, pero ingeniosa. Assí Augusto, passando por una almoneda de un hombre muy adeudado, preguntó si tenía colchones, y respondiéndole[4] que sí, mandó comprarlos, diziendo que no podía dormir con el cuidado del universal govierno, y que sin duda aquellos colchones tenían alguna secreta virtud de hazer dormir, pues un hombre con tantas deudas podía descansar en ellos[5]. Pero no acudió mal el que dixo que antes avía de comprar las camas de los acreedores.

Tal vez suele ser contraria la conseqüencia de las circunstancias que se ponderan. Como fue la de Marcial: de un hombre embalsamado vivo dixo que olía mal porque olía bien.

---

[3] «Quo in genere acuminis in primis Iunius Brutus referendus est: nam cum a rege Tarquinio avunculo suo omnem nobilitatis indolem excerpi interque ceteros etiam fratrem suum, quod vegetioris ingenii erat, interfectum animadverteret, obtunsi se cordis esse simulavit eaque fallacia maximas virtutes suas texit. Profectus etiam Delphos cum Tarquinii filiis, quos is ad Apollinem Pythium muneribus et sacrificiis honorandum miserat, aurum deo nomine doni clam cavato baculo inclusit tulit, quia timebat ne sibi caeleste numen aperta liberalitate venerari tutum non esset. Peractis deinde mandatis patris Apollinem iuvenes consuluerunt quisnam ex ipsis Romae regnaturus videretur. At is penes eum summam urbis nostrae potestatem futuram respondit, qui ante omnes matri osculum dedisset. Tum Brutus perinde atque casu prolapsus se abiecit terramque communem omnium matrem existimans osculatus est. Quod tam vafre Telluri impressum osculum urbi libertatem, Bruto primum in fastis locum tribuit» (Valerio Máximo, *Factorum et dictorum memorabilium*, VII, iii, 2).

[4] respondiéndole L: respondiendo

[5] «Equite Romano quodam defuncto compertum est, illum tantum habuisse aeris alieni, ut summa ducenties numum excederet, idque dum viveret celaverat. Quum igitur res illius auctioni subiiceretur, ut ex pecunia creditoribus satisfieret, Augustus iussit sibi emi culcitram illius cubicularem, ac mirantibus hoc praeceptum, 'Habenda est, inquit, ad somnum mihi conciliandum illa culcitra, in qua ille tanto aere alieno obstrictus somnum capere potuit'» (Erasmo, *Apophthegmata*, lib. IV, «Octavius Caesar Augustus», núm. 31, página 284). Para dormir en colchones los que deben mucho, véase Melchor de Santa Cruz, *Floresta española de apotegmas*, V, ii, 2 y 3, núm. 440-441, páginas 330-331; e igualmente, Joan Timoneda, *Sobremesa*, cuento 146, págs. 296-297. Más en María Pilar Cuartero Sancho, *Fuentes clásicas...*, págs. 141-142.

Hoc mihi suspectum est, quod oles bene, Posthume, semper:
Posthume, non bene olet qui bene semper olet[6].

Sacar una conseqüencia contraria a la común arguye grande perspicacia. Diziéndole a Agusto los de Tarragona por gran prodigio que avía nacido una palma en su altar, dixo él: «De aý colijo yo quán freqüentemente ofrecéis incienso en él, pues no solo nace yerva, sino palmas»[7].

Ésta es la sutileza que da valor a las transposiciones, convirtiendo en acierto o sublimidad lo que parecía baxeza. Acusándole a Alexandro unos soldados que, estando para pelear con un millón de enemigos, avían conjurado de no llevar a la tienda Real los despojos que cogiessen: «Dexadlos —dixo—, que quien esto dize no trata de huir»[8].

Rebatir una illación destas con otra igual, o mayor, gran prueva es del Discurso. Preguntando Augusto a un moço estrangero que le parecía mucho en el rostro si acaso[9] avía estado su madre alguna vez en Roma, percibió la malicia, y respondió: «Señor, no, pero sí mi padre, muchas vezes»[10].

---

[6] Son los dos últimos versos de un epigrama de Marcial (II, xii, 3-4).

[7] «Tarraconensibus pro laeto ostenso nuntiantibus, quod in eius ara palma esset enata, 'Apparet, inquit, quam frequenter accendatis'. Quod illi diis tribui volebant, ille tribuit illorum negligentiae, qui nunquam in ara Caesaris adolerent incensum» (Erasmo, *Apophthegmata*, lib. IV, «Octavius Caesar Augustus», 50, pág. 289. Más breve en Quintiliano, *Institutio Oratoria*, VI, iii, 77).

[8] Plutarco, *Máximas de reyes y generales*, «Alejandro», 12, en *Moralia*, 180C. Lo recoge Erasmo: «Quum in Arbelis de rerum summa periclitaturus esset, conflicturus cum mille hominum millibus ad pugnandum instructis, adierunt illum milites aliquot ipsi bene volentes deferebantque caeteros quod in castris inter se miscerent sermones conspirarentque ne quid praedae in regium tentorium deportarent, sed ipsi totum in suum verterent lucrum. His auditis subrisit Alexander: 'Fausta, inquit, nuntiatis. Siquidem audio sermones virorum ad vincendum, non ad fugiendum, animatorum'» *(Apophthegmata*, lib. IV, «Alexander Magnus», 12, pág. 257).

[9] L *om.* acaso

[10] Lo cuenta Macrobio en las *Saturnales* como ejemplo del mayor mérito que supone saber aguantar una agudeza que proferirla: «Cuiusdam provincialis jocus asper innotuit. Intraverat Romam simillimus Caesari, et in se omnium ora converterat. Augustus perduci ad se hominem iussit; visumque hoc modo interrogavit: 'Dic mihi, adolescens, fuit aliquando mater tua Romae?' Negavit ille, nec contentus adiecit: 'Sed pater meus saepe'» (II, iv; también

Excelente Discurso fue el de Metello, aunque pareció paradoxo, que la destruición de Cartago lo avía de ser de Roma[11]. Estremado fue el del Rey don Alonso el Magnánimo, para dar libertad a la esclava que le pedía justicia[12]; y el del otro ciego, que recuperó el tesoro escondido aconsejándose con el que lo hurtó[13].

Erasmo, *Apophthegmata*, lib. IV, «Octavius Augustus Caesar», 33, págs. 284-5). Como señala Maxime Chevalier, está también en la *Silva* de Mexía (I, xli) y es objeto del cuento 135 del *Sobremesa* de Timoneda (págs. 289-290), aunque aquí se atribuye a un rey anónimo. Véase igualmente María Pilar Cuartero Sancho, *Fuentes clásicas...*, pág. 60.

[11] Lo trae Valerio Máximo: «Q. quoque Metelli cum gravis tum etiam alta in senatu sententia, qui devicta Karthagine nescire se illa victoria binine plus an mali rei publicae adtulisset adseveravit, quoniam ut pacem restituendo profuisset, ita Hannibalem summovendo nonnihil nocuisset: eius enim transitu in Italiam dormientem iam populi Romani virtutem excitatam, metuique debere ne acri aemulo liberata in eundem somnum revolveretur. In aequo igitur malorum posuit uri tecta, vastari, agros, exhauriri aerarium et prisci roboris nervos hebetari» *(Factorum et dictorum memorabilium*, VII, ii, 3). Gracián lo había mencionado en *El Político:* «'No hay mayores enemigos que el no tenerlos': sentencia esforzada de Metelo, cuando lo de Cartago, y que pasó a desengaño con la dañosa experiencia» (pág. 294a).

[12] «Sendo Alfonso d'Aragona, ancor giovinetto, in Spagna, occorse che una schiava, ingravidata dal padrone, partorì, e con questo pretesse, conforme alle legge di Spagna, di esser libera. Il padrone, per non restar privo della madre e del figlio, negava quello esser nato del suo seme. Non si poteva la causa con testimonii decidere. La decisse l'accortezza d'Alfonso. Comando che il figliuolo all'incanto si vendesse. Fece la sua offerta il padrone, ma fu da chi maggior prezzo offerse, vinto. 'Adunque, disse il padrone, soffrirò io che un mio figliuolo vada schiavo? Non è egli meglio che io confessi il vero?' Et ecco che le lagrime gli grondano da gli occhi e fanno inditio chiaro della verità del fatto. Seguita la lingua le lagrime, e confessa quel ch'era, e'l figliuolo e la madre restan liberi» (Botero, *Detti*, pág. 296).

[13] «Un ciego escondió cierta cantidad de dineros al pie de un árbol, en un campo que era de un labrador riquísimo. Un día, yendo a visitarlos, hallólos menos. Imaginando que el labrador los hubiese tomado, fuese a él mismo, y díjole: 'Señor, como me parecéis hombre de bien, querría que me diésedes un consejo; y es que yo tengo cierta cantidad de dineros escondida en un lugar bien seguro. Agora tengo otros tantos, y no sé si los esconda donde tengo los otros, o en otra parte'. Respondió el labrador: 'En verdad que yo no mudaría lugar, si tan seguro es ese como vos decís'. 'Así lo pienso hacer', dijo el ciego. Despedidos los dos, el labrador, prestamente, tornó la cantidad que le había tomado en el mismo lugar, por coger los otros. Vuelto el ciego, cogió sus dineros, que ya perdidos tenía, muy alegre, diciendo: 'Nunca más perro al molino'» (Juan de Timoneda, *El Sobremesa y alivio de caminantes*, cuen-

Este género de Agudeza tiene más de valentía de Ingenio que de artificio.

---

to 73, págs. 247-248). El cuentecillo es antiguo: lo conocía Ramón Llull, y más tarde lo refieren Ludovico Guicciardini, Ambrosio de Salazar, Juan de Arguijo... (vid. la nota de Máxime Chevalier al lugar citado de Timoneda).

De los Conceptos por Alusión

La Alusión, con enigmático artificio, emula la locución Angélica. Tiene por fundamento lo que otras Agudezas por realce. Su nombre de Alusión más parece que la satiriça que la define, pues derivándose del verbo Latino *Ludo,* que significa jugar[1], le duda, si no le niega, lo grave, lo serio y lo sublime.

Consiste su formalidad en hazer relación a algún sucesso, no exprimiéndolo, sino apuntándolo. Sutileza en cifra, que para entenderla es menester noticia universal, y un Ingenio que platique a vezes en adivino. Sirva esta de breve Apología por Marcial en muchos de sus Epigramas, que, por no alcançar sus Alusiones, los condenó la ignorancia a pedaços de yelo, siendo rayos, assí como los demás, forxados en la misma ingeniosa fragua. Uno dellos es este:

Non miror quod potat aquam tua Bassa, Catulle,
Miror quod Bassi filia potat aquam[2].

---

[1] Así es. Como indica Corominas, aludir procede de *alludere,* 'bromear o juguetear con alguien', derivando a su vez de *ludus (Diccionario Crítico Etimológico de la Lengua Castellana,* s. v. «ludibrio»). Con todo, para los razonamientos etimológicos y su incardinación en el marco ético-estético graciano, es fundamental el trabajo de García Gibert y Hernández Sacristán ya citado en el discurso XXIV.

[2] Marcial, *Epigrammata,* VI, lxix (lín. 2 Bassi: Bassae).

Alude Marcial a la embriaguez de Basso y a la templança de Catullo, aquél padre, y éste esposo, de Bassa, embolviendo la ingeniosa contraposición en la preñez alusiva.

Dos son los fundamentos de la Alusión: la conveniencia o la desconveniencia de lo que se dize con aquello a que se alude; y esta conveniencia no se exprime del todo, sino que se apunta, con lo qual se haze más preñado el Concepto y solicita más gusto a quien lo entiende. Sea exemplo: acusava Cicerón a Verres, y patrocinávale Hortensio; y si apretava Retórico al reo, motejava agudo al Patrón. Dexóse caer en una[3] Énfasi una malicia, a que replicó Hortensio que se declarasse, porque él no era Edipo descifrador de enigmas. Acudió Tulio, y dixo: «Por lo menos no te falta Esfinge». Aludió a una joya de una preciosa Esfinge que le avía presentado Verres, y juntamente a la que los inventava[4]. Fundóse esta Alusión en la consonancia de la obscuridad del dicho con la contingencia de averle presentado la Esfinge.

Quando llega esta consonancia a ser proporción, da pie con mayor gracia y sutileza para aludir. Desta suerte un Embaxador de España, diziéndole el gran Henrico Quarto de Francia que pensava, con aquel gran exército que avía juntado poco antes de su infeliz muerte, ir a Italia, almorçar en Milán, passar a oír Missa en Roma y llegar a comer a Nápoles[5]; replicó el español: «Pues Sire, si tanta prissa se da Vuestra Majestad, podrá mui bien a esse passo llegar a vísperas a Sicilia.» Gallarda Alusión que se fundó en la correspondencia.

El otro fundamento es la desconveniencia del sujeto con el término a que se alude. Fue tan sazonada como picante la del rey don Juan el Segundo de Portugal: sirviéndole la copa don Álvaro de Meneses, cayósele de la mano, que aun materialmente fue agüero de alegría, pues ocasionó gran risa en

---

[3] una H: un

[4] Lo cuenta Quintiliano en el libro VI de la *Institutio Oratoria:* «Ex historia etiam ducere urbanitatem eruditum est: ut Cicero fecit, cum ei testem in iudicio Verris roganti dixisset Hortensius: 'Non intelligo haec aenigmata'. 'Atqui debes, inquit, cum Sphingem domi habeas'; acceperat autem ille a Verre Sphingem aeneam magnae pecuniae» *(Institutio Oratoria,* VI, iii, 98). Casi idéntico en Erasmo, *Apophthegmata,* lib. IV, «Cicero», 11, pág. 314.

[5] a Nápoles L: en Nápoles

los demás Fidalgos. Acudió el Rey con su ordinaria prontitud, y dixo: «Basta, que si a Meneses se le ha caído la copa de la mano, pero no la espada en las batallas», picando a algunos de los que se reían. Estuvo la Alusión en la diferencia de caérsele a uno la copa, y a otros la espada[6].

Assí que en las Alusiones[7] siempre se cifra algún misterio y se habla con preñez. Algunas vezes acontece que, negando expresamente aquí una cosa en lo que se dize, allá se afirma en lo que se alude. Assí Marcial a Zoilo, que se fisgava dél porque traía mucho un vestido, le respondió alusivamente al suyo, que, aunque nuevo, era mal ganado, o por lo menos prestado. Dixo assí:

> *Zoilo, que con capa buena*
> *Desprecias la mía mala,*
> *Mira que aunque no es de gala,*
> *Por lo menos no es agena*[8].

Estremado modo de aludir que, negando aquí, afirma allá, en el término. Desta suerte se va disfrazando el[9] término a que se haze relación más o menos, pero siempre con enigma, en que consiste la gracia destos Conceptos. Ni bien se dize, ni bien se calla lo que se quiere dezir, gran artificio para solapar una malicia. Presentándole a Agusto[10] un precioso collar, alabóle Dolabella, y aun amagó a pedirlo, pues dixo:

---

[6] Lo cuenta Botero en los *Detti*, pero la fuente de Gracián debió de ser otra, puesto que el italiano no indica el nombre del otro protagonista de la anécdota: «Don Giovanni II, re di Portogallo, trovandosi à caccia, domandò da bere. Il cavalier che gli mesceva si lasciò cadere la tazza di mano. Essendosi perciò messi a ridere i circonstanti, il rè disse loro che stessino cheti, perche se ben era caduta all'hora la tazza a quel cavaliere, non gli era però mai caduta di mano la lancia, come l'haveva vista cadere ad alcuni che quivi ridevano. Così ben seppe ricuoprire il fallo e la vergogna di quel suo servidore» *(loc. cit.,* pág. 70).

[7] Alusiones L: Alucionos

[8] Inserta aquí Gracián una traducción del epigrama II, lviii de Marcial: «Pexatus pulchre rides mea, Zoile, trita. / sunt haec trita quidem, Zoile, sed mea sunt».

[9] H *om.* «el»

[10] Agusto L: Augusto

«¡O, qué bien me estaría a mí!»; respondió Augusto, y desempeñóse festivamente[11], diziendo: «A ser corona Cívica[12], yo te la diera»; notándole de tan retirado en el pelear quan adelantado en el pedir[13].

La semejança es el más ordinario fundamento del aludir, y esta es la erudición de los adagios Griegos y Latinos, que se refieren a varias historias y se aplican por semejança. Con este concepto concluye aquel Soneto de don Luis de Góngora, embiando unas piedras vezares[14] a la Marquesa de Ayamonte:

> *Término sean, pues, y fundamento*
> *De vuestro Imperio, y de mi fee constante,*
> *Tributo humilde, si no ofrecimiento.*
>
> *Camino, y sin passar más adelante,*
> *A vuestra deidad hago el rendimiento,*
> *Que al montón de Mercurio el caminante[15].*

---

[11] H *om.* «festivamente»

[12] «La corona cívica era aquella que se dava al ciudadano romano que a otro tal ciudadano avía defendido que su enemigo no matasse, y esta era de enzina, por ser árbol que un tiempo sustentó las gentes» (Juan de Horozco, *Emblemas morales*, I, xxxiv, fol. 99r; algún detalle más en la *Silva de varia lección*, III, xxxi, vol. II, págs. 223-225).

[13] «Sic eluditur et ridiculum ridiculo: ut divus Augustus, cum ei Galli torquem aureum centum pondo dedissent, et Dolabella per iocum, temptans tamen ioci sui eventum, dixisset: 'Imperator, torque me dona'. 'Malo, inquit, te civica donare'» (Quintiliano, *Institutio oratoria*, VI, iii, 79; casi idéntico, con glosa, en Erasmo, *Apophthegmata*, lib. IV, «Octavius Caesar Augustus», 51, pág. 289).

[14] Aclara las propiedades de estas piedras Cristóbal Pérez de Herrera en uno de sus enigmas: «Esta cordial piedra se engendra en un animal de las Indias que se llama Cervicabra, que, aviendo comido culebras y otras savandijas ponçoñosas, para preservarse pace yervas salutíferas, que son el centro de las muchas capas y láminas de que ella está compuesta; y assí tiene grandes virtudes, mayormente contra veneno y tavardillos. Suelen darse a Reyes y Papas las que se traen de las Indias Orientales, que son las más finas y excelentes, y de las Occidentales otras no tanto» *(Proverbios morales y consejos christianos...*, Cent. II, Quinquágena IV, enigma CLXIII, fol. 107v; más por extenso, véase Gaspar de Morales, *De las virtudes y propiedades maravillosas de las piedras preciosas*, II, 31, págs. 354-362).

[15] Tercetos finales del Soneto «Al Marqués de Ayamonte» en la ed. de Vicuña (fol. 4r). En la de Millé aparece rubricado como «A la Marquesa de Ayamonte, dándole unas piedras bezares que a él le había dado un enfermo» (núm. 288, pág. 478).

Algunos han querido dezir que la Alusión no es concepto en sí, si no incluye alguna otra especie de Agudeza, como es la correspondencia de los correlatos, o la contraposición, semejança, y assí otras. Pero no ay duda, sino que ella sola haze Concepto de por sí, aunque no se junte con otros, como se ve en esta. Alabándole a Nerón el plato de los hongos, muy validos entonces, él, en confirmación, dixo: «Al fin son comida de Dioses.» Aludió al hongo envenenado con que mataron al Emperador Claudio, su antecessor, y le contaron entre sus Dioses, cruel principio de su cruel Imperio[16]. No tiene este pensamiento otra Agudeza más que la Alusión al sucesso.

Bien que la relación a la historia a que se alude es correspondencia, y un dezir que viene bien con esto, pero essa[17] es propia y essencial destas Alusiones, y no es la de semejança, ni paridad o proporción. Con todo esso, se dan algunas Alusiones que aun essa no la incluyen, como esta, no menos ingeniosa que las passadas. Entrando el Marrufino a besar la mano a Luis Undézimo, de buelta de Cambray, traía un riquíssimo collar de oro y pedrería. Reparando en él los Mosiures, y alabándoselo, alargó uno la mano a quererlo tocar. Al punto el Rey, con mucha Agudeza, que deviera con más zelo, «Tate —dixo—, no lo toquéis, que es cosa sagrada», aludiendo a lo que se murmurava, que lo avía hecho de las Custodias y Relicarios de las Iglesias que avía saqueado[18]. Consiste el artificio desta, y otras semejantes, en un apuntar sin explicarse del todo, que basta a ocasionar el reparo y despertar la curiosidad.

---

[16] «Parricida et caedes a Claudio exorsus est; cuius necis etsi non auctor, at conscius fuit, neque dissimulanter, ut qui boletos, in quo cibi genere venenum is acceperat, quasi deorum cibum posthac proverbio Graeco conlaudare sit solitus» (Suetonio, *Vitae duodecim Caesarum*, Nero, XXXXIII, 1).

[17] essa L: esse

[18] «Haveva il Re Luigi mandato a Cambrai il Capitano Maruffino per alcuni bisogni. Il Maruffino torno di là con un ricco collare al collo, che si diceva esser stato fatto d'oro di alcuni reliquiarii delle chiese di Cambrai. Ilche inteso, un gentil huomo, detto Brichech, volse meterli la mano sopra, ma il Re glielo prohibì, dicendo: 'Guardati di toccarlo, perche è cosa sacra'» (Botero, *Detti*, págs. 111-112).

De los Conceptos por Acomodación de Verso, Texto o Autoridad[1]

Requiere esta Agudeza tan grande erudición como sutileza: la erudición, para tener copia[2] de lugares y de Textos; la sutileza[3], para ajustarlos. Fúndase su artificio en la conveniencia de la autoridad con la materia presente. Assí el Católico Rey don Fernando, viendo que no podía por maña destexer la liga de los Príncipes, sus émulos[4], determinó contrastarla por las armas, y acomodó al caso lo del ñudo gordio de Alexandro: «Tanto monta cortar como desatar», y después lo tomó por célebre empressa[5].

---

[1] Un análisis ponderado (y al que no se pueden oponer reparos) de este capítulo de la *Agudeza*, en Mercedes Blanco, «Ingenio y autoridad en la cita conceptista».

[2] «Abundancia y muchedumbre de alguna cosa. Es voz puramente latina», como es bien sabido (*Auts.*, s. v.), y con significado claro dentro del campo literario. La *copia* significaba para los antiguos (Quintiliano) y para los modernos (Erasmo) la «abundancia de recursos» que el orador va almacenando para emplear después en cada momento (véase Aurora Egido, «La variedad en la *Agudeza* de Gracián», pág. 246).

[3] H *om.* «la sutileza»

[4] «Enemigo y contrario de otro, y su competidor» (*Auts.*, s. v. «émulo»).

[5] «Pero el rey Cathólico llegó a la perfección, quando traxo por empresa el ñudo de Gordiano con la mano de Alexandro Magno, que lo cortó con la espada, no pudiéndolo desatar con las manos, y puso encima el presente mote: TANTO MONTA [...] Lo mesmo aconteció al rey Cathólico, que succediéndo-

Quando la autoridad que se acomoda dize conveniencia con dos o tres circunstancias del sujeto, es doble la sutileza. Desta suerte un Orador Christiano, a San Pablo Michi, Mártir gloriosíssimo de la Compañía de Jesús en el Japón, que murió crucificado[6], acomodó aquel lugar de San Pablo: *Michi autem absit gloriari, nisi in cruce Domini nostri Iesu Christi*[7]. Relevante Concepto, porque encierra tres conveniencias: la primera, en los sujetos, que va de Pablo a Pablo; la segunda, en el equívoco, *Michi*; y la tercera, en el *in Cruce Domini nostri Iesu Christi,* con el martirio del santo.

Ajustar todas las partes de la autoridad haze el Concepto lleno. Un Opositor en Salamanca, que tenía quatro contrarios, de nombre, al Dotor Aspe, Maestro Basilio, Fray Luis de León y al Dotor Mondragón[8], dixo, informando[9], que confiava en Dios salir vencedor, porque *Super Aspidem et Basiliscum ambulabis, et conculcabis Leonem et Draconem,* con que quadró la Agudeza[10].

Quando, a más de la conveniencia de la Autoridad, se halla la donosidad de algún equívoco, haze plausible el Concepto. Prometió san Francisco de Borja, Duque entonces de Gandía, al Doctor Villalobos, Médico del Emperador, una

---

le un cierto pleyto muy enredado sobre la herencia del reyno de Castilla, no hallando otro camino para alcançar la justicia, lo conquistó con la espada en la mano, y assí lo venció, de manera que esta tan hermosa empresa, alcançando gran fama, mereció que se igualase con la de Francia» (Paulo Giovio, *Diálogos de las empresas militares y amorosas,* págs. 24-25; véanse también Juan de Horozco, *Emblemas morales,* I, x, fol. 45r-v; así como Fernando R. de la Flor, *Emblemas. Lecturas de la imagen simbólica,* pág. 94, con bibliografía sobre esta empresa).

[6] H *om.* «que murió crucificado»

[7] *Ad Galatas,* VI, 14.

[8] Algo chirría en este pasaje. Tanto, que el mismo Gracián suprimió «de nombre» en la segunda redacción (disc. XXXIX, pág. 236), pero mantiene el régimen preposicional, como nosotros.

[9] «Significa también decir o poner en el hecho y derecho de alguna causa al Juez, el Abogado de ella para que sentencie» *(Auts.,* s. v.).

[10] «El licenciado Gil Ramírez, insigne oidor de Valladolid, en Salamanca, en pretensión de una cátedra, tuvo cuatro opositores contrarios, que se llamavan el dotor León, el Dotor Mondragón, el Dotor Aspe, y otro que por mala lengua llamaban Basilisco; y, confiado en su habilidad, decía a los estudiantes: 'Ea, señores, que con favor de vuestras mercedes, *super aspidem et basiliscum ambulabo, et conculcabo Leonem et Mondragonem'»* (Luis Zapata, *Miscelánea,* pág. 68). Para la cita bíblica, véase *Psalmi,* XCI, 13.

fuente de plata si al otro día le hallava sin calentura, como él lo assegurava. Vino al otro día, y pulsándole, hallóle con muy poca, pero alguna, y dixo: «Señor: *Amicus Plato, sed magis amica veritas.*» Gustó mucho el santo Duque de la buena nueva, y del buen dicho, y mandó al punto embiarle el plato[11].

Por solo equívoco puede acomodarse sazonadamente el texto. Consultando Felipe Segundo para una jornada de armas un viejo muy experimentado, que era el Duque de Alva, y un Príncipe, aunque moço, pero muy alentado, dixo uno: «Señor, *arma virumque cano*[12], este es mi sentir.»

Puédesele ayudar a la autoridad añadiéndole alguna palabra. Assí, a la Margarita de las Reynas acomodó una Toledana, digo discreta, el *per signum,* tan celebrado concepto digno de aprecio máximo.

Otras vezes se trueca una palabra por otra. Tan santo como ingenioso, el Padre Sebastián de Barradas, de la Compañía de Jesús, refiriendo que en la plaça de Londres avían quemado el libro del Padre Francisco Suárez *Contra Regem Angliae*, le consoló con aquel verso de Ovidio a su libro: *Parve sed invideo, sine me liber ibis in vrbem*[13], acomodándole assí: *Parve sed invideo, sine me liber ibis in ignem*[14].

---

[11] Las fiebres del duque Santo, como gusta llamarlo Gracián, son bien conocidas en sus biografías (véase, por ejemplo, la del Padre Rivadeneira, *Vita del P. Francesco Borgia*, pág. 15). Creo que Gracián alude al «diálogo que pasó entre un grande [duque] deste reino de Castilla, estando con el frío de la cuartana, y el doctor de Villalobos», recogido en los *Problemas* de este último. El noble le solicita remedios para «el amargor de la boca» (págs. 444, 445...) y el galeno lo refresca con sus razonamientos, donaires y sales. No encuentro el proverbio clásico en boca del médico, como tampoco lo de la fuente de plata. Con todo, véase lo que dice el Duque a Villalobos: «en mi seso me estoy de haceros mercedes, *como os las he hecho*, más por vuestra buena razón que por la física» (pág. 446, cursiva mía). Pese a todo, me inclino a pensar que el jesuita no llegó a leer *Los problemas*, porque habría sacado más partido a varios de los donaires allí incluidos (véase, por ejemplo, pág. 445a). Por contra, cfr. Miguel Romera-Navarro, quien piensa en la *Floresta* de Santa Cruz para iluminar el pasaje («Góngora, Quevedo y algunos literatos...», pág. 265).

[12] Virgilio, *Eneida*, I, 1.

[13] Es precisamente el comienzo de las *Tristia* de Ovidio: «Parve —nec invideo— sine me, liber, ibis in urbem» (I, 1).

[14] El P. Sebastián de Barradas, jesuita, es autor de unos voluminosos *Commentaria in concordiam et historiam evangelicam*, en 4 vols., y de un *Itinerarium*

315

No solamente una palabra, pero toda una parte de la autoridad se puede alterar. Assí, el Emperador Carlos Quinto, a la presteza con que dio feliz fin a una jornada, acomodó aquella carta de César, *Veni, vidi, vici,* y corrigió *Veni, vidi, vicit Deus*[15].

Tampoco escrupulea la acomodación en pronunciar una palabra en otra lengua. Desafiáronse dos cavalleros, llamado el uno Campo y el otro Vega, iguales también en la poca cordura, por una dama, y dixo uno: *Bella per Ematos plusquam civilia campos*[16].

Desta suerte dezía un Religioso que los dulces de las Religiosas avían de ser *Dulce lignum, dulces clavos*[17].

Las autoridades que se acomodan unas vezes son sagradas, y dévense ajustar a cosas graves y decentes. Assí el Rey don Fernando, quando desamparava a Nápoles, huyendo de la furia de Carlos Octavo, alçando los ojos al cielo, dixo: *Nisi Dominus custodierit civitatem, frustra vigilat qui custodit eam*[18]. Otras vezes son de las letras humanas, y estas no importa que se acomoden a sujetos humildes. Assí Rufo, de una comida

---

filiorum Israel ex Aegypto in Terra Repromissionis (véase la lista de obras citadas). No he logrado ubicar la mención de Gracián en ninguno de estos dos tratados.

[15] El dicho de Carlos V lo había citado ya Gracián en el discurso XXIII. Véase allí la nota.

[16] Es el verso inicial de la *Farsalia* de Lucano: «Bella per Emathios plus qüam civilia campos» (I, 1).

[17] Bernardino de Villegas, S. J., dedica los capítulos V y VI del tercer libro de su *Vida admirable de la Puríssima Virgen Santa Lutgarda* a «los inconvenientes que han hallado los santos en los presentes y dádivas de las vírgenes a los hombres». Allí trata del asunto de los dulces, y dice: «Según esto, si alguna Virgen que hasta aora huviesse ocupado el tiempo en tan impertinentes empleos, deseasse mejorar de ocupación, oyga los dulces que una persona discreta y entretenida a lo santo desea en todas las Vírgenes, y son los que la Iglesia les señala en el himno, en que podrá de aquí adelante gastar el tiempo con provecho y sin inconveniente. *Dulce lignum, dulces clavos, dulcia ferens pondera* [...] Estos son los regalos, estos los dulces que las personas devotas y verdaderamente espirituales deven tener; en estos deven gastar su tiempo...» (págs. 467-468).

[18] «Ferdinando d'Aragona, Rè di Napoli, mentre che fuggendo l'impeto de' Francesi, che ia erano signori di Napoli, e del Regno, navigava verso l'Isola d'Ischia, repplicava spesso con alte voci il versetto del Salmo: 'Nisi Dominus custodierit civitatem, frustra vigilat qui custodit eam'» (Botero, *Detti*, pág. 52. Se trata de *Psalm.*, CXXVI, 1).

ordinaria guisada extraordinariamente dixo: *Materiam superabat opus*[19].

Estando predicando en Lisboa un Padre docto de la Compañía la Passión de Christo, Señor nuestro, entró la reyna y mandóle que bolviesse a començar. Començó el Predicador diziendo: *Infandum, Regina, iubes renovare dolorem*[20].

Ha de ser célebre la autoridad, y muy sabida, para que tenga más gracia. Tal fue la de aquel opositor de una Cátedra[21] que, llegando a leer vestido a lo soldado y con las insignias militares, porque se davan en él las manos Marte y Minerva, depuso, al començar, el talabarte[22] y la gineta[23], diziendo: *Cedant arma togae, concedat laurea linguae*[24], con aplauso del más Augusto teatro.

Fúndase este conceptuoso artificio no sólo en la conveniencia, sino en la desconveniencia también de la autoridad con la materia. Desta suerte el Emperador Carlos Quinto, a las grandes vitorias de sus armas en el otro mundo, acomodó por desconveniencia el *Non plus vltra* de Hércules, y dixo: *Plus vltra*[25].

---

[19] «Comía carne cierto gran señor, y pescado los que comían con él, y sirvióse un plato dulce de fruta que, si bien era de pescada cecial, llevava masa de mazapán riquísima con mucho azúcar y canela. Era, pues, el susodicho escrupuloso en comer pescado y carne, por lo que tocava a su conciencia y también por su salud, y preguntándole si comería de aquella fruta, aunque era de pescado, le dijo 'que sí, porque *materiam superabat opus*'» (Rufo, *Las seiscientas apotegmas...*, núm. 662, págs. 229-230; la frase latina pertenece al comienzo del segundo libro de las *Metamorfosis* de Ovidio, v. 5).

[20] Verso de la *Eneida*, II, 3.

[21] de una Cátedra H: a una cátedra

[22] «La pretina que ciñe a la cintura y de que cuelgan los tiros, en que se trahe asida y pende la espada» (*Auts.*, s. v.).

[23] «Cierta especie de lanza corta con el hierro dorado, y una borla por guarnición, que en lo antiguo era insignia de los capitanes de infantería» (*Auts.*, s. v.).

[24] Quintiliano, *Institutio Oratoria*, XI, i, 24.

[25] En los antiguos escudos de España, antes de los Reyes Católicos, aparecían las dos columnas de Hércules divididas por una cinta en la que se podía leer «NON PLVS VLTRA». La alusión, obvia, a Hércules servía para indicar que tras el límite establecido por este en los promontorios de Abila y Calpe no había más tierras. Al descubrir Colón el Nuevo Mundo, la inscripción cambia a «PLVS VLTRA» para significar que, tras las columnas susodichas, quedaban tierras y mares por descubrir (y conquistar). Paulo Giovio explica: «En effec-

Deste modo de conceptos ha avido ingeniosíssimos pasquines, como aquel que pintó a la Reyna de Inglaterra con el privado herege en su regaço, y aquel mote de que ella se preciava mucho: *Beata et inmaculata virginitas*, añadiendo: *quia quem coeli capere non poterant*[26].

---

to, su Magestad Cesárea sobrepujó mucho a la hermosa empresa que un tiempo traxo su esclarecido agüelo paterno, Carlos, Duque de Borgoña, y ciertamente me parece que la empresa de las Columnas de Hércules que trahe con el mote PLVS VLTRA [... ha sobrepujado ...] a todas las otras empresas que han trahído hasta hoy los otros Príncipes y Reyes» (Paulo Giovio, *Diálogos de las empresas...*, págs. 16-17; pero sirven igualmente Juan de Horozco y Covarrubias, *Emblemas morales*, I, x, fol. 45 v, o Andrea Palazzi, *I discorsi*, pág. 36; véanse también los trabajos de Earl S. Rosenthal citados en la lista de obras de referencia, así como Fernando R. de la Flor, *Emblemas. Lecturas de la imagen simbólica*, págs. 94 y 92).

[26] Alude a Isabel I de Inglaterra. Artistas como Edmundo Spenser y pintores como Nicolás Hilliard la representaron con caracteres mitológicos, y Elizabeth se apropió de la veneración que los ingleses habían dedicado a la Virgen María, señala la *Enciclopedia Británica* («Elizabeth I of England», versión CD-ROM). El privado hereje que cita Gracián debió ser sin duda Sir Robert Cecil (véase, amén de la *Britannica*, Jacques Chastenet, *Isabel I de Inglaterra*).

Discurso XXXIIII
De los Conceptos por Qüestión

Toda Qüestión solicita el Discurso y es agradable pasto del Ingenio: con la dificultad suspende y con la ingeniosa salida satisfaze. Consiste, pues, el artificio y gracia desta principal especie de agudeza en una pregunta curiosa, recóndita y moral, en cuya solución extravagante halla fruición el entendimiento. Tal fue aquella del libro tercero de *Esdras*, propuesta y ventilada por los[1] tres Cortesanos que guardavan el sueño a su Rey, y fue: «¿Quál sea la cosa más fuerte?» Dixo uno que el vino, otro que el rey, y el tercero que la muger, adelantando cada uno su sentir con no menos eficaces que entretenidos argumentos; pero decidióse al cabo en favor de la verdad, dándole la palma por la cosa más fuerte de quantos lo son[2].

Propónese ordinariamente la Qüestión, assí en general, abstrayendo de lo natural y moral; pero la solución siempre va a la moralidad, como aquella de Aristóteles: «¿Quál sea la cosa que más presto envejese?» Respondió que el beneficio[3].

---

[1] H *om.* «los»

[2] Comp. la *Veritas fucata* de Vives: «Juzgada fui en mi Esdras como la más fuerte de todas las cosas, cuyo brazo derribó y aplastó a los más poderosos y mentirosos espíritus infernales» (en *Obras completas*, I, pág. 280b). El tercer libro de *Esdras* no está entre los canónicos de la *Vulgata*, aunque en algunas ediciones se solía acompañar como apéndice al final. No he logrado dar con ninguna Biblia que lo contenga.

[3] Lo trae Diógenes Laercio en las *Vidas de los filósofos* («Aristóteles», V, 18, pág. 461), pero creo que Gracián sigue la estela de Erasmo: «Percontanti quid

Quando en las respuestas ay variedad y competencia, encontrándose, hazen más gustosa la qüestión[4]. Assí en esta: «¿Quál sea la cosa más ligera?» Dixo uno que el viento, otro que la luz, otro que el pensamiento; y concluyóse que el placer en irse y el pesar en venir.

Fíngense con mucho artificio algunas Qüestiones, que, a más de la dificultad de la pregunta, la contrariedad de las respuestas suspende más el Discurso, hasta que se vienen a unir y concordar en un sujeto con alguna moralidad y sentencia. Desta suerte introduze Falcón a Venus, que, estando preñada, preguntó a las Parcas qué avía de parir. Láchesis dixo que un Tigre; Cloto, que un pedernal; Átropos, un rayo. Y parió al amor, que lo es todo:

> *Alma Venus praegnans, cum iam prope partus adesset[5],*
> *Consuluit Parcas quid paritura foret?*
> *«Tigrim», ait Lachesis; «silicem», Cloto; Atropos, «ignem»;*
> *Ne reponsa forent irrita, natus amor[6].*

La contrariedad de las respuestas va empeñando la dificultad, y la eminencia está[7] en ajustarlas a un sujeto que le convenga lo que todas[8] dizen, como se ve en estas tres ingeniosas Redondillas:

> *Si vais a ver el ganado,*
> *Muy lexos estás de verme,*
> *Porque en æveros mirado,*
> *No supe sino perderme.*

---

cito senesceret, 'Gratia', inquit, sentiens iniuriae memoriam esse tenacissimam, beneficii brevissimam» *(Apophthegmata,* lib. VII, «Aristoteles Stagirites», 9, pág. 577).

  [4] Comp.: «La variedad es madre del gusto, por lo menos del alivio» *(El Político,* pág. 299b).

  [5] adesset H: adesse

  [6] Jaime Juan Falcó, *Epigrammata,* LXIX («De Amore», en *Obras, I,* página 122, v. 4 reponsa: responsa).

  [7] está L: hasta

  [8] todas L: todos

> Si vais a ver el perdido,
> Tampoco me ved a mí,
> Pues desde que me perdí,
> Por ganado me he tenido.
>   Y si al perdido y ganado
> Vais a ver, bien podéis verme,
> Pues en averos mirado
> Supe ganarme y perderme[9].

Vase enredando más y duplicando la dificultad y contradición de las respuestas en este célebre Epigramma antiguo:

> Cum mea me genitrix gravida gestaret in alvo,
>   Quid pareret fertur consuluisse Deos?
> Mas est Phoebus ait, Mars foemina, Iunoque neutrum;
>   Cumque forem natus Hermaphroditus eram.
> Quaerenti lethum? Dea sic ait occidet armis;
>   Mars cruce; Phoebus aquis; sors rata quaeque fuit.
> Arbor obumbrat aquas, ascendo decidit ensis,
>   quem tuleram casu, labor, et ipse super.
> Pes haesit ramis: caput incidit amne: tulique,
>   Foemina, vir, neutrum, flumina, tela, crucem[10].

Puédense[11] reducir a esta especie de Conceptos los enigmas morales, que se forman por qüestión, como aquel de Bión: «¿Quál es la cosa más mala que el mismo mal?» Y responde que el no saberlo sufrir[12]. Quanto más morales, más

---

⁹ Están recogidas en la recopilación que hizo Lope de Vega de la *Justa poética y alabanzas justas que hizo la insigne villa de Madrid al bienaventurado San Isidro* en las fiestas de su beatificación (pág. 1113, con variantes; v. 2 estás: estáis; v. 8 me he tenido: me ha tenido), con el siguiente comentario del Fénix: «Pues en razón de algunos epigramas, estoy por pensar que amoroso no le tiene la lengua latina mejor que este» (pág. 1113).

¹⁰ L *om.* «Arbor obumbrat [...] flumina, tela, crucem».

¹¹ Puédense L: Puédese

¹² «Aiebat magnum esse malum non posse ferre malum. Absque hoc enim nulli potest esse vita suavis» (Erasmo, *Apophthegmata*, lib. VII, «Bion Borysthenites», 10, pág. 573; igual en Diógenes Laercio, *Vidas de los filósofos*, Bión, IV, 48, pág. 427).

plausibles, como este: «¿Quién sean aquellas dos hermanas, que la una, de donde una vez sale, nunca más buelve, y la otra, donde una vez entra, nunca más sale?» Y responde que son la vergüença y la sospecha. Házese más dificultoso el enigma quando dize dos contrariedades de un mismo sujeto. Anacarsis: «¿Quál es en el hombre la mejor cosa y la peor?» Dixo que la lengua[13]. Para enigma basta qualquiera diversidad entre las calidades o efectos del sujeto, aunque no llegue a contrariedad. Assí era aquel tan famoso de la Esfinge: «¿Quál es el animal que comiença a andar con quatro pies, prosigue con dos y acaba con tres?» Y respondió Edipo ser el hombre[14].

También son rama que naze desta raíz de Agudeza los Problemas morales y políticos, como aquel: «¿Quál sea mejor Rey: el pacífico o el guerrero, el valeroso o el prudente?»[15]. «¿Quál sea más dificultoso: el vicio o la virtud?» «¿Quál sea más amarga: la hiel, la muger o la verdad?»

Las qüestiones Panegíricas suelen ser sublimes y ingeniosas, dan pie a un discurso con agradable artificio. Tal fue aquella de un grave orador Christiano en el nacimiento de San Juan, fundada en el mismo Evangelio[16]: *Quis putas puer*

---

[13] Lo cuenta Diógenes Laercio en las *Vidas de los filósofos*, Anacarses, I, 105, pág. 109; y Erasmo: «Interrogatus quid esset in homine pessimum, et quid optimum, respondit: 'Lingua'. Sentiens idem membrum plurimam adferre utilitatem, si recta ratione gubernetur; pestilentissimum esse, si secus» (*Apophthegmata*, lib. VII, «Anacharsys Scytha», 17, pág. 559). También en forma de enigma, pero en verso, puede verse en los *Proverbios morales y consejos christianos* de Cristóbal Pérez de Herrera (Cent. I, Quinquágena II, enigma XCIV, fol. 81r).

[14] «Estava en este tiempo la región de Thebas mui apretada con las muertes y robos del monstruo Sphinx, el qual despeñava desde unos altos riscos a todos aquellos que no le soltavan una enigma que les proponía, la qual era esta: *Quod animal est et quadrupes, et bipes, et tripes* [...] Oedipo, movido con esta fama, fuese al monte Sphintio [...] y, proponiéndole el enigma, respondió Oedipo: 'Esse animal es el hombre, el qual, siendo niño, por la poca fuerça que tiene anda con quatro pies [...] Después que ya tiene fuerça y se levanta en los pies, anda con dos. Y a la vejez anda con tres, porque muchos viejos traen un báculo o bordón para sustentar al cuerpo» (Diego López, *Declaración magistral de las Emblemas de Andrés Alciato*, Emblema 187, pág. 644; véase también los *Emblemas* de Alciato, pág. 231).

[15] H *om*. «Quál sea mejor Rey... el prudente»

[16] H *om*. «fundada... Evangelio»

iste erit? Etenim manus Domini erat cum illo[17]. Dize que la ventura y felicidad[18] de Juan se ha de sacar de la mano de Dios, y va preguntando por ella quién ha de ser, y sus mayores excelencias, que es un bien proseguido discurso.

Hállanse un género de preguntas que no requieren solución ni respuesta, porque toda la Agudeza está en la énfasi de la pregunta; como esta, donde un ingenioso moderno encerró una exageración, una antítesi y una rara énfasi:

> *Centellas líquidas vierten*
> *Dos Soles de par en par;*
> *Quando es el agua de fuego,*
> *Los rayos, ¿de qué serán?*[19].

La solución y respuesta destas preguntas está a vezes en el concepto antecedente, como en esta de Marcial:

> *Si daret Autumnus mihi nomen, Oporinos essem,*
> *Horrida si brumae sydera, Chymerinos;*
> *Dictus ab aestivo Therinos mihi mente vocarer,*
> *Tempora cui nomen verna dedere, quis es?*[20].

La misma pregunta suele ser respuesta con notable gracia. Desta suerte Escalígero a Venus armada, despreciando a Pallas:

> *Armatam Pallas Venerem Lacedemone visens,*
> *Visne vt iudicium sic ineamus ait?*
> *Cui Venus arridens, quidme galeata lacessis?*
> *Vincere si possum nuda, quid arma gerens?*[21].

---

[17] *Lc*, I, 66.
[18] y felicidad H: y la felicidad
[19] Se trata de los versos 5-8 del romance «A Filis llorando una ausencia de su amante», en *La Lira de las musas*, pág. 238 (v. 3 Quando es el agua de fuego: Donde es el agua de fuego).
[20] Marcial, *Epigrammata*, IX, xii (v. 3 mihi mente: tibi mense; v. 4 quis es: quis est).
[21] En realidad, se trata de un epigrama que encuentro atribuido a Ausonio, y que Gracián transcribe con algunas variantes: «Armatam Pallas Vene-

No piden respuesta semejantes preguntas, porque lo dizen todo ellas. Assí aquella de Chilón: alabándose uno de que no tenía ningún enemigo, le preguntó si tenía algún amigo[22].

rem Lacedaemone visens, / Visne ut iudicium sic ineamus? ait: / Cui Venus arridens, quid me galeata lacessis? / Vincere si possum nuda, quid arma tenens?» *(Anthologia, seu Florilegium Graecolatinum*, libro IV, pág. 367). La respuesta o imitación de Julio César Scaligero viene inmediatamente a continuación del poema de Ausonio. Quizá de ahí proceda el trueque graciano. Véase el comienzo del discurso XXXVII para el mismo epigrama de Ausonio.

[22] Lo trae Erasmo entre los apotegmas de este filósofo, e incluso da cuenta de la fuente original: «A. Gellius *Noct. Atticarum*, lib. I, cap. 3 ascribit illi quod dicam; idque autore Plutarcho in libro *De anima*. Quendam predicantem sibi nullum esse inimicum, rogavit an ullum etiam haberet amicum, sentiens amicitias et inimicitias invicem sese consequi, nec fieri posse, quin qui multos habet amicos, complures habeat inimicos» *(Apophthegmata*, lib. II, «Chilo Lacon», 33, pág. 160).

De las Respuestas prontas Ingeniosas

Si una pregunta dificultosa es examen del Discurso, una respuesta sutilmente adequada será su desempeño. Estas hizieron célebres a los siete Sabios de Grecia, como Thales, que, preguntándole quál era la cosa más dificultosa y quál la más fácil, respondió que el conocer uno sus faltas y las agenas[1]. Y Bías, ¿quál era la más cruel de las fieras, y la más dañosa?, dixo: «De las bravas, el tirano; de las mansas, el adulador»[2]. Pero Diógenes: «De las crueles, el murmurador; de las domésticas, el adulador»[3]. Está la gracia destas en responder fuera de lo que se pregunta con tanta sutileza.

---

[1] «Percontanti [Thales] quid esset difficile, 'Se ipsum, inquit, nosse'. Atqui hoc vulgus putat esse facillimum. Aliena rectius perspicimus quam nostra, et sibi quisque adulator est» (Erasmo, *Apophtegmata*, lib. VII, «Thales Milesius», 8, pág. 542). Creo que Gracián anda mucho más cerca del de Rotterdam que de la fuente original (Diógenes Laercio), que es aquí bien escueto: «Being asked what is difficult, he replied: 'To know oneself'» *(Vidas de los Filósofos*, Tales, I, 36).

[2] «Interrogatus [Bías] quod esset animal omnium maxime noxium, 'Si de feris, inquit, percontaris, tyrannus, si de mitib., adulator'» (Erasmo, *Apophtegmata*, lib. VII, «Bias Prienaeus», 4, pág. 546). No lo recoge Diógenes Laercio, y nótese lo que agrega Erasmo al apotegma de Bías: «Haec de septem sapientibus dictis arbitror esse satis, vel quia sunt omnia obvia, vel quia magna ex parte sunt fabulosa» *(ibid.,* pág. 546).

[3] «Interrogatus quae bestia morsum haberet nocentissimum, 'Si de feris, inquit, interrogas, obtrectator; si de cicuribus, adulator', nam obtrectator prae se fert odium, adulator sub amici persona multo etiam laedit gravius» (Eras-

Unas vezes consiste su eminencia en dar la definición o declaración de la cosa que se pregunta por una metáfora sentenciosa. Assí, Zenón, preguntándole qué era la hermosura, dixo que era flor que promete buen fruto; Aristóteles, prerrogativa de la naturaleza; Sócrates, tiranía breve; Teofrastro[4], engaño mudo; Carnéades, Reyno sin soldados; Teócrito, peligro de marfil[5].

Por una semejança se explica agradablemente el sujeto de que se pregunta. Pidiéndole a Platón qué cosa era la esperança, dixo: «Sueño de los despiertos»[6]. Demócrito, que las palabras son sombra de los hechos[7]. Solón, que los amigos de los Reyes son lo que los contadores entre las monedas[8].

---

mo, *Apophthegmata*, lib. III, «Diógenes», 9, pág. 224; también en Diógenes Laercio, *Vidas de los filósofos*, VI, «Diogenes», 51, pág. 53, y en la *Silva de varia lección*, I, xxvii, vol. I, pág. 400. Véase María Pilar Cuartero Sancho, *Fuentes clásicas de la literatura paremiológica...*, pág. 40).

[4] Así, con las dos erres, aparece el nombre de Teofrasto en el original.

[5] Contamina aquí Gracián dos pasajes de las *Vidas de los filósofos* de Laercio. Me sirvo de la traducción de Erasmo: «Formam aiebat esse vocis florem, aut contra quemadmodum ab aliis refertur, vocem esse formae florem» (Erasmo, *Apophthegmata*, lib. VII, «Zeno Cittieus», 24, pág. 591). «Aristotelem vero formam solitum appellare donum, quia gratis contigit a natura. Eandem, Socrates appellavit exigui temporis tyrannidem, quod formae gratia mox deflorescat. Plato, naturae praerogativam, quod paucis contingat; Theophrastus, silentem fraudem, quod absque verbis persuadeat; Theocritus, eburneum detrimentum, quod grata quidem sit aspectui, sed multorum incomodorum causa; Carneades, regnum absque satellitio, quod formosi impetrent quicquid volunt, nulla adhibita vi. Refert Laertius» (Erasmo, *Apophthegmata*, lib. VII, «Aristoteles Stagirites», 15, pág. 578, que toma de Laercio, *Vidas*, VI, 19, págs. 461-463).

[6] «Plato dicere solet spes esse vigilantium somnia» (Erasmo, *Apophthegmata*, lib. VIII, «Thrasea», 31, pág. 642; sin embargo, Diógenes Laercio atribuye algo muy parecido a Aristóteles: «He was asked to dephine hope, and he replied 'It is a waking dream'», *Vidas de los filósofos*, «Aristóteles», VI, 18, página 461; igual en los *Apotegmas* de Erasmo, pág. 577).

[7] «Huius fertur et illud [...] Oratio operis est umbra» (Erasmo, *Apophthegmata*, lib. VII, «Democritus Milesius», 2, pág. 599; también en Diógenes Laercio, *Vidas de los filósofos*, IX, 37).

[8] «Illud argutissime dixit tyrannorum amicos calculis supputatoriis esse similimos, qui ut arbitrio supputantis ponuntur, interdum valent multa milia, interdum minimum, interdum nihil» (Erasmo, *Apophthegmata*, lib. VII, «Solon Salaminius», 6, págs. 544-545).

Una definición sentenciosa es relevante desempeño de la pregunta. Preguntándole a Pitágoras qué cosa era el amigo, dixo: «Otro yo.» *Amicus est alter ego*[9]. Aristóteles dixo: «Una alma en dos cuerpos»[10]. Diógenes, del amor, que era ocupación de ociosos[11]. El mismo, preguntándole uno de dónde era, dixo que ciudadano de todo el mundo[12]. Replicándole qué avía estudiado, dixo: «La sciencia que enseña a estar aparejado a toda fortuna»[13].

[9] Lo que dice Pitágoras es que los amigos tienen todas las cosas en común y que la amistad es igualdad (Diógenes Laercio, *Vidas de los filósofos*, VIII, 10). Casi se puede decir que la frase es mostrenca, aunque, en realidad, quien dice que un amigo es otro yo es Aristóteles en el VIII de la *Ética* (o *A Nic.*, IX, iv, 5 / IX, ix), seguido por Cicerón *(De amicitia*, XXI, 80) y a su zaga, creo, el San Ambrosio que tanto gusta a Gracián: «Unde quidem interrogatus, quid amicus esset, 'Alter, inquit, ego'» *(De Spiritu Sancto*, II, xiii, 154). Pero ojo, que a fines de la Edad Media, Gómez Manrique, en su *Cancionero*, lo ve como proverbio antiguo: «Viejo proverbio es todas las cosas ser entre los amigos comunes, ca el mi amigo es otro yo» (págs. 213-214). Con todo, las atribuciones son variadas. No quiero ni pensar que Gracián tenga en mente la única atribución que conozco de este dicho a Pitágoras: «Amicus esse se alterum», que decía el viejo Walter Burley en el *Liber de vita et moribus philosophorum* (págs. 77 o 102). Véase también la nota siguiente, que es complementaria de esta, y quizá aclare algo más.

[10] La sospecha que cerraba la nota anterior cobra visos de realidad al recordar que también Burley citaba a Aristóteles, atribuyéndole el dicho de que un amigo es «un ánima que mora en dos cuerpos» (págs. 77, 102 o 243; véase igualmente Cicerón, *De amicitia*, XXV, 92; Quintiliano, *Declamationes*, XVI, 6). Entre los modernos, Leon Battista Alberti, quien recoge las dos sentencias que trae Gracián en el mismo orden, aunque con diversa atribución: «el amigo, como respondió Zenón, sea casi otro yo mismo, o suceda, como contestó Aristóteles, que la amistad tiene dos cuerpos y una sola alma» (libro IV *Della famiglia*, pág. 170); o Erasmo, que vuelve al «anima in duobus corporibus» *(Apophthegmata*, lib. VII, «Aristoteles Stagirites», 19, pág. 578; *vid.* Laercio, *Vidas*, VI, 20, pág. 463).

[11] «Amorem dixit otiosorum negotium, quod hic affectus potissimum occupet otio deditos» (Erasmo, *Apophthegmata*, lib. III, «Diogenes», 7, pág. 223. También en Diógenes Laercio, *Vidas de los filósofos*, «Diógenes», VI, 51, página 53).

[12] «Interrogatus a quopiam cuias esset, respondit: [...] 'civis mundi', significans philosophum ubicumque locorum agat in sua patria vivere» (Erasmo, *Apophthegmata*, lib. III, «Diógenes», 71, pág. 235).

[13] «On being asked what he had gained from Philosophy, he replied, 'This at least, if nothing else to be prepared for every fortune'. Asked where he came from, he said: 'I am a citizen of the world'» (Diógenes Laercio, *Vidas de los filósofos*, «Diógenes», VI, 63, pág. 65).

Al contrario, otras vezes se pregunta el sujeto a quien convenga la definición, propiedad, efecto o circunstancia que se pregunta, y la valentía de la respuesta está en señalarlo. Desta suerte Sócrates, preguntado quién es el que más se parece a Dios, dixo que el que no depende de cosa alguna[14]. Thales, quién era feliz; respondió que el que tiene tres esses, esto es, santo, sano y sabio[15]. Bión, quién vive con más cuidado y fatiga: «El que en grandes empleos procura conservar la fortuna»[16]. Chilón, quál es la cosa más dificultosa; dixo que el guardar secreto[17]. Aristóteles, qué provecho saca el mentiroso: que ni cree a los otros, ni le creen a él[18].

---

[14] Aunque no se trata del mismo dicho de Sócrates, algo parecido trae Erasmo entre los apotegmas de este filósofo: «Dicere solitus est eum esse diis simillimum qui quam paucissimis egeret, quum dii omnino nullius egeant rei» (*Apophthegmata*, lib. III, «Sócrates», 29, pág. 168). Si se refiere a este dicho, Gracián ha ido un paso más allá del maestro de Platón, exagerando la voz de Sócrates.

[15] Gracián adapta uno de los dichos de Tales en las *Vidas de los filósofos* de Diógenes Laercio: «What man is happy?» He who has a healthy body, a resourceful mind and a docile nature" (I, xxxvii). «Percontanti quis esse felix, 'Qui corpore, inquit, sanus est, animo eruditus sive castigatus.' Cupiditates enim animorum morbo sunt» (Erasmo, *Apophthegmata*, lib. VI, «Thales Milesius», 13, pág. 543). Otras cuatro eses, en Melchor de Santa Cruz: «Una señora envió a decir a un caballero que la requería que en quien ella pusiese su afición había de tener estas cuatro *eses*: sabio, solo, secreto, solícito. Respondió el caballero que a la que él se aficionase le habían de faltar estas cuatro *eses*: que no sea fea, ni flaca, ni fría, ni floja» (*Floresta española de apotegmas*, XI, ii, 9, pág. 279, y la excelente nota de Chevalier-Cuartero en págs. 470-472). Están las mismas cuatro eses en la *Miscelánea* de Zapata (pág. 160, n. 44), donde se encontrará más de lo mismo (cuatro efes, por ejemplo, en pág. 63).

[16] «Being once asked who suffers most from anxiety, he replied: 'He who is ambitious of the greatest prosperity'» (Diógenes Laercio, *Vidas de los filósofos*, IV, 39). Lo glosa Erasmo: «Alteri percontanti quis esset maxime anxius, 'Qui in maximis, inquit, rebus cupit esse fortunatus.' Is enim mille curis distorquetur ut assequatur ardua, et assequutus aeque torquetur ne amittat» (*Apophthegmata*, lib. VII, «Bion Borysthenites», 3, pág. 573).

[17] «What is hard? To keep a secret, to employ leisure well, to be able to bear an injury» (Diógenes Laercio, *Vidas de los filósofos*, I, 69). Creo, sin embargo, que Gracián recuerda a Erasmo: «Rogatus quid esset difficile, 'Arcanum, inquit, reticere'», con glosa del de Rotterdam que corta la cita completa (*Apophthegmata*, lib. II, «Chilo Lacon», 11, pág. 155).

[18] «Rogatus quid lucri facerent mendaces, 'Ut vera, inquit, loquentibus non credatur'» (Erasmo, *Apophthegmata*, lib. VII, «Aristoteles Stagirites», 4, pág. 577; igual en Diógenes Laercio, *Vidas de los filósofos*, «Aristóteles», V, 17, pág. 461).

Pregúntanse tal vez las causas, y es grande Agudeza señalar las morales y sentenciosas; como Diógenes, que preguntándole por qué nos dio la naturaleza dos oídos y una lengua, dixo: «Para hablar poco y oír mucho»[19]. El Emperador Sigismundo, por qué favorecía tanto a los buenos ingenios; dixo: «La misma naturaleza me enseñó a aventajarlos»[20]. Y Marcial, al que le estrañava el no casar con una muger rica, satisfizo[21]:

> Prisco, ¿por qué no me caso,
> Dizes, con rica muger?
> Porque no quiero yo ser
> La muger, y esse es el caso[22].

Pídese también en la pregunta algún medio prudencial, o alguna dificultad en la elección, y la prontitud está en hallar-

---

[19] Como señala Correa, la sentencia aparece en boca de Zenón en las *Vidas de los filósofos* (VII, 23: «To a stripling who was talking nonsense, his words were: 'The reason why we have two ears and only one mouth is that we may listen the more and talk the less'», pág. 135). Igual en Erasmo (*Apophthegmata*, lib. VII, «Zeno Cittieus», 28, pág. 591, y en la *Silva de varia lección* de Pedro Mexía, I, v, vol. I, pág. 214). No es de extrañar que Gracián extravíe la atribución, porque la obra donde se cuenta es de Diógenes Laercio. Por otra parte, a estas alturas, puede decirse que el dicho formaba parte de la impedimenta de cualquier alevín de letrado, desde la Edad Media (el Pseudo-Séneca del *De moribus*: «Auribus frequentius quam lingua utere», sin foliar; los *Bocados de oro*, fol. XVv; el *Liber de vita et moribus philosophorum* de Walter Burley, pág. 265; los *Proverbios* de don Sem Tom, pág. 130) hasta el siglo XVI (fray Antonio de Guevara, *Aviso de privados*, pág. 241, o la *Lengua de Erasmo*, página 20, etc. etc.). Incluso en el XVII... Pero no conviene empalagar: el jesuita tenía donde elegir, y aun donde olvidar la atribución exacta.

[20] «Aventajarlos», con el sentido de 'darles ventaja', que no recoge *Autoridades*, o, figuradamente, 'concederles mercedes'. La fuente vuelve a ser Botero: «Sigismondo Imperatore preferiva nella sua corte i nobili per virtù e dottrina ai nobili per sangue e schiatta. Domandato della cagione, dicesi che risposì: 'Perche gli huomini d'ingegno e di valor eccellenti hanno la loro nobiltà dalla natura e da Diò, e gli altri da i Prencipi, che lor danno titoli e stati'» (*Detti Mirabili*, pág. 79).

[21] satisfizo L: satisfizo diziendo

[22] Ofrece aquí Gracián la traducción de los dos primeros versos de un epigrama de Marcial (VIII, xii, 1-2): «Uxorem quare locupletem ducere nolim / quaeritis? uxori nubere nolo meae».

lo y proponerlo sentenciosamente. Preguntando uno a Diógenes de qué edad era bueno casarse, respondió: «Para el
moço, aún es temprano; para el viejo, ya es tarde»[23]. A Antístenes, otro, qué muger escogería: «Si fea, dixo, da pena; si
hermosa, cuidado»[24]. Agesilao, cómo se alcança buena fama:
«Hablando lo muy bueno, y obrando lo muy honesto»[25].
Agasicles, de qué suerte imperará uno con seguridad, sin ruido de armas y sin ir rodeado de guardas: «Si tratare a sus vassallos como un padre a sus hijos»[26].

Respóndese tal vez una cosa no esperada, pero acertada.
Preguntándole a una pobre doncella de Lacedemonia qué
dote tenía, respondió: «La honestidad»[27]. Cautiva otra, pre-
guntóla uno si sería buena si la comprava; respondió: «Y aun-

---

[23] «Interroganti quando ducenda esset uxor, 'Iuveni, inquit, nondum;
seni, nunquam'» (Erasmo, *Apophthegmata*, lib. III, «Diógenes», 25, pág. 227;
también en Diógenes Laercio, *Vidas de los filósofos*, «Diógenes», VI, 54, página 55, y en la *Silva* de Pedro Mexía, I, xxvii, vol. I, pág. 400. Véase María Pilar Cuarteto Sancho, *Fuentes clásicas...*, pág. 41).

[24] «Adulescenti consulenti cuiusmodi uxorem ducere expediret, 'Si formo-
sam duxeris, inquit, habebis communem; sin deformem, habebis poenam'»
(Erasmo, *Apophthegmata*, lib. VII, «Anthistenes Atheniensis», 6, págs. 547-548.
Está también en Diógenes Laercio, *Vidas de los filósofos*, VI, 3; se atribuye igual
a Bión, cfr. Diógenes Laercio, *Vidas de los filósofos*, IV, 48; Erasmo, *Apophthegmata*, lib. VII, «Bion Borysthenites», 4, pág. 573). Y en verso, y sin atribuir a
nadie en concreto, en la *Floresta española de apotegmas* de Santa Cruz: «Si es
fea, es aborrecible; / si hermosa, / de guardar dificultosa: / ved qué extremo
tan terrible» (VI, iv, 5, págs. 170-171).

[25] En realidad, es un apotegma de Plutarco (*Máximas de espartanos*, «Agesilao», 65, en *Moralia*, 213C), recogido por Erasmo en los suyos: «Interrogatus
qua ratione potissimum quis assequi posset ut apud homines honestam haberet famam, 'Si loquatur, inquit, quae sunt optima, et faciat quae sunt ho-
nestissima'» (Erasmo, *Apophthegmata*, lib. I, «Agesilaus», 63, pág. 37).

[26] De nuevo un apotegma de Plutarco (*Máximas de espartanos*, «Agasicles», 2,
en *Moralia*, 208B), igualmente recopilado por Erasmo: «Rursus quum alius
quispiam ab eo sciscitaretur Quo pacto posset aliquis tuto imperare nullo satellitio, respondit: 'Si sic imperet suis, quemadmodum pater imperat liberis'»
(*Apophthegmata*, lib. I, «Agasicles», 2, pág. 16).

[27] Tanto este como el siguiente dicho proceden del final de las *Máximas
de mujeres espartanas* de Plutarco, que los pone en boca de mujeres desconocidas («Espartanas desconocidas», 24, en *Moralia*, 242B). Lo recoge Erasmo:
«Virgo quaedam paupercula roganti quam sponso dotem esset allatura, 'Pu-
dicitiam, inquit, a maioribus traditam'» (*Apophthegmata*, lib. II, «Lacaenarum», 31, págs. 151-152).

que no me compres»[28]. Sócrates, qué sabía; dixo: «Sólo sé que nada sé»[29].

Con la acción se responde misteriosamente. Assí aquel Filósofo, preguntándole qué era la vida, dio una buelta sin dezir palabra y desapareció, significando que aquello era nuestra vida[30]. No respondiendo alguna vez se responde mucho. Preguntando un hombre péssimo a Biante, uno de los siete Sabios, qué cosa era la virtud, no le respondió. Instándole que por qué callava, dixo: «Porque preguntas de cosas que no te pertenecen»[31]. Indirectamente se puede responder con suma agudeza. Preguntándole uno a Aristóteles quál sea la causa que gustamos más de tratar y conversar con las personas de buen rostro que al contrario, respondió: «Essa es pregunta de ciegos»[32]. A Antístenes consultó Antígono si iría a un combite: «Advierte, dixo, que eres hijo de un Rey.»

[28] Plutarco, *ibid.*, núm. 29, en *Moralia*, 242D. Y el Roterodamo: «Quaedam a licitatore interrogata num esset futura proba si ipsam emeret, 'Etiam, inquit, si me non emeris'» *(Apophthegmata*, lib. II, «Lacaenarum», 36, pág. 152). Hay un dicho muy parecido referido a un hombre de los lacedemonios tanto en Plutarco *(Moralia*, 234C) como en Erasmo *(ibid.*, págs. 121-22, núm. 36).

[29] La frase de Sócrates es de las pocas que ha sobrevivido al último de los derrumbamientos del mundo y la cultura clásicos, y a ella se alude con frecuencia. Es, pues, material mostrenco desde antiguo. Por citar sólo un caso, véanse *Los problemas de Villalobos*: «En verdad, esta doctrina no la tomamos de Sócrates, que, siendo sapientísimo, cuando le loaban lo mucho que sabía, decía él que una cosa bien confesaba él que la sabía muy sabida, y era saber que no sabía nada» (pág. 437a). Gracián alude a ella en *El Discreto*, pág. 236.

[30] «Philosophus quidam, interrogatus qualis esse hominis vita, cum parumper se ostendisset, mox se abscondit; qui indicare voluit momentaneam et perbrevem esse hominis vitam» (Dominicum Nanum Mirabellium, *Nova Polyanthea*, pág. 1166, s. v. «vita»).

[31] Lo trae Diógenes Laercio entre los dichos de Bías de Periene *(Vidas de los filósofos*, I, 86, pág. 89), y lo recoge Erasmo entre los apotegmas del susodicho: «Impio cuidam sciscitanti quid esset pietas, nihil respondit. Roganti quur sileret, 'Quoniam, inquit, percontaris de rebus nihil ad te pertinentibus'» *(Apophthegmata*, lib. VII, «Bias Priaeneus», 3, pág. 546; véase igualmente la *Silva de varia lección*, IV, x, vol. II, pág. 390. Cfr. María Pilar Cuartero Sancho, *Fuentes clásicas...*, pág. 71). En los tres casos se habla de la piedad, y no de la virtud, como dice Gracián.

[32] Lo recuerda Diógenes Laercio en las *Vidas de los filósofos* («Aristóteles», VI, 20, pág. 463) y no lo deja pasar Erasmo entre los Apotegmas del Estagirita: «Percontanti qui fieret ut cum formosis diutius ac lubentius confabulen-

Comúnmente se pregunta la causa de alguna acción extraordinaria y notable, pero al que la obró con advertencia, fácil le es de explicarla. Iva Diógenes por una calle caminando contra toda la corriente del pueblo. Preguntóle uno por qué hazía aquello, y respondió: «Yo siempre voy al contrario del vulgo»[33]. A Solón, por qué no avía puesto castigo contra los parricidas: «Porque nunca creí que huviesse tal delito»[34].

tur, respondit eam percontationem esse caeci» *(Apophthegmata,* lib. VII, «Aristoteles Stagirites», 21, pág. 579).

[33] «Quodam die, quum populus theatrum egrederetur, ut adversus populum nitens ingrediebatur, interrogatus quod id faceret: 'Hoc, inquit, in omni vita fecere studeo', sentiens hoc esse philosophari, in omnibus actionibus quam maxime multitudine dissidere, propterea quod vulgus hominum cupiditatibus agitur non ratione» (Erasmo, *Apophthegmata,* lib. III, «Diógenes», 280, pág. 236).

[34] «Rogatus quamobrem nullam legem tulisset in parricidas, 'Non expectabat, inquit, hoc scelus unquam in hac civitate posse committi. Quod illa immania non existant, nisi ubi luxus regnat, nec ulla est legum reverentia.' Refert hoc M. Tullius in oratione *Pro Sex. Roscio Amerino»* (Erasmo, *Apophthegmata,* lib. VII, «Solon Salaminius», 7, pág. 545).

Discurso XXXVI
De los Conceptos por Ficción

Hállanse algunas Ficciones breves, y de un solo Concepto, para un Soneto, un Epigrama, y estas son las que se explican en este Discurso; porque de las Ficciones compuestas, como son Épicas, Transformaciones, Allegorías y otras se tratará adelante en la Agudeza compuesta. Consiste el artificio destas en una invención Ingeniosa, en la qual se finge algún dicho o algún hecho ageno, como se ve en este Epigrama que del Griego traduxo Escalígero. Fingió el Autor que la Ninfa Doris le ató las manos con una hebra de sus cabellos, y burlándose él de la frágil prisión, se halló burlado, porque no pudo después romper el laço. Gran moralidad del vano amor y su engañosa violencia:

> *Legerat aureolo Doris de crine capillum;*
> *Et illo palmas vinxit vtrasque mihi:*
> *Risi equidem primo, nodos[1] mihi Doridis illos;*
> *Visus erat facilis solvere posse labor.*
> *Mox gemui, postquam non rupi vincula, tamquam*
> *Artus strinxisset dura catena meos[2].*

---

[1] nodos L: nodis
[2] La traducción que hizo Escalígero de este epigrama (por cierto, de la *Antología griega*) se publicó por primera vez en París en 1610, en sus póstumos *Opuscula varia antehac non edita*. En 1615 se reimprimieron todos los *Selecta epigrammata ex Anthologia Greca* del mismo autor. Si Gracián conoció esta úl-

Fíngese otras vezes algún ingenioso dicho. Assí Marcial finge de Leandro que, hablando con las ondas, les dezía: «Ondas, perdonadme al ir, y sepultadme al bolver.»

> *Cum peteret dulces audax Leandrus amores*
> *Et fessus tumidis iam premeretur aquis;*
> *Sic miser instantes affatus dicitur vndas:*
> *«Parcite dum propero, mergite dum redeo»*[3].

El dicho o el hecho ageno que se finge ha de tener en sí alguna de las especies de Agudeza, porque sin ella sería ficción sin alma. A vezes es un encarecimiento. Dixo don Luis de Góngora:

> *Los páxaros la saludan,*
> *Porque piensan, y es assí,*
> *Que el Sol que sale en Oriente*
> *Buelve otra vez a salir*[4].

En una razón misteriosa, y en la estravagante salida de un reparo, se funda con grande sutileza la ficción. Tal fue esta del Guarini, en que finge que, llegando la muerte a executar una rara hermosura, se retiró, diziendo que ella no tenía lugar ni jurisdición en el Paraíso:

> *Penieva a debil filo*
> *(O dolore, o pietate)*
> *De la novella mia terrena Dea;*
> *La vita, e la beltate,*
> *E gia l'ultimo spirito trahea*
> *L'anima per vscire,*
> *Ne mancava a morire, altro que morte;*
> *Quando su fere*[5] *scorte,*

---

tima, pudo haber leído casi un centenar de ellos (véase Irving P. Rothberg, «Covarrubias, Gracián and the *Greek Anthology*», pág. 549).

[3] Marcial, *De spectaculis*, 29 (25b).

[4] Vv. 13-16 del romance X de los amorosos en la ed. de Vicuña (fol. 80r; ed. Carreño, núm. 2, pág. 90).

[5] fere L: sere

Mirando ella si bella in quel[6] bel viso;
Dise: morte no entra in Paradiso[7].

No es tan incomplexa esta ficción que no pueda tener dos
y tres partes, aumentando con esso la suspensión. Tal fue
aquella en que, con ingeniosa paridad, celebra Falcón al César de los Españoles:

Cum modo ad Hesperias remearet Carolus vndas,
Et quateret reduces littoris vnda rates,
Laetitia exultans caput extulit alta Pyrine,
Dixit et a summo vertice: «Roma, veni».
Inde tuens altis surgentem collibus Hemum,
Intonuit rursum: «Thratia terra, veni».
Tum mare prospiciens vbi desinit[8] altus Oaxes,
Clamavit simili murmure: «Creta, veni.
Ostendam vobis Regem quem iure putabis
Roma Numam, Martem Thratia, Creta Iovem»[9].

Con este género de Conceptos suelen mezclarse artificiosamente las qüestiones, suspendiendo el Discurso, como se
ve en este Soneto del Camoes[10]:

Num jardin adornado de verdura,
A que esmaltão por cima varias flores,
Entro un dia a Deosa dos amores,
Com a Deosa da caza e da espesura.
Diana tomou logo unha rosa pura,
Venus un roxo lírio, dos melhores;
Mas excedião muito as outras flores
As violas da graça e fermosura.

---

[6] quel L: aquel
[7] Se trata del Madrigal CXXXII de las *Rime* del Guarini, «Bella Donna
campata» (fol. 65r; v. 1 Penieva: Pendeva; v. 7 altroque: altro che; v. 8 su fere:
sue fere).
[8] desinit H: definit
[9] Jaime Juan Falcó, *Epigrammata*, VI («De Carolo Quinto Imperatore», en
Obras, I, pág. 32, v. 1 vndas: oras).
[10] del Camoes L: de Luis de Camoes

> *Preguntão a[11] Cupido, que alli estava,*
> *Qual de aquellas tres dores[12] tomaría*
> *Por mays suave, pura e mais fermosa.*
> *Sonrindo-se, o menino lhe tornava:*
> *«Todas fermosas saõ, mas eu queia[13]*
> *Viola antes que lirio, nem que rosa[14].*

Comúnmente las ficciones son por Etopeya, fingiendo sentimientos humanos. Assí Angeriano finge a Cupido que equivocó a Celia con su madre, y pensando ir a quexarse a Venus, se engañó, o no se engañó, en ir a Celia:

> *Flebat Amor matremque suam quaerebat: at ipsa,*
> *Vt visa est vultu Coelia pulchra suo,*
> *Ipsam appellat[15] Amor matrem, sed Coelia torvo[16]*
> *Lumine ait: «Non sum mater»; Amor rubuit[17].*

---

[11] a Cupido L: ao Cupido
[12] dores L H: flores
[13] queia L: queria
[14] Es el soneto 13 de Camoens (*Rimas*, fol. 4r, con variantes: v. 8 da graça: na graça; v. 10 tres dores: tres flores).
[15] appellat L: appellant
[16] toruo L: toru H: torve
[17] Se trata de un breve poema de Angeriano, que Gracián recoge completo, titulado «De Caelia et Cupidine» (*Opera*, pág. 213; Coelia: Caelia).

DISCURSO XXXVII

De los Argumentos Conceptuosos

Tiene también la Agudeza sus Argumentos, que si en los Dialécticos y Retóricos reyna la eficacia, en estos la hermosura. Fórmanse de muchas[1] maneras[2]. Sean los primeros *a minori ad maius*[3], y son aquellos en que se contrapone lo menos a lo más, y con una primorosa armonía se infiere de lo poco lo mucho. Gran Concepto el de San Agustín, quando, ponderando la turbación de Herodes y de toda Jerusalén, con la nueva del Rey del cielo, «¿Qué hará —dize— el Tribunal del Juizio, si assí atierra a los sobervios el pesebre?». *Quid erat Tribunal iudicantis quando superbos Reges cuna terrebat Infantis?*[4].

---

[1] muchas H: dos

[2] Para mí tengo que Gracián revolotea por algún compendio o tratado de retórica, y lo exprime hasta llegar a los argumentos que nos presenta aquí, expuestos, como siempre, a su modo y manera. Véanse, por ejemplo, los que trae el P. Mendoza en su *Viridarium*, al hablar «de argumentis insitis»: a definitione, a partium enumeratione, a notatione seu etymologia, a coniugatis (id est, a verbis eiusdem generis varie commutatis), ex genere, a forma, *a similitudine, a differentia, a contrariis, ad adiunctis, ab antecedentibus, a consequentibus, a repugnantibus, a causis, ab effectis, a comparatione (maiorum, minorum et parium)* (la cursiva es mía). Se encontrarán en el capítulo IV del *Breve rhetorices compendium* incluido en el libro VII de la obra citada, págs. 249-250.

[3] a minori ad maius L: a minori ad minus

[4] *«Herodis Terror.* Timuit enim eum rex Herodes, eisdem sibi Magis nuntiantibus, cum adhuc quaererent parvulum, quem cognoverant coelo teste jam natum. Quid erit tribunal judicantis, quando superbos reges cunae terrebant infantis?» (San Agustín, «Sermo CC. In Epiphania Domini», cap. II, *PL*, XXXVIII, col. 1029).

Incluyen comúnmente proporción y correspondencia estos argumentos, arguyendo de una circunstancia menor a otra mayor. Como este de Ausonio:

> *Armatam vidit Venerem Lacedemone Pallas.*
> *Nunc certemus, ait, Iudice vel Paride,*
> *Cui Venus, armatam, tu me temeraria temnis?*
> *Quae quo te vici tempore nuda fui[5].*

Fúndanse otros en la contraposición de una circunstancia menor a otra mayor. Cantó el Guarini:

> *Ojos, Astros mortales,*
> *Ministros de mis males,*
> *Que aun en sueños mostráis[6]*
> *Que mi muerte buscáis;*
> *Si me matáis cerrados,*
> *¿Qué haréis, ojos, despiertos y rasgados?[7].*

Del mismo sujeto en un tiempo se toma argumento para otro. Dixo uno a una Menina de la Reyna:

> *Si al salir mi Sol me abrasa,*
> *¿Qué sería*
> *Estando en el mediodía?[8].*

---

[5] «De Pallade, et Venere armata» *(Ausonii ... Opera*, núm. 29, hace el número XLI de los epigramas), aunque, a tenor de las semejanzas de puntuación, Gracián lo hubo de beber de otra rama, como la que aparece en la *Anthologia seu Florilegium Graecolatinum* de Jerónimo Megisero (libro IV, pág. 367). Obsérvese, por otra parte, que en el discurso XXXIV había citado otro epigrama de Ausonio, o de Julio César Escalígero, bien cercano a este (y en la revisión de 1648 lo sustituirá por aquel, pág. 250).

[6] mostráis H: me mostráis

[7] Traducción del Madrigal XII del Guarini: «Occhi, Stelle mortali, / Ministre de' miei mali, / Che in sogno anco mostrate / che'l mio morir bramate, / Se chiusi m'uccidete, / Apperti, che farete?» *(Rime*, fol. 41r).

[8] Se trata una vez más de uno de los apotegmas de Juan Rufo: «Al Conde de Haro, que andaba servidor de una menina hermosísima, saliendo a tornear por ella, le hizo de repente este mote: 'Si, al nacer mi sol, me abrasa, / ¿qué sería / estando en el mediodía?'» *(op. cit.*, núm. 579, págs. 201-202).

Al contrario se arguye con el mismo artificio, *a maiori ad minus*, esto es, de lo más a lo menos. Desta suerte dixo el ingeniosamente afectuoso Jorge de Montemayor:

> *No te duelan mis enojos.*
> *Vete, Sireno, a embarcar,*
> *Passa de presto[9] la mar,*
> *Pues que por la[10] de mis ojos*
> *Tan presto puedes passar[11].*

Del modo que se arguye de lo menos a lo más, y de lo más a lo menos, assí también de igual a igual, con correspondencia y proporción. Como:

> *Y mi firmeza en firmeza*
> *Sobró todas las firmezas,*
> *Y mi tristeza en tristeza,*
> *Por perder una belleza*
> *Que sobró todas bellezas[12].*

A paritate: son muy sutiles. Argúyese de un sujeto a otro, ponderando una ventaja para la excelencia. Dixo, tan ingenioso como pío, don Antonio de Mendoça en aquel poema que tuvo estrella, y divina:

> *Que si salió a ser vencida*
> *Eva sin pecado, es cierto*
> *Que la que nació a vencelle*
> *Que se concibió con menos[13].*

---

[9] de presto H: presto
[10] por la L: por la mar
[11] Versos de la «Canción de Diana» del libro II de *La Diana* de Montemayor, como ya señaló Correa (II, pág. 82, con variante en el segundo verso: Vete, Sireno: Vete, pastor).
[12] De nuevo un texto extraído, quizá, de la *Justa poética* que relata Lope con motivo de la beatificación del santo labrador (pág. 1113), con el comentario positivo del Fénix: «Y, en su oposición de cosa tan bien ceñida, este».
[13] Antonio Hurtado de Mendoza, *Vida de Nuestra Señora*, estrofa 33, página 7, variando los versos 1 («Que si nació a ser vencida») y 4 («Aun se concibió con menos»).

A disparibus: se discurre por lo contrario. Agradable pensamiento es de don Luis de Góngora:

> *Serénense tus ojos,*
> *Y más perlas no des,*
> *Porque al Sol le está mal*
> *Lo que a la Aurora bien[14].*

A contrariis: es argüir de un estremo a otro, y lo es de la sutileza. De Cástor, que todo lo comprava, sacó Marcial que todo lo vendería:

> *Omnia Castor emit; sic fiet vt omnia vendat[15].*

Ab adiunctis es un modo de argumentar muy ingenioso. Sea exemplo este gran Concepto del Camoens, en que de las circunstancias y adjuntos saca la conseqüencia:

> *Mi coraçón me han robado,*
> *Y amor, viendo mis enojos,*
> *Me dixo: «Fuete llevado*
> *Por los más hermosos ojos*
> *Que desque vivo he mirado.*
> *Gracias soberanas tales*
> *Te los tienen en prisión.»*
> *Y si amor tiene razón,*
> *Señora, por las señales*
> *Vos tenéis mi coraçón[16].*

A similibus: se forman por la semejança de un sujeto a otro. Assí dixo don Luis Carrillo[17]:

---

[14] Vv. 23-26 del Romance V de los «Amorosos» en la ed. de Vicuña (fol. 77v; ed. Carreño, núm. 58, pág. 320).

[15] Marcial, *Epigrammata*, VII, xcviii: «Omnia, Castor, emis: sic fiet ut omnia vendas».

[16] Es una glosa al mote «Vos tenéis mi corazón» del portugués, incluida en sus *Rimas* (fol. 182v, con ciertas variantes: v. 6 Gracias soberanas tales: Gracias sobrenaturales; v. 7 te los: te lo).

[17] dixo don Luis Carrillo L: dixo el famoso don Luis Carrillo

> *Y si es cierto no consume*
> *El que es fuego elementar,*
> *Siendo mi fuego de un cielo,*
> *¿por qué me consumirá?*[18].

Añadió a la semejança la sentencia don Luis de Góngora:

> *Si una urca se traga el Océano,*
> *¿Qué espera un baxel luzes en la gavia?*
> *Tome tierra, que es tierra el ser humano*[19].

Ad hominem: es argüir de lo concedido, que es de los más primorosos. Retorció Marcial graciosamente el dicho de Gelia, que, presentándole una liebre, le embió a dezir que sería hermoso siete días si la comía. Jugando del vocablo latino *Leporem*, que con equivocación significa la liebre y la hermosura, comento hasta oy no oído:

> *Si quando leporem mittis mihi, Gelia, dicis*
> *«Formosus septem, Marce, diebus eris».*
> *Si non desides, si verum, lux mea, narras,*
> *Edisti nunquam, Gellia, tu leporem*[20].

Tradúzelo con mucha propiedad y gracia desta suerte un moderno:

> *Una liebre, y a dezir,*
> *Discreta Gelia, me embías,*
> *Que la coma, y siete días*
> *Seré lindo; y sin reír,*
> *Esto no es ni fingir.*

---

[18] Versos 29-32 del romance que empieza «Pártome en estas galeras» de don Luis Carrillo, pieza que Gracián ya había citado en el discurso XVII (*Obras*, pág. 283, con ciertas variaciones. v. 29 Y si es cierto: Mas si es cierto; v. 31 Siendo mi fuego de un cielo: siendo tu fuego de cielo). Para una puntuación diferente, véase el trabajo allí citado de Angelina Costa («Versos y doctrina de Carrillo..., pág. 328).

[19] Terceto final del soneto VIII de los «Fúnebres» en la ed. de Vicuña (fol. 31v). Lleva por título «En el sepulcro de la Duquesa de Lerma» en la ed. de Millé (núm. 270, págs. 468-469).

[20] Marcial, *Epigrammata*, V, xxix (lín. 3 desides: derides).

> ¿Sabes en qué he reparado,
> Sol de un ciego aún no vendado?
> Que si tú dizes verdad,
> Yo diría en puridad
> Que tú nunca la has provado.

A repugnantibus: se pondera alguna circunstancia o sucesso que favorece a lo que se pretende y contradize a lo contrario. De San Joseph, discurriendo sobre sus zelos, dixo don Antonio de Mendoça, y es de lo mejor que tiene este gran Autor:

> Que no está zeloso intenta
> Mostralle, ¡o grande argumento!
> Despertóle, y pues dormía,
> Ya sabe que no eran zelos[21].

A causis: se toma ingeniosamente argumento para los efectos y se forma la primorosa correspondencia. Cantó assí el siempre agudo Camoes:

> Mas se en vós, ondas, mora piedade,
> Levai também as lágrimas que choro,
> Pois assi me levais a causa dellas[22].

A correlatis: se carea la correspondencia de uno a otro. El mismo Camoes:

> Amas o vestido?
> És falso amador.
> Tu não vês que amor
> Se pinta dispido?[23].

---

[21] Antonio Hurtado de Mendoza, *Vida de Nuestra Señora*, estrofa 205, página 35, con el verso 4 alterado: «Ya se ve que no eran celos.»

[22] Terceto final del soneto «Apartava-se Nise de Montano», que hace el número 53 en las *Rimas* de Camoens (fol. 14r).

[23] Versos 14-17 das «Voltas» d'un mote do poeta portugués («Coifa de beirame / Namorou Joane», nas *Rimas*, no folio 188v).

Ab oppositis[24]. Casi no se diferencia del argumento que se haze *a contrariis*. Argúyese de una circunstancia opuesta a otra. Cantó el mismo:

> *Porque poco aproveita, linda dama,*
> *Que semease amor en vós amores,*
> *Se vosa condição produce abrollos*[25].

---

[24] H *om*. «se carea la correspondencia ... *Ab oppositis*»

[25] De nuevo otro terceto final de un soneto camoniano, esta vez el que hace el número 24 en las *Rimas*: «Está-se a Primavera trasladando» (fol. 8r).

De los Conceptos por contradición de Proposiciones

Es muy otra esta Agudeza de la Improporción, porque allí solo se oponen dos estremos; pero aquí se encuentran dos proposiciones, como en este exemplo de Don Antonio de Mendoça:

> *Ea, buelve, que ha de aver*
> *Una muger, que no quiere*
> *Saber lo que quiere, y muere*
> *Por lo que quiere saber*[1].

Consiste la Agudeza en aquella contradición de querer y no querer juntamente. Es muy sutil este artificio, y quando la contrariedad está en todo su rigor (esto es, que llega a ser contradictoria) es más sutil. Assí dixo Luis de Camoes:

> *Aquella cativa*
> *Que me tem cativo,*
> *Porque nella vivo*
> *Ya não quer que viva*[2].

---

[1] Son unos versos del acto II de la comedia *Querer por solo querer* de Antonio Hurtado de Mendoza, variando algo el primero: «Vamos. ZE[lidaura, princesa]: Buelve, que ha de haber», fol. 27r.

[2] Versos iniciales de unas «Endechas a hũa cattiva com que andava d'amores na India, chamada Barbora» *(Rimas*, fol. 185r).

Dase razón alguna vez de la contradición, y en la misma se suele duplicar, como en esta:

> *Todo es uno para mí,*
> *Esperança o no tenella,*
> *Que si oy muero por vella,*
> *Mañana porque la vi*[3].

Si la contrariedad fuere doble, es gran primor explicarla, duplicando la razón. Assí dixo Jorge de Montemayor:

> *¿Por qué te escondes de mí,*
> *Pues conoces claramente*
> *Que estoy, quando estoy presente,*
> *Muy más ausente de ti?*
> *Quanto a mí por suspenderme,*
> *Estando donde tú estés;*
> *Quanto a ti, porque me ves*
> *Y estás muy lexos de verme*[4].

No todas vezes tiene esta contrariedad su formalidad adequada, porque no siempre se contradizen en todo las proposiciones[5], ya variándose alguna circunstancia que es causa de la contrariedad, como se ve en este Epigrama de Marcial, en que confiessa primero a Fabula por hermosa, y luego se contradize, porque ella se jacta de su hermosura:

> *Bella es, novimus, et puella, verum est,*
> *Et dives, quis enim potest negare?*

---

[3] Versos de Silvano que cierran el libro I de *La Diana* de Jorge de Montemayor, y que comienzan «Perderse por ti la vida», con el tercer verso algo distinto («que si hoy me muero por vella», pág. 64, ya señalado por Correa, II, pág. 115).

[4] Versos de la «Carta de Arsenio» en el libro tercero de *La Diana* (pág. 144, señalado ya por Correa, II, pág. 115), y que, como anota Juan Montero, recrean un concepto «muy trillado» en poesía amorosa, el del enamorado que, cuanto más cerca está de su dama, más lejos se cree de ella (véase allí, páginas 144-145).

[5] proposiciones L: proporciones

> *Sed dum te nimis, Fabulla, laudas,*
> *Nec dives neque bella nec puella es*[6].

Ya variándose los fines, y cada proposición se conforma entonces con el que le corresponde, como en esta Redondilla:

> *¿Quién, zagal, podrá passar*
> *Vida tan triste y amarga,*
> *Que para vivir es larga*
> *Y corta para llorar?*[7].

Y don Luis de Góngora:

> *Para igualar tu humildad*
> *No tengo un maravedí;*
> *Para alentar tu esperança*
> *Mi dote es un Potosí*[8].

Otras vezes disminuye la fuerça de la contradición la variedad de los tiempos[9], pero no la sutileza del Concepto. Assí este:

> *Mira, Pastora, mi suerte*
> *Si ha traído buen rodeo*[10],
> *Que si antes mi deseo*
> *Me hizo morir por verte,*
> *Ya muero porque te veo*[11].

---

[6] Marcial, *Epigrammata*, I, lxiv (lín. 3 sed dum te nimis: sed cum te nimium).

[7] Versos iniciales de un poema cantado por Selvagia en el libro I de *La Diana* de Montemayor (ya señalados por Correa, II, pág. 117), con variación en el primero de ellos («Zagal, ¿quién podrá pasar...?»).

[8] Góngora, *Las firmezas de Isabela*, acto III, vv. 2382-2385, pág. 198.

[9] de los tiempos L: de tiempos

[10] Rodeo: 'derrotero', 'curso', según aclara Juan Montero en nota a su edición de *La Diana*, pág. 83.

[11] Versos de la «Canción de Diana», pieza que Gracián ya había citado en los discursos XVI y XXXVII, con variantes en el primer verso («Mira, señora, mi suerte», pág. 83, ya señalado por Correa, II, págs. 116-117).

Júntanse también las causas y los tiempos para alterar la contradición. Cantó don Luis de Góngora:

> *La Aurora ayer me dio cuna,*
> *La noche ataúd me dio, etc.*

Esta misma contradición se exprime con mucha arte en los afectos, como en este Soneto[12]:

> *Cuitado, que en un punto lloro y río,*
> *Espero, temo, quiero y aborrezco;*
> *Juntamente me alegro y entristezco;*
> *De una cosa confío y desconfío.*
> *Buelo sin alas[13]; estando ciego, guío;*
> *En lo que valgo más, menos merezco;*
> *Callo, doy vozes, hablo y enmudezco;*
> *Nadie me contradize, y yo porfío.*
> *Querría hazer possible lo impossible,*
> *Querría poder mudarme y estar quedo,*
> *Gozar de libertad, y estar cautivo;*
> *Querría que se viesse lo invisible;*
> *Querría desenredarme y más me enredo:*
> *Tales son los estremos en que vivo.*

Este de Jorge de Montemayor exprime la contradición en los efectos:

> *En esse claro Sol que resplandece,*
> *En essa perfección sobre natura,*
> *En essa alma gentil, essa figura,*
> *Que alegra nuestra edad y la enriquece,*
> *Ay luz que ciega, rostro que enmudece,*
> *Pequeña piedad, gran hermosura,*
> *Palabras blandas, condición muy dura,*

---

[12] este Soneto L: este Soneto de Luis de Camoens.
Pese a la variante de L, no he localizado este soneto entre las obras del portugués.
[13] sin alas H: sin ala

> *Mirar que alegra y vista que entristece.*
> *Por esso estoy, pastora, retirado,*
> *Por esso temo ver lo que deseo,*
> *Por esso passo el tiempo en contemplarte.*
> *¡Estraño caso, efecto no pensado,*
> *Que vea el mayor bien quando te veo*
> *Y tema el mayor mal si vo a mirarte!*[14].

Pondérase unas vezes esta contradición en el propio sujeto, otras en el estraño. En el propio:

> *Si yo quiero, ¿por qué quiero*[15]
> *Para dexar de querer?*
> *¿Qué más vida puede aver*
> *Que morir del mal que muero?*[16].

En el estraño:

> *Contentos, que presto os is*
> *Y que tan tarde llegáis.*
> *Si venís, ¿para qué os vais?*
> *Y si os vais, ¿por qué venís?*[17].

No sólo se exprime la contrariedad de los afectos, sino tal vez en uno mismo la contradición de los objetos deseados o aborrecidos, como:

---

[14] Soneto que canta Arsileo en el libro III de *La Diana* (págs. 150-151), con variante en el verso 9: «por eso estoy, señora, retirado».

[15] quiero L: querí

[16] Versos de un poema que canta Selvagia en el libro I de *La Diana* (página 59, señalado ya por Correa, II, pág. 115), pero el verso tercero es distinto («¿Qué más honra puede ser...»).

[17] Evaristo Correa (II, pág. 117, n. 668) asegura que son versos de *La Diana* de Montemayor. Más concretamente, del libro II, del poema que comienza diciendo «Contentamientos de amor». Parece obvio que hay cierta relación entre la pieza que cita Gracián y la de Montemayor, pero no se trata de la misma: «Contentamientos de amor / que tan cansados llegáis: / si venís, ¿para qué os vais?». Lo que en Montemayor es villancico es aquí una redondilla, y además del cambio de rima, las variantes son demasiado grandes para que se trate de la misma pieza.

Mas yo siempre llorando el día espero
Y en viendo el día por la noche muero[18].

Estiéndese la contraposición no sólo a estremos contrarios, sino a dos que ordinariamente no suelen juntarse en un sujeto:

La qual jamás tuvo cosa
Que en sí no fuesse estremada,
Pues ni puede ser llamada
Discreta por no hermosa,
Ni hermosa por no avisada[19].

Los Retóricos reduzen esta Agudeza a su Antítesi, pero ella es sutileza que passa los límites de figura Retórica, porque es concepto de los más sutiles, y que no para en sola la contraposición y ornato de las palabras.

[18] Versos finales de la tercera octava de unos versos cantados por Silvano en el libro I de *La Diana* de Montemayor, y que comienzan: «Amador soy, más nunca fui amado» (pág. 19).

[19] Versos pertenecientes al «Canto de la Ninfa» del libro segundo de *La Diana* de Montemayor (pág. 77). Véanse pasajes con cierto parecido en la nota complementaria de Juan Montero a este pasaje, así como los usos eufemísticos o chistosos en los que llamar discreta a una dama «era tanto como motejarla de fea» *(Diana,* pág. 77, n. 59, y la complementaria de pág. 348).

Discurso XXXIX

De los Conceptos en que se da una razón sutil a un dicho o hecho disonante

Todo Concepto que participa de raciocinación es más relevante, porque es parto de la más noble facultad del alma. Consiste el artificio deste modo de Agudeza en dar una razón sutil a alguna propuesta disonante y algo dificultosa. Sea exemplo este dístico de Marcial:

> *Sexte, nihil debes; nihil debes, Sexte, fatemur.*
> *Debet enim, si quis solvere, Sexte, potest*[1].

Tradúxolo desta suerte en Español un moderno, con otros muchos, assunto que le previene la misma luz estimación:

> *Yo te quiero confessar*
> *Que no eres quien debes, no,*
> *Sexto, pues solo debió*
> *Aquel que pudo pagar*[2].

La propuesta siempre ha de ser algo dura, y que cause algún reparo; llega después la razón y la desempeña. Alabó

---

[1] Marcial, *Epigrammata*, II, iii.

[2] La traducción de Manuel de Salinas de este epigrama de Marcial dice así: «Quiero a Sexto confesar / que de ninguno es deudor, / pues solo debe en rigor / aquel que puede pagar» (véase *Poetas líricos de los siglos XVI y XVII*, vol. II, pág. 565b, o la segunda versión de la obra, 1648, pág. 247).

uno un manxar blanco[3], quando todos con razón lo asquea-van, y dixo: «Valiente cosa.» Preguntándole qué le hallava de valiente, respondió: «Lo que le falta de gallina»[4]. No fue me-nos donoso aquel de otro bien conocido Español, por sus sa-zonados dichos. Halló entreteniéndose dos feíssimos consor-tes, y al punto dixo: «Voime.» Preguntándole por qué, res-pondió: «Porque no me den barato»[5].

La razón ha de tener Agudeza en sí, y esta es de muchas maneras. Unas vezes, una sentencia o dicho heroico. Desta suerte, arguyéndole a César que por qué avía repudiado su muger si no quería deponer contra ella, antes la abonava, res-pondió: «Porque la muger de César, ni aun la fama»[6].

Una proporción y correspondencia le dé gran realce. Con este Concepto acabó el Conde de Villamediana la *Fábula de Daphne*:

> *Vivirás, laurel, essento,*
> *Aun a los rayos de Iobe,*
> *Que no es bien sienta otras llamas*
> *Quien resistió mis ardores*[7].

---

[3] Manjar blanco: «Cierta suerte de guisado que se compone de pechugas de gallina cocidas, deshechas con azúcar y harina de arroz, lo qual se mezcla, y mientras cuece, se le va echando leche, y después de cocido se le suele echar agua de azahar» *(Auts.*, s. v. «manjar»).

[4] Maxime Chevalier cita esta anécdota en sus *Cuentos españoles de los si-glos XVI y XVII*, tomándolo de la *Agudeza* (pág. 328), pero no menciona fuen-te concreta alguna.

[5] Además del sentido literal, es «conceder o dar de más alguna cosa de gra-cia y sin precisión, o porque no sea del caso, o porque puede hacer poco daño. Úsase desta locución freqüentemente en las disputas, argumentos o qüestiones, assí literarias y de las escuelas como de qualquiera otra materia o punto que se trata y controvierte» *(Auts.*, s. v. «dar de barato»).

[6] «Pompeiam uxorem, quod sinistra fama laboraret, quasi cum Clodio rem habuisset, repudiavit quidem. Caeterum quum Clodius hoc nomine reus perageretur, Caesar citatus testis, nihil male de uxore dixit. At quum ac-cusator diceret 'Quur igitur cum illo feciste divortium?' 'Quoniam opportet, inquit, Caesaris uxorem etiam a calumnia puram esse'. Praeter argutiam res-ponsi laudari potest et civilitas, quod repudiatae coniugis famae pepercit» (Erasmo, *Apophthegmata*, lib. IV, «Iulius Caesar», 3, págs. 293-294; también en Plutarco, *Máximas de reyes y generales*, «Gayo César», 3, en *Moralia*, 206A-B).

[7] No es la *Fábula de Apolo y Dafne* que aparece en las ediciones modernas de la poesía del Conde. Se trata de la *Fábula de Dafne y Apolo*, dirigida a don

351

No menos gracia le da un equívoco. Aviéndole nacido a un Cavallero la quarta hija, dixo uno que devía llamarse Ana. Insistiendo en ello, preguntándole por qué, respondió: «Porque sea quartana de sus padres.» Y el Jurado de Córdova, calificando algunos el sobrado sentimiento de una muger, a quien su marido la avía arroxado una olla hirviendo, dixo: «¿Qué mucho lo sienta tanto, si la dio con todos los quatro elementos?» La tierra ya se ve; el agua y fuego, por estar hirviendo. Pero ¿el ayre? Respondió: «La ocasión que tuvo»[8].

Por un encarecimiento se da con grande Agudeza la razón. Gran Concepto fue este de don Luis de Góngora:

> *Al campo salió en estío*
> *Un Serafín labrador,*
> *Que el Sol en su mayor fuerça*
> *No puede ofender al Sol*[9].

Quando la razón que se da es contraria de la que se aguardava, tiene mucha sal. Desta suerte Marcial, aviendo perdido un pleito y no dándole el litigante el precio concertado, dando por razón el aver caído, dixo: «Antes por esso me avías de pagar doblado, por el trabajo y por el corrimiento.»

Francisco de los Cobos, Conde de Ricla, y cuyo autor fue en realidad Collado del Hierro. Con todo, Gracián no se equivoca al citarla como del Conde, porque viene en todas las primeras ediciones de sus *Obras*. Véase, por ejemplo, la de 1635, pág. 347b. Los versos cierran, efectivamente, esta composición poética. Para la autoría y peripecias editoriales de la *Fábula de Dafne*, véase J. M. Rozas, «Localización, autoría y fecha de una fábula mitológica atribuida a Collado del Hierro».

[8] «Un marido celoso, sin ocasión dio a su mujer con la olla que estaba puesta al fuego; a la cual dijo: 'A vuessa merced le han dado con todos los cuatro elementos, tierra, agua y fuego, que la olla hirviendo incluía en sí'. Preguntó ella: 'Y el aire, ¿dónde se queda?' Respondió: 'Más hubo de eso que de todo, pues fue aire la causa del terremoto'» (Juan Rufo, *Las seiscientas apotegmas*, núm. 430, pág. 153).

[9] Los mismos versos ya los había citado Gracián en el discurso XVII, donde dejé la nota correspondiente.

Egi, Sexte, tuam pactus duo millia causam.
Misisti numos quot[10] mihi mille quid est?
«Narrasti nihil», inquis, «et a te perdita causa est».
Tanto plus debes, Sexte, quod erubui[11].

Con esta suspensión, y dar la razón fuera de lo que se esperava, dixo ingeniosamente Lope de Vega:

> *A tus quexas solamente*
> *Davan respuesta las aguas,*
> *Porque murmuravan, Filis,*
> *Que no porque te escuchavan[12].*

Cautivo Esopo, y vendiéndole en la plaça con otro esclavo, preguntó a este el comprador qué sabía hazer. Respondió que todo. Preguntó a Esopo, y dixo: «Nada.» Replicóle: «¿Nada?» «Sí, porque si aquel se lo sabe todo, para mí me quedará nada»[13].

Quanto más disonante es la propuesta, si después la razón la desempeña, es más sutil el Concepto, como esta:

> *Los contentos huyo dellos,*
> *Pues no me vienen a ver*
> *Más que por darme a entender*
> *Lo que se pierde en perdellos[14].*

---

[10] quot L: quod

[11] Marcial, *Epigrammata*, VIII, xvii (lín. 2 numos quot: nummos quod).

[12] Versos de un romance de Lope en *Las fortunas de Diana* (en *Obras poéticas*, ed. Blecua, pág. 674).

[13] Gracián abrevia considerablemente y deforma, *pro domo sua*, un pasaje de la *Vida de Esopo*. En su descargo hay que decir que precisamente en ese lugar hay una laguna que los editores modernos deben suplir con recensiones. Extracto lo fundamental: «Habiéndose parado [Janto] ante el primer esclavo, le preguntó: [...] —'¿Qué sabes hacer?' —'Yo, todo'. Esopo, de pie, no hacía más que reírse. [...] Acercándose a Esopo, [Janto] le dijo: —'¡Salud!' —Y Esopo: «¡Pero si no me duele nada! [...] Jano: —'¿Qué eres?' —'Soy humano', contestó Esopo. [...] —'¿Qué sabes hacer?' —'Yo, absolutamente nada'. —'¿Por qué nada?' —'Porque los muchachos esos que están contigo lo saben todo'» (*Vida de Esopo*, núm. 24, págs. 205-207). No es de extrañar que el jesuita reparase en las sales de la conversación esópica.

[14] Versos del canto de las ninfas que comienza «Contentamientos de amor» en el libro segundo de *La Diana* de Montemayor (pág. 75).

Precede algunas vezes la razón al dicho, y entonces es como conseqüencia. Assí dixo el de Villamediana:

> Pues solo el que por vos muere
> Tiene a los vivos en poco,
> Ninguno me llame loco,
> Aunque enloquecer me viere[15].

Gracioso encarecimiento fue este de un moderno, en una Poesía de buen gusto:

> ... Apolo,
> Dios tan prudente y tan cuerdo,
> Que de cochero se sirve
> Por no sufrir a un cochero[16].

Juntó la paronomasia, el equívoco y la correspondencia, Rufo en esta quartilla:

> Los que ya fueron sin vos
> Saludables entresuelos,
> Los hizisteis entrecielos
> Porque os hizo un Ángel Dios[17].

En estas Agudezas, aunque la proposición es estravagante, no está en ella la dificultad y eminencia, sino en la razón que

---

[15] Versos iniciales de unas redondillas del Conde (*Poesía impresa completa*, núm. 424, pág. 761).

[16] Segunda estrofa de la *Fábula de Apolo y Dafne* de Alonso de Salas Barbadillo (como indicará el mismo Gracián en la segunda redacción, pág. 169), recogida en las *Poesías varias de grandes ingenios españoles* de Alfay, pág. 85. Transcribo el comienzo: «Aquel dios, ciego y malsín, / preciado de ballestero, / causa de tantos achaques / y achaque de tantos necios, / dio un flechazo a don Apolo...»

[17] «Decía una hermosa y discreta dama que todo el tiempo que había pasado en ciertos aposentos bajos le había ido mal de salud; pero que debía mucho a unos entresuelos donde se había pasado, pues estaba en ellos bonísima. Respondió: 'Los que ya fueron sin vos / saludables entresuelos / hicisteis vos entrecielos, / porque os hizo un ángel Dios'» (Rufo, *Las seiscientas apotegmas...*, núm. 677, pág. 233).

se da; y aunque en el referirse va primero la propuesta, en el inventarse es[18] primero la razón, que es como causa y origen de donde nace aquella. Quando la propuesta es paradoxa y la razón la desempeña[19], es Concepto superlativo. Dezía uno[20] que en los Aragoneses no nace de vicio el ser arrimados a su dictamen, porque siempre se hazen de parte de la razón, y assí les haze siempre fuerça.

---

[18] en el inventarse es L: en el referirse va
[19] L *om.* «paradoxa y la razón la desempeña es»
[20] Se trata del «licenciado Antonio Gracián, mi tío, con quien yo me crié en Toledo», según declara el mismo Baltasar en la segunda versión de la obra (disc. XXV, pág. 172).

se a los juegos en el teclado, respondió a propósito, en el
instante en que uno la miró, que esto uno cómo la razón
no hubiera sido aquella. Explicada la propuesta, y continúa
la manera de desempeño, ... el concepto suplidero. Idea
uno, que es los Argentinos no hace de vida el en virtud
dos y por más intenso porque su viva la princesa decente, la la
sino y por las más a su tropiesta.

Discurso XXXX

De los Conceptos por una propuesta y prueva extravagante

A esta especie de Conceptos dieron nuestros Españoles la
palma de la sutileza. Consiste su artificio en una proposición
dificultosa, y tal vez paradoxa, dando luego una razón sutil y
relevante en confirmación que sea como prueva, y el porqué
della, como[1] se ve en esta ingeniosíssima redondilla:

> *La vida, aunque da passión,*
> *No querría yo perdella,*
> *Por no perder la razón*
> *Que tengo de estar sin ella*[2].

Son estos Conceptos unos agudíssimos sofismas para declarar con toda exageración un sentimiento. Tal fue este:

---

[1] H *om.* «como»

[2] Gracián antologa, en estos primeros fragmentos citados en este discurso,
el *Cancionero General (vid.* ed. Correa, I, pág. 236), pero tengo la sensación de
que el jesuita se deja aquí llevar de la mano de Lope de Vega, que es quien
recoge la mayor parte de las citas en su recopilación de la *Justa poética y alabanzas justas que hizo la insigne villa de Madrid al bienaventurado San Isidro*
en 1620 (pág. 1113). En este caso se trata de una «hermosa canción de Lope
de Sosa», que corresponde totalmente con la cita que hace el Fénix de ella en
el lugar citado. Véase Mercedes Blanco, *Les Rhétoriques de la Pointe*, págs. 41-44.

> *Ven, muerte, tan escondida,*
> *Que no te sienta venir,*
> *Porque el plazer del morir*
> *No me buelva a dar la vida*[3].

En la proposición y en la confirmación della ay su diferencia y variedad ingeniosa. Unas vezes suele ser la proposición paradoxa. Assí esta:

> *Después que mal me quisisteis*
> *Nunca más me quise bien,*
> *Por no querer bien a quien*
> *Vos, señora, aborrecisteis*[4].

La de más empeño es la de repugnantes. Eslo esta, que no se le ha hallado bastante estimación:

> *Mi vida vive muriendo;*
> *Si muriesse viviría,*
> *Porque muriendo saldría*
> *Del mal que siente viviendo*[5].

No sale menos la contrariedad en la razón que en la proposición; como en esta[6] del sutilíssimo Jorge de Montemayor:

> *De solo olvido no podré quexarme,*
> *Pues aun no se acordaron de olvidarme*[7].

---

[3] Aunque la crítica viene discutiendo de dónde proceden estos versos (véase ed. Correa, I, pág. 237), que Gracián citará con variantes en la segunda versión de la obra, lo cierto es que los debió tomar de la *Relación* de Lope citada en la nota anterior (pág. 1112), dada su cercanía. Con todo, señala Mercedes Blanco que la piececilla del Comendador Escrivá es una auténtica cita fetiche en el siglo XVII cuando lo que se quiere es evocar el poder de la agudeza *(Les Rhétoriques de la Pointe*, pág. 45).

[4] Gaspar Gil Polo, *Diana enamorada*, libro V, pág. 219, donde se indica precisamente que esta estrofa se trata de un «viejo cantar» *(vid.* ed. Correa, I, pág. 241). Aunque en realidad, Gracián lo toma de Lope de Vega *(loc. cit.*, págs. 1112-1113).

[5] Lope de Vega, *Justa poética y alabanzas justas...*, pág. 1113.

[6] esta L: este

[7] Son los versos finales de una octava cantada por Silvano en el libro I de *La Diana* de Jorge de Montemayor, que comienza: «Amador soy, mas nunca fui amado» (pág. 19).

Lope de Vega dixo:

> *Que era el remedio olvidar,*
> *Y olvidóseme el remedio.*

Tienen estos pensamientos de sutiles lo que tienen de metafísicos, y es tan levantada su sutileza, que es menester mucha atención para alcançarlos. Y toda para este:

> *Lo más padezco, que más*
> *No puede mi mal crecer,*
> *Pues no ay más que padecer,*
> *Y aun esso padezco más.*

La viveza de la prueva suele consistir en un grande encarecimiento, qual lo es este:

> *Sólo el silencio testigo*
> *Ha de ser de mi tormento,*
> *Pues no cabe lo que siento*
> *En todo lo que no digo.*

A más del encarecimiento, se suele doblar el artificio, añadiendo otra especie de Agudeza. Desta suerte don Luis de Góngora, el encarecimiento lo declaró por una agradable correspondencia, y dixo:

> *Bien podéis salir desnudo,*
> *Pues mi llanto no os ablanda,*
> *Que tenéis de hazero el pecho*
> *Y no avéis menester armas*[8].

La materia destos conceptos no solamente es los grandes sentimientos del ánimo, que es la ordinaria, sino los encomios también. Valiente aclamación fue la de Marcial al hecho célebre de Mucio, quando dixo:

---

[8] VV. 37-40 del romance VI de los amorosos (ed. Vicuña, fol. 77v), que comienza: «Servía en Orán al rey» (ed. Carreño, núm. 23, pág. 182).

Maior deceptae fama est, et gloria dextrae:
Si non errasset, fecerat illa minus[9].

Una crysi se pondera estremadamente por este modo de sutileza. Desta suerte un grande Ingenio dixo, juntando la piedad con la Agudeza:

Dezidme quién soy, mi Dios,
Porque siendo uno en el ser,
Al pecar y al proponer
He pensado que soy dos.
Porque andáis, ¡ay, alma!, vos
Tan otra en el corazón,
De vos misma en la ocasión,
Que en un mismo instante creo
Que anda en un alma el deseo
Y en otra la execución[10].

Con este género de Agudeza suele acabar el Camoes los sonetos, como en estos:

Porque hé tamanha bem-avemturança
O dar-vos quanto tenho e quanto posso,
Que quanto mais vos pago, mais vos devo[11].

Y en otro:

Que de tanta estranheza sois ao mundo,
Que não hé de estrahañar, dama excellente,
Que quem vos fez, ficesse céos e estrellas[12].

---

[9] Marcial, *Epigrammata*, I, xxi. Gracián ya había citado este epigrama del bilbilitano en el discurso XXVII (véase allí nota sobre Mucio Scévola).

[10] En la segunda redacción (disc. XXIV, pág. 165), se atribuye esta composición al padre jesuita «Juan Bautista de Ávila, lector de las lenguas hebrea, caldea y siriaca en los Estudios Reales de Madrid». Una de las aprobaciones del *Arte de ingenio* salió de su pluma (véanse los preliminares de esta edición). Más noticias en Francis Cerdan, «Sermones, sermonarios y predicadores...», pág. 176.

[11] Terceto final del soneto 16 de Camoens en las *Rimas* («Quem vē, Senhora, claro e manifesto», fol. 5r).

[12] Último terceto del soneto 17 de las *Rimas* («Quando da bella vista e dolce riso», fol. 5r, verso último ceos e estrellas: ceo e estrellas).

No siempre se requiere que la propuesta sea repugnancia. Basta que sea diferente de lo que se esperava, o que tenga alguna disonancia, como esta de don Antonio de Mendoça:

> *Finezas deve María*
> *A Joseph, que no pudieron*
> *Deverse a Dios, que, ignorando,*
> *Aun creyó más que sabiendo*[13].

Bien es verdad que, quanto más estraña es la proposición, si la solución le corresponde, hazen más raro el Concepto, como lo es este:

> *De mi dolor inhumano*
> *Sola el alma está contenta,*
> *Que no es bien que el cuerpo sienta*
> *Heridas de vuestra mano*[14].

Este modo de Conceptos es de raciocinación, que son las[15] más sutiles, assí como los reparos y misterios.

---

[13] Antonio Hurtado de Mendoza, *Vida de Nuestra Señora*, estrofa 217, página 37: «Finezas debió María».

[14] Lope de Vega, *Justa poética y alabanzas justas...*, pág. 1113. Una ligera variante: «Que no es bien que cuerpo sienta» (v. 3).

[15] Podría pensarse que el sentido pide el género masculino, si el artículo concierta con «modo» o con «conceptos», aunque no si se conecta con «raciocinación», o incluso si se ha elidido «agudeza de (raciocinación)». Pese a que podría faltar algo de texto, mantengo la lección por la razón indicada y porque en la segunda redacción (disc. XXIV, pág. 165) vuelve a aparecer en femenino, por más que allí se hable de «Esta especie de conceptos».

DISCURSO XXXXI

De otras muchas diferencias de Conceptos

Habló del Ingenio con Ingenio el que le llamó finitamente infinito. Sería querer medir la perenidad de una fuente pensar[1] comprehender su fecunda variedad. Cífrase en este Discurso muchas otras especies de Conceptos. Repito siempre que la Agudeza tiene por materia las figuras Retóricas: dales la forma del Concepto y echa sobre este fundamento el realce de la sutileza[2].

Sea el primer Concepto destos el de reflexión, y es un reparar y bolver sobre lo que se va diziendo. Acontece esto de muchas maneras, ya corrigiéndose, como este, por una sentencia:

> *Pensad que sois tan querido*
> *Como algún tiempo lo fuistes;*

---

[1] pensar L: pensa
[2] Efectivamente, lo repite, pues en la advertencia «Al lector» ya había dicho: «Válese la Agudeza de los tropos y figuras Retóricas como de instrumentos para exprimir cultamente sus conceptos, pero contiénense ellos a la raya de fundamentos de la sutileza, y quando más de adornos del pensamiento», y en el discurso XVII: «Son los tropos y figuras Retóricas materia y como fundamento para el realze de la Agudeza, y lo que la Retórica tiene por formalidad, esta arte tiene por materia sobre que echa el esmalte de sutileza.»

> *Mas no es remedio de tristes*
> *Imaginar lo que ha sido*[3].

A más de la corrección, añadió o fundó en ella la excelente correspondencia y proporción don Luis de Góngora, y dixo:

> *Si bien toda la púrpura de Tiro*
> *Grana es en polvo al último suspiro*[4].

Dóblase algunas vezes la corrección con mucho artificio, rebolviendo y corrigiéndose[5], sin acertar a determinarse. Cantó Jorge de Montemayor:

> *Bolved, Señora, essos ojos,*
> *Que en el mundo no ay su par;*
> *Mas no los bolváis airados*
> *Si no me queréis matar,*
> *Aunque de una y otra suerte*
> *Matáis con solo mirar*[6].

Otras vezes, por limitación o excepción de una proposición general, y son muy donosas estas reflexiones. Assí dixo don Luis de Góngora:

> *El aliento de su boca*
> *(Todo lo que no es pedir),*
> *Mal aya yo si no vence*
> *Al más suave jazmín*[7].

---

[3] Versos cantados por Sireno al final del libro I de *La Diana* de Montemayor, y que comienzan: «Ojos tristes, no lloréis» (pág. 63).

[4] Versos 21-22 del poema «En la creación del Cardenal don Enrique de Guzmán» (ed. Millé, núm. 415, pág. 606).

[5] corrigiéndose H: corrigiendo

[6] Versos finales del romance «Oídme, señora mía», incluido en el libro II de *La Diana* de Montemayor (pág. 111), con variante en el último verso: «matáis con solo el mirar».

[7] Versos 29-32 del Romance III de los amorosos en la ed. de Vicuña (fol. 76r; ed. Carreño, núm. 32, pág. 223, con ligera variante en v. 3 si no vence: si no excede).

Añadió a la excepción una estremada contradición y encarecimiento el Camões:

> *As setas traz nos ollos, com que tira.*
> *—O pastores![8], fugi, que a todos mata,*
> *Se nam a mi, que de matar-me vivo[9].*

Comúnmente la reflexión es aumentando a lo que se ha dicho, o explicándolo más. Don Luis de Góngora:

> *La alegría eran sus ojos,*
> *Si no eran la esperança,*
> *Que viste la primavera*
> *El día de mayor gala[10].*

Lo que se añade siempre ha de ser otro pensamiento que pondere más o encarezca. Assí dixo uno:

> *Que en vos de piedad se encarna*
> *Y pudiera de buen gusto.*

Contraria a la reflexión es la[11] prevención, que no rebuelve sobre lo dicho, sino que previene lo que se va a dezir. Assí don Luis de Góngora:

> *Baxéme para arrancarlo,*
> *Y al inclinarme sentí*
> *En mi cabeça su mano*
> *(No la llamo de marfil,*
> *Que todo marfil es cuerno,*
> *Y estuviera mal allí)[12].*

---

8 O pastores H: Os pastores
9 Cierre del soneto 20 del Camoens («Num bosque que das ninfas se habitava», *Rimas*, fol. 6r).
10 Wardropper (*Baltasar Gracián's Two Interpretations...*, pág. 302) remite al romance «De Tisbe y Píramo quiero».
11 L *om.* la
12 *Las firmezas de Isabela*, acto III, vv. 2360-2365.

Dase una ingeniosa razón de lo que no se dize. Assí Jorge de Montemayor:

> *No quiero dezir zelosa,*
> *Que desto la desengaña*
> *Tenerse por tan hermosa.*

Los conceptos disiunctivos son muy usados y muy relevantes. Fórmanse dos sutilezas sobre la partícula disiunctiva *o*, que en latín es *vel*, de suerte que esta dicción siempre cae entre dos sutilezas o iguales, como estas de don Luis de Góngora en el Soneto a los Condes de Lemos, passando por Guadarrama:

> *Huirá la nieve de la[13] nieve aora,*
> *O ya de sus dos soles desatada,*
> *O ya de sus dos blancos pies vencida[14].*

En este formó una agradable contraposición:

> *Tan grandes son tus extremos*
> *De hermosa y de terrible,*
> *Que están los montes en duda*
> *Si eres Diosa o si eres tigre[15].*

Auméntase con esta disiunctiva estremadamente el concepto. Dixo Montemayor:

> *Pues ¿qué remedio tenéis?*
> *Ojos, alguno pensad;*

---

[13] M: la la nieve. Subsano la repetición.

[14] Terceto final del soneto «A la passada de los Condes de Lemos por el puerto de Guadarrama», que hace el número XXVII de los heroicos en la ed. de Vicuña (fol. 7v, con variantes de sus dos soles: de los dos Soles; de sus dos blancos: de los dos blancos).

[15] Vv. 21-24 del romance VIII de los amorosos («Aquí entre la verde juncia») en la ed. de Vicuña (fol. 78v; ed. Carreño, núm. 13, pág. 130).

> *Si no lo pensáis, llorad,*
> *o acabá, descansaréis*[16].

Con artificiosa correspondencia dixo el Camoes:

> *Peço-vos que me digais:*
> *As orações que reçastes,*
> *Se são pellos que matastes,*
> *Se por vós, que assi matais*[17].

Muy semejantes a los passados son los conceptos por negación; que assí como aquellos se fundan en la dicción disyunctiva, estos en la negativa; como este:

> *Mal que con muerte se cura,*
> *Muy cerca tiene el remedio;*
> *Mas no aquel que tiene el medio*
> *En manos de la ventura*[18].

Júntase esta negación con las correcciones con mucha gracia. Dixo Camoes:

> *Rostro singular,*
> *Ollos sossegados,*
> *Pretos e cansados,*
> *Mas não de matar*[19].

Caen muy bien la negación y la afirmación contrapuestas:

---

[16] Continuación de los versos de Sireno citados más arriba en este mismo capítulo («Pensad que sois tan querido») y pertenecientes al final del libro I de *La Diana* de Montemayor (pág. 63, con variantes: «¿Pues qué remedio ternéis, / ojos? [...] / o acabá y descansaréis»).

[17] Versos iniciales de una composición de Camoens que lleva por título «A hũa senhora que estava rezando por hũas contas» *(Rimas*, fol. 165v).

[18] Versos de Silvano al final del libro I de *La Diana* de Jorge de Montemayor, y que comienzan «Perderse por ti la vida» (pág. 64).

[19] Versos de la tercera estrofa de las «Endechas a hũa cattiva [...] chamada Barbora» que Gracián ya había citado anteriormente *(Rimas*, fol. 185v).

> *Más que yo sí venturoso,*
> *Pero más amante, no.*

Aumentar y realçar el concepto, este modo[20] de negar o distinguir. El culto Hortensio dixo:

> *Despedirse el Hijo muestra,*
> *Dirigiendo en las razones*
> *A la Madre, no palabras,*
> *Azeros sí, de dos cortes*[21].

Los conceptos que se forman por repartición[22] illustran en gran manera el estilo. Consiste su artificio en destribuir a dos sujetos su empleo o circunstancia, a cada uno, con agradable alternación; como este de Don Luis de Góngora a las dos Magestades Consortes:

> *Pastores que en vez de ovejas,*
> *Y de corderos en vez,*
> *Rayos del Sol*[23] *guarda ella,*
> *De Abril guarda flores él*[24].

Cae estremadamente la contraposición en estos cortados. Assí dixo don Antonio de Mendoça:

---

[20] este modo H: es modo
Mantengo la lectura de M L. Creo que la aparente dificultad de la frase de Gracián se resuelve fácilmente teniendo en cuenta la elipsis y el orden sintáctico normal: «Este modo de negar o distinguir [es] aumentar y realzar el concepto». Dado que este pasaje no pasa a la segunda redacción, es imposible cotejar qué solución le dio en 1648.

[21] Versos del «Romance a la Passión de Jesuchristo Redentor Nuestro», pieza que abre la edición de *Obras pósthumas* de fray Hortensio Paravicino, fol. 2v.

[22] «La acción de repartir u distribuir» *(Auts.,* s. v.). Véase, sobre todo, el último de los realces de *El Discreto* (XXV, ed. A. Egido, pág. 354).

[23] del Sol H: de sol

[24] Vv. 9-12 del Romance que lleva por título *Del Rey y Reina, Nuestros Señores, en Aranjuez, antes de reinar,* y que comienza: «Las esmeraldas en yerba» (ed. Carreño, núm. 80, pág. 435).

> *Causó un amor dos milagros*
> *Que uno a otro se encubrieron:*
> *Glorias ella estando alegre,*
> *Penas él estando tierno*[25].

Fundó la correspondencia primorosamente don Luis de Góngora:

> *Que los dos nos parecemos*
> *Al roble, que más resiste*
> *Los soplos del viento ayrado:*
> *Tú en ser dura, yo en ser firme*[26].

Con la misma dixo el ingenioso Hortensio en su aplaudido[27] *Poema del Rey don Alonso*:

> *Mano y faz ayuntar quiso,*
> *Mas la muerte, al ayuntarlas,*
> *A entrambos tolló el conorte:*
> *Ella fina y él desmaya*[28].

Pero no sólo entre dos extremos, sino entre tres, y más, se puede hazer la distribuición; como esta de don Luis de Góngora:

> *La hermosura de Granada,*
> *Cuyo pie da al campo flores,*
> *Cristal su mano a Genil,*
> *Y al cielo sus ojos Soles*[29].

---

[25] Antonio Hurtado de Mendoza, *Vida de Nuestra Señora*, estrofa 180, página 31.

[26] firme L: firmo

Vv. 29-32 del Romance VIII de los amorosos en la ed. de Vicuña («Aquí entre la verde juncia...», fol. 79r; ed. Carreño, núm. 13, pág. 130).

[27] L *om.* aplaudido

[28] Gracián cita siempre así el «Romance a la Judía que mataron del Rey don Alonso, en estilo antiguo», de Paravicino. Se trata de los versos finales (*Obras pósthumas*, fol. 45r, con el último verso distinto ella fina y él desmaya: ella fina, él se desmaya).

[29] *Las firmezas de Isabela*, acto I, vv. 512-515, pág. 75 (v. 514 a Genil: al Genil).

De un mismo sujeto se reparten los efectos con el mismo artificio. Dixo el mismo Autor a la Cruz de la nobleza:

> *Gallarda insignia, esplendor*
> *De Reales Estandartes,*
> *Que das esfuerço en las guerras*
> *Y calidad en las pazes;*
> *Si ya en tu virtud hizieron*
> *Los antiguos Capitanes,*
> *Nos dé sangre Africana[30]*
> *Montes de cuerpos Alarbes[31].*

En la transición se funda con mucha delicadeza el concepto. Es un realçar lo que parece que ya avía acabado, y un passar con mayor aumento de un estremo a otro mayor. Assí Góngora:

> *¡Quántas vezes remontada*
> *En esfera superior,*
> *De donde os perdía mi vista*
> *Os cobrava mi atención![32]*

Este es un sutil modo de aumentar lo que se va ponderando, y pareciendo poco lo ordinario, se passa a lo sumo. Conceptuosamente, como siempre, dixo Jorge de Montemayor:

> *Y por no caer en mengua,*
> *Si le estorva su passión*
> *Acento o pronunciación,*
> *Lo que empeçava la lengua*
> *Lo acabava el coraçón[33].*

---

[30] nos dé sangre Africana H: nos, de sangre africana
[31] Alarbes H: de alarbes
Vv. 41-48 del Romance V de los burlescos en la ed. de Vicuña (fol. 104v; ed. Carreño, núm. 43, pág. 268; v. 7 Nos dé sangre: Ríos de sangre; en la edición de Vicuña, el v. 3 que dan esfuerzo en las guerras).
[32] Vv. 25-28 del romance que comienza «Ave de plumaje negro» (ed. Carreño, núm. 91, pág. 466, con los dos primeros versos algo distintos: «¡Cuántas veces remontado / a esfera superior»).
[33] Quintilla de la «Canción de Sireno» del libro II de *La Diana* de Montemayor (pág. 80, ya señalado por Correa, II, pág. 162).

Sirve este modo de ornato al encarecimiento ordinaria-mente. Fuelo este de don Luis de Góngora:

> *Muchos siglos coronéis*
> *Esta dichosa Región,*
> *Que quando os mereció ave,*
> *Serafín os admiró*[34].

Ay otro modo de transición, que es passar del obliquo al recto; como este en los epítetos:

> *A besar el pie a una palma,*
> *Porque ella siempre corone*
> *Las siempre gloriosas sienes*
> *Del que es palma de los Condes*[35].

La comutación tiene más de Concepto que de exornación Retórica. Consiste su artificio en trastocar[36] un encomio que se dio al sujeto, mudando en singular lo que precedió en plural; y al contrario. El exemplo lo declara más que la descrip-ción, assí como muchos destos modos de Agudeza. Sobrees-crivió[37] uno una carta, y dixo: *Al Embaxador de los Reyes*[38], *y al Rey de los Embaxadores*[39]. Otro dixo de la Universidad de Sala-manca: *¡O, escuela de los Maestros y Maestra de las escuelas!*

Hállase un modo de dubitaciones que pertenece también a la Agudeza. Estas no están tanto en el exprimir quanto en el mismo objeto. Assí dixo Hortensio:

---

[34] Vv. 13-16 del romance gongorino ya citado más arriba («Ave de pluma-je negro», ed. Carreño, núm. 91, pág. 466).

[35] Luis de Góngora, *Las firmezas de Isabela*, acto I, vv. 468-471, pág. 73.

[36] trastocar L: trastrocar

[37] «Dícese más comúnmente quando se pone el sobreescrito [la inscrip-ción que se pone en la cubierta de la carta] a la carta para dirigirla» *(Auts.,* ss. vv. «Sobreescribir» y «Sobreescrito»).

[38] Reyes L: Reys

[39] «El Rey de Francia don Francisco de Angulema, en un sobrescrito de una carta que envió a Garcilaso de la Vega, cuando estaba en Roma por em-bajador del emperador Carlo Quinto, mandó poner: 'Al embajador de los re-yes, y rey de los embajadores'» (Melchor de Santa Cruz, *Floresta española de apotegmas*, VI, v, 1, pág. 176).

> *Al fin con menguadas luzes*
> *Miró de Alfonso la cara;*
> *«Al», dixo, y calló con duda*
> *Si fabló Alfonso o Alma*[40].

Por encarecimiento usa muchas vezes destas dudas don Luis de Góngora:

> *Tan valiente sobrehermosa,*
> *Que en duda están las heridas*
> *A quál reconozcan más:*
> *A su espada o a su vista*[41].

Las nugaciones[42], quando son afectadas, incluyen artificio sutil. Consiste en un dicho fuera de propósito. Assí dixo Marcial a Elia, consolándola con un despropósito:

> *Quatro dientes te quedaron,*
> *Si bien me acuerdo; mas dos,*
> *Elia, de una tos bolaron;*
> *Los otros dos, de otra tos.*
> *Segura puedes toser,*
> *Elia, ya, todos los días,*
> *Pues no tiene en tus encías*
> *La tercera tos qué hazer*[43].

---

[40] Son los versos inmediatamente anteriores a los que había citado un poco más arriba del «Romance a la Judía...» de Paravicino, es decir, los que preceden al final del poema *(Obras pósthumas*, fol. 45r, v. 4 Si fabló Alfonso o Alma: si fabló a Alfonso o al alma).

[41] Wardropper (*Baltasar Gracián's Two Interpretations...*, pág. 304) remite al romance «La que Persia vio en sus ojos», que Millé atribuye a Antonio de Paredes.

[42] Como el propio Gracián indica, son simplezas, necedades (de *nugacitas*, 'frivolidad'; o de *nugator*, 'el que las dice' las sandeces, 'charlatán', 'chocarrero'). El *Diccionario de Autoridades* recoge «nugatorio», con sentido algo desviado del latino que doy aquí, pero más atinado que la corrección de Correa en su edición («Las negaciones irónicas...», disc. L, pág. 162), que desmiente el original de la revisión de 1648, pág. 314.

[43] «Si memini, fuerant tibi quattuor, Aelia, dentes: / expulit una duos tussis et uda duos. / iam secura potes totis tussire diebus: / nil istic quod agat tertia tussis habet» (Marcial, *Epigrammata*, I, xix). La traducción es de Bartolomé

370

Aquí la necedad se convierte en agudeza, por dezirse[44] de industria. Algunas vezes parece que va a dezir un grande encarecimiento y sale con un desconcierto. Desta suerte dixo Lope de Vega:

> *Pastora enemiga, [...]*
> *Ya de tus engaños*
> *Vengo a estar de suerte,*
> *Que al fin de mis años*
> *Me llama la muerte.*
> *En esta partida,*
> *De tu amor incierto,*
> *Ya no quiero vida,*
> *En estando muerto*[45].

Las ponderaciones por Epifonema son también conceptuosas, y consisten en un encarecimiento, no hiperbólico, sino que nace de lo que se va ponderando. Assí Virgilio, describiendo las peregrinaciones de Eneas, dixo:

> *Tantae mollis erat Romanam condere gentem*[46].

Y del mismo Troyano quando llegó a Carthago dixo un excelente Español:

> *Reyna, ampara a un perseguido*
> *En el fuego, mar y tierra,*
> *Que en tal latos elementos*
> *Aun no caben sus miserias*[47].

Leonardo de Argensola, como indica el mismo Gracián en la versión de 1648, pág. 314.

[44] M: dezirte H: dezirse. Admito la corrección de H, validada además por la segunda versión (pág. 315).

[45] Versos que canta Cardenio en el libro V de *La Arcadia* de Lope de Vega (págs. 393-394). Gracián omite parte de la primera estrofa: «Pastora enemiga, / agradable y fiera, / blanda como ortiga, / dura como cera.»

[46] Virgilio, *Eneida*, I, 33.

[47] José María de Cossío asegura que el fragmento pertenece a Diego de Morlanes, según el manuscrito 3.907 de la BNM, f. 51 (*Fábulas mitológicas en España*, págs. 662-663).

Otras vezes el Epifonema consiste en sentencia. Assí dixo nuestro Hortensio:

> Ay, Ángel, ¿de aquesta guisa
> Te ha parado mi amistança?,
> Que la fermosura es culpa
> Quando abonda la desgracia[48].

Assí don Antonio de Mendoça, ponderando el silencio de la Virgen, en sus favores y privilegios, sentencioso como siempre, dixo:

> Encubrir glorias tan altas
> Fue modestia, no precepto,
> Que en soberanías suyas
> Los más grandes hablan menos[49].

Las ponderaciones de impossibles son muy semejantes a las de contradición; y aunque incluyen repugnancia, exprimen con grande Agudeza los afectos. Desta suerte dixo Jorge de Montemayor:

> Regalara yo la vida
> Para dar fin al cuydado,
> Si a mí me fuera otorgado
> Perderla en siendo perdida[50].

Mayor repugnancia dize este, y no tienen[51] más fundamento que el querer exprimir un sentimiento grande:

---

[48] Una vez más vuelve Gracián al «Romance a la Judía...» de Paravicino que ha citado varias veces en este discurso *(Obras pósthumas,* fol. 44v).

[49] Antonio Hurtado de Mendoza, *Vida de Nuestra Señora,* estrofa 173, página 30.

[50] Redondilla final del poema con que Silvano cierra el libro I de *La Diana* de Montemayor (pág. 64, ya señalado por Correa, II, pág. 165), y cuyo comienzo transcribe el jesuita a continuación.

[51] tienen H: tiene

> *Perderse por ti la vida,*
> *Zagala, será forçado,*
> *Mas no que pierda el cuydado*
> *Después de verla perdida[52].*

Desta suerte se hallan muchos modos de ponderaciones que declaran ingeniosamente los sentimientos. Este de don Luis de Góngora fue gran dezir:

> *Porque con honra y amor*
> *Yo me quede, cumpla y vaya,*
> *Vaya a los Moros el cuerpo*
> *Y quede con vos el alma[53].*

Otro, más antiguo y no menos culto, dixo:

> *Amaneció en un balcón,*
> *Y de pechos en las verjas*
> *A su Moro embía el alma*
> *Que le abraçasse por ella.*

En la gradación se halla tal vez sutileza y concepto. Vase en ella adelantando siempre, o deshaziendo lo que se pondera. Assí dixo don Luis de Góngora:

> *No sólo en plata o viola trocada*
> *Se buelva, mas tú y ello juntamente*
> *En tierra, en humo, en polvo, en sombra, en nada[54].*

Las Anfibologías, quando son de industria, son muy conceptuosas, hablan a dos luzes, y se ha de entender en ellas todo lo contrario de lo que dizen; como se ve en este Epigra-

---

[52] Inicio de la composición comentada en la nota anterior, perteneciente a *La Diana* (pág. 64; Correa, II, págs. 165-166).

[53] Vv. 46-49 del Romance VI de los Amorosos en la ed. de Vicuña (fol. 78r; ed. Carreño, núm. 23, pág. 183).

[54] Terceto final del archiconocido soneto «Mientras por competir con tu cabello», que hace el núm. 9 de los amorosos en la ed. de Vicuña (fol. 12r; ed. Millé, núm. 228, pág. 447, v. 1 trocada: troncada).

ma, que, leído al revés y començando por la última palabra, dize todo lo contrario. Llámanle los Poetas retrógrado[55]:

> *Laus tua, non tua fraus*[56]*, virtus, non copia rerum,*
> *Scandere te fecit hoc decus eximium.*
> *Conditio tua sit stabilis, nec tempore parvo,*
> *Vivere te faciat hic Deus Omnipotens.*

---

[55] Es muy frecuente que los poetas en lengua latina se sirvan de la forma del epigrama para hacer ostentación de la maestría técnica y del gusto por la dificultad formal. Los más llamativos son los versos retrógrados: hexámetros que pueden escandirse y leerse de forma inversa palabra por palabra sin que se altere el sentido; hexámetros que resultan pentámetros tras la lectura anómala; el pentástico cuadrado, cinco versos que pueden leerse de arriba abajo y de izquierda a derecha en veinte lecturas diferentes. Cfr. la introducción de López-Cañete a las *Obras completas* de Falcó, págs. CV y ss., donde también se relaciona con Gracián y la agudeza.

[56] fraus L: frans

Discurso XLII

De la Agudeza Compuesta en común

Destino al más juizioso examen aquella gran qüestión, que ya en la praxi[1] los Príncipes de la sutileza decidieron: ¿quál sea más perfecto empleo del Ingenio: la Agudeza libre, o la ajustada a un Discurso; la suelta, o la encadenada en una traça?[2].

En España siempre huvo libertad de Ingenio, o por gravedad, o por cólera de la nación, que no por falta de inventiva. Sus dos Primipilos[3], Séneca en lo juizioso y Marcial en lo agudo, fundaron esta opinión[4], acreditaron este gusto. Prudente aquel, nunca pudo sujetarse a los rigores de un Discurso, a la afectación de una traça; y si los émulos apodaron «arena sin cal»[5] (menos mal dixeran «granos de oro sin liga») el raudal de su enseñança, los apassionados lo aclamaron por gravedad Española, opuesta en todo a los juguetes de la invención Griega.

---

[1] «Lo mismo que práctica. Es voz puramente latina, *praxis*» (*Auts.*, s. v.).

[2] «Se toma también por disposición, arte o symetría» (*Auts.*, s. v.).

[3] El primipilo es el 'primer centurión de la primera centuria del primer manípulo de la primera cohorte'.

[4] H *om.* «fundaron esta opinión»

[5] Como recuerda Correa (II, pág. 168), el estilo de Séneca lo llamó Calígula «harenam [...] sine calce» (según Suetonio, *Vitae*, «Calígula», 53).

Tributó nuestra Bílbilis a la gran Emperatriz del Orbe, no monstros como el África, sino al que lo fue[6] de la Agudeza y cultura[7]. Entró Marcial en Roma destinado a la oratoria; mas su estremada prontitud, no sufriendo pigüelas[8] de encadenada eloqüencia, se remontó libre en tantas puntas de Agudeza quantos se eterniçan Epigramas.

Quedó vinculado este acierto en esta gran Provincia, hermosa cara del mundo; y nunca más valido que en este feraz siglo de Ingenios, discurriendo todos[9] a lo libre, assí en lo sacro como en lo profano. Socorra la razón a la autoridad. Un Ingenio anómalo[10] siempre fue mayor, porque se dexa llevar del ímpetu en el discurrir y de la valentía en el sutiliçar[11]; que el atarse a la prolixidad de un discurso y a la dependencia de una traça, le embaraça y le limita. Sea exemplo el simpar Plinio, en su conceptuosa *Panegiri*, empeño de la Agudeza.

Crueldad es, que no harte[12], condenar una hora eterna el oyente, o el letor, a la cárcel de una metáfora, digo, a estar pensando en una carroza, águila o nave. A más de que están expuestos todos los Discursos a un riesgo inevitable, de que si quiebra el frágil hilo de la atención, perezca todo el traba-

---

[6] 'Al que fue monstruo', se entiende, y *monstruo* con el sentido ya señalado (y diferente del de la línea anterior) de «qualquier cosa excessivamente grande o extraordinaria en qualquier línea» (*Auts.*, s. v.).

[7] Para la noción de «cultura», que hace referencia a la Antigüedad, especialmente a la greco-latina, presentándola «comme un réservoir inépuisable de sagesse et de modèles de perfection esthétique», cfr. Mercedes Blanco, *Les Rhétoriques de le Pointe*, págs. 38 y ss.

[8] En sentido recto, es la correa con que se guarnecen los pies de los halcones y otras aves de cetrería; por semejanza, los grillos con que se aprisionan los pies de los reos. «Por traslación, se toma por el embarazo o estorbo que impide la execución de alguna cosa» (*Auts.*, s. v.), como aquí.

[9] todos L: todo

[10] «Lo mismo que irregular. Dícese del nombre o verbo que lo es en declinación o conjugación», define *Autoridades*, que señala a su vez que es voz de la gramática (s. v. «anómalo»).

[11] «Vale también discurrir ingeniosamente, o con profundidad» (*Auts.*, s. v.).

[12] Así en el original, con *h* antietimológica. Mantengo la puntuación, dado que la segunda edición corrige la *h*, aunque cabe la posibilidad siguiente, desde luego más enrevesada: «Crueldad es que no harte condenar una hora eterna el oyente o el lector a la cárcel de una metáfora...»

jo. Convença este dictamen[13] la variedad plausible con su tropa de perfecciones, de hermosura, ornato, agrado, eficacia y fecundidad, que no tienen lugar en lo prolixo de un discurso, y en lo frío de una traça.

Pero, ¿quién jamás antepuso al compuesto el agregado[14], la parte al todo, y el artificio començado[15] al ya perfecto? Siempre el todo, assí en la composición Física como en la artificiosa, es lo más noble; y si bien su perfección se origina de la de las partes, añade a la de las unas la de las otras, y de más a más la primorosa unión. Confiesso que es arduo el assunto, pero nunca la dificultad fue descrédito, assí como ni la facilidad[16] gloria. Mucho cuesta lo que mucho vale, y al contrario[17].

No merece llamarse gusto el que dexa la Agudeza aliñada por la descompuesta, quando su mismo nombre condena en esta su desaliño y apprueva en aquella el aseo[18]. Auméntase en la composición la Agudeza, porque la virtud unida crece, y la que a solas apenas fuera mediocridad, por la correspondencia con la otra llega a ser delicadeza. No sólo no carece de variedad, sino que antes la multiplica, ya por las muchas convinaciones de las Agudezas parciales, ya por la multitud de modos y de géneros de uniones.

Son tantas las autoridades como las razones en prueva desta verdad. La ingeniosa Grecia, alma del mundo erudito, aquella que asqueó por bárbaras a las demás naciones, fue

---

[13] «Opinión, juicio particular o sentir propio de uno o muchos sobre alguna cosa» (*Auts.*, s. v.).

[14] No con el sentido de «El conjunto de muchas cosas», sino como participio de agregar, «juntado, o unido con otro» (los dos recogidos por *Autoridades*, ss. vv.).

[15] començado L: começando

[16] ni la facilidad H: la facilidad

[17] En efecto: «poco vale lo que poco cuesta» (*Oráculo*, 18, pág. 111); «lo que mucho vale, mucho cuesta» (*ibid.*, 57, pág. 134). En realidad, es refrán, como anota Romera-Navarro en su edición del *Oráculo*, págs. 45 y 122.

[18] Comp. *El Discreto*: «Ingenios vimos prodigiosos, ya por lo inventado, ya por lo discurrido; pero tan desaliñados, que antes merecieron desprecio que aplauso» (pág. 301).

siempre seminario[19] de toda invención, escuela de toda traça, y sea antes exemplo que estremo Herodoto, que en la Historia llana afectó el artificio del concierto.

La docta Italia, en quien siempre compitieron el saber con el valor, sus exércitos con sus escuelas —antes oy no huviera ya memoria de Roma triunfante si no fuera por Roma sabia[20]—, estimó siempre por Agudeza de más arte la Compuesta, y la platican oy sus ingeniosos hijos en tantos tan sazonados discursos. Altercada desta suerte por una y otra parte la qüestión a todo discurrir, al cabo cada uno abunda[21] en su sentir. Mucho vale el uso[22], y más la agradable variedad.

Dos cosas ennoblecen un Compuesto conceptuoso: lo selecto de las partes y lo primoroso de la unión. Ganan en pluralidad[23] y primor los artificiosos[24] intelectuales a los materiales y mecánicos; sino que, como obras del alma, retíranse a la imperceptibilidad, y los otros, como palpables, se vulgariçan.

La Agudeza compuesta es en dos maneras, y dos son los géneros de Compuestos. El primero es un cuerpo que se compone de Conceptos incomplexos, como de tres o quatro proporciones, de tres o quatro reparos, misterios, paridades, etc. unidos entre sí, y correlatos. El segundo es un Compuesto por ficción, como son las Épicas, Allegorías, Diálogos, etc. Entrambos géneros se irán explicando por su orden en los Discursos siguientes.

---

[19] «Por extensión, se llama el principio o raíz de que nacen o se propagan algunas cosas» *(Auts.*, s. v.). O «autora», como la revisión de 1648, pág. 320.

[20] sabia L: sabida

Creo que aquí alude claramente Gracián a dos de los libros más conocidos de Flavio Biondo sobre la Antigüedad romana: *De Roma triumphante libri decem* e *Italia Illustrata*, publicados varias veces durante el siglo XVI (véase «Lista de obras citadas»).

[21] abunda L: abunde

[22] Compárese *Oráculo*, 20 («hasta las eminencias son al uso», pág. 112) o 120 («Hasta el saber ha de ser al uso», pág. 167).

[23] pluralidad L: pluridad

[24] Correa (II, pág. 172) enmienda en «los artificios» el texto de 1648 (página 321), que lee como 1642 («los artificiosos»). Mantengo la lección original.

Discurso XXXXIII

Del primer Género
de Agudeza Compuesta

Assí como la Agudeza de proporción es la primera entre las incomplexas, assí el Compuesto de tres o quatro proporciones lo es, si en sí grandes, por la conexión y travaçón, mayores. Sea el primer exemplo del primer Ingenio de estos siglos: el sutilíssimo Padre Diego López de Andrade. Abarcó en tres proporciones las tres mayores excelencias del Bautista. Careó el nombre de Juan con su nacimiento, vida y muerte, y provó que con razón se llamó Gracia, que esso significa Juan, porque nació sin méritos, como la Gracia: *Fecit misericordiam suam cum illis;* vivió como la gracia, alimentándose y creciendo con virtudes: *antra deserti teneris sub annis;* murió como la gracia por el pecado: *non licet tibi, etc.*[1].

El Compuesto de Reparos es la obra más costosa del Ingenio y, por tanto, la más primorosa. Tal fue este, que tuvo al Espíritu Santo por Autor y por objeto, en lengua de un Fenis orador Christiano. Armóle de tres contrariedades, tres milagros de la sutileza. Fue la primera que, como este inmenso amor descendía a un mundo que tan groseramente avía hospedado a la sabiduría infinita, dificultad que sola la valentía del que la levantó pudo darle salida con esta dulcíssima semejança. «Húvose —dixo aquel gran Padre, de quien todos

---

[1] Quizá *Mc.*, VI, 18.

379

los demás aprendieron a serlo— como una apassionada madre, que, aviéndole el rapaz hijuelo martiriçado el desentrañado pecho, ya arañándole, ya mordiéndole, queda ella tan agena de vengança, que, recogiendo el esmaltado pecho con lo blanco de la leche y lo roxo de la sangre, franquea luego el otro, rebosando regalado néctar.» Procedió a la segunda, contraponiendo el ruido con que entró en el mundo este divino Espíritu al silencio con que la omnipotente Palabra descendió de las Reales sillas; y responde que es amor, y violentado rebienta, como el fuego, con mayor estruendo. Pero donde echó el resto[2] de sutileza fue en ponderar el descender en lenguas de fuego, aviendo primero venido en el Jordán como paloma mansa, y en el Tabor como templada nube; y satisfaze con una proporción máxima: que al Cenáculo donde se descentó[3] el pan del cielo, con razón vino en lenguas, y de fuego, en significación que, a bocado que es Dios, le avemos de recibir con lengua del Espíritu Santo. Concluyó los tres assuntos con una erudita aplicación del ñudo gordio a este divino ñudo inexplicable, diziendo que, a tanta dificultad y reparo, no ay otra salida que dar un corte de veneración y de silencio. Premiaron los oyentes el Discurso con llamarle el «Tanto monta» del Ingenio.

Presento en tan adelantada competencia un riquíssimo joyel de desempeños. Sea un Águila Real coronada de tres rayos sutilíssimos, que, quando más parece que la amenaça con sus dificultades, la coronan vitoriosa con sus desempeños[4].

---

[2] «En el juego donde hai envites, es envidar con todo el caudal que uno tiene delante, y de que hace su resto. Y por traslación es obrar con toda resolución, haciendo cuantos esfuerzos caben para lograr su intención» (*Auts.*, s. v. «echar»). Para la afición de Gracián a las comparaciones procedentes del juego, véase Werner Kraus, *La doctrina de la vida según Baltasar Gracián*, página 219; y, para los mismos símiles en el *Oráculo*, dejé alguna nota en el prólogo a mi edición, págs. 61-62.

[3] Gracián emplea «descentar» por «decentar» («empezar a cortar o gastar una cosa»). Véase la nota de Batllori-Peralta a *El Político*, pág. 293, o *Autoridades*: «Empezar a gastar alguna cosa a que no se havía llegado, como decentar el pan, el tocino, etc.» (s. v.).

[4] En la Antigüedad, el águila, dedicada a su divinidad protectora (Zeus / Júpiter), puede llegar a encarnar a esta y, en consecuencia, aparece también

Fue un discurso consagrado al Águila del cielo, con tres valientes dudas sobre sus tres mayores privilegios. Amenaçava la primera al ser Benjamín de su Maestro, diziendo que no parece ser tan estremado el amor que le mostró Christo, pues se exprimió por un imperfecto, *diligebat*; y parece que el sumo Artífice en este retrato de su amor no puso la última mano, no acabó de retocarle, no le perficionó del todo, pues sobreescrivió *diligebat* en vez del[5] *faciebat*. Amagó la segunda al ser hijo de la Reina del cielo, y sustituto del Hijo Dios, ponderando que no estava tan assentada esta prerrogativa; pues aunque aceptó Juan como quien ganava, *et ex illa hora accepit eam Discipulus in suam*[6], pero no consta que María aceptasse como quien parece que perdía. La tercera tocava en lo vivo, por lo odioso de la comparación, y era que no se halla jamás ni una sola alabança del Evangelista en la boca de Christo ni su Madre[7], hallándose encarecimientos del Bautista, y aun entonces dize: *Cepit dicere ad turbas de Ioanne*, que aquello no era más de començar[8]. A estas tres dificultades correspondían tres iguales desempeños: el primero al *diligebat*, que no procedió de falta de amor, sino de excesso, porque nunca su Maestro puso tassa, puso término, ni coto al amor de Juan. Añadía cada día amor a amor, y siempre le parecía poco, y como si dixera: «Más amor; aún no basta; más y más»; y[9] cada día de nuevo *diligebat*. Al silencio de María satisfizo: que no sólo no fue disfavor, sino fineza, y que fuera agravio el aceptarle aora por hijo, aviéndole reconocido por tal tanto antes, pues el mismo día que concibió a Dios en sus entrañas concibió a Juan en su coraçón; que no fue impropiedad, sino misterio, el añadir el Ángel al *concipies*, el *in vtero*[10];

con su atributo distintivo: los rayos. De ahí que la representación simbólica de esta ave rodeada de rayos o sujetándolos con las garras sea común, aunque no coronada con ellos (cfr. José Julio García Arranz, *Ornitología emblemática*, págs. 154-162).

[5] del H: de
[6] *Jn.*, XIX, 27.
[7] H *om.* «ni su Madre»
[8] de començar H: que de començar
[9] L *om.* y
[10] *Lc.*, I, 31.

y aun aquel *hic erit magnus*[11] fue relativo al pequeñito, al Benjamín Juan. Echó el sello[12] a este desempeño san Lucas, contando el nacimiento de Christo, con dezir: «*Peperit filium suum primogenitum*»[13]. Sobre todo se desempeñó con ventajas de los positivos encomios del Bautista, diziendo que esta diferencia huvo en el valimiento[14] de los dos Juanes con el soberano Monarca, que al Batista le aventajó Christo en palabras, y aun le hizo su voz, pero al Evangelista le mejoró en las obras, tomó a pechos[15] el engrandecerle, apechugó[16] con él.

El Compuesto de encarecimientos no cede a qualquier otro; úsase dellos raras vezes, y en sujetos que lo merezcan. Por este rumbo glosó otro Christiano Orador[17] los extraordinarios[18] favores que en competencia hizieron Christo y su Santíssima[19] Madre al dulcíssimo Bernardo, diziendo que dio que sospechar esta gran Madre de que le hurtava la leche al Hijo de Dios por guardársela a Bernardo, como suelen hazer las amas que crían hijo de algún Príncipe, que le hurtan la leche[20] para darla al propio[21]. Fundólo en el *vbera quae suxsisti*[22], palabra que denota atraer con violencia, y aun con hambre. Más, que el mismo Christo lo que no hizo en prueva de que era hijo del Eterno Padre, hizo en prueva de que

---

[11] *Lc.*, I, 32.
[12] Echar el sello: «Además del sentido recto, vale afianzar y perficionar lo empezado, assegurando su más cabal cumplimiento» *(Auts.*, s. v.).
[13] *Lc.*, II, 7.
[14] en el valimiento H: con el valimiento
«Se toma también por privanza o aceptación particular de algún vasallo con su soberano, y por traslación se dice de otras personas» *(Auts.*, s.v.).
[15] Tomar a pechos: «Phrase que vale tomar alguna cosa con demasiada eficacia y empeño» *(Auts.*, s. v. «Pecho»).
[16] «Cerrar con uno pecho a pecho, teniéndole apretado estrechamente entre los brazos; y assí, quando uno lucha con otro, o se abalanza a cogerle, y se abraza con él, se dice que apechugó con él» *(Auts.*, s. v.).
[17] Christiano Orador H: orador christiano
[18] extraordinarios H: extravagantes
[19] H *om.* «Santíssima»
[20] la leche H: la leche al uno
[21] Sobre el asunto en general, en tratados de educación de príncipes, véase fray Antonio de Guevara, *Relox de príncipes*, II, xviii y ss., págs. 504 y ss.
[22] *Lc.*, XI, 27.

era hermano de leche de Bernardo, desclavándose de la Cruz para[23] abraçarle. Y remató con una relevante paradoxa, que Bernardo no sólo fue hijo de María y hermano de Christo, como los demás santos adoptivos, sino natural por la leche.

Son muy agradables los mixtos, ni todo proporciones, ni todo reparos, sino alternados de una y otra Agudeza. Fuelo este a la Emperatriz de los Serafines en el día de su mayor triunfo, predicado por un docto y eloqüente Padre de la Compañía[24]. Començó por una aplicación de aquella galantería que usavan las doncellas Romanas, que llevavan[25] en la planta[26] del chapín[27] ciertas cifras, y al pisar las ivan dexando estampadas en sus huellas. Llegavan los apassionados[28] a leerlas y descifrarlas con igual gusto y aplauso. Acomodo esto a la Virgen Emperatriz del Empíreo con aquel lugar de los Cantares: *Quam pulchri sunt gressus tui in calceamentis, filia Principis!*[29]. Con esto entró en el discurso, leyendo varias cifras que ivan observando los espíritus alados. *Quae est ista quae ascendit...?*[30]. Fue la primera una estremada proporción, que assí como Dios baxó al mundo a encarnarse en María, oy María sube al cielo a diviniçarse en Dios. La segunda fue un reparo, que por qué no la subió consigo el Señor el día de su gloriosa Ascensión; y responde que quedó en el mundo para que huviesse en él quien dignamente hospedasse al Espíritu Santo quando descendiesse en su Pasqua solemníssima. Remató con un encarecimiento, provando que fue más célebre este triunfo que el del mismo Señor, pues aquí le servía su Hijo de carroça triunfal: *Enixa super dilectum suum?*[31], y el Es-

---

[23] para H: por
[24] de la Compañía H: de la Compañía de Jesús
[25] M: llevava. Corrijo según el sentido.
[26] que llevava en la planta L: que llevavan en las plantas
[27] «Calzado proprio de mugeres sobrepuesto al zapato, para levantar el cuerpo del suelo» (*Auts.*, s. v., donde se podrán recabar más detalles).
[28] Vale por 'los enamorados' («atrahído, llevado y movido de algún afecto y passión», *Auts.*, s. v. «apassionado»).
[29] *Cn.*, VII, 2.
[30] *Cn.*, VIII, 5.
[31] *Cn.*, VIII, 5.

píritu Santo de palio y sombra[32]: *Spiritus sanctus superveniet in te, et virtus Altissimi obumbravit tibi*[33]. Desta suerte se van texiendo y variando estos discursos[34].

[32] H *om.* «y sombra»
[33] *Lc.*, I, 35.
[34] H *om.* «Desta suerte... estos discursos»

Discurso XLIIII

De los Compuestos por Metáfora

La Semejança o Metáfora, ya por lo gustoso de su artificio, ya por lo fácil de su acomodación, suele ser la ordinaria oficina de los discursos; y aunque tan vulgar, se hallan en ella Compuestos prodigiosos. Fuelo aquel, y Fenis de todos, al Fenis de los santos, el Bautista, en competencia del Águila caudal[1]. Comiença el Fenis entre odoríferos[2] aromas[3]; fue Juan anunciado, *a dextris altaris incensi*[4]. Y *Hora incensi*[5]. Es único el Fenis; fue Juan singular: *Non erat illis filius*[6], en singular. Nace el Fenis entre estériles ceniças[7]; nace Juan de padres

---

[1] «Águila caudal o Real. La que tiene la pluma rubia encendida, semejante al color del León» *(Auts.,* s. v. «caudal»).

[2] Odorífero: «Cosa olorosa, fragrante, suave y apacible al olfato» *(Auts.,* s. v.).

[3] Para todos estos aspectos del ave fénix, me sirvo de la introducción de Ángel Anglada al poema *De ave Phoenice.* Allí, en apéndice, pueden verse los textos varios que fundamentan estas afirmaciones. El ave va recogiendo «las esencias y perfumes más valiosos [...]. Son los aromas elaborados con el cinamomo, el bálsamo, la casia, el acanto, las lágrimas de incienso y las tiernas espigas del nardo junto con la mirra y la panacea» (Ángel Anglada Anfruns, *De ave Phoenice. El mito del Ave Fénix,* págs. 50 y ss.; pero véase también ahora el extenso análisis de José Julio García Arranz, *Ornitología emblemática,* págs. 333-361).

[4] *Lc.,* I, 11.

[5] *Lc.,* I, 10.

[6] *Lc.,* I, 7.

[7] «Según una versión de la leyenda, el fénix en cuanto termina de construir su nido entra en él y se cubre de plantas aromáticas esperando la cremación. [...] El cuerpo muerto se calienta de tal manera, que llega a producirse

estériles. Pero no nace el Fenis, sino que resucita[8]; no nació Juan, sino que resucitó de todos los Patriarcas y Profetas: *Non surrexit maior Ioanne Baptista*[9]. Rebulle el Fenis al herirle los rayos del Sol[10]; comiença a saltar Juan, al amanecer, por los montes de Judea el Sol divino: *Exultavit infans in vtero meo*[11]. Mora el Fenis en los retiros de los montes[12]; mora Juan en los desiertos: *antra deserti teneris sub annis*. Acaba el Fenis en otro, y desházese él para que el otro comience, y Juan: *Illum oportet crescere, me autem minui*[13]. Fue, al fin, el raro, el singular, el Fenis de la gracia.

Quando se ajustan todas las circunstancias del sujeto al término de la translación, sin violencia y con tan grande consonancia, que cada parte de la metáfora fuera un relevante concepto, está en su mayor exaltación el compuesto. Fue admirado y celebrado este Poema, en que un Padre de la Compañía hizo cielo la sagrada Religión de Santo Domingo, y planetas a sus Santos:

> *Dominici sacer Ordo tolis aequandus Olimpi,*
> *Lumine Sydereas praeterit ille faces.*
> *Namque tot Empireo non flagrant vertice flammae:*
> *Quot polus iste virum flammea corda gerit.*
> *Primus Motor ades*[14], *spheram qui ducere primam*

---

una llama, no sin la participación de los rayos del astro del día. Las cenizas son, por así decir, amasadas inmediatamente por una unidad que viene a hacer las veces del semen» (Ángel Anglada, *loc. cit.*, págs. 52-53).

[8] Hay unos síntomas que indican al ave fénix que el fin de su vida se acerca. «Entonces se pone a hacer los preparativos para la resurrección de su cuerpo» (Ángel Anglada, *ibid.*, págs. 49-50).

[9] *Mt.*, XI, 11: «Amen dico vobis, non surrexit inter natos mulierum maior Ioanne Baptista.»

[10] Ya se ha indicado el poder de los rayos del sol para regenerar al ave. Hay quien ha visto en ello pervivencias de cosmogonías antiguas en las que «el lodo, reblandecido y amasado con agua, endurecido luego al sol, da lugar a diversas formas animadas» (Ángel Anglada, *loc. cit.*, pág. 53).

[11] *Lc.*, I, 44.

[12] El fénix vive en una llanura muy elevada, donde siempre es primavera y los árboles de todas clases menudean. Clima agradable, sin sufrimientos...» (Ángel Anglada, *ibid.*, pág. 42).

[13] *Jn.*, III, 30.

[14] ades L: aedes

Gaudes et dominum nomine iure refres[15].
Aurea Saturni renovarit Saecla Hiacintus;
    Et merito illius pegmate laetus ovat.
Propitium Hesperiis iubar est Vincentius Oris.
    Sis[16] *Iovis Imperium nomen et omen habet.*
Martis obire vices quit[17] *Petrus Martir his ensem*
    Erigit, et dextra tela trisulca quatit.
Sol Thomas Solis vincit septemplicis ignes;
    Diluit, et tenebras, nubila tetra fugat,
Mercurius Raymundus adest, qui clare vel ipsas,
    Aeteris occlusi quit[18] *reserare*[19] *fores:*
Antivenus Catherina fuit, sed dignior illa,
    Luce sua tantum nobilitare tronum.
Mox datur Astricomos Phaebes[20] *spectare iugales,*
    Luna est, quae Solem ventre[21] *Maria tegit.*
Aritos[22] *adest, Anes*[23]*, teloque armatus acuto,*
    Phillirides, Taurus. Buccina virgo rotae.
Tindaridae deerant; dedit hunc Augusta decorem,
    Cum fratres geminos Tindaridasque dedit.
Sic coelum hoc gestit, sic vrbs Augusta triumphat
    Et peragunt festos, terra polusque dies.

Aunque el Oriente del Ingenio es comúnmente la Panegiri, y aquí es donde despliega la rueda[24] de sus rayos con todo lucimiento, con todo esso, los discursos persuasivos participan tal vez del ingenioso artificio, y es entonces adequada su

---

[15] refres H: refers
[16] Sis H: Sic
[17] quit H: qui
[18] quit H: qui
[19] reserare H: resevare
[20] Phaebes H: Phoebes
[21] ventre L: ventrae
[22] Aritos H: Arctos
[23] Anes H: Aries
[24] «Por semejanza se llama la extensión que hace en semicírculo el pavo con las plumas de la cola» *(Auts.,* s. v. «rueda»): «El pavo es una bella ave de gran cola, y está toda hecha a manera de espejos. Y tiene esta característica: que él levanta y extiende su cola sobre su cabeza a manera de rueda, y se la mira y se vanagloria» *(El bestiario toscano,* XXIV, «Del pavo», pág. 31).

perfección. Tal fue aquel del docto P. Gerónimo de Florencia en las honras del Héroe de Lemos. Hizo esposa la muerte, y diola en dote las tres propiedades del bien, provando que es noble, hermosa y rica, disfraçando en la ingeniosa metáfora los tres quicios de la voluntad, honesto, útil y deleitable[25], a que se reduce toda la eficacia persuasiva.

---

[25] «Notable lenguaje, llamar al día de la muerte día del desposorio, y a la muerte esposa del hombre» (fol. 3r), dice el Padre Jerónimo de Florencia, para agregar: «Dificultosa cosa, por cierto, parece mandar al justo que se case con la muerte, porque las condiciones de una buena esposa, para ser escogida por tal y bien querida, son quatro, como lo dize la Ley I, tít. 6, part. 2, hablando de las esposas de los Reyes. La primera, que sea noble. La segunda, que sea rica. La tercera, que sea hermosa y gentil. La quarta, por esmalte de todas, que sea discreta, de buena condición y costumbres» (fol. 3v). Como se ve, son cuatro, y no tres, las propiedades, pero Gracián cuadra el ejemplo (valga aquí la licencia). El P. Florencia, tras añadir que la muerte no tiene ninguna de estas cuatro calidades, continúa así: «Para responder y satisfazer a estas dificultades [que tiene la muerte], vienen aquí los quatro Doctores de la Iglesia, y dizen ser verdad que la muerte tenía essas propiedades [negativas] antes que Christo la tomasse por esposa, pero que después que se casó con ella, la trocó y mejoró, dándole las [condiciones] contrarias, conviene a saber: nobleza, riqueza, hermosura y apacibilidad, y cada uno de los quatro Doctores le da la suya» (fol. 4v. Se explican las condiciones en fols. 5v-6v). Conclusión: «De lo dicho se sigue que, pues ya la muerte está trocada de condición y mejorada en todas las quatro propiedades dichas, se puede muy bien tomar por esposa y aguardarse el día de la muerte como día de desposorio» (*Sermón... en las honras... al Conde de Lemos*, fol. 6v).

De la Acolucia[1] y trabaçón
de los Discursos

Lo más primoroso y difícil destos compuestos de Ingenio falta por comprehender, que es la unión entre los assuntos y las agudezas parciales. El Arte de hallarla sería el último primor de la sutileza. Esta travaçón no ay duda sino que ha de ser moral y artificiosa, assí como el compuesto lo es. En los discursos metafóricos es aun más fácil, porque consiste en ir acomodando las partes, propiedades y circunstancias del término con las del sujeto translatos[2], y quanto más ajustada es la correspondencia, campea más el discurso. Desta suerte comparó el Ambrosio deste siglo, el Padre Florencia, el nacimiento de María Santíssima al de la Aurora, atribuyéndole con mucha propiedad todos sus efectos[3].

---

[1] No localizo el término en diccionario alguno. Correa lo define como «simetría en la construcción de palabras o frases» (II, pág. 183). Creo más bien que tendrá que ver con un uso desviado del verbo *accolo* 'vivir, habitar cerca de o junto a', o del nombre *accola,-ae* 'vecino, que vive cerca'. Sería, pues, la vecindad, la proximidad.

[2] Translato es lo mismo que translaticio, «adjetivo que se aplica a las voces o palabras que passan fuera de su propria acepción, o sentido, a significar otro objeto que carece de propria voz, o para mejorar la que le explica» (*Auts.*, ss. vv. «translato» y «translaticio»).

[3] Jerónimo de Florencia, tras citar varias autoridades bíblicas en su *Sermón de la gloriosa Asunción de Nuestra Señora*, dice: «Pues siendo esto assí, que el

Quando el discurso es por acomodación y semejança, no es menester más acolucia que la de las mismas partes del término acomodado al sujeto. Desta suerte el grave y sutil Padre Francisco de Mendoça, en su primer tomo de los *Comentarios de los Reyes*, transfiere la generación del Verbo Eterno a la comunión, fundándose[4] en aquellas palabras del Evangelio: *Sicut missit me vivens Pater, et ego vivo propter Patrem, et qui manducat me, et ipse vivet propter me*[5]. Y va acomodando[6] ingeniosamente las excelencias del Verbo engendrado al que comulga, provando que es Hijo, Imagen y Sabiduría de Christo.

La insuperable dificultad está en los discursos que se forman de reparos, proporciones y las demás agudezas incomplexas. Con todo, se pueden rastrear algunos modos de unir, y reduzirse a reglas.

Acontece tal vez que una propuesta, una Hypótesis o asunto, contiene muchas partes, y el discurso entonces consiste en irlas provando todas, explicando y especificándolas, de suerte que no es menester más trabaçón porque la propuesta las ciñe todas y las une en sí. Desta suerte el P. Maestro Francisco Boil, único en la acolucia de los discursos, en el sermón del gran Patriarca de los Menores, tomó por asunto que san Francisco renovó la Iglesia en todo, y luego va descendiendo por sus partes: que la renovó en la Passión con sus seráficas llagas, en la primitiva pobreza, en el fervor, doctrina, milagros, etc.[7]. Assí que no es menester más unión que

---

Ángel que en nombre de Dios vino a luchar con Jacob no se atrevió a dilatarle más la bendición que toda la noche le avía negado, en presencia de la aurora y de su luz, ¿cómo tendrá ánimo el mismo Dios, en presencia de María, que subió al cielo como aurora (según lo dijeron los Ángeles en los *Cantares*: 'Quae est ista, quae ascendit sicut Aurora consurgens') para negarnos lo que le pedimos...?» (fol. 16v). Y un poco más adelante: «... pero esta soberana Aurora, quando entró en el día claro de la gloria, no sólo no se escureció con la presencia del Sol, que es Dios, mas antes dio nueva luz a esse claro día...» (fol. 17r), etc. Creo que es a este pasaje al que se refiere Gracián. Para una opinión diferente, véase Hilary Dansey Smith, «Baltasar Gracián's Preachers...», pág. 335.

[4] fundándose L: fúndanse

[5] *Jn*, VI, 58.

[6] Y va acomodando L: Yva acomodando

[7] Gracián se refiere al *Sermón del Seráfico Patriarca San Francisco, en el día de su fiesta, Año MDCXXX, celebrada en el convento de la Sangre de los Padres Capu-*

el ir especificando por partes la proposición primera universal. Del mismo modo, en el sermón del Beato Padre Francisco de Borja, un hijo suyo, después de aver provado que Dios acostumbra en las conversiones de sus Santos no mudarles el empleo que tenían antes, sino el objeto, como en los Apóstoles, *Faciam vos fieri piscatores hominum*[8], y en la Madalena, *quoniam dilexit multum*[9], saca que en la conversión de San Francisco de Borja no le mudó Dios el empleo, sino el objeto y la materia *circa quam*; y assí que, si en el siglo era Grande y servía al Emperador de la tierra como Grande, en la casa de Dios, quando entra en ella, sirve a Dios como Grande; y va acomodando todos los empleos de un Grande a sus grandes virtudes: que comulgava y hospedava a Dios Sacramentado como Grande, con tres días de aparejo y tres días de dar gracias; su assistencia en la cámara, la presencia de Dios, su oración y el conocer, en entrando en una Iglesia, si estava en ella el Santíssimo Sacramento; y assí de todos los mayores actos de su vida. Luego passó a los premios, que fueron de un Grande: el sentarle Dios a su mesa y por su persona servirle. *Et transiens ministrabit illis*[10]. Discurso que satisfizo por su invención y trabazón.

Otras vezes, aunque la primera propuesta no es general, pero da pie y ocasión a la segunda, y esta a la tercera. Assí, de la Virgen discurrió uno que con razón se llamó María, que

---

chinos de la Ciudad de Valencia, donde el predicador pregunta: «¿Quién me negará que en San Francisco, como en el Sacramento del Altar, se vio renovada la Iglesia en tres maneras, esto es: quanto a la memoria del beneficio de la Redención, quanto a la exaltación de las virtudes i quanto a la propagación de la fe» (pág. 56a). A partir de ahí, dedica tres capítulos a probar «Que en San Francisco se vio renovada la Iglesia quanto al beneficio de la Redención» (título II, págs. 56a-67a), «Que en San Francisco se ve renovada la Iglesia quanto a la exaltación de las virtudes» (título III, págs. 67a-75a), y «Que en San Francisco se ve la Iglesia renovada quanto a la propagación de la fe» (título III, págs. 75a-79b). Para este sermón y su influencia en la *Agudeza*, véase el artículo citado de Hilary Dansey Smith, «Baltasar Gracián's Preachers...», página 335.

[8] *Mt.*, IV, 19; *Mc.*, I, 17.

[9] Son las palabras que dirige Cristo a Simón a causa de la mujer pecadora: «Propter quod dico tibi: Remittuntur ei peccata multa, quoniam dilexit multum» (*Lc.*, VII, 47).

[10] *Lc.*, XII, 37.

es Señora, porque nació como señora de la culpa; vivió como Señora de la vida, no sugeta a sus achaques; murió como Señora de la muerte de amor. Aquí el nacimiento da pie para la ponderación de la vida, y esta para la tercera[11].

Suelen ir también los assuntos subiendo, y sírveles la misma materia de gradas para el realce. Desta suerte ponderó otro que la Virgen tuvo lo mejor de la naturaleza; de aquí passó adelante, y provó que alcançó lo mejor de la gracia, y concluyó que consiguió lo mejor de la gloria. La misma gradación en este Discurso es la unión dél.

Quando se discurre de una virtud es por sus principales actos y partes, uniéndolas en el mismo Texto sagrado. Ponderó uno la hermosura de la caridad, y quán agradable es a Dios y a los hombres. Primero, que tiene lindíssimo rostro: *Diligite inimicos vestros*[12], házeles buena cara. Segundo, tiene hermosas manos: *Et benefacite his qui oderunt vos,* porque si no, sería monstrosa. Agradable y dulcíssima boca: *Orate pro persequentibus vos.* Y de todas estas partes se proporciona una beldad consumada, retrato del mismo Dios: *Vt sitis perfecti, sicut Pater vester coelestis perfectus est.* Al fin, un Sol bellíssimo: *Qui solem suum oriri facit super bonos et malos.*

Del objeto y de su unión suelen tomarla los assuntos. Fundó sobre el Evangelio del Capítulo sexto de San Juan un Christiano Orador tres desengaños contra los tres engañadores de las almas. El primero, sobre aquellas primeras palabras: *Caro mea vere est cibus*[13], ponderando que el manjar que ofrece Christo es verdadero, y el que el demonio, siempre fue falso y aparente. Fue el segundo sobre la segunda proposición: *In me manet, et ego in eo*[14]*;* que los contentos del cielo permanecen eternamente, pero los del mundo passan y desapare-

---

[11] Dejó Paravicino una pieza intitulada *María. Sermón de su augustíssimo nombre*, recogido en *Ideas del púlpito* de Zeballos, págs. 501 y ss., pero no parece ser el texto a que alude Gracián.

[12] Cita aquí dos versículos completos del Evangelio de San Mateo: «Ego autem dico vobis: Diligite inimicos vestros, benefacite his qui oderunt vos: et orate pro persequentibus et calumniantibus vos: ut sitis filii Patris vestri, qui in caelis est: qui solem suum oriri facit super iustos et iniustos» *(Mt.,* V, 44-45).

[13] *Jn.,* VI, 56.

[14] *Jn.,* VI, 57.

cen luego. Concluyó con el tercero contra la carne, que su vivir no es vivir; pero la del que come a Dios es vida de Reyes, y aun de Dios: *Sicut misit me vivens Pater, et ego vivo propter Patrem, et qui manducat me, et ipse vivet propter me*[15].

En los Discursos por qüestión, que no suelen ser los menos primorosos, consiste la unión en ir discurriendo por los estremos y miembros que la fundan. Armó uno ingeniosa competencia entre los divinos Atributos, a quál se deva la gloria de la Eucharistía. Pretende la Omnipotencia por la mayor obra; la Sabiduría, por la invención más rara; la Providencia, por el más estravagante medio; la Bondad, por la más nueva comunicación; y assí todos los demás, y decídese en favor del amor por la mayor fineza.

En los Discursos morales es artificiosa unión y disposición proponer dos partes encontradas: començar alabando algún vicio, o en favor dél, y luego rebolver y refutarle. Assí uno començó un Discurso defendiendo la murmuración, y luego rebolvió contra ella. Assí también don Plácido Mirto, eloqüentíssimo Orador de nuestros tiempos, en el *Discurso sobre el Evangelio del Juizio* començó deshaziendo los rigores y terribilidad de aquel día, sacando argumentos de las circunstancias en favor; y después que tuvo engañada la humana propensión, rebatió, provando eficazmente lo contrario[16].

Esta trabaçón que avemos explicado es intrínseca, inmediata y propia. Otra ay extrínseca, remota y de menos arte, aunque más usada, que es trayendo alguna historia primero, o sucesso remoto, y aplicándole por semejança. Assí, en el *Sermón de la Passión* acomodó uno las quatro tablas en que pintaron en Roma la muerte de César, para más comover el pueblo, y a imitación desto fingió quatro tablas en que fue describiendo la Passión del Señor.

---

[15] *Jn.*, VI, 58. Ha citado este mismo versículo de San Juan al comienzo de este discurso, a raíz de la mención de Francisco de Mendoza. Véase más arriba.

[16] Dejó Plácido Mirto Frangipane al menos dos obras con sermones: una *Aclamación del Agradecimiento*, contenida en *Ideas del púlpito* de Zeballos (páginas 192-240) y unos *Blasones de la Virgen, Madre de Dios y Señora Nuestra, compuestos i repartidos en sermones*, que contiene varios sobre este asunto (véase lista de obras citadas).

Deste modo de traças usó mucho el P. Gerónimo de Florencia, y en el Real discurso a la muerte de la Margarita de las Reynas introduze los quatro Doctores de la Iglesia, cantando quatro lamentaciones[17].

[17] Jerónimo de Florencia, en el *Sermón que predicó a la Magestad del Rey Felipe III* en las Honras a Margarita de Austria, dice lo siguiente: «Según esto, me resolví de encargar las lágrimas y lamentaciones de oy a los quatro Doctores de la Iglesia Latina, que son Gerónimo, Augustino, Ambrosio y Gregorio. Y porque en esta pérdida, con ser una, ay tantas y tantas razones de llorar, a cada uno quiero encargar la suya [...] Y así, el thema me le avrá dado un Rey, la salutación un Papa, el sermón los quatro Doctores de la Iglesia; que en honras de tal Reyna, no es razón que hablen personas de menor autoridad» (fol. 5r-v).

De la Agudeza Compuesta Fingida en común

Era la Verdad legítima esposa del entendimiento, pero la Mentira, su gran émula, emprendió[1] desterrarla de su tálamo, derribarla de su felicidad. Para esto, ¿qué embustes no traçó?, ¿qué supercherías[2] no hizo? Comiença a desacreditarla de grosera, desaliñada, amarga y necia; y al contrario, a sí misma venderse por cortesana, discreta, bizarra[3] y apacible. Y si bien por naturaleza fea, procuró desmentir sus faltas con sus afeites. Echó por tercero[4] al Gusto, con que en poco tiempo obró tanto, que tiraniçó para sí el Rey de las potencias[5]. Viéndose la Verdad despreciada, y aun perseguida, acogióse a la Agudeza, comunicóla su trabajo y consultóla su[6] remedio. «Verdad amiga —dixo la Agudeza—, no ay manjar más desa-

---

[1] «Determinarse a tratar y hacer alguna cosa ardua y dificultosa» *(Auts.,* s. v. «emprender»).

[2] «Engaño, dolo o fraude» *(Auts.,* s. v.).

[3] Puede tratarse de algo «generoso, alentado, gallardo, lleno de noble espíritu, lozanía y valor», o también «lucido, muy galán, espléndido y adornado» (los dos sentidos los recoge *Auts.).* Pese a que, de alguna manera, las dos acepciones se recubren, me inclino por la primera, dado que la noción de valentía reaparece más tarde en los últimos discursos del *Arte.*

[4] «Vale también el que media entre dos para el ajuste o convenio de cosa buena o mala» *(Auts.,* s. v.).

[5] Es decir, 'al entendimiento', para Gracián.

[6] su L: se

brido en estos estragados tiempos que un desengaño a secas.
¿Qué digo desabrido? No ay bocado más amargo que una
verdad desnuda[7]. La luz que derechamente termina atormen-
ta la potencia de una[8] Águila, de un lince[9], ¡quánto más la
que flaquea! Para esto inventaron los sagazes Médicos del
ánimo el arte de dorar las verdades, de açucarar los desengaños. Quiero dezir —y observar bien esta lición, estimadme
este consejo— que os hagáis política[10]. Vestíos al uso del engaño, disfraçaos con sus mismos arreos[11], que con esso yo os
asseguro la vitoria.» Abrió los ojos la Verdad, dio en andar
con artificio, usa desde entonces las invenciones, introdúze-
se por rodeos, vence con estratagemas, pinta lexos lo que está
muy cerca, propone en estraño sujeto lo que quiere condenar en el propio, apunta a uno para dar en otro, deslumbra
las passiones, desmiente los afectos, y por ingenioso circun-
loquio viene siempre a parar en el punto de su intención[12].

---

[7] Comp. Vives: «La *Verdad* dijo que de mejor gana se mostraría desnuda;
que sin más atavío que el de su casta desnudez valdría mucho más en el aprecio de los hombres y que en su propio ser natural, percibido rectamente por
el *ingenio* humano, sería a todos infinitamente más grata y despertaría amores
increíbles» *(Veritas fucata*, pág. 889b; la segunda de las cursivas es mía). O Bernardo de Cuéllar: «La verdad desnuda de passión, mas vestida de su forçoso
trage, que es la razón, sin afeites de follaje que la ofusque o erudiciones tras-
ladadas de otros» (es un ladillo de *La verdad desnuda sin afeites consagrada a la
princesa de los cielos en manos de [...] Phelipe IV*, s. f., sign. Av).

[8] una H: un

[9] Se trata en los dos casos de animales cuya agudeza visual queda bien certificada por la tradición. Recuérdese que «Ensaya el águila su generoso pollue-
lo, para ser rey de las aves, a los puros rayos del sol» *(El Político*, pág. 279b, que
se podría ilustrar con múltiples textos, para los que remito a García Arranz,
Ornitología emblemática, págs. 175 y ss.), y que el lince tiene fama de atravesar
las paredes con su vista *(Bestiario medieval*, págs. 18-20). Sin embargo, parece
que Gracián retuerce el argumento, pues el águila, en los textos tradicionales,
«mira al sol cuando más luce este, contemplándolo directamente sin guiñar
los ojos» *(Bestiario medieval*, pág. 74). Sólo en el contexto de la fábula que está
contando el jesuita, se puede entender esta curiosa mención.

[10] «Se toma también por la cortesía y buen modo de portarse» *(Auts.*, s. v.
«Política»).

[11] «Atavío, compostura y adorno con que se engalana y viste una persona,
según su estado y calidad» *(Auts.*, s. v.).

[12] Aún no he dado con la fuente de esta alegoría. Para otra, distinta, de la Verdad y la Mentira, cfr. *Criticón*, I, vi. En la segunda versión *(Agudeza*, XXVIII),

Una misma verdad puede vestirse de muchas maneras, ya por ingeniosa Metamorfosis, ya por la grave Épica, gracioso Apólogo, entretenido Diálogo, y todas las demás especies de la Agudeza de ficción. Que a un mismo blanco de la Filosófica verdad tiraron todos los sabios, aunque por diferentes rumbos: Homero con sus Epopeyas, Esopo con sus fábulas, Séneca con sus sentencias, Ovidio con sus Metamorfosis, Juvenal con sus sátiras, Pitágoras con sus enigmas, Luciano con sus diálogos, y Alciato con sus emblemas.

La semejança es el fundamento de toda esta invención, y la translación es el alma de la Agudeza Compuesta Fingida. De suerte, que lo que un vulgar dixera llanamente, o a todo estirarse por un símile, el erudito exprime por una destas obras de la inventiva.

Es, pues, la Agudeza Compuesta Fingida un cuerpo, un Compuesto Fingido, que, por traslación, pinta en sí las humanas acciones. No es de essencia desta Agudeza el metro, sino ornato, que la prosa suele suplir con su cultura. No está la eminencia en la cadencia y cantidad de sílabas[13], sino en la sutileza, propiedad, artificio y eloqüencia. Nada debe a la más numerosa[14] composición la preciosa *Metamorfosi* de Apuleyo[15], de quien dura aún la disputa de si es prosa o si es metro. Comprehende debaxo de sí este universal género toda manera de fábulas, como son Epopeyas, Metamorfosis, Diálogos, Comedias, Allegorías, Apólogos, Enigmas, Emblemas, Geroglíficos y Empresas. Gran lición en este punto la

Gracián transcribe la de Mateo Alemán en el *Guzmán*, (parte I, lib. III, cap. vii, págs. 431 y ss.), también diferente a esta. Puede verse, como indica José María Micó en nota al lugar citado de la novela de Alemán, *El Crotalón*, páginas 405 y ss., y desde luego hay que apuntar siempre en dirección a los diálogos de tipo lucianesco. Aunque tiene puntos de contacto, Gracián no pudo valerse de la *Veritas fucata* de Vives (en *Obras Completas*, I, págs. 278-283 y 883-893). Para la relación de esta alegoría con *Argenis* de Barclay, Fernando Lázaro, «El género literario de *El Criticón*», págs. 77-78.

[13] de sílabas H: de las sílabas

[14] «Vale también harmonioso, o lo que tiene proporción, cadencia o medida. Latino *numerosus*» (*Auts.*, s. v., que ejemplifica: «A esto se añade sea la oración *numerosa*, acabando los periodos con número complido»).

[15] Recuérdese que, según se indicó en nota al discurso XVII, también este título se dio a *El asno de oro* del autor africano.

de Horacio, entre otras muchas Magistrales y Selectas, que
encargó en su juiziosa *Arte Poética:*

> *Summite materiam vestris, qui scribitis, aequam*
> *Viribus et versate diu quid ferre recusent,*
> *Quid valeant humeri*[16].

---

[16] Horacio, *De arte poetica*, vv. 38-40, pág. 204. Son versos citados hasta la náusea, pero, entre predicadores, véase Terrones del Caño, *Instrucción de predicadores*, pág. 58.

De la Agudeza Compuesta fingida[1] en especial

Merecen el primer grado, y aun agrado, entre las ficciones las ingeniosas Epopeyas. Composición sublime de ordinario, que en los sucesos de un supuesto, los menos verdaderos y los más fingidos, va ideando los de todos los mortales: forja un espejo común y fabrica una testa[2] de desengaños. Tal fue la siempre agradable *Uliseada* de Homero, que en el más astuto de los Griegos, y sus aventuras, pinta al vivo la peregrinación humana, por entre Cilas y Caribdis, Circes y Cíclopes de los vicios[3].

Reyna aquí la variedad, porque unas son Heroicas, como la de Hércules y sus doce triunfos[4]. Virgilio en el *Troyano* for-

---

[1] M: fingidida. Corrijo la errata.

[2] Resulta algo difícil asignar un significado a esta voz en este pasaje. Lo más probable es que se trate de un uso figurado: «Se toma también por entendimiento, capacidad y prudencia en la acertada conducta de las cosas» (*Auts.*, s. v.), aunque no es descartable el sentido primero.

[3] Para Escila y Caribdis, monstruos enemigos de los navegantes, véase la *Mitología* de Natale Conti (VIII, xii, «Sobre Escila y Caribdis», págs. 611 y ss. para la *Odisea*, XII). Para Circe, la de la hermosa cabellera, divinidad terrible dotada de voz humana, véase *Odisea*, X, 135-139; y para la relación de Ulises con ella, sirve igualmente la *Mitología* mencionada (VI, vi, «Sobre Circe», págs. 409-410). Sobre los Cíclopes, allí también, IX, viii, págs. 682 y ss.

[4] Para los trabajos de Hércules, agréguese ahora, a la mención habitual de M. Morreale, la preciosa edición de Pedro Cátedra en el tomo I de las *Obras completas* de Enrique de Villena, págs. 1-111. Sobre Hércules, véase también *El Político*, pág. 281a.

ma un sabio y valeroso Adalid[5] con aquel artificio tan celebrado de començar por el medio[6]. Otras son amorosas: assí Heliodoro, en los trágicos sucessos de *Theágenes y Clariquea*, describe elegantemente la tiranía del amor profano[7]. Aunque de sujeto humilde, la *Atalaya de la vida humana* de Mateo Alemán fue tan sublime en el artificio y estilo, que abarcó en sí la invención Griega, la eloqüencia Italiana, la erudición Francesa y la Agudeza Española. Divídense también, según accidente, en Epopeyas en verso o en prosa; pero como digo, es más material que formal la distinción.

Las Metamorfosis tuvieron su tiempo y triunfo, aunque estén oy tan arrimadas. Todo lo dificultoso es violento, y todo lo violento no dura. Assí que el no estar oy en uso más es por sobra de dificultad que por falta de artificio. Grande humildad o floxedad de nuestros modernos, darse a traduzir, o quando más, a parafrasear agenas antiguallas, pudiendo aspirar a inventarlas con ventajas[8].

Consiste su artificio en la semejança de lo natural con lo moral, explicada por transformación, de donde es que qualquiera Geroglífico pudiera fácilmente convertirse en Metamorfosi. Sea exemplo *El asno de oro*, si bien por no entendida su recóndita moralidad, lo relaxaron muchos a los cuentos que van heredando los niños de las viejas[9]. Describe en ella

---

[5] «Guía, conductor y capitán de la gente de guerra veterana, o colecticia. Es voz arábiga» (*Auts.*, s. v.).

[6] Se refiere, como es obvio, a la *Eneida*. Para el celebrado artificio que hoy conocemos como comienzo «in medias res», cfr. Demetrio Estébanez Calderón, *Diccionario de términos literarios*, s. v.

[7] Para la novela de Heliodoro y su influencia en España, cfr. la nota al final del discurso XXVII de esta misma obra de Gracián.

[8] Comp. *El Discreto*: «Estamos ya a los fines de los siglos. Allá en la Edad de Oro se inventaba, añadióse después; ya todo es repetir. Vense adelantadas todas las cosas, de modo que ya no queda qué hacer, sino elegir» (pág. 237). Para lo de repetir, véase un texto contrario a este que acabo de citar en el discurso XLIX de este mismo *Arte de ingenio*.

[9] Aunque el mismo Gracián lo explica a continuación, la alusión quizá tenga que ver con el «Cuento de Psique y Cupido», que ya había citado en el disc. XXVII (véase allí nota), y que precisamente se introduce en la obra del africano como «una de las bonitas historias que cuentan las viejas» (trad. Rubio, pág. 133). Fulgencio, en el siglo v, ya había dado la interpretación del

el ingenioso Africano la semejança de un hombre vicioso, y por el consiguiente necio, con el más vil de los irracionales, y que si los apetitos y passiones le transforman en bruto, la sabiduría y el silencio, simboliçado en la rosa, le buelven a rehazer hombre[10].

A lo extraordinario de la transformación se añade lo entretenido de la narración fabulosa, y quanto esta se va empeñando más, haze más deliciosa la invención; pero siempre ha de atender el arte al fruto de la moralidad, al blanco de un desengaño, como en la propíssima transformación de Daphne en laurel está significada la inmortal loçanía de la castidad y su seguridad de los rayos incentivos[11]. Al contrario, Mirra perenemente llora el amargo dexo de su torpeza[12].

_____

sentido «recóndito» del cuento: la ciudad en la que se desarrolla la fábula es el mundo; el rey y la reina de la ciudad son Dios y la carne; sus tres hijas son la carne, la libertad y el alma (cfr. la pág. 23 del prólogo a la traducción citada). Véase también la nota siguiente.

[10] Las rosas quedaron vinculadas al silencio desde las fiestas dionisíacas. Gracián conocía la tradición, como indica Aurora Egido, quien agrega: «y a ella apela en *El Criticón* cuando dice que el asno de Apuleyo se curó al comer la rosa del silencio». Alude al episodio en que Lucio recupera la forma humana después de ingerir una corona de rosas, «como el triunfo de la sabiduría, de la razón y de la prudencia» (*La rosa del silencio*, pág. 11, y la 12 para este pasaje en la *Agudeza*). Para el silencio, véase allí también el cap. II: «*El Criticón* y la retórica del silencio.»

[11] Para Dafne, véase Pierre Grimal, *Diccionario de la mitología griega y romana*, s. v. «Dafne». Pero antes, téngase en cuenta lo que dice Covarrubias: «Los griegos le llaman [al laurel] *daphne*, y esto dio ocasión a la fábula de que Apolo amó a una ninfa de este nombre, la qual, viéndose perseguida y casi vencida en las manos de Apolo, rogó a los dioses que la librassen; y assí se convirtió en árbol de su nombre. Esta fábula pinta Ovidio, *primo Metamorphoseon*» (*Tesoro*, s. v. «Laurel»). Acto seguido, agrega: «Entre otros privilegios que dio naturaleza al laurel es uno (según la común opinión) que jamás ha sido tocado del rayo; pero ya se ha visto lo contrario, según cuenta el Doctor Laguna, sobre Dioscórides, libro I, 89» (aunque no este, cita otros varios textos en el mismo sentido sobre el rayo José Julio García Arranz, *Ornitología emblemática*, pág. 161, n. 69). Creo que Gracián emplea aquí «incentivos» en un sentido algo desviado del uso latino y de las dos acepciones que recoge *Autoridades*. Parece significar 'incendiarios' o 'incineradores'.

[12] La interpretación de la fábula de Mirra la explica Fulgencio detenidamente: «Mirra patrem suum amasse dicitur, cum quo debriato concubuit; cumque eam pater utero plenam rescisset, crimine cognito evaginato eam coepit persequi gladio. Illa in arborem myrram conversa est; quam arborem

401

No está siempre la semejança en lo principal de la fábula; antes a vezes en una circunstancia sola, como dezir que Ío fue transformada en vaca antes que en otro bruto, porque sus mismas huellas, quando más quiere encubrirse, más descubren su maldad, pues son una O partida por el medio con una I, que juntas las dos letras están diziendo IO, primor inapreciable del fingir[13].

Descúbrese ya el latísimo[14] campo de las allegorías, afectado disfraz de la malicia, ordinaria capa del satiriçar. Gran prueva de su artificio, el estar en todos tiempos tan validas. Consiste en lo ingenioso de una significativa Metáfora. Fue primero, quando no solo, en este género de inventar el impío Luciano, en sus combites y diálogos. Los Ingenios Italianos los han autoriçado y platicado con eminencia: el Petrarca en sus *Triunfos*, el Dante en sus *Infiernos*. Pero el que más los ha realçado ha sido Traxano Boquelino en sus Críticos *Raguallos*[15] *del Parnaso*, sazonando lo selecto de la Política y lo picante de la Sátira con lo dulce de la invención y variedad[16]. Algunos de los Españoles los han favorecido, como el trágico maestre en sus carroças de las *Heroydas*. Y el encubierto Aragonés en su ingeniosíssimo *Calixto*[17]. Ni los Franceses

---

pater gladio percutiens, Adon exinde natus est. Quid vero sibi haec fabula sentiat edicamus. Mirra genus est arboris, de qua sucus ipse exsudat [...] Istae enim arbores in India sunt, quae solis caloribus crementantur [...] solis ardoribus crepans ragades efficit, per quas sucum desudat —quod mirra dicitur— et redolentibus lacrimosa guttulis fletus suaves scissuris hiantibus iaculatur» *(Mitologiarum lib. III, viii,* «Fabulae Mirrae et Adonis», págs. 72-73).

[13] Para Ío y su transformación en vaca, véase Natale Conti *(Mitología,* VIII, xviii, «Sobre Io o Isis», págs. 628 y ss.), quien aporta la bibliografía pertinente al caso.

[14] «Dilatadíssimo y mui largo» *(Auts.,* s. v.).

[15] Raguallos L: Ragallos

[16] No he podido ver el libro de Robert H. Williams *Boccalini in Spain* (Menasha, Winsconsin, 1946), que menciona Karl L. Selig (en «La *Agudeza* y el arte de citar», pág. 72), pero lo cierto es que la obra de Boccalini se acababa de publicar en Huesca (Francisco Larumbe, 1640) en traducción de Fernando Pérez de Sousa con el título *Discursos políticos y avisos del Parnaso* (BNM 3-21.540). A buen seguro, el dato no pasó desapercibido al jesuita.

[17] Ha de referirse a *La Celestina*, sin duda, con una curiosa y apasionada atribución de patria a Rojas, como ya notó Correa (II, pág. 202).

los despreciaron: aventaxóse a todos el Autor de los entretenidos *Campos Elíseos*[18].

Son las verdades mercaduría vedada, que han menester tanto disfraz para poder hallar entrada a la razón. Para esto se inventaron también los Apólogos, que desengañan dulcemente. Parece vulgar su enseñança, mas su artificio no lo es. Propónese passar entre los irracionales brutos, árboles y otras cosas inanimadas, por ficción, lo que entre los racionales por realidad. Consiste también su primor en semejança. Mereció el más prudente y real aplauso la del eloqüentíssimo Terrones, a la Corte del divorcio entre el león y la leona, y el político desempeño del más astuto de los brutos[19]. Llegaron a su mayor sublimidad quando se vieron en la sagrada Página, célebre apólogo de los árboles que alçaron por Rey al espino[20].

---

[18] Para los Campos Eliseos, y su carácter de entretenidos (con el sentido de «divertir, recrear el ánimo, dar solaz y gusto» que recoge *Auts.*, s. v. «entretener»), así como su posible ubicación, véase Natale Conti, *Mitología*, III, xix, págs. 214 y ss.

[19] Lo cuenta en el capítulo IV del libro I de la *Instrucción de predicadores:* «Mejor hizo la zorra en la fábula, que porque tuvo donaire y la prediqué en Palacio, la quiero referir aquí. Al león, siendo ya viejo, dicen que le dijo la leona: 'Señor, ya somos viejos, y a vos os huele la boca maliciosamente. Por vida vuestra que me deis licencia para que vivamos apartados lo que nos queda de vida'. El león llevó esto a mal, y mandó juntar a cortes todos los animales en su cueva, donde les propuso lo que la leona le había dicho, mandándoles que cada uno viniese a olerle el aliento de la boca, y le dijese la verdad, si olía mal o bien, sin lisonja y sin mentira. Llegó el caballo el primero de todos y [...] le dijo: 'Cierto, Señor, que la leona tiene razón [...]'. El león, enojado con una verdad tan cruda, le dio una manotada con que le tendió muerto. Luego vino el toro y, como vio lo que pasaba, dijo, en habiendo olido: 'Por cierto, Señor, que os levantan falso testimonio [...]'. El león también se enojó de esto, por ver que era tan gran lisonja, y con otra manotada mató al toro. Tras ellos vino la buena de la zorra, llamada por el león para que le oliese, y ella respondió: 'Prometo a Vuestra Majestad que ha dos meses que tengo un grandísimo romadizo y no huelo poco ni mucho'. Anduvo muy discreta...» (pág. 42, señalada por Correa).

[20] El apólogo está en el libro de los *Jueces:* «Ierunt ligna, ut ungerent super se regem: dixeruntque olivae: 'Impera nobis'. Quae respondit: 'Numquid possum deserere pinguedinem meam, qua et dii utuntur et homines, et venire ut inter ligna promovear?' Dixeruntque ligna ad arborem ficum: 'Veni, et super nos regnum accipe'. Quae respondit eis: 'Numquid possum deserere dulcedinem meam, fructusque suavissimus, et ire ut inter caetera ligna promovear?' Locutaque sunt ligna ad vitem: 'Veni, et impera nobis'. Quae res

Brillaron en los preciosos caracteres del señor de Argentón, en la política fábula de la piel del oso[21].

Prodigiosa es la fecundidad de la inventiva, corta esfera le parece la de palabras y de escritos quando pidió prestados a la pintura sus dibuxos para exprimir sus Conceptos; que es otro linage de invención, y puede llamarse figurada, por geroglíficos, emblemas y empresas. Fúndase también en la semejança. El más sublime género es el[22] de las empresas, su mismo nombre las difine, y dize que se inventaron para exprimir empeños del valor[23]; como aquella del Marqués de Pescara

---

pondit eis: 'Numquid possum deserere vinum meum, quod laetificat Deum et homines, et inter ligna caeteri promoveri?' Dixeruntque omnia ligna ad rhamnum: 'Veni, et impera super nos'. Quae respondit eis: 'Si vere me regem vobis constituitis, venite, et sub umbra mea requiescite; si autem non vultis, egrediatur ignis de rhamno, et devoret cedros Libani'» *(Iudices,* IX, 8-15).

[21] En las *Memorias de Felipe de Comines, señor de Argentón,* se cuenta cómo el Rey de Francia «embió nueva embajada al Emperador, que se partiesen ambos los estados del Duque, el qual no dio otra respuesta que contar un cuento donosíssimo de un oso» (año 1475). La historia es larga, transcribo sólo lo fundamental: «cerca de una viña en Alemaña avía un grande oso que hacía muchos males. Tres amigos en aquella viña de los que andavan por las tavernas y bodegones, vinieron a un bodegonero, rogándole fiasse dellos otro escote más, que antes de diez días le pagarían de todo cumplidamente, porque ellos matarían aquel oso que tanto mal hazía [...] Con esto el huésped concedió con su demanda, y quando huvieron comido, caminaron hacia la parte donde el oso andava y, acercándose a su caverna, ellos le hallaron más presto de lo que quisieron, y llenos de miedo se pusieron en huida [...] ... al tercero cogió el oso, y dando con él en tierra, después de haverlo manoteado y hollado bien, teniéndole debaxo, le puso el ocico apegado a la oreja [...] el oso dejó a este pobrecillo sin hazerle más mal y se retiró a su guarida [...] Quando pues estuvieron juntos, el que estuvo sobre el árbol preguntó al rendido con juramento le respondiesse qué era aquello que el oso le avía dicho al oído, que tanto rato le avía tenido en él puesto el hozico. Al qual compañero respondió: 'Decíame que nunca yo hiziese mercancía de la piel del oso hasta que la bestia fuese muerta'. Y con este cuento el Emperador hiço pago a nuestro hombre sin darle otra respuesta sino allá en consejo» (vol. I, capítulo LXVII, págs. 284-285).

[22] H *om.* «el»

[23] «Empresa se dize la figura de algún propósito que por ser el fin de lo que se emprende vino a llamarse empresa, y fue propia de los hechos de armas, y a imitación dellas vino a usarse en los fingidos, y en particular se usaron estas empresas en los desafíos» (Juan Horozco y Covarrubias, *Emblemas morales,* I, i, fol. 18r). Compárese el siguiente pasaje de Paulo Giovio: «... Federico Barbaroxa, en cuyo tiempo se introduxo en costumbre las insignias de

del escudo Espartano, y por letra *aut cum hoc, aut in hoc*[24]. Descúbrese en las empresas mucha variedad, y essencial, porque unas se forman por Geroglífico, exprimiendo el intento por la semejança natural; como aquel que pintó dos ramas cruzadas de palma y de ciprés, con este mote: *Erit altera merces.* O vencer con la palma, o morir con el ciprés[25].

Otras ay totalmente diversas, que no se fundan en la semejança natural, sino en la moral, por acomodación de alguna historia antigua plausible, como el bellocino de Colcos en el Tusón[26],

---

los linages, que llamamos armas, dados por los príncipes por merecimientos de las sanctas empresas hechas en la guerra, solo para ennoblecer y honrar los esforçados caballeros, se inventaron diversas invenciones de Cimeros y pinturas en los escudos» *(Diálogos de las empresas...*, págs. 4-5). Y, especialmente, Torquato Tasso: «L'impressa è [...] un intraprendere [...] o cominciare con fermo proponimento alcuna cosa che malagevolmente possa farsi» *(Il Conte overo de l'Imprese*, pero lo tomo de Mauda Bregoli-Russo, *L'impresa come ritratto del Rinascimento*, pág. 11).

[24] El Marqués de Pescara («el Viejo», aclara Giovio) traía en la bandera «un escudo espartano con un mote que dezía AVT CVM HOC, AVT IN HOC, el qual aquella valerosa mujer Spartana dio al hijo que yva a la batalla de Mantineas, queriendo dezir qu'el hijo se determinasse a pelear tan valerosamente que alcançasse la victoria, o muriendo en la demanda, como esforçado y digno del nombre Spartano, se lo traxessen muerto en el escudo a casa, como era antigua costumbre de los griegos» *(Diálogos de las empresas...*, pág. 90).

[25] No es de extrañar que a Gracián le llamase la atención la empresa de Marco Antonio Colonna, dado el comentario que de esta hace Paulo Giovio: «tuvo una empresa que (a mi juizio) *en argudeza e ingenio haze ventaja a qualquier otra*; y fue un ramo de Palma atravessado en un ramo de Aciprés, y el mote encima, la qual ordenó Marco Antonio Casanova, Poeta excelente, que dezía ERIT ALTERA MERCES, dando a entender que iva a la guerra por alcançar victoria o morir en la demanda, siendo la palma señal de victoria, y el Aciprés, triste y doloroso» *(Diálogos de las empresas...*, pág. 60, la cursiva es mía).

[26] «Domenico: Querría que V. S. me dixesse lo que quiso dezir la empresa del Eslavón del Duque de Borgoña, y que particularmente me cuente la historia de esta tan famosa y gentil invención, con la qual se adornan de gloriosa columna sus esforçados cavalleros de nuestra edad que están en el nobilíssimo Colegio de la Orden del Tusón, illustrado por el invictíssimo Emperador don Carlos. Iovio: Esto que vos me pedís es materia muy enredada y no muy clara para los cavalleros y príncipes que traen el Eslavón al cuello; porque dél cuelga un Vellocino de un Carnero tresquilado, que algunos dizen que es el Vellocino d'oro de Jasón, que traxeron los Argonautas, y otros lo atribuyen a la Sagrada Escritura del Testamento Viejo, diziendo que es el Vellocino de Gedeón, que significa fe incorrupta» (Paulo Giovio, *Diálogos de las empresas...*, págs. 17-18).

el «Tanto monta» del Rey don Fernando[27], y el Atlante del Rey don Felipe el Prudente[28]. Con más artificio, no por acomodación y semejança, sino por oposición, fue el *Plvs Vltra* del Emperador Carlos Quinto[29].

Tan clara puede ser la significación de la pintura, que no necessite de letra. Fue delicias del Ingenio la de aquel César que fue delicias del género humano[30], el humaníssimo Tito Vespasiano, que, para declarar su innata clemencia, gravó el rayo de Júpiter durmiendo en una cama, sin ruido de letra ni otro mote. Lógrase oy en una moneda de plata que, entre millares, guarda el Tesorero de la Antigüedad, don Vicencio de Lastanosa, señor de Figueruelas, dando eternidad a estas y otras curiosidades, y mereciéndola también[31].

---

[27] La empresa de Fernando el Católico queda explicada en el discurso XXXIII, véase allí la nota.

[28] Baltasar Porreño, en los *Dichos y Hechos de Felipe II*, describe de la siguiente manera la empresa del rey prudente: «Tuvo por empressa el carro del Sol guiado con sus caballos, y abaxo la tierra y mar con esta letra: *Iam illustrabit omnia*» (fol. 10v, pero puede verse descrita más por extenso en el fol. 140r-v). No se habla del Atlante en ninguno de los dos casos. Pero véase lo que dice Juan de Horozco en sus *Emblemas morales:* «y desta manera es buena aquella medalla que por otros respetos es en estremo buena, porque tiene invención y grandeza, y es la que hizo con el retrato del rey don Philipe Nuestro Señor, el año de cinqüenta y seys, quando el Emperador Carlos V, de gloriosa memoria, renunció los estados; la qual medalla tenía en el reverso un Hércules con el mundo sobre sus ombros, y dezía la letra: VT REQVIESCAT ATHLAS, para que descanse Athlas» (I, xv, fol. 59v). Para la prudencia del monarca, recuérdese *El Político:* «un Filipo segundo de España, que comenzó valiente y acabó prudente» (pág. 290b).

[29] Véase también la nota correspondiente en el discurso XXXIII, donde queda explicada con la bibliografía pertinente.

[30] Para Tito como «delicias del orbe», véase el texto de *El Héroe* citado en nota en el disc. XXIII, donde se menciona también a este Emperador.

[31] «Los antiguos españoles grabavan en sus Monedas Rayos, en reverencia i memoria de aver librado Júpiter al Emperador Augusto de un Rayo, que cayó cerca de su litera, andando en la expedición i conquista de Cantabria [...] En contemplación deste sucesso, las Colonias i Municipios de España pusieron Rayos en sus Monedas [...] I la Colonia César-Augusta, governándola sus Dumviros Cipión i Montano, a la dulcíssima recordación de su Reedificador, acuñaron en el reverso un Rayo, como se infiere de una medalla de metal Corinthio que tiene en su numerosa i célebre Bibliotheca don Vincencio Juan de Lastanosa, Señor de Figueruelas» (Lastanosa, *Museo de las medallas desconocidas*, págs. 212-213). Supongo que es a esta medalla a la que se refiere

Las amorosas empressas no pueden dexar de ser ingeniosas, porque lo es el amor. Tal fue la del valeroso Solimán, que pintó un Cupidillo, sacándose una espina de una rosa, otros dizen que flechándola[32].

Las empressas propias de España son totalmente diversas. Consiste su artificio no en la semejança de la pintura con el intento que se pretende, sino en que el nombre de la cosa pintada, ayudado[33] de otra dicción, expriman lo que se pretende, de modo que la pintura en estos no representa tanto quanto substituye por su voz. Tal fue la del diamante falso, y la de los Reales con la letra «Son mis amores»[34]; el coraçón y esportilla del Condestable, graciosamente apodado del Gran Capitán[35]; y la canasta con estas dos letras: V. M.[36].

_____

Gracián aquí, por más que la llame moneda y equivoque el nombre del Emperador romano.

[32] Para Amor, pinchado por el aguijón de una abeja, Alciato *(Emblemas*, CXII, págs. 148 y ss.). Para los emblemas del amor, así como para la figura de Cupido, puede verse, al hilo de la historia del Arte, Santiago Sebastián, *Emblemática e Historia del Arte*, págs. 145 y ss. Para Cupido, por extenso, Juan Pérez de Moya, *Philosophía secreta*, II, xxvii, págs. 293-303.

[33] ayudado L: ayudando

[34] Se trata, como es bien sabido, de la divisa del Conde de Villamediana, «caballero de *ingenio* y partes muy lucidas» pero a quien «los partos de su *ingenio* [...] abrieron puerta a su ruina», en palabras de Céspedes y Meneses. La «letra» del Conde la explica bien la Condesa d'Aulnoy: «Este era joven, guapo, gallardo, valiente, espléndido, galante e *ingenioso*, y nadie ignora que, por desgracia suya, se presentó en una fiesta en la Plaza Mayor de Madrid con un traje bordado de monedas de plata recién acuñadas que se llamaban reales, llevando como lema: 'Son mis amores'» (tomo la cita de Luis Rosales, *Pasión y muerte del Conde de Villamediana*, págs. 306-307 y 254, respectivamente, pero las cursivas de las voces referentes al ingenio son todas mías).

[35] «Don Bernardino de Velasco, Condestable de Castilla, era muy galán y gran cortesano. Andava servidor de una dama de la reyna y, según el uso de la corte, hazíale muchos servicios, loávala grandemente, diziéndole que ninguna cosa la faltava para ser del todo hermosa sino unas pocas más de carnes, porque, como era muy moça, era algo flaca. Esta dama, por dalle favor, dio al Condestable una presea de color verde. El Condestable mandó dar de vestir a los pajes y lacayos de aquella color. Gonçalo Hernández, topándole, loando la invención, le dixo: 'Señor Condestable, si la dama no haze con este verde, mandadla vender'. A toda la Corte aplazió el mote, por ser agudo y sabroso» (Paulo Giovio, *La vida y chrónica de [...] el Gran Capitán*, fols. LXXVv-LXXVIr).

[36] «Desta manera se suelen ordenar empresas que, si los que se contentan dellas no saben más, son infames, y si se entiende dellos que a sabiendas las

407

Quando la pintura destas empressas juntamente significa y juntamente substituye por su nombre, dobla el primor y participa de entrambos géneros de empresa. Fue muy plausible la de aquel Conde de Barcelona, que aviendo conseguido tres grandes vitorias el día de su triunfo, pintó tres diademas y añadió esta letra, «Valer», que todo junto dezía: *Día de más valer*[37].

inventaron ganan honra, y no acaban de alabarlos. Y bastará dezir lo que sacó en una fiesta un amigo que no le podían notar de necio, y fue que, antes de mudar estado, una señora desseava casarse con él y a él no le dava gusto, porque era vieja; y pidióle que le sacasse alguna invención con que ella acabasse de entender su propósito; y él lo hizo assí, diziendo que sacaría una empresa muy conforme a las reglas, porque la mitad diría la figura y la otra mitad la letra, y para despedirla por vieja sacó pintada una canasta y la letra VUESTRA MERCED» (Sebastián Horozco y Covarrubias, *Emblemas morales*, I, xviii, fol. 66v).

[37] «Assimesmo, el Rey don Alonso, su hijo, segundo deste nombre, traxo otra excelente empresa, pero muy extravagante, compuesta de sílabas de palabras Hespañolas, y fue que, hallándose en la guerra el día de la batalla de Campomorto sobre Veletri, para esforçar sus capitanes y soldados, sacó en el estandarte real tres diademas de sanctos varones, con una letra en medio que dezía VALER, dando a entender que en aquel día más que en todos los otros se havía de mostrar su valor y bondad, pronunciando a la castellana *Día de más valer*» (*Diálogos de las empresas...*, pág. 30). Fernando R. de la Flor recuerda, sin embargo, que la divisa de Fernando III incluye «un dibujo, tres diademas, y una letra que reza VALER», y la reproduce en *Emblemas. Lecturas de la imagen simbólica*, págs. 94-95, tomándola de F. Gómez de la Reguera, *Empresas de los Reyes de Castilla y León*.

Discurso XLVIII

De la Perfección del estilo en común

Sacaron a eterna luz raros Autores raras obras, con razón trabajos, porque les costaron. Escrivió Cornelio Tácito no con tinta, sino con el precioso sudor de su valiente espíritu. No es cuerpo el de Cayo Veleyo, ni el de Lucio Floro, porque todos son espíritu[1]. Vive y vivirá siempre la obra de Valerio Máximo, porque escrivió con alma, y su mucha viveza haze inmortal el *Panegírico* de Plinio. No escrivió con ligera pluma Lucio Apuleyo su *Metamorfosi*, sino tarda, y del metal más pesado[2]. Cada día es su día para Marcial, y los muchos Soles, que todas las cosas desluzen, a Homero y a Virgilio los ilustran: escrivieron al fin para la eternidad.

Dos cosas hazen perfecto un estilo: lo material de las palabras y lo formal de los pensamientos. Son las vozes lo que las hojas en el árbol[3], y los conceptos, el fruto. No fue paradoxa, sino ignorancia, condenar todo Concepto. Ni fue Aristarco[4],

---

[1] espíritu H: espíritus

[2] Alude, claro, al *Asno de oro*, de Apuleyo. Recuérdese que el oro, metal precioso, es más pesado que el plomo, según recuerda *Autoridades* (s. v.).

[3] Salvador Parga y Pondal ha observado lo que de horaciano hay en esta sentencia graciana. Compárese *Arte poética*: «Ut silvae foliis pronos mutantur in annos / prima cadunt: ita verborum vetus interit aetas / et juvenum ritu florent modo nata vigentque» («Marcial en la preceptiva de Baltasar Gracián», pág. 223).

[4] Aristarco (siglo II a. C.) fue un gramático de Samotracia, conocido especialmente por su crítica de los poemas homéricos, en los que detectó muchos versos espurios. Juzgaba con tanta severidad, que, después de él, pasó a designar el crítico severo por antonomasia.

sino monstro, el que tal dixo, antípoda de todo buen Ingenio, cuya mente devía ser el desierto de la Agudeza. Son los Conceptos alma del estilo, espíritu de la eloqüencia, y tanto tiene de perfección quanto tiene de sutileza. Hase, pues, de procurar que las proporciones lo hermoseen, los reparos lo aviven, los misterios lo hagan preñado, las ponderaciones profundo, los encarecimientos salido[5], las alusiones dissimulado, los empeños picante[6], las transmutaciones sutil, las ironías le den sal, las crysis le den hiel, las paranomasias[7] donaire, las sentencias gravedad[8], las semejanças lo fecunden y las paridades lo realcen.

Pero todo esto con un grano de acierto[9], que todo lo sazona la prudencia. Puédese dezir de los Conceptos lo que de las figuras Retóricas: ni todo el cielo es estrellas, ni todo el cielo es vacíos; sirven estos de fondo para que campeen más aquellas, y altérnense las sombras para que brillen más las luzes. Son también muy diferentes unos de otros, y el que es nacido para un[10] Epigrama no es decente para una oración. Tienen sus engastes[11] los pensamientos, y no se deven baraxar[12] las crysis y ponderaciones de un Historiador con los encarecimientos y paranomasias[13] de un Poeta. Las Agudezas sales sirven de recreación del ánimo: tan plausible fue una gracia en una carta como un reparo en un sermón, y tan dulce un donaire en una conversación como una sentencia en un Consistorio[14]; que si luce una estrella en lo más

---

[5] «Por traslación se toma por medio o razones con que se vence algún argumento, dificultad o peligro» (*Auts.*, s. v. «salida»).

[6] H *om.* «los empeños picante»

[7] paranomasias L: paronomasias

[8] las paranomasias donaire, las sentencias gravedad H: las paranomasias gravedad

[9] Compárese *Oráculo*, 92: «Más vale un grano de cordura que arrobas de sutileza» (pág. 153).

[10] un L: una

[11] No se olvide que el *Diccionario de Autoridades* remite a la voz latina «Emblema» al definir esta palabra.

[12] «Vale también mezclar, confundir y revolver una cosa con otra» (*Auts.*, s. v.).

[13] paranomasias L: paronomasias

[14] El sentido primero es el de «El Consejo, Tribunal o Juzgado donde se ven y deciden las causas y litigios en común, assí Sacras como civiles, criminales y económicas» (*Auts.*, s. v.).

alto del cielo, también campea una flor en lo más humilde de un valle[15].

Los adjuntos[16] y epítetos son aseo del estilo, circunstancias de Agudeza: sola la eminencia en esta parte pudo dar crédito de eloqüencia. No han de ser continuos ni comunes, sino significativos y selectos. En un adjunto se cifra tal vez un Concepto, una Alusión o una Crysi, y hállanse algunos tan relevantes, que passan los términos de su esfera.

Mas el nervio del estilo es la intensión[17] del verbo. Aylos vivos, que exprimen con doblada énfasis, y la madura elección dellos haze limado[18] y selecto el dezir. Preñado ha de ser el verbo, no hinchado; que signifique, no resuene; verbos con fondo[19], donde se engolfe[20] la atención. Haze animado el verbo la translación que cuesta, la alusión, crysi, ponderación y otras semejantes perfecciones, que con aumento de sutileza redoblan la significación. Elige un verbo entre mil Cornelio Tácito, no se contenta con qualquiera Valerio, y con los muchos borrones iluminaron Virgilio y Marcial sus escritos. Llamo intensión[21] la del verbo porque ay grados de

---

[15] Para estas reglas del decoro o de la decencia en Gracián, véase Benito Pelegrín, «Física y metafísica del estilo de Baltasar Gracián», págs. 48-49.

[16] «Lo que está unido, agregado o puesto junto a otra cosa» *(Auts.*, s. v.), aquí con el sentido de 'adjetivo', claro.

[17] intensión L: intención

Intensión es término lógico, y Gracián juega con los varios posibles significados, como recuerda Aurora Egido *(El Discreto*, pág. 238, n. 180, donde señala también este pasaje del *Arte).*

[18] Observa Juan Manuel Rozas que «limado» es «expresión muy significativa en la *Agudeza»* («El compromiso moral...», pág. 193), por más que en el *Arte de Ingenio* sólo se emplee tres veces (además de aquí, en el discurso XLIX y en el VI, descontando que en el XXV viene dentro de un fragmento gongorino).

[19] «Por significación famosa se entiende lo profundo del mar» *(Auts.*, s. v.). Hay que leerlo coordinado con el «engolfarse» que viene después.

[20] El sentido recto es «Entrar la nao, embarcación o baxel mui adentro del mar, apartándose tanto de las costas y de la tierra, que no se divise, y solo se vea de ordinario agua y cielo», pero «Metaphóricamente vale meterse en negocios arduos y dificultosos, en los quales suele haver muchos embarazos, y tales que a veces (como se suele decir comúnmente) no se les halla fondo ni pie» *(Auts.*, s. v.).

[21] intensión L: intención

propiedad en el significar: exageran unos; al contrario, otros escasamente apuntan; y hase de exprimir a la ocasión.

Por raros, por milagrosos que sean los Conceptos, si no tienen estrella, suelen malograrse; que esto de ventura es achaque trascendiente. ¿Qué diré del uso?: que corren unos en un tiempo y arrincónanse otros, y buelven estos a tener vez porque no aya hoja nueva para el Sol. Florecieron en un tiempo las Allegorías, y poco ha estavan muy validas las semejanças y metáforas. Oy triunfan los misterios y reparos. Importa mucho el pensar al uso[22], no menos que la gala del Ingenio.

---

[22] *Comp. Oráculo manual,* 120: «Hasta el saber ha de ser al uso» (pág. 167).

De la variedad de los Estilos

Descendiendo a los estilos en su hermosa variedad, dos son los capitales: redundante el uno y concisso el otro, según su essencia; Asiático y Lacónico, según la autoridad[1]. Yerro sería condenar qualquiera, porque cada uno tiene su perfección y su ocasión. El dilatado es propio de Oradores; el ajustado, de Filósofos morales. Los Historiadores se vandean[2], lisonjeando el gusto con su agradable variedad. Más que vulgar ignorancia es querer ajustar un Historiador a la seca narración de los sucessos, sin que comente, pondere ni censure. ¿Quién presumirá condenar a Valerio Máximo que pondera, a Tácito que censura[3], a Floro que aprecia, y a Patérculo que comenta?[4]. Y si esta paradoxa fuera

---

[1] Para esta distinción de los estilos que hace Gracián, así como para la sustitución de «ático» por «lacónico», véanse las páginas que dedica a este capítulo Benito Pelegrín en «Física y metafísica del estilo de Baltasar Gracián», págs. 46 y ss., y sobre todo n. 1, págs. 62-63.

[2] «Ayudarse, usando de toda economía, industria y aplicación para poder mantenerse con alguna decencia, y valiéndose del *ingenio* y de la buena disposición a fin de suplir la falta de medios» *(Auts.*, s. v.; la cursiva es mía). La definición es golosa, tratándose de Gracián, aunque quizá no haya que ir tan allá, y dejarlo en que los historiadores 'cambian de bando', alternando los estilos dilatado y ajustado.

[3] H *om.* «a Tácito que censura»

[4] Ojo: falta Cicerón en esta nómina. Se entiende que sea así —pues no es un historiador, sino un orador—, pero junto a estos cuatro es uno de los autores que sirven para ejemplificar más abajo en este discurso. Quizá sea olvi-

verisímil[5], no avía de aver más que un Historiador de cada materia, porque en refiriendo uno los sucessos, no les quedaría quehazer a los demás, sino cansar con repetir. La desnuda narración es como el canto llano[6], que sobre él se echa después el agradable artificioso contrapunto[7]. Es anómalo el humano gusto, que apetece en un mismo manjar mil diferencias de sainetes[8]. De los Poetas, los Épicos se explayan; los Epigramatarios se ciñen.

Uno y otro estilo han de tener alma conceptuosa, participando del Ingenio su inmortalidad. No ay Autor de los célebres, y Príncipes[9], que no tenga alguna especial eminencia de Agudeza. Porque Cornelio Tácito, aquel que significa otro tanto más de lo que dize, se estremó en las apetitosas crysis, examinando las intenciones y descubriendo el más disimulado artificio. Hablando del testamento de Augusto, y ponderando que avía substituido por herederos, en falta de los suyos, a los Magnates de Roma, con estar mal con los más de-

---

do momentáneo, quizá se trate de una omisión intencionada. Desde luego, es el único que falta en la relación, pues, de los demás autores que aparecen al final del capítulo (Séneca, Plinio, Marcial, ... Rufo, etc.), sólo del Arpinate se ofrecen ejemplos, al igual que de los cuatro aquí citados.

[5] «Lo que tiene apariencia de verdadero, aunque en la realidad no lo sea» *(Auts.,* s. v., que agrega: «Dícese también verosímil»).

[6] El canto llano «es aquel cuyas notas o puntos proceden con igual y uniforme figura y medida de tiempo. Llámase también música eclesiástica, por ser la que comúnmente se usa en la Iglesia» *(Auts.,* s. v. «canto»). Y compárese el texto con el que autoriza el *Diccionario* citado, tomado del *Flos sanctorum* de Ribadeneira: «No es voz de hombre, sino de Ángel, y de un cantor divino, que sobre el *canto llano* de los Evangelistas echa un contrapunto.» Según Giulio Cattin, la denominación «cantus planus» se aplicaba, en contraposición a *musica mensurata,* a la monodia litúrgica.

[7] Contrapunto es «una concordancia harmoniosa, de voces contrapuestas [...] Dícense contrapuestas porque estas especies, que la Música llama perfectas, se usan siempre yendo una voz contra otra, de suerte que, si la boz baxa sube, la alta ha de baxar, y haciendo contrario movimiento la baxa, la alta ha de subir» *(Auts.).*

[8] «Por extensión vale también qualquier bocadito delicado y gustoso al paladar», o bien «salsa que se usa para dar buen sabor a las cosas», las dos acepciones recogidas por *Autoridades* (s. v.). Véase *El Discreto,* pág. 241.

[9] No se olvide que la primera acepción de esta voz, tal y como la recoge el *Diccionario de Autoridades,* es «El primero y más excelente, superior o aventajado en alguna cosa» (s. v.).

llos, glossa que lo hizo por captar la gloria y el aplauso de los venideros. *Augustus testamento Tiberium et Libiam haeredes habuit; in spem secundam Nepotes, Pronepotesque: tertio gradu primores civitatis scripserat, plerosque invisos sibi, sed iactantia, gloriaque ad posteros*[10]. Desta suerte tiene discretíssimas censuras, y es artificio no común el escudriñar el artificio ageno. Reciprocáronse bien el artificioso Tiberio con el censurador Tácito; en el libro quarto de sus *Anales* dize dél quando negó la licencia a España de erigirle aras, que con emulación de Assia se la pedía, que, menospreciando la fama y la reputación, menospreció las virtudes. *Quod alii modestiam, multi, quia diffideret, quidam ut degeneris animi interpretabantur. Optimos quippe mortalium altissima cupere: sic Herculem et Liberum apud Graecos, Quirinum apud nos Deorum numero additos. Caetera Principibus statim adesse: vnum insatiabiliter*[11] *parandum, prosperam sui memoriam; nam contemptu famae contemni virtutes*[12].

Lo que admira en Tácito es la copia[13] con tanta sutileza, que aunque todos los hombres son naturalmente ingeniosos en los agenos vicios, con todo esso, para que las crisis no sean vulgares, es menester sublime genio. Tuvo dictamen Tiberio de no mudar los Virreyes por trienios, sino dexarlos en las Provincias por mucho tiempo; llega a glossar esta política Tácito, y despliega grandes primores. «Pudo nacer —dize— de floxedad, haziendo eterno lo que una vez agradó; ya de embidia, porque no gozassen muchos de los cargos, o finalmente porque assí como Tiberio era de ingenio astuto, assí de juizio sospechoso; por una parte aborrecía los grandes vicios, por otra las eminentes virtudes en los sujetos. De los muy buenos concebía peligro para sí, y de los muy malos temía la deshonra para la república.» *Causae variae traduntur;*

---

[10] «Nihil primo senatus die agi passus est nisi de supremis Augusti, cuius testamentum inlatum per virgines Vestae Tiberium et Liviam heredes habuit. Livia in familiam Iuliam nomenque Augustum adsumebatur; in spem secundam nepotes pronepotesque, tertio gradu primores civitatis scripserat, plerosque invisos sibi, sed iactantia gloriaque ad posteros» (Tácito, *Annales*, I, viii).

[11] insatiabiliter H: insati abiliter

[12] Tácito, *Annales*, IV, xxxviii (apud nos Deorum numero additos: apud nos deum numero additos: melius Augustum, qui speraverit).

[13] Recuérdese lo dicho sobre la *copia* en nota al disc. XXXIII.

aut taedio novae curae semel placita pro aeternis servavisse; aut invidia, ne plures fruerentur; aut demum, quia vt callido ingenio erat Tiberius, ita anxio iudicio, neque eminentes virtutes sectabatur, et rursum vitia oderat; ex optimis periculum sibi, a pessimis dedecus publicum metuebat[14]. Este es el discurrir de Tácito, esta su eminencia, quán poco imitada de los que vinieron después, y mucho menos de nuestros populares modernos, tan plausible a todos los varones juiziosos.

Los nueve libros de Valerio Máximo, sin duda que se los dieron ya limados y perfectos las nueve cultas Piérides[15]. Fue, al contrario, eminente en las ponderaciones juiziosas, gran apreciador de los hechos y dichos Heroicos. De estilo también puntual, y aunque excede en una, no por esso olvida las demás agudezas. Ensalça entre otras la grande acción del gran Pompeyo, que con la misma mano valerosa con que rindió a sus pies al Rey Tigranes, con la misma cortés le levantó a ser Rey otra vez; «juzgando —dize— por tan bizarra acción el hazer Reyes como el vencerlos». *Aeque pulchrum esse iudicans et vincere Reges et facere*[16]. Con ingeniosa correspondencia y proporción en otra parte introduce a Quinto Crispino hablando con Badio Campano, vencido en singular desafío. «Busca —dize— otra diestra que te mate, que la mía está acostumbrada a darte vida.» *Aliam quae occidat dexteram quaere, quoniam mea te servare didicit*[17]. Desta suerte va discurriendo Valerio, siempre igual a sí mismo, sin echarse jamás a dormir. Pondera al siempre vencedor Alexandro, rendido no a otro hombre mortal, sino a su invidiosa muerte. *Idem non hominum vlli, sed naturae fortunaeque cedens*[18]. Y que, entronizándose luego en la cama, franqueó su diestra por remate a

---

[14] «Causae variae traduntur: alii taedio novae curae semel placita pro aeternis servavisse; quidam invidia, ne plures fruerentur; sunt qui existiment, ut callidum eius ingenium, ita anxium iudicium; neque enim eminentis virtutes sectabatur, et rursum vitia oderat: ex optimis periculum sibi, a pessimis dedecus publicum metuebat» (Tácito, *Annales*, I, lxxx).

[15] Las nueve Musas (véase nota de la advertencia «Al lector»).

[16] Valerio Máximo, *Factorum et dictorum memorabilium*, V, i, 9.

[17] «Proinde aliam qua occidas dexteram quaere, quoniam mea te servare didicit» (Valerio Máximo, *Factorum et dictorum memorabilium*, V, i, 3).

[18] Valerio Máximo, *Factorum et dictorum memorabilium*, V, i, ext. 1.

quantos la quisieron lograr. «¿Quién —dize— no diligenciará el besar aquella heroica mano, que ya oprimida del mal, animada más de su humanidad que de su espíritu, satisfizo al deseo de todo su numeroso exército?» *Dexteram omnibus qui eam contingere vellent, porrexit. Quis autem illam osculari non curaret, quae iam fato oppressa maximi exercitus complexui humanitate quam spiritu vividiore suffecit?*[19]. Pues de la reputación de Cipión Africano, que hasta los mismos bárbaros enemigos le venían a ver como a un prodigio, y arrodillados le veneravan como a deidad, dixo por una exagerante semejança: «Si las estrellas del cielo, dexando sus esferas, baxaran a morar entre los hombres, no pudieran captar mayor veneración.» *Delapsa coelo sydera hominibus si se offerant, venerationis amplius non recipient*[20].

Lucio Floro, cuyo nombre alude a que la primavera sobre el jardín de sus quatro libros vertió la copia de tantas flores[21] y frutos de Agudezas, se aventajó en la profundidad de los misterios y en la valentía de los reparos[22]. Repara, pues, cómo del mayor estremo de la felicidad passó en un punto César al mayor estremo de la desdicha; pondera el cúmulo de sus honores, Templos en la ciudad, sus imágenes en el Teatro, rayos en su Corona, trono en el Senado, dosel en su casa, mes en el cielo, y sobre todo el ser aclamado por padre de la patria. «Todas estas honras —dize— no fueron otro que arreos de una víctima destinada para una muerte fatal.» *Omnes vnum in Principem congesti honores circa Templa; imagines in*

---

[19] Valerio Máximo, *ibid.*, con alguna variante (curaret: cuperet; vividiore: vividior).

[20] Valerio Máximo, *op. cit.*, II, x, 2.

[21] Alessandro Martinengo recuerda que «flor, flores, florido» en la *Agudeza* remite siempre a la faceta del ingenio, y se contrapone o acompaña a veces a «frutos» («Cibi picanti, foglie amare...», págs. 304 y 310).

[22] No extraña el comentario de Gracián sobre Floro. Hay que recordar varios factores: en primer lugar, que la búsqueda en el autor latino de la brevedad le llevó a la oscuridad en no pocos casos; además, el *Epítome* gozó de una enorme popularidad y se utilizó como libro de texto hasta fines del siglo XVII; por otra parte, recuérdese que sólo las prensas elzevirianas publicaron seis ediciones entre 1638 (bien cercano a la fecha de publicación del *Arte de ingenio*, 1642) y 1674. Véase, para todo ello, la introducción de E. S. Forster a *Epitomae*, págs. XI y ss.

Theatro, distincta radiis Corona, suggestus in Curia, fastigium in domo, mensis in coelo, ad hoc pater ipse patriae perpetuusque[23] *dictator. Quae omnia velut infulae indestinatam morti victimam congerebantur*[24]. Más arriba, ponderando que Pompeyo avía escapado de la última batalla, dize: «Fuera feliz Pompeyo en los mismos males, si huviera corrido igual fortuna con su exército, pero sobrevivió a su dignidad para que con mayor deshonra por los bosques de Thesalia huyesse a perecer». *Felicem vtcumque in malis Pompeium, si eadem ipsum quae exercitum eius fortuna traxisset. Superstes dignitatis suae vixit, vt cum maiore dedecore per Thesalica*[25] *tempe equo fugeret, pulsus Hearis in deserto Ciciliae*[26] *scopulo fugam in Parthos, Africam vel Aegyptum agitaret, vt denique in Pelusiaco littore imperio vilissimi Regis, consiliis Spadonum et, ne quid malis desit, Septimii desertoris sui gladio trucidatus sub oculis uxoris suae liberorumque mareretur*[27]. Ponderando que Dolabela acabó con las reliquias de aquel exército Francés que abrasó a Roma, dize[28] que fue porque no huviera quien pudiera gloriarse de aver pegado fuego a la Fénix del mundo, que renació de aquellas llamas. *Incendium illud quid egit aliud, nisi vt destinata hominum ac deorum domicilio levitas non deleta non obruta, sed expiata potius et illustrata videatur? Nec non tamen post aliquot annos omnes reliquias eorum in Ethruria ad lacum Vadimonis Dolabella delerit, ne quis extaret in ea gente qui incensam a se Romanam vrbem gloriaretur*[29]. De Sagunto y de

---

[23] perpetuusque L: perpaetuusque

[24] Lucio Floro, *Epítome*, II, xiii, 91-92, con un comienzo ligeramente distinto: «Itaque non ingratis civibus omnes in principem.» Entre «perpetuusque dictator» y «Quam omnia» traen las ediciones modernas el siguiente texto: «novissime, dubium an ipso volente, oblata pro rostris ab Antonio consule regni insignia».

[25] M: Thesaliea H L: Thesalica. Corrijo la errata.

[26] Ciciliae H: Ciliciae

[27] mareretur L H: moreretur

Lucio Floro, *ibid.*, II, xiii, 51-52, con variantes: Thesaliea: Thessalica; fugeret pulsus Hearis: fugeret, ut una navicula Lesbon applicaret, ut Syedris; Ciciliae: Ciliciae; in Pelusiaco: Pelusio; mareretur: moreretur.

[28] dize H: dixo

[29] Funde aquí Gracián dos pasajes del *Epítome* de Floro: I, vii, 18, y I, viii, 21, con las siguientes variaciones: levitas: civitas; non obruta: nec obruta; et illustrata: et lustrata; omnes: omnis; delerit: delevit; in ea gente: ex ea gente.

Numancia concepteó[30] como merecían, pues dixo de la primera que celebraron sus funerarias la desolada Italia y la cautiva África con el cabo de todos los Reyes y Capitanes, unos que la destruyeron y otros que la vengaron. *Nam quasi has inferias*[31] *sibi Saguntinorum vltimae dirae in illo publico parricidio incendioque mandassent, ita manibus eorum vastatione Italiae, captivitate Africae, Ducum et Regum qui id gessere bellum exitio parentatum est*[32]. De Numancia, que, constando claramente a los Romanos que era invencible, determinaron embiar un Capitán invencible a prueba de la arruinada Cartago. *Novissime, cum invictam esse constaret, opus quoque eo fuit, qui Carthaginem everterat*[33]. Es de notar en Floro que el mismo vigor de su grande ingenio, que causa una infinita fecundidad de misterios y reparos, esse mismo les va siempre aumentando prodigiosamente la agudeza.

No fueron más de dos los libros de Cayo Veleyo Patérculo para que fuessen el *Non plus vltra* de la Agudeza, del aliño y de la eloqüencia[34]. Su eminencia consiste en la mayor beldad del ingenio, que son los conceptos de correspondencia y proporción. Tal fue aquella de César, que el Imperio que avía adquirido con las armas lo avía de aver conservado con las mismas. *Vt Principatum armis quaesitum armis teneret*[35]. Bellíssima improporción esta. Dize, hablando de Cicerón[36]: «Nadie huvo que defendiesse la salud de aquel que por tan-

---

[30] Jorge M. Ayala, en un trabajo de título modesto pero de sentido profundo y de lectura obligatoria, ha reparado en el uso graciano de la voz «conceptear» para indicar la especifidad del conocimiento ingenioso («Baltasar Gracián y el ingenio», pág. 181).

[31] inferias H: in ferias

[32] Lucio Floro, *ibid.*, I, xxii, 8.

[33] Lucio Floro, *ibid.*, I, xxxiv, 2, con alteraciones: opus quoque eo fuit: opus fuit eo.

[34] Aliño vale tanto como «composición, aderezo» *(Auts.*, s. v.). Compárese esta frase con *Oráculo manual*, núm. 87, y, sobre todo, el realce XVIII de *El Discreto*, «De la cultura y aliño», págs. 300 y ss., junto con las notas 324 y 325 de Aurora Egido.

[35] «Laudandum experientia consilium est Pansae atque Hirtii, qui semper praedixerant Caesari ut principatum armis quaesitum armis teneret» (Veleyo Patérculo, *Historiae Romanae*, II, lxvii, 1).

[36] L *om.* «esta, dize, hablando de Cicerón»

tos años avía defendido la salud pública de la ciudad y la privada de tantos ciudadanos.» *Cum eius salutem nemo defendisset qui per tot annos et*[37] *publicam civitatis, et privatam civium defenderat*[38]. De su destierro y buelta a Roma, dixo: *Neque post Numidici exilium, aut reditum, quisquam aut expulsus invidiosius, aut receptus est laetius*[39]. De la liga que hizieron entre sí César, Pompeyo y Craso, dize que fue tan dañosa y fatal para ellos mismos como lo fue para la república. *Inita potentiae societas, quae vrbi et orbi terrarum, nec minus diverso tempore, ipsis exitiabilis fuit*[40]. Hablando de Catilina, dize que no con menos diligencia acompañó sus consejos ocultos que manifiestos. *At Catilina non segnicis nota obiit, quam sceleris conandi consilia inierat*[41]. Contrapone elegantemente la ambición de Pompeyo en procurar las honras y su moderación en deponerlas. *In appetendis honoribus immodicus, in gerendis verecundissimus vt qui eos vt libentissime iniret, ita finiret aequo animo; et quod cupisset arbitrio suo summere, alieno deponeret*[42]. Artificiosa disonancia esta, en que pinta el miserable estado de Roma, tiraniçada de Silla. *Nequid vnquam malis publicis dees-*

---

[37] L *om.* et

[38] «Abscisaque scelere Antonii vox publica est, cum eius salutem nemo defendisset, qui per tot annos et publicam civitatis et privatam civium defenderat» (Veleyo Patérculo, *Historiae Romanae*, II, lxvi, 2).

[39] «Idem intra biennium sera Cn. Pompei cura, verum ut coepit intenta, votisque Italiae ac decretis senatus, virtute atque actione Annii Milonis tribuni plebis dignitate patriaeque restitutus est. Neque pos Numidici exilium aut reditum quisquam aut expulsus invidiosius aut receptus est laetius» (Veleyo Patérculo, *Historiae Romanae*, II, xlv, 3).

[40] «Hoc igitur consule inter eum et Cn. Pompeium et M. Crassum inita potentiae societas, quae urbi orbique terrarum nec minus diverso cuique tempore ipsis exitiabilis fuit» (Veleyo Patérculo, *Historiae Romanae*, II, xliv, 1).

[41] «At Catilina son segnius conata obiit, quam sceleris conandi consilia inierat: quippe fortissime dimicans quem spiritum supplicio debuerat, proelio reddidit» (Veleyo Patérculo, *Historiae Romanae*, II, xxxv, 5).

[42] «Nam neque Pompeius, ut primum ad rem publicam adgressus est, quemquam omnino parem tulit, et in quibus rebus primus esse debebat, solus esse cupiebat (neque eo viro quisquam aut alia omnia minus aut gloriam magis concupiit, in adpetendis honoribus inmodicus, in gerendis verecundissimus, ut qui eos ut libentissime iniret, ita finiret aequo animo, et quod cupisset, arbitrio suo sumeret, alieno deponeret)...» (Veleyo Patérculo, *Historiae Romanae*, II, xxxiii, 3).

*set, in qua civitate semper virtutibus certatum erat, certabatur scele-
ribus*[43].

El Padre de la eloqüencia, Marco Tulio Cicerón, aquel que
magnificó tanto a Roma con su lengua como Cipión con su
braço, tiene también eminente lugar entre los ingeniosos y
agudos. Aunque como Orador se templava y como Filósofo
exercitava más el juizio que el Ingenio, en todo género de
Agudeza fue excelente. En la oración *Pro Fonteya*, ablando
con el pueblo Romano, dize assí, con una artificiosa proporción: «Su hermana, Virgen de Vesta, estiende a vosotros
aquellas manos que por vosotros tantas vezes estendió[44] a
los dioses. Mirad que parece sobervia despreciar vosotros los
Ruegos, que si los dioses los huvieron menospreciado, no estuviera ya en pie la república. No queráis, Romanos, que
aquel sagrado fuego conservado con el cuidado y vigilias de
Fonteya se vea ahora apagado con sus lágrimas.» *Tendit ad vos
virgo Vestalis manus supplices easdem, quas pro vobis diis immortalibus tendere*[45] *consuevit. Cavete ne periculosum superbumque sit,
eius vos obsecrationem repudiare cuius preces si dii aspernarentur,
haec salva esse non possent. Prospicite Quirites ne ignis ille aeternus
nocturnis Fonteiae laboribus, vigiliisque servatus sacerdotis Vestae
lacrymis extinctus esse dicatur*[46]. Contra Pisón trae este valiente
encarecimiento en alabança del César: «Fue —dize— tan
grande su valor y su govierno, que si los Alpes se allanaran y
si las corrientes del Rin se agotaran, no con la defensa natural, sino con sus hazañas, estuviera Italia fortalecida.» *Caesaris ego Imperio non Alpium vallum contra ascensum transgressio-*

---

[43] «Ne quis usquam malis publicis deesset, in qua civitate semper virtutibus certatum erat, certabatur sceleribus, optimusque sibi videbatur, qui fue-
rat pessimus» (Veleyo Patérculo, *Historia Romanae*, II, xxvi, 2).

[44] estendió L: estendido

[45] tendere L: tendare

[46] Se altera el orden habitual de ediciones modernas: «Nolite pati, iudices,
aras deorum immortalium Vestaeque matris cotidianis virginis lamentationi-
bus de vestro iudicio commoneri; prospicite, ne ille ignis aeternus nocturnis
Fonteiae laboribus vigiliisque servatus sacerdotis vestrae lacrimis extinctus
esse dicatur. Tendit ad vos virgo Vestalis manus supplices easdem, quas pro
vobis dis immortalibus tendere consuevit. Cavete, ne periculosum superbumque sit eius vos obsecrationem repudiare, cuius preces si di aspernarentur, haec salva esse non possent» (Cicerón, *Pro M. Fonteio*, 47-48).

nemque Gallorum, non Rheni fossam gurgitibus illis redundantem,
Germanorum immanissimis gentibus obiicio et oppono; perfecit ille,
vt si montes resedissent, amnes exaruissent, non naturae praesidio,
sed victoria sua rebusque gestis Italiam munitam haberemus[47]. Ni
perdonó a la Agudeza nominal, pues dixo contra Vatinio Es-
truma en la oración *Pro P. Sestio*: «*Hi medentur Reipublicae*[48] *qui*
execant pestem aliquam tanquam Struman civitatis»[49]. En la *Phi-*
lípica tercera: «*Ea aquí —dize— por qué su Maestro de Anto-*
nio se hizo arador[50] de Orador»[51]: Están llenas sus obras de
semejantes ingeniosíssimos conceptos.

Séneca fue un Oráculo sentencioso. El *Panegírico* de Plinio
a Traxano fue una prodigiosa lisonja del Ingenio, y una breve praxi de toda esta Arte conceptuosa. Entre los Poetas,
Marcial fue tan agudo universal, que las musas, leídos sus ca-
torce libros, en lugar del vulgar «Finis» pusieron «Fenis»; assí
como al Jurado de Córdova, Juan Rufo, le mudaron el nombre y le llamaron Galán suyo. Al Mendoça de los Ingenios
Españoles le baste para encomio que el mayor gusto del mayor Rey, y aun más discreto que Monarca, le sublimó al valimiento de su Ingenio[52]. El Benjamín de Córdova, don Luis
de Góngora, es hasta oy última corona de su patria. Diego
López de Andrada fue heredero de la valentía ingeniosa de
su gran Padre[53], y en quien pareció que volvía a renazer el
Sol de la Agudeza. Otros muchos grandes Ingenios florecen

---

[47] *In L. Calpurnium Pisonem*, XXXIII, 81-82.

[48] Reipublicae H: Respublicae

[49] «Et cohortari ausus est accusator in hac causa vos, iudices, et aliquando
essetis severi, aliquando medicinam adhiberetis rei publicae. Non ea est me-
dicina, cum sanae parti corporis scalpellum adhibetur atque integrae; carnifi-
cina est ista et crudelitas; ei medentur rei publicae, qui exsecant pestem aliquam tamquam struam civitatis» (Cicerón, *Pro Publio Sestio Oratio*, lxv).

[50] arador L: orador

[51] «Quid ergo? Ab amico timor denuntiari solet? Horum similia deinceps.
Nonne satius est mutum esse quam, quod nemo intellegat, dicere? En, cur
magister eius ex oratore arator factus sit» (Cicerón, *Philippicae*, III, ix, 22).

[52] Recuérdese lo dicho sobre Antonio Hurtado de Mendoza en nota al
discurso IV.

[53] San Agustín, puesto que a su orden pertenecía Andrada, como quedó
explicado en el discurso IV. Véase allí la nota para las características de su predicación.

en compañía[54], blasón de pluralidad, renombre de muchedumbre, y entre todos el comentador de los *Reyes* y Rey de los comentadores[55]. Ladeásele el padre Diego de Baeça, prestando luz a tantos de su séquito[56]. Compiten en Celada[57] la cultura y la Agudeza[58].

¡O tú, qualquiera que aspiras a la inmortalidad con la Agudeza y cultura de tus obras, procura de censurar como Tácito, ponderar como Valerio, reparar como Floro[59], proporcionar como Patérculo, aludir como Tulio, sentenciar como Séneca y todo como Plinio!

---

[54] La alusión a la Compañía de Jesús es tan evidente que no necesita glosa. Con todo, véanse las notas siguientes.

[55] A buen seguro se trata del Padre Francisco de Mendoza, S. J., autor de unos *Comentarios sobre el libro de los Reyes*, que Gracián ya había citado en el discurso XLV del *Arte de ingenio* (véase allí la nota).

[56] Diego de Baeza, S. J. (1582-1647), «fuente perene de conceptos y agudezas» lo llamará Gracián en el disc. LIX de la segunda redacción. Véase Francis Cerdan, «Sermones, sermonarios...», pág. 181.

[57] Correa propone 'en torneo' como significado de «en celada». Caben, con todo, otras posibilidades, dado que la expresión no se registra en los diccionarios, como recuerda el mismo crítico. «Encubiertamente, a escondidas» *(Auts.*, s. v. «Celadamente»), podría ser otra solución, porque no se puede olvidar el sentido de 'ocultación' que encierra la voz «celada» *(ibid.).*

[58] Para «Agudeza y cultura», cfr. Mercedes Blanco, *Les Rhétoriques de la Pointe*, págs. 38 y ss.

[59] H *om.* «reparar como Floro»

Discurso L

Las quatro causas de la Agudeza[1]

La cognición de una entidad por causas es cognición perfecta[2]. Quatro se le conocen al concepto que adequan su perfección: el Ingenio, la Materia, el Exemplar y el Arte. Es el Ingenio la principal: todas sin él no bastan, y él basta sin todas. Ayudado de las demás, intenta excessos; y si fuere inventivo, fecundo y pronto, prodigios. Perene manantial de Conceptos, y continuo minero[3] de sutilezas. Dizen que la naturaleza hurtó al juizio lo que dio de más a más[4] al Ingenio, en que se funda aquel aforismo de Séneca: que no ay Ingenio grande que no tenga un grano de demencia[5].

---

[1] En H falta todo este discurso. Finalizado el XLIX, aparece el siguiente colofón: «Fin del *Arte de Ingenio*».

Para una interpretación de la *Agudeza y arte de ingenio* en función de varios párrafos de este discurso, véase Emilio Hidalgo-Serna, «Origen y causas de la 'agudeza'...», págs. 480 y ss. Cfr. igualmente Hugh Grady, «Rhetoric, Wit and Art...», págs. 33 y ss.

[2] Cfr. Aristóteles: «Además y respecto de todas las ciencias, [consideramos] que es más sabio el que es más exacto en el conocimiento de las causas y más capaz de enseñarlas» *(Metafísica*, I, ii, 14, 982a).

[3] «Metaphóricamente significa origen, principio y nacimiento de alguna cosa» *(Auts.*, s. v.).

[4] «De más a más: Phrase adverbial, que se usa para significar el aumento que se da a alguna cosa. Es del estilo familiar» *(Auts.*, s. v. «Más»).

[5] «Nullum magnum ingenium sine mixtura dementiae fuit» (Séneca, *De Tranquillitate animi*, XVII, 10). Lo volverá a citar en el *Oráculo manual*, número 283: «*Hombre de inventiva a lo cuerdo*. Arguye excesso de Ingenio, pero ¿quál será sin el grano de demencia?» (pág. 253).

Tiene vezes, y días, que él mismo se desconoce, con dependencia a extrínsecas materiales Impressiones. Vive a los confines del afecto, y es mal vezindado él de las passiones. Depende también de la edad: niñea[6] y caduca con ella; su estremado vigor está en el medio: hasta allí es el crecer, desde allí el desmayar; y conócese bien en los efectos.

Ingenioso agradable empeño: ¿qué ingenio sea más de codicia: el pronto o el reconcentrado? Consta de la diversidad, no assí de la ventaja. Son los reconcentrados Ingenios con fondos, y con ensenadas de luz. Es con grande estruendo la avenida[7] de un arroyo y desmaya con la misma prontitud. Un río caudaloso sin ruido mueve perenes golfos. Los milagros del Ingenio siempre fueron repensados; dura poco lo que presto tiene ser. De donde es que ay conceptos de un día, como flores, y ay otros de todo el año, y aun de toda la eternidad.

No tiene tanto lugar la perfección donde no le tiene la elección. Alcanza a vezes más parte en estas prontitudes la ventura que la perspicacia. Lisongean por lo temprano el gusto, como el agraz[8]; pero ¿qué tienen que ver con lo sazonado de un bien maduro concepto? Mas el Ingenio pronto siempre está a punto de agudeza, con seguridad de salir, que ay otros que ceden en la más urgente ocasión. Es el águila Reyna del ayre por la presteza, y el león de la campaña por la misma[9]. Van juntos en la luz la prontitud y el lucimiento: será, pues, el Ingenio pronto, águila en remontarse, león en

---

[6] Niñear: «executar niñadas, o portarse como si fuera niño» (*Auts.*, s. v., que ejemplifica precisamente con un texto de *El Criticón*, I, xiii).

[7] «La súbita creciente del río» (*Tesoro*, s. v.).

[8] «El zumo que se saca del agraz [la uva de vid sin madurar], y que sirve para hacer salsas y bebidas» (*Auts.*, s. v.).

[9] El águila aparece como reina de las aves ya desde el *Fisiologus* (cap. VI; pero véanse también los varios textos recogidos en el *Bestiario medieval*, páginas 73-78; y mejor aún las págs. 143 y ss. de la *Ornitología emblemática* de José Julio García Arranz). En cuanto al león, son infinidad los textos que le otorgan condición real. Por citar uno poco al uso, véase Filippo Picinelli: «El león obtuvo entre las fieras de la tierra el título de rey...» (*Mundo simbólico*, pág. 330). Comp. *El Héroe*, XIV: «Reconocen al león las demás fieras en presagio de naturaleza; y, sin haberle examinado el valor, le previenen zalemas» (pág. 262b).

hazer pressa y sol en penetrar. Siempre está al canto[10] de la actualidad, que solo tiene lo poderoso de potencia. Toda presteza es madre de la buena dicha[11]. Consiste la Prontitud ya en el vigor del Ingenio, ya en la facilidad de las especies. Despiértalas una passión, que suele ministrar[12] armas. También el material calor[13], o por naturaleza o por artificio, con tal que se formen apassionadas sentencias de Poetas, y passe este por problema.

La Materia es el fundamento del discurrir, sobre ella se levanta toda máquina[14] de sutileza. Están ya en el objeto las agudezas, las proporciones y misterios; llega y levanta la caça[15] el ingenio. Ay unas tan fértiles como otras estériles, pero ninguna lo es tanto, que un Ingenio Inventor no halle en qué hazer pressa, o por conformidad o por disconveniencia, y el primer acierto es el de la elección.

La enseñança fácil es propia del exemplar[16], guía el Ingenio por camino sendereado. Suele faltarle de valentía lo que tiene de imitación. Son unos Conceptos Ideas de otros, y una enseñança muda que dirige sin enfado de preceptos. Pero la destreza está en transfigurar las agudezas, en traspo-

---

[10] «Estar a canto. Vale estar al lado o mui cerca de uno u de alguna cosa» *(Auts.)*.

[11] La máxima es la lectura graciana de un apotegma de Julio César (véase nota en el discurso XXIII, donde ya la había citado).

[12] «Significa también prevenir y dar a la mano a otro alguna cosa, como ministrar dinero, ministrar especies, etc.» *(Auts., s. v.)*.

[13] M L: También el material Catón. Enmiendo con arreglo al sentido ('el material calor, natural o artificial, excita las armas' citadas antes) y conforme a la segunda versión (ed. 1648, disc. LXIII, pág. 383).

[14] Pudo darle Gracián varios sentidos a la voz. Entre los muchos que tiene, destaco: a) «muchedumbre, copia o abundancia de alguna cosa»; b) «metaphísicamente significa la phantasía y traza que uno idea u imagina para forjar alguna cosa»; c) «un todo compuesto artificiosamente de muchas partes heterogéneas» *(Auts., s. v.* Me inclino por cualquiera de los dos últimos).

[15] Para el «método venatorio y guerrero» en la *Agudeza*, véase ahora José María Andreu Celma, *La vida moral como juego en Baltasar Gracián*, págs. 40-41.

[16] Vale como 'ejemplo', si se trata de adjetivo sustantivado por Gracián, o bien «original, prototypo, primer modelo para otras cosas. Viene del latín *exemplar» (Auts., s. v.)*. Comp. *El Héroe*, XVIII: «Carecieron por la mayor parte los Héroes, ya de hijos, ya de hijos Héroes; pero no de imitadores: que parece los expuso el cielo más para ejemplares del valor, que para propagadores de la naturaleza» (pág. 267a).

ner los pensamientos, que siquiera se le deve el disfraz al segundo, y a vezes mayor aliño. Ay Ingenios Gitanos[17] de Conceptos.

Es el Arte quarta y moderna causa de la Agudeza. Celebre la Poesía la fuente de su monte, y blasone la Agudeza la fuente de su mente. Corone el Juizio el Arte de Prudencia, perficione el Ingenio el Arte de Agudeza. Si toda ciencia que atiende a reformar actos del entendimiento es noble[18], la que aspira a realçar el más sutil bien merece el renombre de Sol de la Inteligencia, Consorte es del Ingenio, Progenitora de la Sutileza.

FIN

---

[17] Para Carolina Michaëlis, «gitano» es aquí sinónimo de 'ladrón' (cfr. «Investigações sobre Sonetos e Sonetistas Castelhanos e Portugueses», *Revue Hispanique*, XXII, 1910), aunque le tomo la cita a Kevin Larsen («The Presence of Luis de Camoens...», pág. 11).

[18] Para la mayor consideración de las ciencias teoréticas que de las productivas, véase de nuevo Aristóteles (*Metafísica*, I, i, 981b). O el siguiente pasaje: «Y que, de las ciencias, aquella que se escoge por sí misma y por amor al conocimiento es sabiduría en mayor grado que la que se escoge por sus efectos» (I, ii, 982a). Cuando habla de la Metafísica, dice que «la posesión de esta ciencia [que etiqueta como la mejor de todas] ha de cambiarnos, en cierto sentido, a la actitud contraria de la que corresponde al estado inicial de las investigaciones» (I, ii, 983a).

Colección Letras Hispánicas